电子商务中隐私信息保护和应用策略

梅姝娥 仲伟俊 成燕 严磊 著

东南大学出版社
SOUTHEAST UNIVERSITY PRESS
·南京·

图书在版编目(CIP)数据

电子商务中隐私信息保护和应用策略 / 梅姝娥等著.
— 南京：东南大学出版社，2022.12
ISBN 978-7-5766-0397-2

Ⅰ.①电… Ⅱ.①梅… Ⅲ.①电子商务-消费者权益保护法-隐私权-研究-中国 Ⅳ.①D923.84

中国版本图书馆CIP数据核字(2022)第227764号

电子商务中隐私信息保护和应用策略

Dianzi Shangwu zhong Yinsi Xinxi Baohu he Yingyong Celüe

著　　者	梅姝娥　仲伟俊　成　燕　严　磊
出版发行	东南大学出版社
社　　址	南京市四牌楼2号　邮编:210096　电话:025-83793330
网　　址	http://www.seupress.com
电子邮件	press@seupress.com
经　　销	全国各地新华书店
印　　刷	广东虎彩云印刷有限公司
开　　本	787 mm×1092 mm　1/16
印　　张	21.25
字　　数	530千字
版　　次	2022年12月第1版
印　　次	2022年12月第1次印刷
书　　号	ISBN 978-7-5766-0397-2
定　　价	72.00元

本社图书若有印装质量问题,请直接与营销部联系。电话:025-83791830

责任编辑:刘庆楚　　封面设计:王　玥　　责任印制:周荣虎

前言

快速发展与迅速普及的电子商务,使得消费者在享受购物的同时在电子商务平台上留下大量个人隐私信息。企业可利用这些信息提供定向广告、定向定价等个性化服务,提升竞争力。同时消费者也可以从隐私信息的应用中获益,如获得个性化推荐和降低搜索成本等。显然隐私信息具有经济性,消费者会权衡隐私信息的收益和风险,做出隐私信息披露决策。电子商务企业(简称电商企业,包括电子商务平台和平台上的商家)与消费者在隐私信息的保护和利用上相互博弈、相互影响,电商企业需要综合考虑隐私信息的保护和利用。为此,本专著基于隐私信息的经济性,分析我国电子商务环境下消费者隐私信息披露行为的影响因素,深入研究消费者、商家和平台多方博弈下的隐私信息保护和应用策略。

全书共分为4个部分。第1部分首先明晰了与本专著研究开展相关的概念,如隐私、隐私信息等,分析了电子商务中隐私信息的隐私性和经济性的特征表现。梳理了电子商务中隐私信息的流转过程,明确了该过程中消费者和电商企业隐私信息的行为策略。进一步给出了本专著的研究框架和主要研究问题。

第2部分以电商企业为主体对象,研究其在不同环境条件下的隐私信息应用和保护策略,具体主要开展了三个方面的研究。一是针对电商平台向商家提供数据服务这种隐私信息应用方式,分别基于平台垄断市场环境和两个平台竞争环境,构建博弈模型,讨论了电商平台提供数据服务对平台进驻费设定、平台竞争力和消费者隐私信息披露策略的影响等几个方面的问题。研究表明:①在垄断市场环境下,电商平台向商家提供数据服务的行为促使更多的消费者进入市场,同时提升消费者隐私信息披露意愿;当消费者隐私信息价值较低且数据服务技术水平较高时,电商平台不能从数据服务中获益。②在竞争市场环境下,当一个电商平台提供数据服务而另一个电商平台不提供数据服务时,受信息隐私敏感性消费者占比和平台固有搜索匹配率两个因素的影响,向商家提供数据服务的电商平台不一定能够从数据服务中获得更多的卖家或买家市场。二是以电商企业利用隐私信息实施定向广告为应用背景,构建博弈模型,分别讨论了电商平台开放社交账号登录和开放社交账号登录时电商平台获取隐私信息的策略等问题。研究表明:①当考虑消费者的信息隐私关注时,电商平台是否开放社交账号登录的决策受社交账号登录的便利性、市场中信息隐私敏感性消费者占比以及社交账号登录带来的电商平台定向效果提升值三个因素的影响。②在电商平台开放社交账号登录的情境下,若消费者的信息隐私关注下降系数较低,那么当平台的定向精准度较高时,由电商平台决策数据共享量更为有利;当平台的定向精准度较弱时,由消费者决策数据共享量更为有利。三是以电商企业利用隐私信息提供个性化服务为应用背景,构建博弈模型,讨论电商企业隐私信息保险的保护策略及其作用下的应用策略。研究表明:①在由电商企业免费提供隐私信息保险的情境下,企业是否免费提供隐私信息保险受消费者的数据泄露关注、企业的数据泄露概率和隐私信息保险赔偿额三个因素的影响。②在由消费者购买隐私信息保险的情境下,企业是否为消费者提供隐私信息保险购买渠道受消费者购买隐私信息保险的概率和消费者信息隐私关注的影响。对企业来说,隐私信息保险对其个性化服务策略的影响由保险价格、赔偿额、隐私信息保险的平均购买概率和消费者的平均数据泄露关注等因素共同决定。

第3部分考虑电子商务中消费者不同隐私信息行为特征下的电商企业的隐私信息应用策略,具体开展了三个方面的研究工作。一是基于消费者隐私信息公开行为,研究了企业不能进行用户细分时的劝说型大众广告策略。研究表明:①当市场上相互竞争的两企业同时投放提高消费者支付意愿、增加产品需求作用的劝说型广告时,当某一企业独自拥有消费者隐私信息时将获得更高的利润。②当市场上相互竞争的两企业同时投放增加消费者对产品差异的感知、缓和市场竞争作用的劝说型广告时,某一企业独自拥有消费者隐私信息、综合运用劝说型广告和个性化定价策略时未必会获得更高的利润,两竞争企业在是否需要获取消费者隐私信息决策过程中易陷入"囚徒困境"。二是考虑消费者隐私信息保护行为对定向广告策略运用的影响,分别研究了"免费 vs 免费"对称竞争模式和"免费 vs 付费"非对称竞争模式下,消费者隐私信息保护行为对媒体平台定向广告策略的影响。研究表明:①当广告商选择多归属策略时,媒体平台自身广告定向契合度对均衡广告价格、均衡广告量和均衡利润影响的边际效应大于竞争对手广告定向契合度对三者影响的边际效应时,消费者隐私信息保护程度负向影响媒体平台的均衡广告价格、均衡广告量和均衡利润,反之则产生正向影响。②当付费媒体平台的内容质量改善较小时,消费者隐私信息保护程度的增强将降低免费媒体平台的均衡广告量和均衡利润,当付费媒体平台的内容质量改善较大时,免费媒体平台的均衡广告量和均衡利润均随消费者隐私信息保护程度的增强表现出先减小后增大的趋势。三是以电商企业利用隐私信息提供个性化服务为应用背景,研究了消费者披露虚假隐私信息这种隐私信息自我保护行为对企业隐私信息收集策略和个性化服务策略的影响。研究表明:①消费者的虚假隐私信息披露行为会使电商企业的隐私信息收集量控制在高于$1/2$且低于一定阈值的范围内;且企业的个性化服务投入水平受到消费者虚假隐私信息披露量及其自身回报率的影响。②市场的覆盖程度和企业个性化服务回报率是影响消费者虚假隐私信息披露决策的重要因素。

第4部分在综合考虑电商企业的隐私信息声明等环境特征和消费者人格特征、信息隐私关注等因素的基础上，分别对我国电子商务环境下消费者隐私信息披露意愿和披露虚假隐私信息的影响因素进行了实证研究。研究表明：①消费者的隐私信息披露意愿受到外部环境因素和消费者自身因素共同作用，外部环境因素包括电子商务优惠活动和消费者与电商企业之间的信任环境，自身因素主要为消费者的信息隐私关注，且外部环境因素对消费者隐私信息披露行为的影响大于自身因素。②电子商务中消费者的虚假隐私信息披露行为在隐私信息披露意愿和虚假隐私信息披露风险共同作用下产生。虚假隐私信息披露风险还可调节信息隐私披露意愿对虚假隐私信息披露行为的负向作用，虚假隐私信息披露风险处于高水平时，隐私信息披露意愿对于虚假隐私信息披露行为的负向作用得到强化。③相比隐私信息声明、信任和技术保护机制，信息隐私关注是前因变量中影响虚假隐私信息披露行为最重要的因素。

本书的研究工作得到国家社科基金项目"电子商务中基于隐私信息经济性的隐私信息保护和应用策略研究"（项目编号：17BGL196）和国家自然科学基金项目"电子商务中考虑消费者隐私信息关注的定向广告投放策略研究"（项目编号：71871054）的资助，余东辉、杨说旺攻读硕士学位期间参与了相关项目的研究，在此一并表示衷心感谢。

本书是我们基于隐私信息的经济性研究电子商务中隐私信息保护和应用策略的总结。由于作者水平有限，疏漏和不当之处难免，恳请读者批评指正。

目录

第1部分　研究基础	001
第1章　绪论	002
1.1　研究背景和目的	002
1.2　相关问题的研究现状分析	005
1.3　研究问题框架	018
第2章　电子商务中的隐私信息及相关主体的行为策略	024
2.1　隐私信息及其特征	024
2.2　电子商务中消费者隐私信息的流转及应用	029
2.3　电子商务中消费者和电商企业的隐私信息行为策略	033
第2部分　电商企业隐私信息应用和保护策略及其对消费者的影响研究	038
第3章　电商平台向商家提供数据服务的策略及其影响研究	039
3.1　问题的提出	039
3.2　垄断环境下电商平台向商家提供数据服务的策略和影响研究	040
3.3　竞争环境下电商平台向商家提供数据服务的策略和影响研究	048
3.4　主要结论和管理启示	069
第4章　电商平台开放社交账号登录下定向广告和隐私信息共享策略研究	072
4.1　问题的提出	072
4.2　电商平台社交登录方式的应用条件及影响研究	074
4.3　社交账号登录情境下平台间信息共享策略研究	085
4.4　主要结论和管理启示	097
第5章　电商企业隐私信息保险的保护策略及其影响研究	100
5.1　问题的提出	100
5.2　电商企业为消费者购买隐私信息保险的策略及其影响	102
5.3　电商企业为消费者提供自购隐私信息保险渠道的策略及其影响	117

  5.4 主要结论和管理启示 ………………………………………………………… 126

第 3 部分 消费者不同隐私信息行为下的企业隐私信息应用策略研究 129

第 6 章 消费者隐私信息公开行为影响下的电商企业劝说型大众广告策略 ……… 130
  6.1 问题的提出 …………………………………………………………………… 130
  6.2 消费者隐私信息公开行为影响下的第一类劝说型大众广告策略 ………… 132
  6.3 消费者隐私信息公开行为影响下的第二类劝说型大众广告策略 ………… 137
  6.4 主要结论和管理启示 ………………………………………………………… 143

第 7 章 消费者隐私信息保护行为影响下的媒体平台定向广告策略 ……………… 145
  7.1 "免费 vs 免费"对称竞争模式下的媒体平台定向广告策略 ……………… 145
  7.2 "免费 vs 付费"非对称竞争模式下的媒体平台定向广告策略 …………… 158
  7.3 主要结论和管理启示 ………………………………………………………… 170

第 8 章 消费者披露虚假隐私信息时电商企业隐私信息收集和应用策略研究 …… 173
  8.1 问题的提出 …………………………………………………………………… 173
  8.2 虚假隐私信息披露行为对电商企业隐私信息收集策略的影响研究 ……… 175
  8.3 虚假隐私信息披露行为对电商企业个性化服务提供策略的影响研究 …… 185
  8.4 主要结论和管理启示 ………………………………………………………… 195

第 4 部分 我国电子商务环境中消费者隐私信息行为影响因素的实证研究 198

第 9 章 理论基础和研究模型构建 …………………………………………………… 199
  9.1 实证模型构建基础 …………………………………………………………… 199
  9.2 电子商务中消费者隐私信息披露行为影响因素研究模型构建 …………… 209
  9.3 电子商务中消费者虚假隐私信息披露影响因素研究模型构建 …………… 220

第 10 章 电子商务中消费者隐私信息披露行为影响因素的实证研究 ……………… 230
  10.1 问卷设计和样本统计分析 ………………………………………………… 230
  10.2 假设检验分析 ……………………………………………………………… 237
  10.3 主要结论和管理启示 ……………………………………………………… 249

第 11 章 电子商务中消费者虚假隐私信息披露行为影响因素实证研究 …………… 254
  11.1 问卷设计和样本统计分析 ………………………………………………… 254
  11.2 假设检验分析 ……………………………………………………………… 267
  11.3 主要结论和管理启示 ……………………………………………………… 275

参考文献 …………………………………………………………………………………… 283
附　录 ……………………………………………………………………………………… 306

第 1 部分
研究基础

第 1 章 绪　论

1.1　研究背景和目的

1.1.1　研究背景

快速发展与迅速普及的电子商务，使得消费者在享受购物的同时也在电子商务平台上留存下大量的电子商务隐私信息。电子商务隐私信息（以下简称隐私信息）是指消费者使用电子商务过程中在互联网上留存的涉及个人隐私的信息。这里的隐私信息是电子商务中消费者的隐私信息，是消费者在电子商务活动过程中产生的个人专属信息，具有隐私性且可以由消费者自主决策是否披露。这些隐私信息既包括为了顺利完成线上活动，消费者必须提供的个人相关信息，也包括消费者在电子商务活动过程中，电商平台采用技术手段获取的消费者行为信息。如消费者只有提供收货地址信息和联系方式才能成功接收线上购买的产品。在利用线上渠道直接进行产品销售的企业或电子商务平台（下文统称为"电商企业"）的要求下，消费者只有在提供基础个人信息并完成账号登录后才能进行产品信息的浏览、加减购物车、产品购买等操作。

对于电子商务中的消费者来说，隐私信息的提供与保护是两难选择。消费者在提供隐私信息后，电商企业通常可以提供更好的个性化服务，如定期推送消费者有潜在需求的产品信息、推送价格折扣信息或发放优惠券、帮助消费者简化产品搜索过程等。事实上，电商企业提供的个性化服务已成了消费者披露隐私信息的动力之一。机构 F5 在针对亚太区的调查报告"2020 年 F5 便利性曲线报告：隐私与便利性悖论"[1]中指出，七成以上的用户会在应用程序上共享或存储个人数据，以此获得个性化的服务与更好的体验。比如，来自中国（82%）、印度（79%）和印度尼西亚（79%）的受访者愿意分享他们的数据。

对于电商企业来说，消费者隐私信息孕育着巨大的商业价值。企业可利用消费者的隐私信息实施定向营销，为消费者提供定向广告、定向定价等个性化服务，提升企业的竞争力。许多电商平台将隐私信息作为其重要的资源，成立专业的数据中心为第三方组织提供全方位的数据服务，如京东、阿里巴巴等。阿里巴巴通过"阿里妈妈大数据营销平台"向外部企业提供大数据营销服务，"依托集团核心的商业数据和超级媒体矩阵，为客户提供全链路的消费者运营解决方案,让商业营销更简单高效"。京东成立了大数据研究院,通过分析消费者的个人信息,形成大数据分析研究报告。京东基于消费者消费数据,向外部企业提供"京东大数据数字营销解决方案"。

但是,在互联网环境下,消费者隐私信息的滥用、误用和盗用等情形非常普遍。首先,消费者的隐私信息可能在消费者不知情的情况下被收集。其次,消费者的隐私信息在披露的过程中以及隐私信息收集电商企业的存储或应用过程中,均有可能被第三方组织非法获取,从而造成隐私信息的泄露。从2016年至今,全球范围内的数据隐私泄露事件层出不穷,愈演愈烈。据统计[2],有报道的泄露事故数从2016年的3261起,增长到2019年前三个季度的5183起。被泄露的数据量方面,2016年是23.25亿条,2017年是约70亿条,而2019年则达到了骇人的近80亿条,是2016年的3倍多。近两年来,重大的数据泄露事故仍然频发。Ponemon研究所在2021年的一份报告中称,51%的组织经历过由第三方造成的数据泄露。2021年6月,一名为"GODUser"的卖家声称获得7亿条领英用户信息,并在黑客论坛上叫卖。这些数据泄露的涉事企业和机构,涉及所有行业,包括公共服务、金融、能源、医疗、互联网、教育、交通、制造业等。最后,隐私信息的收集方为了获取更大的收益,也可能二次使用(Secondary Usage)消费者的隐私信息,包括在隐私信息收集方内部的二次使用以及与第三方的合作使用。例如,淘宝网推出产品推荐功能,基于消费者的浏览记录和消费者记录,向消费者推荐有潜在需求的产品。电商平台基于对消费者的行为偏好的分析,通过电商平台向消费者推送定向广告。电商平台或企业通常还会根据消费者的行为偏好分析,向消费者进行搜索关键词的推荐。更有甚者,企业利用对消费者的数据分析结果,对消费者进行歧视性定价,即"大数据杀熟"。

鉴于非法收集隐私信息、二次使用隐私信息、隐私信息泄露等情形的存在,消费者的信息隐私关注越来越强。所谓信息隐私关注是指隐私信息主体披露自身信息时对信息后续被使用的风险感知。具体表现为,消费者认为隐私信息被收集意味着较高的隐私信息泄露风险,同时隐私信息被应用后有可能给自身带来精神伤害或利益损失。全球网络安全领导者RSA Security的一项全球调查[3]显示,不到一半的消费者(48%)相信企业会合理使用他们的数据。57%的受访者认为,若发生数据泄露事故,企业需首当其冲承担数据泄露的责任。Braze的调查[4]显示,消费者对共享数据的不安全感导致绝大多数人决定拒绝分享(84%)。3/4的消费者因为担心他们的个人数据被使用的方式而停止与公司打交道。此外,消费者对社交媒体账户使用数据的担忧(62%)远远超过电子邮件(26%)、即时通信应用(24%)和游戏(20%)。

面对消费者隐私信息被广泛收集甚至滥用的情况,国内外的政府部门均陆续制定了相关法律法规限制企业对消费者隐私信息的收集和使用行为。欧盟于2018年5月25日正式实施的《通用数据保护条例》(General Data Protection Regulation,简称GDPR),被称为"史上最严格的用户个人数据保护法案"。在2019年1月,谷歌因其在定向广告投放时未说明清楚对个人数据的收集和使用问题而向法国当局支付了5000万欧元的罚款。美国加利福尼亚州于2018年通过了《加利福尼亚州消费者隐私保护法案》(CCPA)。CCPA要求收集消费者数据的企业必须披露收集的信息、收集信息的商业目的，以及会共享这些信息的所有第三方组织和机构。中国于2018年开始实施《信息安全技术 个人信息安全规范》。规范明确了企业收集、使用、分享个人信息的合规要求。中国于2019年又进一步推出《数据安全管理办法》，确立数据安全管理各项规定。2021年9月和11月分别开始实施《中华人民共和国数据安全法》和《中华人民共和国个人信息保护法》。

综上所述，在信息时代，消费者的隐私信息对电商企业来说蕴含着巨大的价值，但是在收集和使用消费者隐私信息的过程中，电商企业不仅需要考虑消费者的信息隐私关注，更需要在隐私信息保护的相关法律法规许可下，充分考虑隐私信息利用给消费者带来的收益和风险，在有效保护中利用。

1.1.2 研究目的

电子商务中消费者隐私信息对企业和消费者来说均可以带来价值。对电商企业来说，基于收集的消费者隐私信息，可优化产品设计，实现精准营销和精准的客户关系管理等，从而降低电商企业的管理和运营成本，提升管理和运营的效益。对于消费者来说，隐私信息被收集、应用意味着可以接收到更优质的个性化服务，甚至出于交换的目的，消费者还能够获得直接的经济收益，如提供信息获取优惠券等。显然，在电子商务中，消费者的隐私信息更多地已经成为一种特殊的商品，即隐私信息具有经济性。在隐私信息经济性的影响下，无论是电商企业还是消费者，均会关注隐私信息披露带来的收益。同时因为信息隐私关注的存在，消费者也会关注隐私信息披露的成本或风险。

对于消费者来说，为实现效用最大化，会在权衡隐私信息披露的成本、风险和收益的基础上，制定相应的隐私信息披露策略。例如，消费者可以根据电商企业提供的个性化服务和价格优惠水平确定是披露真实隐私信息还是虚假隐私信息以及披露多少隐私信息。

对于电商企业来说，消费者的隐私信息披露策略会影响其隐私信息收集的质和量，进而影响其隐私信息的使用效果。所以，电商企业一方面要考虑消费者的信息隐私关注，确定所提供的隐私信息保护举措，如发表隐私信息声明、签订隐私信息保护协议、提供隐私信息保险等；另一方面要决定提供的个性化服务和价格优惠等的水平，以获取更多的消费者信息，降低个性化服务和价格等的成本，提升效益。电子商务平台还应决定其提供的隐私信息保护举措和数据服务技术水平，以吸引更多的企业和消费者使用平台，增强其竞争力。

这就意味着消费者和电商企业要在复杂的相互博弈关系下各自选择合适的应用策略和保护策略，以实现各自利益最大化。这是一个现实中已存在但是学术界还较少研究的问题。为此，本项目基于隐私信息经济性，深入研究电子商务中消费者、电商企业、电商平台上的商家多方博弈下的隐私信息保护和应用策略。

本项目基于隐私信息经济性，以电商企业在隐私信息保护和应用中面临的重要管理问题为研究对象，系统、深入地研究了在消费者信息隐私关注下相关行为策略等因素对电商企业隐私信息应用的影响及其策略制定。本项目不仅从理论上基于隐私信息的经济性深入探讨了影响隐私信息保护和应用的因素及其作用机理,还为电商企业实际应用策略的制定提供了支持。

理论上,现有以隐私信息为对象的研究成果,主要是运用实证研究方法,研究了信息隐私关注、用户的隐私信息披露、用户的隐私信息保护、企业对用户隐私信息的使用和保护等之间的相关关系。本项目基于隐私信息经济性,充分考虑消费者的信息隐私关注,一方面构建博弈模型,深入研究电商企业的隐私信息应用和保护策略,探讨在消费者不同隐私信息行为特征下的电商企业隐私信息应用策略及其影响等;另一方面采用实证研究方法,综合考虑消费者自身特征和电子商务环境特征,研究我国电子商务环境下消费者隐私信息披露行为的影响因素等。这些问题的研究将从理论上明确电子商务中隐私信息各相关主体的相互作用方式和机理,探讨隐私信息应用策略的影响因素,明确我国电子商务环境下消费者隐私信息披露行为的影响因素和作用路径,为我国电子商务环境下大数据的运用提供理论支撑。

实际应用上,在电子商务中消费者的隐私信息已成为电商企业的战略资源,在保证消费者隐私信息安全的同时更有效地利用隐私信息,充分发挥隐私信息的经济价值是电商企业关注的问题,同时在有效的保护策略下,消费者也可从隐私信息的应用中获得收益。本项目的研究可以为电商企业对用户隐私信息的安全、高效应用提供强有力的理论指导和方法支持。

1.2 相关问题的研究现状分析

国际上对隐私的研究由来已久,涉及法学、社会学、心理学等各个领域。近年来,随着互联网技术和社交媒体等信息技术的高速发展及快速普及,个人数据被广泛收集、使用,由此引发了学术界对隐私信息(information privacy)的广泛讨论,自 20 世纪 60 年代人们对隐私信息开始关注以来,隐私信息的研究经历了多个发展阶段,如图 1-1 所示。

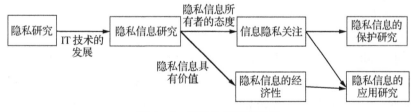

图 1-1 隐私信息研究阶段

在中国,"隐私"一词最早出现于周朝,国际上社会科学领域对一般隐私的研究始于 100 多年前。随着信息技术的迅猛发展,绝大多数人际交流和个人数据都可通过数字信息的方式进行存储、交互及使用,人们将目光越来越多地投向了"隐私信息"的研究上,特别是网络环境下的隐私信息。F. Bélanger 和 R. E. Crossler[5] 提出了隐私信息的概念,不仅明确了隐私信息的研究范畴,亦推进了隐私信息研究在信息系统领域的发展。

本项目基于消费者信息隐私关注和隐私信息的经济性,开展电子商务环境下消费者隐私信息披露策略和企业/电商平台针对消费者隐私信息的应用策略方面的研究。为此,本节将对消费者信息隐私关注、消费者隐私信息保护、消费者隐私信息应用等与本项目研究相关的管理问题的研究现状进行梳理。

1.2.1 信息隐私关注

自信息隐私关注概念提出后,学者们一方面研究信息隐私关注的内涵及影响人们信息隐私关注的因素,另一方面讨论了电子商务环境下信息隐私关注对消费者行为的影响。

1. 信息隐私关注的内涵及其影响因素

(1) 信息隐私关注的内涵

"信息隐私关注"(information privacy concerns)这一概念的提出主要是用来描述人们对信息的隐私关注。在美国的一些早期研究报告[6]提出这一概念后,学者们从不同的视角讨论了该概念的内涵。

Smith等[7]讨论了信息隐私关注这一概念,他们认为在向企业/组织提供隐私信息后,消费者会关注这些企业/组织针对他们的隐私信息会采取什么样的措施,即信息隐私关注。一些研究对"信息隐私关注"的内涵进行了进一步的分类,即认为人们的"信息隐私关注"包括"固有信息隐私关注"和"特殊情境下的信息隐私关注"(如"交易过程中的信息隐私关注")。Xu等[8]认为人们的"固有信息隐私关注"体现的是一个人对隐私信息保护的内在需求和态度,而"交易过程中的信息隐私关注"主要体现的是交易过程中消费者披露隐私信息时消费者的信息隐私关注,该关注取决于交易的环境和隐私信息的披露决策,是动态变化的。Choi和Land[9]认为,"固有信息隐私关注"与个体的生长环境、性别、年龄、经历等个人特征有关,是相对不变的,而"交易过程中的信息隐私关注"是动态变化的,交易环境、企业隐私信息保护策略、线上交易的技术等均会影响"交易过程中的信息隐私关注"的程度。

(2) 信息隐私关注的影响因素

研究者们通过大量的研究探讨了影响信息隐私关注的因素,其中最具代表性的是Smith等[7]和Malhotra等[10]的研究。Smith等[7]建立了CFIP(concern for information privacy)模型,通过实证的方法研究了企业在隐私信息收集(collection of data)、错误的隐私信息(errors in data)、未授权的隐私信息二次使用(unauthorized secondary use of data)及隐私信息的非法获取(improper access to data)四个维度上的行为对信息隐私关注的影响。基于CFIP模型,一些学者探讨了不同情境下信息隐私关注的影响因素[11-19]。

随着互联网的普及,互联网上的信息隐私关注越来越得到重视。Malhotra等[10]基于社会契约理论,提出了信息隐私关注的IUIPC(Internet users' information privacy concerns)模型,认为信息隐私关注的影响因素包括三个维度,即隐私信息收集(collection)、对隐私信息使用的认知(awareness)和隐私信息控制(control)。其中隐私信息收集是基于社会契约理论的信息交换,对隐私信息使用的认知是指消费者对其隐私信息用途的了解,隐私信息控制强调消费者对其隐私信息具有话语权。部分学者进一步基于IUIPC模型进行了拓展研究,如Nov和Wattal[20]、Yang和Miao[21]、Zukowski和Brown[22]等。Hong和Thong[23]综合CFIP和IUIPC模型,通过四个实验进一步深入讨论了用户信息隐私关注的影响因素,并构建了信息隐私关注的影响因素结构模型,即将信息隐私关注的影响因素分为三个层次:第一层,信息隐私关注;第二层,交互管理和信息管理;第三层,收集(collection)、二次使用(secondary usage)、控制(control)、误用(error)、非法侵入(improper access)和隐私信息使用认知(awareness)。研究发现,在信息隐私关注三层次模型中,第二层和第三层的因素均对第一层有影响,同时第三层的因素对第二层也有影响。

近年来,学者们针对不同网络环境研究了信息隐私关注的影响因素。Ali-Padyab和Anna Ståhlbröst[24]探索了在使用物联网时影响消费者信息隐私关注的因素,结果发现四个指标与信息隐私关注相关,即信息收集、IoT(Internet of Things)设备、数据存储以及数据使用。Barrett-Maitland等[25]通过实证方法研究了影响SNSs用户信息隐私关注和安全感知的因素,研究表明,SNSs的隐私性、SNSs对安全的控制、社会责任和SNSs上用户的个人责任感均是影响信息隐私关注的重要因素。Kayhan和Davis[26]研究了基于情境的信息隐私关注的影响因素,发现企业的责任感、信息的敏感度、固有信息隐私关注对消费者基于情境的隐私关注均有显著影响。

还有学者研究了能改变个体信息隐私关注的因素。首先,Steijn和Vedder[27]通过实证方法,对不同年龄段荷兰用户的信息隐私关注进行了调研,结果发现相较于成年人而言,青少年的信息隐私关注较低。其次,Pan等[28]通过实证方法探求能降低用户信息隐私关注的方法,结果发现,"团队印象管理"能够有效提升团队信任,进而降低团队的信息隐私关注。且在"团队印象管理"的两种方式中,"提升团队印象"比"保护团队现有印象"对提升团队信任、降低团队信息隐私关注的效果更佳。

2. 信息隐私关注对消费者行为的影响

网络环境已成为人们隐私信息披露的重要场所。为此,学者们对人们的信息隐私关注对其在网络环境中的一些行为的影响进行了各方面的研究,主要包括对其隐私信息的披露行为、电子商务环境下的购买行为以及消费者接受新兴信息技术等的影响。

(1) 信息隐私关注对隐私信息披露行为的影响

在信息隐私关注对消费者隐私信息披露意愿的影响方面,部分研究认为信息隐私关注的存在将导致互联网用户不再愿意轻易提供个人信息[29-31]。Gruzd和Ángel Hernández-García[32]研究了社交媒体用户的信息隐私关注对其隐私信息披露行为的影响。基于社交媒体的特性,研究者将用户的隐私关注分为对社交媒体的信息隐私关注及对社会关系的信息隐私关注,并进一步将用户的隐私信息披露行为分为披露深度、披露量、披露信息准确性、披露倾向性、披露意愿等五个维度。研究结果发现,用户的信息隐私关注对其隐私信息披露行为起着显著作用。Zlatolas等[33]研究了以Facebook为代表的SNSs上用户的隐私信息披露行为。研究结果发现,隐私关注对用户的隐私信息披露行为存在显著的负向作用。Zhang等[34]发现,基于在线医疗背景的用户隐私关注与信息、情感支持对用户个人医疗信息披露动机具有显著影响。研究者们还发现,在线上社交网络情境下,社交网络上的用户出于社交的需要会乐于披露隐私信息。例如,Blank等[35]发现在人们的社交生活越来越多地借助于社交网络来实现的形势下,为了维持线上的社交生活,社交网络用户不得不披露隐私信息。Lutz和Strathoff[36]认为,在线上社交网络中存在一个个具有相同属性的社区,处于虚拟社区中的用户乐意通过自我展现以寻求组织的认同感和归属感。而这种自我展现的形式往往是通过充分披露自我的隐私信息实现的。

但是,有大量的研究发现,即便消费者存在信息隐私关注,消费者仍然会披露隐私信息。例如,Tufekci[37]在一项面向学生在SNSs使用过程中的隐私信息披露情况的调研中发现,这些学生的隐私信息披露行为与其信息隐私关注关系甚小。Reynolds等[38]在面向Facebook用户的调研中也发现,用户的信息隐私关注对其在Facebook上披露隐私信息行为的影响并不显著。Hughes-Roberts[39]也对Facebook用户通过问卷的形式进行了调研,调研结果也显示用户在社交网络上披露隐私信息的时候,并未将信息隐私关注作为一项重要的决策指标。Taddicken[40]基于对网络调研的结果分析也发现信息隐私关注的存在几乎不会影响用户的隐私信息披露行为,并且一些外部变量,如用户的社交关系、社交网站上应用程序的数量等在用户信息隐私关注对隐私信息披露行为的影响上起着显著的调节作用。

基于用户信息隐私关注对用户行为影响的研究,有学者提出并研究了"隐私信息披露悖论",即Kokolakis[41]指出消费者拒绝隐私信息披露的态度与实际实施隐私信息披露的行为之间的矛盾。Zafeiropoulou等[42]通过研究手机Apps收集、应用用户地理位置信息的现象,也发现了隐私信息披露悖论现象的存在。学者们进一步研究了隐私信息披露悖论产生的原因。一部分学者[43-45]认为,隐私信息披露悖论产生的原因是消费者对隐私信息披露利弊的权衡。例如,Lee等[46]发现,在SNSs应用情境中,当用户发现隐私信息披露的风险低于社交需要带来的满足感时,会选择披露隐私信息。Debatin等[47]的观点类似,他们认为用户在线上的社交网络中存在三个需求,即娱乐需求、建立社交关系需求和个性化形象塑造需求。对于大部分用户来说,当隐私信息披露对这些需求的满足高于披露风险时,用户会选择披露隐私信息。

也有一些学者对隐私信息披露悖论提出了质疑,并进行了研究验证。Dienlin和Trepte[48]认为在实证研究中,研究模型和分析方式是导致隐私信息悖论现象的主要原因。他们基于相同的样本和调查工具,分别采用回归分析法和基于TPB(theory of planned behavior)的隐私信息细分法两种不同的实证研究方法,得出了两种不同的结论。首先,他们应用回归分析来测试信息隐私关注是否与隐私信息披露行为有关,比如①真实的名字,②真实的姓氏,③个人地址,④手机号码,⑤政治或宗教观点,以及⑥社交网站上帖子的频率。回归分析显示,信息隐私关注与网上披露姓名、网上披露手机号码、发表政治或宗教观点以及在社交网站上发帖的频率无关。只有个人地址的披露被发现与信息隐私关注有关。因此,研究者认为隐私信息悖论得到了充分的验证。接着,他们引入新的研究模型分析再次验证同一批样本的隐私信息披露悖论,即基于 TPB 理论并进一步从社会、心理、信息等多维角度细分隐私信息,同时将隐私信息披露态度和隐私信息披露意向作为模型的调节变量。基于新的研究模型的分析结果发现,隐私信息披露悖论被消除了。Baek[49]指出,当企业明确表示支持或反对收集、使用用户的个人隐私信息时,消费者的信息隐私关注和隐私信息行为的矛盾将不存在。首先,Baek 将参与者分成了三组。调查人员向第一组推送关于个人隐私信息保护的相关条例,向第二组推送支持个人隐私信息收集和使用的信息,不向第三组人员推送任何信息。然后,所有参与者被要求完成一份调查问卷,检验信息隐私关注和隐私信息披露行为之间的关系。结果发现,前两组中的消费者的信息隐私关注与隐私信息披露行为显著正相关,第三组中的消费者的信息隐私关注与隐私信息披露行为无关。

此外,还有学者从隐私信息披露者的认知偏见[50-51]、隐私信息披露者与隐私信息收集者之间的信息不对称[52-53]以及隐私信息披露决策过程的不确定性[54]等角度分析了这些因素对"隐私信息披露悖论"产生的影响。

(2) 消费者信息隐私关注对其购买行为的影响

现有研究探讨了消费者信息隐私关注对电子商务环境下消费者购买意愿的影响。大量的研究发现信息隐私关注对消费者的购买意愿会产生显著影响[55-56]。信息隐私关注影响消费者购买意愿的方式多样。其一,信息隐私关注可以通过影响消费者对品牌或发布产品的渠道的信任,进而影响消费者的购买意愿。例如,Zarouali 等[57]通过实证方法,研究信息隐私关注对青少年在 Facebook 上接收到的广告产品的购买意愿的影响。研究结果表明,如果用户的信息隐私关注较高,用户将不再信任定向广告,其对定向广告宣传的产品的购买意愿也将降低。Wottrich 等[58]研究了游戏用户的信息隐私关注对游戏购买行为的影响。结果发现,用户的信息隐私关注影响了其对游戏自定义功能的接受度以及对品牌的信任,进而影响了用户对游戏的购买意愿。其二,信息隐私关注可直接对消费者购买意愿产生影响。例如,Gu 等[59]通过实证方法研究了用户的信息隐私关注对 Apps 的下载意愿的影响。研究结果发现 Apps 收集信息的敏感性增加了用户的隐私关注,进而对 Apps 的下载意愿会产生负面影响。

然而,也有一部分的学者发现,信息隐私关注对消费者网上购买行为的影响并不显著[60]。George[61]及 Drennan 等[62]对这一现象进行了初步解释,他们认为当消费者决定是否购买时,相较于"信息隐私关注","信任"起着更重要的作用。例如,Wottrich 等[58]发现当玩家的品牌信任度很高时,玩家的信息隐私关注对玩家是否接受该游戏无影响。只有在玩家的品牌信任度很低时,信息隐私关注才会发挥负面作用。

(3) 信息隐私关注对消费者接受新兴信息技术的影响

有学者[63]认为信息隐私关注不仅直接影响隐私信息披露行为,而且会通过影响消费者对新兴信息技术的接受而间接影响其披露行为。Tchao 等[64]认为消费者的信息隐私关注会影响其对电商平台的接受度。并且,信息隐私关注的存在,将会使得消费者更在意网络行为是否处于隐私政策的保护下[65]。Liu 和 Carter[66]研究了互联网用户的信息隐私关注对电子政务服务接受态度的影响。研究结果表明,信息隐私关注中的收集、控制和认知三个维度影响了用户对电子政务服务的信任和使用该服务产生的感知风险,进而导致用户拒绝使用电子政务服务。Dai 和 Chen[67]检验了用户信息隐私关注和信息安全关注对其移动商务使用的影响。结果表明,安全关注对用户使用移动商务的影响显著,信息隐私关注对移动商务使用的影响不显著。Lutz 等[68]采用实证方法检验了分享经济环境下,用户的信息隐私关注对其分享行为的影响。结果发现,用户的信息隐私关注对其分享频率不会产生影响。

1.2.2 隐私信息的保护研究

互联网的快速发展使得隐私信息的非法收集、滥用等问题越来越严重,为了保护隐私信息安全,消费者、企业及监管层面会分别采取不同措施,学者们对这三类主体的保护行为分别进行了研究。

1. 消费者的隐私信息自我保护行为及其影响因素研究

信息隐私关注在影响消费者行为的同时,也会使得一些消费者采取主动的隐私自我保护措施,从而降低因隐私信息被收集、使用而产生的风险。学者们对多种保护方式进行了初步研究。

对消费者通过伪造隐私信息或匿名方式保护隐私信息的方式,McGinity[69]发现,消费者通常会通过更为小心地吐露隐私、故意提供错误的个人信息、过滤甚至删除骚扰邮件、身份掩饰等手段进行隐私的自我保护。Chen 和 Rea Jr.[70]提出了三种类型的隐私信息保护手段,包括伪造个人信息、被动反应和身份修改。Miltgen 和 Peyrat-Guillard[71]认为年轻人通常会使用各种策略保护个人隐私,如使用假名和提供虚假隐私信息。Sannon 等[72]也有类似发现,他们认为用户为了访问网站,通常会选择提供虚假隐私信息来保护个人隐私信息。Acquisti 等[73]认为用户可采取的个人隐私信息保护机制主要包括分离、保留、匿名、保护个人信息、欺骗和掩饰。

对消费者在发现隐私信息被收集后减少风险的方式,Son 和 Kim[74]发现消费者除会通过拒绝提供隐私、提供错误信息等方式保护隐私信息外,还会在隐私信息被收集后,通过清除已有信息和负面口碑、向隐私收集企业投诉及向第三方机构投诉等方式降低隐私信息被收集的风险。

对消费者运用技术手段减少隐私信息被收集的方式,Boyd 和 Hargittai[75]提出限制对其个人资料的访问并调整其隐私设置。Young 和 Quan-Haase[76]提出限制好友请求,删除标签和照片。Boerman 等[77]发现用户会因为网站收集"cookies"的行为而拒绝访问该网站。

消费者采取措施对隐私信息进行自我保护的行为受到诸多因素的影响。大量的研究认为消费者的信息隐私关注触发了消费者的隐私信息保护行为。例如，Adhikari 和 Panda[78]发现，消费者的信息隐私关注对其隐私保护行为有显著影响。Blank 等[35]发现信息隐私关注与用户隐私信息保护行为之间存在正相关关系。Lutz 和 Strathoff[36]在瑞士进行了一次电话调查，调查问卷涵盖了多个与隐私信息相关的内容。调查结果证实了信息隐私关注对消费者的隐私信息保护行为有着显著的影响。Kruikemeier 等[79]通过对用户签订"社会契约"情况的分析来解释用户的隐私信息保护行为。研究结果表明，若将用户按不同的信息隐私关注度分为五类，那么信息隐私关注度高的用户更倾向于签订"社会契约"。Baruh 等[80]基于 meta-analysis 工具，探讨了影响消费者隐私信息保护决策的因素。研究发现，信息隐私关注高的用户因为具有较低的隐私信息披露意愿，进而导致其不愿使用线上服务，同时也更倾向于采取措施保护个人隐私信息。Chen 等[81]通过实证方法识别出了互联网用户的隐私威胁，并进一步分析了该威胁对用户信息隐私关注和隐私信息保护行为的影响。研究结果表明，一个弱自控指标（即风险投资的意愿）和两个常见互联网行为（即在线购物和打开未知来源邮件）对互联网用户的隐私信息带来了威胁。这些威胁提升了用户的信息隐私关注，并进一步地加强了用户的隐私信息保护行为。

除了信息隐私关注外，研究者们还探讨了其他影响消费者隐私信息保护行为的因素。Alkire 等[82]研究了 Facebook 上用户的隐私信息保护行为。研究发现，用户的隐私信息保护过程受用户的经历、不确定性和文化影响，而不受隐私侵犯威胁的影响。用户的隐私信息保护意愿引发了用户的个人隐私信息保护行为，通常用户采用的保护行为包括拒绝参与（avoidance）、控制隐私访问（restriction）、防隐私泄露干预行为（intervention）、他人隐私披露的预控制（control）、自我隐私披露的预处理（reflection）、隐私披露自我约束（restraint）。Xiea 和 Karan[83]研究了 Facebook 用户的隐私管理行为及用户对隐私信息保护行为的决策条件。研究发现，用户对大数据技术和企业战略的认识和关注将影响其隐私信息保护行为，即用户在 Facebook 上的隐私设置。Adjerid 等[84]探讨了社交网站中服务提供者策略的变化对消费者的隐私信息保护策略（隐私信息功能设置）的影响。研究结果表明，企业与用户隐私信息相关的决策行为对用户的隐私信息功能设置会产生显著影响。Kruikemeier 等[79]的一项调查研究表明，"对技术无处不在的了解和关注"以及"公司的商业策略"等其他因素也会影响消费者的隐私保护。

2. 企业的隐私信息保护行为研究

在现实应用中，企业一般会向消费者发布网站/Apps 的隐私信息保护政策，在政策中主要包含企业对消费者隐私信息的保护手段。近几年，学者们对企业的隐私信息保护政策的内容和影响均有一定的研究。

一些学者探讨了企业的隐私信息保护政策应用情况。例如，徐磊[85]通过对国内外最受欢迎的 Apps 的隐私信息保护政策进行分析，研究了隐私信息保护政策中关于删除消费者个人信息的保护手段的应用和优化策略。研究发现，企业应当健全有关删除消费者个人信息的相关规定,以保证这一保护手段的有效性。张艳丰等[86]通过建立指标体系对用户阅读移动短视频 Apps 隐私信息保护政策的感知进行了评价。研究结果表明,用户对隐私信息保护政策的阅读意愿取决于隐私信息保护政策的篇幅、排版等政策表征以及具体的政策内容。肖雪和曹羽飞[87]研究了企业隐私信息保护政策的合规性。研究结果表明,在纳入研究对象的 17 个社交应用的隐私信息保护政策中,各类应用的合规性存在差异,其中微博类社交网站隐私信息保护政策的合规性最低。此外,这些隐私信息保护政策在针对用户隐私信息保护方面的透明性、完备性等均存在一定的问题。然而,一部分的研究也发现,一部分企业并没有隐私信息保护政策,通常美国的企业更倾向于建立隐私信息保护政策[88-89]。也有一部分企业,虽然有隐私信息保护政策,但是其对隐私信息的实际处理并未受到隐私信息保护政策的约束[90-95]。

一些学者讨论了企业的隐私信息保护政策对消费者或企业的影响。例如,袁向玲和牛静[96]探讨了社交媒体的隐私信息保护政策对用户隐私信息披露的影响。研究发现,用户对社交媒体的信任度对隐私信息保护政策在用户隐私信息披露上发挥显著影响。此外,消费者会基于隐私信息保护政策下对隐私信息披露的成本和收益的计算来决策是否披露隐私信息。Bansal 等[97]认为企业隐私信息保护机制对消费者的信任度起着直接的影响。Chang 等[98]分析了影响企业隐私信息保护政策(privacy policy)实施效果的因素及隐私信息保护政策对用户隐私信息行为和风险感知的影响。研究结果发现,其中数据访问方式、公告、安全措施及其落实等(access, notice, security, and enforcement)四个维度对企业的隐私信息保护政策执行效果影响显著。而隐私信息保护政策的执行效果又将影响用户的隐私管控行为和隐私风险感知。Lee 等[99]认为企业的隐私信息保护措施具有削弱竞争的作用。

然而,一些学者研究发现,企业的隐私信息保护政策的执行对消费者隐私信息披露的影响并不一定显著。例如,Kaul[100]通过实证分析研究了企业隐私信息保护政策对用户的影响情况。实证结果发现,高达 84% 的受访者不认为企业隐私信息保护政策在保护其隐私信息方面能够发挥显著作用。Schwaig 等[101]发现一部分企业的隐私信息保护政策冗长而复杂,致使消费者无法耐心阅读甚至放弃阅读,从而使得隐私信息保护政策失去了效用。Mulder 和 Tudorica[102]通过研究三个健康管理的 Apps 和穿戴设备的隐私信息保护政策发现,欧盟的隐私信息保护法(GDPR)与隐私信息保护现实存在差距。研究发现,用户通常很少阅读企业的隐私信息保护政策。此外,即使企业都宣称"在意用户的隐私信息安全",但是其具体的隐私信息保护政策中并未能清晰列出对用户隐私信息使用的方式和过程。

3. 隐私信息保护政策研究

为了保障消费者的隐私信息权益,不少国家出台了隐私信息保护条例及相关行业政策。近几年,大量的学者研究了隐私信息保护法律法规和隐私信息保护政策对消费者和企业的影响等。

首先,在对隐私信息保护的法律法规的研究方面,大量研究探讨了当前较为成熟的隐私信息保护政策的异同。例如，Barkatullah 和 Djumadi[103]分析了欧盟和美国的不同隐私保护政策对企业的约束力。研究发现，欧盟和美国的隐私保护政策对企业的要求不一：欧盟更强调国家在隐私保护中的监管作用，即通过法律严格约束企业对用户的隐私信息的收集和使用行为；而美国更强调企业在隐私信息保护中的作用。Chorpash[104]研究了欧盟的 GDPR (General Data Protection Regulation)管控范围和管控效果。进一步地，研究者将 GDPR 与美国的隐私保护法律相比较，发现即便推进 GDPR 存在较多的障碍和较高的成本，GDPR 依然优于美国的隐私信息保护法律。

其次，大量研究探讨了隐私保护相关法规及政策对消费者的影响。例如，Zhao 等[105]通过研究发现，隐私保护政策的存在及消费者对互联网隐私立法的感知会降低"信息隐私关注"带来的负面影响。Xu 等[8]认为作为隐私控制的主要方式之一，行业隐私信息保护政策（行业控制）及政府隐私立法（政府控制）是影响消费者"信息隐私关注"的主要因素。Cecere 等[106]以欧洲的社交网络用户为研究对象，探讨了隐私信息保护政策、国家文化和社交相关的变量对用户的信息隐私关注的影响。结果发现，隐私信息保护强的国家，用户的信息隐私关注也强。Okazaki 等[107]研究了手机广告中消费者信息隐私关注的影响结果。结果发现，手机用户关于隐私信息披露的负面经历提升了用户的信息隐私关注和隐私信息风险感知，这导致用户在手机广告中更青睐更严厉的隐私信息保护政策。Mousavizadeh 等[108]将信息隐私关注作为调节变量，研究了隐私信息保护机制对消费者购买意愿的影响。结果表明，信息隐私关注对用户的购买意愿有负面影响，而企业的隐私信息保护政策可以降低信息隐私关注。

最后，还有大量的研究对隐私信息保护相关法规及政策对企业的影响做了较为深入的探讨。例如，Lin 和 Wu[17]发现政府的隐私立法及企业隐私信息保护协议对企业的客户关系管理起着积极的作用。Goldfarb 和 Tucker[109]研究了欧盟隐私监管对在线广告效果的影响，认为欧盟的隐私政策约束了广告主收集网络用户隐私信息的能力。研究结果表明，欧盟推行隐私政策之后，广告的效果总的来说降低了。其中，提供信息服务的网站上的广告效果下降明显。此外，与广告受众缺乏互动或静态的广告效果下降也较为显著。

1.2.3 隐私信息经济性的研究

学者们认为"隐私信息"除了代表个人的"权利"外，还具备经济性或"商品"属性[110]，消费者可以通过披露隐私信息来换取收益。Acquisti 和 Grossklags[111]通过对实证数据的分析，验证了用户的隐私信息披露是一种经济行为。

隐私信息的经济性决定了隐私信息不仅仅是被保护的对象，也可以是消费者用来获利的一种资源。研究发现消费者对隐私信息有着一定的心理"定价"。Carrascal 等[112]发现互联网消费者对其"在线浏览历史"信息的心理定价大约为 7 欧元，约等同于一顿饭的价格。Huberman 等[113]通过实验发现消费者认为"年龄"的平均价格为 57.56 美元，而"体重"的平均价格为 74.06 美元。Beresford 等[114]研究发现消费者对不同的隐私（如年龄、体重、出生时间等)有着不同的价值衡量。这就意味着企业可以以消费者心理预期的价格购买隐私信息。

隐私信息的经济性说明消费者隐私信息的披露不只是带来伤害,还可能为消费者带来利益。因此,在隐私信息经济性的影响下,消费者反而有可能选择披露隐私信息。Brown[115]、Spiekermann 等[116]均发现,尽管调研对象声称受信息隐私关注的影响不愿披露隐私内容,但一旦意识到可以获得回报,他们仍会向在线零售商提供个人信息。Lee 等[46]通过一系列半结构化的深入访谈和实验发现,尽管用户存在信息隐私关注,但仍然会积极地共享个人信息。学者们认为这是因为除了隐私信息披露带来的风险外,受访对象还意识到隐私信息的披露能够为其带来收益。Barth 和 Jong[117]研究了互联网用户关于隐私信息披露的决策过程,结果发现,尽管互联网用户十分关注信息隐私,但是事实上用户的隐私信息披露决策受隐私信息披露的风险和收益的双向影响。Hallam 和 Zanella[118]研究了社交媒体中用户信息隐私关注和社交奖励对用户隐私信息披露行为的影响,结果发现,社交奖励对消费者隐私信息披露行为的影响更为显著。Wottrich 等[119]用实验方法检验了在手机 Apps 下载过程中涉及的隐私信息披露的现象,实验结果表明,在 Apps 的下载过程中伴随着隐私信息的利益交换现象。

基于隐私信息的经济性,研究者提出可以通过"隐私计算模型"这一工具来帮助消费者衡量隐私信息披露的期望风险与潜在收益。Min 等[120]通过"隐私计算模型"检验经济激励行为对"信息隐私关注"的影响,从而观察其对隐私信息披露及消费者持续使用社交媒体的影响。Dinev 等[121]通过"扩展性隐私计算模型",研究隐私风险意识及隐私披露激励手段对网上交易隐私披露行为的影响。Pentina 等[122]运用隐私运算模型对中美两国关于收集 Apps 接受度的实证数据进行比较,研究发现,相较于收集 Apps 给用户带来的收益,用户的信息隐私关注所产生的负面影响较弱。

1.2.4　电子商务中隐私信息的应用研究

现有对隐私信息应用的研究主要集中在探讨企业的个性化服务与用户隐私信息披露之间的关系、消费者隐私信息披露行为对企业信息分享行为策略的影响以及消费者信息隐私关注下的企业运营策略优化等方面。

1. 企业个性化服务应用及影响研究

为消费者提供个性化服务是企业收集消费者隐私信息的主要目的之一。然而,研究表明消费者对个性化服务的接受程度受消费者信息隐私关注的影响。例如,Chellappa 和 Shivendu[123]通过实证研究发现个性化服务为消费者的网上消费带来了积极的作用,而消费者对隐私披露风险的担忧则会弱化该作用。Awad 和 Krishnan[124]研究发现越关注隐私信息的消费者越不愿接受个性化服务;Sutanto 等[125]发现在智能手机定向广告应用场景下,消费者仅仅在确认隐私信息不被泄漏的情况下才会更愿意保存接收到的个性化广告。

同时，学者们研究了企业个性化服务对消费者的信息隐私关注程度和消费者隐私信息披露意愿的影响。首先，在企业个性化服务对消费者信息隐私关注的影响方面，Portilla[126]研究发现个性化的新闻通常会激发在线新闻用户的信息隐私关注。而用户的信息隐私关注程度通常取决于用户的内在特性及其获取个性化新闻的方式。其次，在企业个性化服务对消费者隐私信息披露意愿的影响方面，Karwatzki 等[127]研究了个人隐私价值、信息使用透明度和个性化服务之间的互动对用户隐私信息披露意愿的影响。研究结果表明信息使用透明度对个人隐私信息披露无显著影响，个人隐私价值通常会显著抑制用户的隐私信息披露行为，而个性化服务仅能够说服信息隐私关注程度不高的消费者进行披露。Kim 等[128]探讨了在医疗保健、智能家居和智能交通等物联网服务中，影响用户提供隐私信息意愿的因素。研究结果显示，一般来说，当个性化服务为用户带来的感知效果较好时，用户并不会过多关注隐私信息披露行为为其带来的风险。而当个性化服务为用户带来的感知效果较差时，用户的隐私信息披露意愿受信息隐私关注水平的影响较大，即对于信息隐私关注较高的服务，如医疗保健服务，用户更倾向于不进行隐私信息披露。

因为个性化服务对消费者影响的复杂性，有大量研究进一步探讨了考虑消费者信息隐私关注下企业优化的个性化服务策略。如，Chellappa 和 Shivendu[129]通过实证方法研究发现基于消费者"信息隐私关注"水平，企业将有针对性地采取不同的个性化服务策略，如单一的个性化服务水平、多样化的个性化服务水平、个性化服务与优惠券相结合的策略等。Malheiros[130]研究发现，存在一个最佳的个性化服务水平，即"个性化的最佳位置"，使得企业可以在尊重用户隐私和舒适度的前提下，使广告效果达到最大化。Walrave 等[131]对于"个性化的最佳位置"有不同的发现。他们研究了青少年对个性化广告的反应，包括对广告的态度、品牌参与度和转发意向，以及用户的信息隐私关注对其个性化广告接受度的影响。研究结果发现广告的个性化程度越高，用户对广告的反应越积极，即"个性化的最佳位置"并不存在。Lv 和 Wan[132]在考虑服务互补与顾客细分情形下，构建了信息不对称时商家的最优服务合约结构（基本服务、零效用互补及正效用互补合约）。该框架为关注线上个性化服务的线上企业提供了指导，并为企业如何向有限理性客户有效地收集隐私信息提供了建议。

一些学者讨论了消费者信息隐私关注在企业的个性化服务决策中的作用。Noor 等[133]将用户的信息隐私关注作为个性化程度与在线广告投入量之间的调节变量，探讨了在线行为广告（OBA）背景下，在线广告的个性化特征对用户的影响。分析结果表明，高信息隐私关注提升了用户感知的个性化程度与在线广告投放之间的关系强度。Miltgen 和 Smith[134]认为现有的对用户隐私信息披露的效用分析研究尚未能清晰展现用户基于隐私信息披露成本和效益分析的决策过程，且对成本和效益的度量维度也未能统一。为解决这一问题，Zhu 等[135]引入多属性效用理论（MAUT）对用户隐私信息披露的收益和成本进行了度量。实验检验发现，这种度量方法是有效的，并且可用于解决隐私信息的收益-成本交换等类似问题。研究结果还表明，企业在个性化服务投入决策过程中，不应该仅仅关注用户对收益的偏好,还应深入研究用户的信息隐私关注。

2. 激励消费者披露隐私信息的企业策略研究

除提供个性化服务外,企业还致力于优化决策以激励消费者提供个人数据。Jentzsch 等[136]提出了一个具有二维消费者异质性的修正 Hotelling 模型来分析消费者隐私信息披露的诱因及其带来的福利效应。结果发现,用户数据披露的动机取决于客户数据的类型和用户对品牌偏好的异质性。如果消费者相对同质化,那么这样做的动机会更强。研究结果还表明,用户数据分享行为降低了消费者剩余,而对社会福利的影响是积极的。Spiegel[137]从数据提供角度,比较了平台对商业软件(隐私信息收集)与广告软件(隐私信息屏蔽)的使用效果。结果表明,广告软件的效果更佳。

3. 企业的消费者数据收集策略研究

在互联网环境下,企业通常在数据收集方面掌握着主导权。因此,研究企业的数据收集策略的文献开始涌现。Dimakopoulos 和 Sudaric[138]研究了在平台上收集用户个人数据的行为及影响。考虑用户的隐私信息披露会产生成本的情况,研究结果发现企业收集的用户个人数据的均衡水平处于低效的高水平或低水平状态:若市场竞争较弱或定向广告的收益较低,企业会收集过多的用户数据,反之亦然。此外,研究结果还表明,平台的任何一边的市场竞争越不激烈,那么平台收集的用户数据也将越多。若竞争平台均采用双边定价,那么数据收集将是高效的。Bloch 和 Demange[139]研究了垄断平台对于消费者隐私信息的收集策略。他们假设消费者在隐私信息屏蔽成本方面是异质的,进一步研究该假设前提下平台如何决策消费者隐私信息的收集量,研究结果表明,平台往往会收集过的消费者数据。Kummer 和 Schulte[140]通过实证方法研究了移动应用程序定价与隐私信息收集之间的关系,研究发现,鉴于用户会权衡购买应用程序的价格优惠和隐私信息披露的风险,企业在收集较高量的用户个人数据时,应对应用程序设定较低的价格。

针对收集到的用户个人数据,企业会通过数据服务或者数据交易等方式创造价值,现有研究也在这方面进行了探讨。Baye 和 Sappington[141]研究了隐私保护政策对在线购物平台上交易(如价格/数量)数据的影响,研究结果发现,数据交易行为会影响消费者的在线购物意愿,进而影响企业的定价决策和平台参与者的福利。研究者认为以利润最大化为目标的平台更倾向于总福利最大化的数据交易策略。这是因为随着不同行业的竞争对手共享用户数据的现象越来越普遍,用户数据在定向定价中发挥的作用越来越大。De Corniere 和 De Nijs[142]研究了寡头垄断平台拍卖广告时段的背景下对外分享消费者隐私信息的策略。结果表明,平台更倾向于分享消费者隐私信息。但是这一策略将导致一部分消费者离开市场,因此从社会总福利角度来看,该策略并不一定是最优策略。Lefouili 和 Toh[143]研究了垄断平台通过向第三方分享消费者信息获利的现象,研究结果表明,过度的信息分享是导致平台效率低下的原因之一。

1.2.5 研究现状评述

自 20 世纪 60 年代提出并开始研究隐私信息以来,研究领域横跨法律、心理学、信息系统等多个学科,研究内容涉及信息隐私关注、隐私信息保护、隐私信息经济性、隐私信息应用等,在这些方面均已取得了较为丰富的研究成果,但随着大数据等信息技术的快速发展,隐私信息应用越来越广泛,更多的隐私信息管理及其应用问题需要研究和解决。

1. 信息隐私关注及其影响研究

现有研究对信息隐私关注的内涵和影响互联网用户信息隐私关注的因素进行了大量的讨论,基本明确了信息隐私关注的内涵和影响因素,并有比较多的研究成果从实证的角度探讨了信息隐私关注与互联网用户的隐私信息披露意愿、隐私信息披露行为、产品/服务购买意愿、企业个性化服务投入效果、企业个性化服务投入策略等的关系。

但还较少有成果采用定量方法研究消费者的信息隐私关注对其自身的行为选择和对企业相关行为的作用机理。为此,在信息隐私关注的影响方面,还有多方面的问题需要深入探讨,如信息隐私关注影响互联网用户的隐私信息披露意愿和行为、产品/服务购买意愿、企业个性化服务投入效果和企业个性化服务投入策略等内在机理问题,在信息隐私关注存在的情况下互联网用户的隐私信息披露策略以及企业相应的隐私信息应用策略优化问题等。

2. 隐私信息保护的研究

现有研究主要采用定性方法,从国家政策、企业的隐私保护政策和互联网用户隐私信息自我保护角度分别探讨了不同国家的隐私保护政策的异同及其对企业运营的影响,互联网用户隐私信息自我保护的表现形式及其影响用户实施隐私信息自我保护的因素,企业隐私保护政策对互联网用户的信息隐私关注的影响以及对企业竞争态势的影响。现有的研究基本明确了各类隐私信息保护政策、行为的特点和表现形式,以及隐私信息保护政策、行为对互联网用户和企业的影响。

但是对企业来说,迫切需要解决隐私信息应用、保护及信息隐私关注三者间相互作用、相互影响的方式,从而更好地实现在相关的保护策略下有效利用隐私信息。为此,在隐私信息保护方面还有多个方面的问题有待深入研究,如有效的企业隐私信息保护方式的探索和新方式的应用策略研究,企业不同隐私信息保护手段对互联网用户的隐私信息披露意愿、行为和产品购买意愿影响的内在机理,企业的隐私信息保护策略与互联网用户的隐私信息披露策略以及企业的其他隐私信息应用策略的相互关系研究,第三方(非法/合法)收集和使用用户隐私信息的行为对企业隐私信息保护策略和用户隐私信息自我保护策略的影响等。

3. 隐私信息经济性与隐私信息应用方面的研究

现有研究主要通过实证方法研究了互联网用户对隐私信息的价值感知,用户对隐私信息的价值感知、对其隐私信息披露意愿和行为的影响，以及用户基于隐私信息经济性决策是否披露隐私信息的决策方法。此外，现有研究还对企业基于隐私信息经济性的隐私信息应用行为进行了研究，主要研究了影响个性化服务接受度的因素、个性化服务对用户隐私信息披露意愿和行为的影响、考虑用户信息隐私关注时的个性化服务的实施策略。少量的研究还初步探讨了企业隐私信息的收集和交易行为对用户隐私信息披露意愿的影响。

但是对于企业来说，迫切需要研究在消费者信息隐私关注和隐私信息经济性两个因素的影响下，最优的隐私信息应用策略制定以及其与消费者行为之间的相互作用机理，从而更好地发挥消费者隐私信息的应用价值。为此，在隐私信息经济性及其应用策略的研究方面，还有许多问题需要研究解决，如：企业应用隐私信息的行为对用户的产品购买意愿、隐私信息披露策略、用户的隐私信息保护策略等的影响机理研究；不同用户隐私信息披露策略和保护策略下，企业对用户隐私信息应用的策略研究；用户信息隐私关注对企业的隐私信息应用策略影响的内在机理研究，以及企业的隐私信息应用策略选择；有平台、第三方组织参与情况下，企业、电商平台、其他类型平台、第三方等复杂博弈下的隐私信息应用策略研究。

4. 电子商务中隐私信息披露行为的影响因素研究

信息隐私关注和隐私信息披露行为的影响因素涉及很多方面，具体包括人口统计学因素、人格特征、个体感知因素、电子商务网站相关因素等等。前人的研究在某些因素方面形成了统一的观点，如信息隐私关注和信任对隐私信息披露意愿有显著影响；但对某些因素的研究结果仍存在争论，如人口统计学因素对信息隐私关注的影响。而且当前研究中针对我国电子商务环境下信息隐私披露行为影响因素，特别是消费者虚假隐私信息披露行为的影响因素的研究较少，考虑的因素不够充分，大都只考虑自身因素，缺少对自身因素和外部环境因素共同讨论的情况。中外不同的文化环境会导致消费者的思维方式和行为特征存在差异，不同环境可能会出现不同的研究结论，所以无法直接套用国外研究结论用于国内电子商务企业的管理，对于我国具体的电子商务环境应做具体分析。本书结合我国电子商务环境特点，对消费者隐私信息披露行为意愿和虚假隐私信息披露行为的影响因素做进一步研究。

1.3 研究问题框架

电子商务中消费者的隐私信息已成为电商企业的战略资源，不仅可以给电商企业直接带来产品/服务的销售收入的增加，还可以带来相关的增值收入，如电商企业基于对消费者的隐私信息分析而提升的运营能力、产品设计能力、市场营销能力以及基于数据脱敏处理后向第三方提供数据服务而产生的收入等。而消费者在面临隐私信息披露风险时，也可以通过提供隐私信息获取优惠和个性化服务等收益，隐私信息对消费者也具有经济性。这就意味着电子商务企业隐私信息相关的行为决策会受到多方面因素的影响。

基于隐私信息的经济性,电子商务中无论是消费者还是电商企业在进行行为选择时,一方面会受到消费者信息隐私关注的影响;另一方面,相关主体间相互博弈,各主体的行为策略间相互作用、相互影响。消费者隐私信息的应用和保护策略的研究涉及多个主体多种策略的研究,如图1-2所示。本书从消费者和电商企业两类主体出发,基于隐私信息的经济性和消费者的信息隐私关注,从更安全有效使用隐私信息的角度研究电子商务环境中消费者隐私信息保护和应用的相关问题。

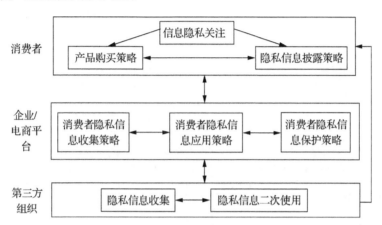

图1-2 电子商务中隐私信息保护和应用策略问题的研究框架

电子商务环境下,基于隐私信息经济性的消费者和电商企业的隐私信息保护和应用策略的研究涉及比较多的问题。本书重点从电商企业角度出发,基于隐私信息的经济性,研究问题主要涉及考虑消费者信息隐私关注时的隐私信息应用策略、消费者隐私信息披露策略及其对电商企业隐私信息收集策略和隐私信息应用策略的影响、电商企业隐私信息收集策略和隐私信息保护策略对隐私信息应用策略的影响等方面,主要研究问题见图1-3所示。本书具体研究了以下几个方面的问题:

1. 考虑消费者信息隐私关注的电商平台数据服务策略研究

电商平台对消费者隐私信息的应用方式分为直接应用和间接应用两种。本项目研究了电商平台一种典型隐私信息直接应用方式——"数据服务"的提供策略及其对电商平台、商家和消费者的影响。具体研究的问题主要有:

(1) 寡头垄断环境下,电商平台向商家提供"数据服务"的决策条件,"数据服务"提供量的选择,以及"数据服务"对商家定价策略和消费者产品购买意愿的影响。

(2) 市场竞争环境下,考虑消费者的信息隐私关注异质性时,面对竞争平台不提供"数据服务"的情况,电商平台"数据服务"的决策条件,以及"数据服务"对平台的竞争态势和消费者产品购买意愿的影响。

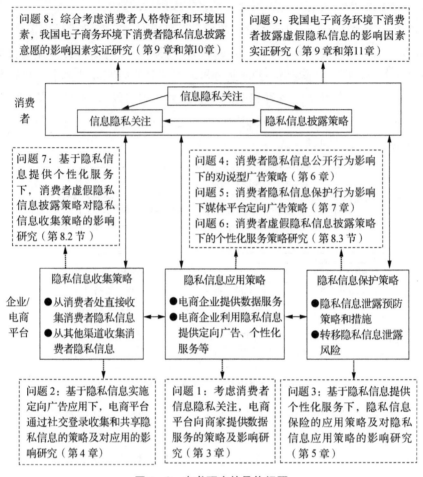

图1-3 本书研究的具体问题

2. 利用隐私信息实施定向广告下,电商平台借助社交登录方式的隐私信息收集和共享策略研究

根据消费者隐私信息收集渠道的不同,电商平台收集隐私信息的方式可分为向消费者直接收集隐私信息和从其他渠道收集隐私信息两类。本项目以电商平台收集隐私信息实施定向广告应用为背景,研究了电商平台通过社交账号登录的方式从社交媒体平台收集消费者隐私信息的策略选择及与社交平台信息共享的策略。具体研究的问题主要有:

(1) 以电商平台收集隐私信息实施定向广告为应用背景,考虑消费者信息隐私关注的异质性、电商平台"社交账号登录"策略的决策条件以及"社交账号登录"策略的应用对电商平台引流效果和消费者产品购买意愿的影响。

(2) 以电商平台收集隐私信息实施定向广告为应用背景,考虑消费者信息隐私关注的异质性,在电商平台引进"社交账号登录"时,电商平台与社交媒体平台的隐私信息共享策略以及不同隐私信息共享策略对消费者购买意愿的影响。

3. 利用隐私信息提供个性化服务下，运用"隐私信息保险"转移隐私信息泄露风险的隐私信息保护策略及其对隐私信息应用策略的影响研究

当存在第三方非法收集和使用消费者隐私信息时，电商企业可以采取多种方式保护消费者的隐私信息，如加大信息安全投资降低信息泄露的风险，通过隐私保护政策严格限制收集和使用消费隐私信息的范围和程度，购买保险转移消费者隐私信息泄露的风险等。本项目选取了近两年实践中尝试应用的隐私信息保险作为对象，以利用隐私信息提供个性化服务为应用背景，研究隐私信息保险的这种保护策略的应用方式及对电商企业隐私信息应用策略和消费者相关行为的影响。具体研究的问题主要有：

（1）第三方收集和使用消费者隐私信息的行为对电商企业隐私信息保护策略、消费者隐私信息披露策略和消费者产品购买意愿的影响。

（2）电商企业为消费者购买隐私信息保险情境下，电商企业购买隐私信息保险的决策条件以及隐私信息保险对电商企业产品定价策略、消费者隐私信息披露策略和消费者产品购买意愿的影响。

（3）消费者购买隐私信息保险情境下，考虑消费者信息隐私关注异质性时，消费者购买隐私信息保险的决策条件以及隐私信息保险对电商企业个性化服务策略、定价策略、消费者隐私信息披露策略和消费者产品购买意愿的影响。

4. 消费者隐私信息公开行为下电商企业劝说型广告策略研究

劝说型广告是电商企业从消费者的切身利益出发，告知消费者该电商企业品牌商品优于其他品牌商品的独到之处，以期形成消费者对本企业产品或服务的特殊偏爱，从而判定选择本企业的产品或服务的广告。当电商企业不能识别不同类型的顾客并对其进行市场细分，不具备实施定向广告的条件时，只能采用传统的大众广告开展促销活动。本项目在考虑消费者不对隐私信息采取保护的情况下，研究电商企业不能进行用户细分时的劝说型大众广告策略。具体研究的问题主要有：

（1）当市场上相互竞争的两个企业投放提高消费者支付意愿、增加产品需求的劝说型广告时，分析电商企业掌握不同隐私信息水平时综合运用劝说型广告策略和价格策略下的均衡广告和价格决策、企业利润、消费者剩余和社会福利。

（2）讨论当市场上相互竞争的两个电商企业投放增加消费者对产品差异的感知、缓和市场竞争作用的劝说型广告时，分析企业掌握不同隐私信息水平时综合运用劝说型广告策略和价格策略下的均衡广告和价格决策、企业利润、消费者剩余以及社会福利。

（3）研究消费者隐私信息公开行为下信息运营商的最优决策行为和隐私信息价格。

5. 消费者隐私信息保护行为下媒体平台定向广告策略研究

媒体平台的广告定向契合度与其所获取的消费者信息直接相关，消费者隐私信息保护行为影响着媒体平台的广告定向契合度及其利润。为此，本项目研究基于消费者隐私信息保护行为的媒体平台定向广告策略。依据媒体平台是否向消费者收费，将媒体平台分为免

费媒体平台和付费媒体平台。具体研究的问题主要有：

（1）研究广告定向契合度和消费者隐私信息保护行为对垄断媒体平台利润的影响。

（2）在"免费 vs 免费"媒体平台对称竞争模式下，研究消费者隐私信息保护行为对媒体平台定向广告策略的影响，分析媒体平台的广告定向契合度和消费者隐私信息保护行为在广告商单归属和多归属情形下对媒体竞争均衡时利润的影响。

（3）在 lump-sum 和 per-consumer 两种典型的"免费 vs 付费"媒体平台非对称竞争模式下，研究消费者隐私信息保护行为对媒体平台定向广告策略的影响，分析媒体平台的广告定向契合度、内容质量改善、消费者隐私信息保护行为对媒体竞争均衡时利润的影响。

6. 消费者披露虚假隐私信息的保护策略对电商企业隐私信息收集策略的影响研究

消费者虚假隐私信息披露策略是消费者同时考虑降低隐私信息披露风险和获取隐私信息披露收益而选择的一种典型的隐私信息披露策略。电商企业收集消费者隐私信息的目的是为了应用隐私信息创造价值。当消费者披露虚假隐私信息时，电商企业从应用隐私信息中获取的价值将会受到影响。鉴于此，本项目深入研究了消费者虚假隐私信息披露策略对隐私信息收集策略的影响。具体研究的问题主要有：

（1）电商企业不同的隐私信息收集策略下，消费者的虚假隐私信息披露策略制定。

（2）在电商企业实施隐私信息收集行为时，消费者的虚假隐私信息披露行为对产品市场需求和产品定价的影响。

（3）在电商企业实施隐私信息收集行为时，消费者的虚假隐私信息披露行为对社会福利的影响。

（4）消费者虚假隐私信息披露行为对电商企业隐私信息收集策略的影响。

7. 消费者虚假隐私信息披露策略下电商企业个性化服务策略研究

电商企业需基于对消费者隐私信息的分析向消费者提供个性化服务，进而影响消费者的产品购买意愿。当消费者提供虚假隐私信息时，电商企业提供的个性化服务质量受损，致使个性化服务对消费者产品购买意愿的影响被削弱。然而，提供虚假隐私信息能够降低消费者的信息隐私风险感知，进而提升消费者的产品购买意愿。本项目深入研究消费者虚假隐私信息披露策略对隐私信息间接应用（个性化服务）策略的影响。具体研究的问题主要有：

（1）市场完全覆盖情境下，消费者虚假隐私信息披露策略对电商企业个性化服务策略的影响研究。

（2）市场不完全覆盖情境下，消费者虚假隐私信息披露策略对电商企业个性化服务策略的影响研究。

8. 我国电子商务环境下，消费者隐私信息披露意愿影响因素的实证研究

人们日益增长的对信息隐私的关注程度与电商企业发展对消费者个人数据需求之间的矛盾日益突出。如何采取有效的措施，在加强消费者信息保护的同时获得更多信息服务于

企业经营,是当前电商企业急需考虑的问题,也是学术界研究的热点话题之一。本项目基于我国电子商务环境,结合相关研究理论构建实证模型,研究了我国电子商务环境下消费者隐私信息披露行为的影响因素。具体研究的问题主要有:

(1) 电子商务中,影响消费者的隐私信息披露行为和隐私信息披露意愿的外部环境因素和消费者自身大五人格特征因素以及各类因素的影响程度。

(2) 消费者对电商企业的"信任"在消费者的隐私信息披露意愿的影响中产生的作用。

(3) 消费者的信息隐私关注在外部环境因素和消费者自身因素对消费者隐私信息披露意愿的影响中产生的作用。

9. 我国电子商务环境下,消费者隐私信息虚假披露行为影响因素的实证研究

电子商务环境中消费者的个性特征和购买行为等方面的数据,对电商企业来说,是运营和营销等决策的重要依据;对消费者来说,是获取个性化服务的基础。但是,由于消费者隐私信息被不当使用的事件增多以及消费者自身信息隐私关注的提升,带来消费者虚假隐私信息披露行为的增加。这种现实中广泛存在的虚假隐私信息披露行为将给电商平台和消费者带来"双输"的结果——企业无法保证数据有效性、消费者无法获得精准服务。为此,本项目通过实证方法研究了我国电子商务环境中消费者虚假隐私信息披露行为的影响因素。具体研究的问题主要有:

(1) 电子商务中消费者的虚假隐私信息披露行为产生的条件,分析隐私信息披露意愿和虚假隐私信息披露风险在其中所起的作用。

(2) 电子商务中消费者的信息隐私关注对消费者隐私信息披露意愿的影响以及影响的路径。

(3) 基于隐私计算理论,电子商务中消费者的隐私信息感知价值的影响因素和感知虚假隐私信息披露风险对虚假隐私信息披露行为的影响路径。

第 2 章
电子商务中的隐私信息及相关主体的行为策略

电子商务中，消费者的隐私信息已成为电商企业挖掘产品需求、实现精准营销、提升服务质量的重要资源，但其应用必须考虑消费者的利益和策略。本章首先界定隐私信息、隐私信息经济性和信息隐私关注等相关概念。其次，分析电子商务环境下消费者的隐私信息在各相关主体间流转和应用的过程，并进一步讨论了隐私信息经济性影响下消费者和电商企业的隐私信息行为策略。

2.1 隐私信息及其特征

2.1.1 隐私与隐私分类

1. 隐私的含义

"隐私"一词流传已久且不断被广泛提及，尤其是在信息技术发达的当下，"隐私"的话题更是被普遍讨论。根据《现代汉语词典》(第 7 版)的解释，所谓"隐私"是指"不愿告诉人的或不愿公开的个人的事"。从中可以看出，在我国，所谓"隐私"，主要强调个人对其"私"事的一种"隐"藏行为或"私"事所处的一种"隐"藏状态。我国的经典著作，也对"隐私"的这一释义进行了验证。《荀子·王制》中"故近者不隐其能，远者不疾其劳"提及的"隐"便可引申为"不公开"之义。《诗·小雅·大田》中"雨我公田，遂及我私"提及的"私"便有"个人的，私密的"之义。在英语语境中，"隐私"一词是"privacy"。根据牛津词典的解释，"privacy"主要表达的是一种别人无法观察到或打扰的一种私密状态。

法律层面和学者们均从不同角度阐述了隐私的含义。我国的《民法典》将隐私定义为"自然人的私人生活安宁和不愿为他人知晓的私密空间、私密活动、私密信息。"《民法典》认为"自然人享有隐私权。任何组织或者个人不得以刺探、侵扰、泄露、公开等方式侵害他人的隐私权"。Westin[144]将隐私定义为个人、团体或机构享有的能够自主控制何时、何地以何种方式向外界传递自身相关信息的一种权利。Westin[145]还将隐私定义为一种隔离于他人的状态。与一般的带有惩罚性质的隔绝状态不同的是，隐私的隔离是个人追求的一种独处、私密的状态。Altman[146]从社会学角度将隐私界定为一种个人或者群体自我选择性的控制机制。O'Reilly 和 Chatman[147]提出,隐私是一个以个体为中心的、防止个体被入侵、能够有选择性地展示自己并表现个体自主性的空间区域。

可见,虽然研究者们对隐私的解释角度不一样,但是从"隐私"的各类定义中可以看出,"隐私"均强调了个体的"私密"性,同时也可以看出,"隐私"是个体与生俱来的、可以自主选择的一种状态。鉴于此,社会对"隐私"的态度普遍是个体享有"隐私权",即个体的"隐私"应当被保护。结合现有研究和社会共识,本项目认为"隐私"是个体对自身特征、行为、状态和个体相关联信息不对外分享的一种自我保护属性。

2. 隐私的分类

可以从不同的角度对隐私进行分类,这里从表现形式、包含的内容和所属主体三个角度讨论隐私分类。

从隐私的表现形式上来看,隐私可分为物理形态的隐私(physical privacy)、财产隐私(property privacy)和信息隐私(information privacy)三大类[148]。物理隐私包含的具体内容有私人生活、私密空间、私密活动、私密部位、私密信息等。物理隐私受到法律的严格保护,所有侵犯物理隐私的行为都会受到法律制裁。财产隐私是指个人/组织对所有物的保密权利,包括所拥有的房屋、银行账户、土地等。信息隐私是指个人/组织对自身的特征、属性和行为等信息的保密权利。根据《民法典》的规定,个人信息"是以电子或者其他方式记录的能够单独或者与其他信息结合识别特定自然人的各种信息,包括自然人的姓名、出生日期、身份证件号码、生物识别信息、住址、电话号码、电子邮箱、健康信息、行踪信息等"。组织信息是以电子或其他方式记录的能够单独或者与其他信息结合识别特定组织的各种信息,如企业的商标、产品类型、产品生产方式、产品配方等。

从隐私所涉及的内容上来看,隐私可分为特征隐私、行为隐私、社交隐私和偏好隐私等。特征隐私是指个人或组织与生俱来的、能够代表个人身份的隐私,包括性别、身高、年龄、家庭成员信息、身份证号码、联系方式等。行为隐私是指个人在参与社会或经济活动时的行为轨迹、行为特征等隐私。例如,在个人/组织参与电子商务活动过程中,个人/组织的浏览行为、搜索行为、比价行为、交易行为、评价行为等均属于行为隐私的范畴。社交隐私是指个人/组织的社交关系和社会活动等,包括社交网络中的朋友圈、现实生活中的好友等。偏好隐私是指能够反映个人/组织习惯、兴趣、喜好、行为偏好和潜在需求等的隐私。例如,某些消费者在访问网页时,习惯于先登录网站再进行浏览,而有些消费者习惯于匿名浏览,有些消费者习惯通过观看视频的形式了解产品信息,有些消费者则习惯通过查看图片、文字或评论等方式了解产品信息。以上均属于消费者的偏好隐私范畴。

从隐私所属主体来看,隐私可分为个人隐私和群体隐私。个人隐私反映的是单个自然人的隐私,而群体隐私反映的是一个群体的隐私。群体隐私包括群体内个人的隐私及群体整体的隐私。通常来说,群体内个人的行为对群体隐私会产生显著的影响。例如,群体内的部分人的隐私会因群体内其他人的隐私披露行为而发生隐私泄露。

2.1.2　隐私信息

随着信息技术的发展,互联网用户的线上活动日趋丰富。例如,用户通过电子商务网站/平台开展电子商务活动,通过社交网络进行线上社交,通过视频网站观看偏爱的视频,通过网上健康社区进行远程问诊,借助于地图软件导航,通过线上阅读平台阅读图书、期刊等。丰富的线上购物、社交、休闲等活动生成了海量的能够标识用户特有行为、偏好、特征、兴趣等的个人信息。

这些信息种类多样,包括用户的身份信息,如身份证信息、通信信息、家庭住址等;用户的财产相关信息,如银行卡信息、交易信息等;用户的行为信息,如浏览信息、收藏信息、关注信息、订阅信息等。这些信息在用户的线上活动过程中将不可避免地被其他个体、商业组织、政府机构获取或使用。不同的用户在不同的环境下对各类信息被收集或使用的敏感度不一样。例如,有的用户对接收到骚扰电话的容忍度较高,故而并不在意手机号被获取。大部分的用户反感银行卡信息或身份证信息被其他主体获取,因为这些信息的泄露可能会给用户带来较大的损失。有些用户不在意网上的行为信息被获取或使用,但是有些用户却十分在意进而经常采取删除"cookies"等手段清除网站上的行为信息。

事实上,用户在不同情境下对特定类别信息被获取或使用的敏感性程度较高的情形较为普遍。Mason[149]很早便指出,在信息时代,随着信息技术的发展,互联网用户对个人信息的关注主要在于四个方面:隐私、精准、私有和访问。Westin[150]梳理了在信息技术发展的不同阶段互联网用户对个人信息被收集或使用表现的态度。他指出,随着信息技术的发展,用户对个人信息被收集或使用由最初的信任转变为关注,并且关注度随信息技术发展的成熟逐步加强。具体内容见表2-1所示。当前大数据技术、云计算等新技术的出现,进一步加强了企业的数据处理能力,随着电子商务、社交网络等丰富的线上活动形式迅猛发展,用户对其个人信息被收集或使用的关注持续加强。

本项目将能够体现个人特征及个人偏好,同时信息主体在特定环境下不想被其他主体获取或使用的信息定义为"隐私信息"。本项目的研究对象是电子商务环境中消费者的隐私信息,这类信息是消费者在电子商务活动过程中产生的个人专属信息,具有隐私性且可以由消费者自主决策是否披露。

表2-1　信息技术发展不同阶段的隐私信息的发展特点

信息技术发展阶段	发展特点
第一阶段 1945—1960	信息技术落后,公众对政府、企业信任度高,对信息的收集行为也不排斥
第二阶段 1961—1979	隐私信息的问题被当作社会、政策及法律问题普遍讨论。公众开始意识到新技术存在的黑暗面,隐私保护政策开始逐步建立,如美国1974年通过了隐私行为法案

(续表)

信息技术发展阶段	发展特点
第三阶段 1980—1989	电脑、网络系统应用普及,数据库能力提升。美国隐私保护政策进一步更新,充分考虑信息技术对隐私保护的影响;欧洲国家将隐私保护上升至国家层面,并同时考虑私人领域和公众领域的隐私保护
第四阶段 1990—2010	互联网、Web 2.0的发展以及"9·11"恐怖袭击极大地改变了信息交换的环境。用户对个人信息被收集或使用的关注程度开始加强

2.1.3 隐私信息的特征

从隐私信息的定义可以看出,隐私信息能够体现主体的个人特性和偏好,同时也会被其他主体收集和使用,而隐私信息主体在特定环境下对隐私信息被收集和使用比较敏感。因此可以看出,隐私信息具备隐私性和经济性两个特征。接下来,将重点阐述隐私信息的这两个特征。

1. 隐私信息的隐私性

(1) 隐私性的内涵

在特定的环境下,隐私信息主体不想隐私信息被其他主体获取或使用,这体现了隐私信息的隐私性。Clarke[151]将隐私信息的隐私性定义为"隐私信息主体体现出的对隐私信息处理的影响或管控的一种兴趣"。Bélanger 等[55]、Stone 等[152]认为隐私信息的隐私性是信息主体对自身信息的一种掌控力。由此可以看出,隐私信息的隐私性表现为主体对自身信息的掌控力。

Margulis[153-154]指出,隐私主体对隐私的掌控力体现在"控制个人与他人之间的隐私交易,以便最大化地增强个人对隐私的自主性"。同理,隐私信息主体对隐私信息的掌控力体现为控制本人与其他主体之间的隐私信息交换的能力。在当前的环境下,电子商务中的隐私信息掌控力可以通过以下方式实现:

① 隐藏隐私信息归属。这种方式可通过匿名参与互联网活动、伪造身份信息参与互联网活动等方式来实现。

② 禁止其他主体访问/获取隐私信息。其一,隐私信息主体一旦意识到其他主体访问/获取隐私信息的倾向,可以拒绝参与其他主体涉及的互联网活动,以杜绝隐私信息被访问/获取;其二,隐私信息主体可借助于保护隐私信息的安全软件等信息技术阻断其他主体访问/获取其隐私信息的可能;其三,隐私信息主体可通过删除互联网上的痕迹来避免隐私信息被其他主体访问/获取。

③ 限制其他主体访问/获取隐私信息。隐私信息主体可通过互联网网站或 Apps 提供的隐私设置功能,限定其他主体可以访问/获取的隐私信息类别。此外,隐私信息主体还可以借助于互联网网站或 Apps 的隐私政策,关注其他主体对隐私信息的获取范围和使用范

围。在当前隐私信息保护法律法规不断完善的环境下,互联网网站或Apps对用户隐私信息的获取和使用均受到政策的监管,使得这种隐私信息掌控方式成为可能。

(2) 隐私性的衡量

现有文献主要使用"信息隐私关注"来衡量隐私信息主体的隐私性。本项目中的"信息隐私关注"是指隐私信息主体披露自身信息时对信息后续被使用的风险感知。

鉴于隐私信息的隐私性是隐私信息主体的主观感受,因此不同的隐私信息主体的"信息隐私关注"程度也不一样。例如,有部分的隐私信息主体,其对自身的隐私信息被收集或使用的行为十分敏感,那么其对隐私性的感知程度便会十分高;还有部分的隐私信息主体,其对自身的隐私信息被收集或使用的行为持无所谓态度,那么其对隐私性的感知程度便会十分低。Ackerman等[155]根据对美国互联网用户的调研结果,发现互联网用户对隐私信息被收集/使用行为的敏感度不一。基于此,他们将互联网用户分为了三种类型,即隐私敏感型(privacy fundamentalists)、隐私中立型(pragmatic majority)和隐私不关注型(marginally concerned)。

2. 隐私信息的经济性

(1) 经济性的内涵

互联网用户的隐私信息对于隐私信息收集方来说,在企业运营、市场营销、产品设计、区域治理等方面均具有重要的价值,因而企业有意愿收集隐私信息。例如,在电子商务环境下,消费者在访问电子商务网站时提供的性别、住址、年龄等基本信息,在访问过程中产生的cookies,消费者的交易信息等,一旦被企业收集,都成了企业的重要资产。通过分析隐私信息,企业能够进一步识别隐私信息主体的行为偏好及潜在需求,进而可以提供个性化服务、实施精准营销或定向定价等策略。甚至,一些企业还会将收集的隐私信息与第三方组织进行分享以获取额外收益。

而对于隐私信息主体来说,企业对隐私信息的分析、应用也能够为其带来额外的价值。例如,对于参与电子商务活动的消费者来说,依托于隐私信息分析的个性化服务能够提升消费者的购买体验,精准营销能够降低消费者对需求产品的搜索成本。

由此可见,隐私信息具备经济性,可被视为一种"商品"在隐私信息主体和企业之间进行利益交换。本项目将隐私信息在披露、使用过程中所呈现的"商品"属性和经济价值称为"隐私信息经济性"。目前已有大量文献对隐私信息的"经济性"作了详细阐述。Bennett[156]、Campbell和Carlson[157]、Davies[158]、Acquisti等[159]先后从不同角度研究了隐私信息的经济性。

(2) 经济性的衡量

隐私信息的经济性可以通过隐私信息主体和隐私信息收集/使用方对隐私信息的价值衡量来体现。总的来说,隐私信息的价值衡量较为复杂。

首先,不同的主体对隐私信息的价值衡量角度不一。对于隐私信息主体来说,会根据自身经验或主观感受对隐私信息进行估值。例如,Carrascal 等[112]发现互联网消费者对其"在线浏览历史"信息的心理定价大约为 7 欧元,约等同于一顿饭的价格。Huberman 等[113]通过实验发现消费者认为"年龄"的平均价格为 57.56 美元,而"体重"的平均价格为 74.06 美元。对于隐私信息收集/使用方来说,只有在应用隐私信息之后,才能通过应用效果衡量隐私信息的价值。

其次,隐私信息的价值包括可衡量的价值和不可衡量的价值。对于隐私信息主体来说,隐私信息可衡量的价值在于隐私信息披露后可获取的直接收益。例如,隐私信息收集方出于隐私信息交换目的提供的价格折扣、个人隐私信息保护需花费的成本等方面。隐私信息不可衡量的价值体现在隐私信息披露后可获取的间接收益。例如,隐私信息使用方提供的个性化服务带来的购物体验感知的提升、隐私信息泄露导致的经济损失或心理伤害等方面。对隐私信息收集/使用方来说,隐私信息可衡量的价值体现在隐私信息应用带来的直接收益上。例如,隐私信息收益方可通过数据交换获取的收益、通过隐私信息降低的营销成本、隐私信息带来的消费者数量的变化进而造成的利润变化、通过隐私信息保护产生的成本等来估量。隐私信息不可衡量的价值体现在隐私信息应用带来的间接收益上。例如,隐私信息使用方可通过对隐私信息进行分析,识别潜在的用户特性和潜在的需求,进而依托隐私信息的分析结果进行产品的设计、设置产品的定价、制定产品的营销策略等。

最后,隐私信息披露、收集和使用过程中的信息不对称,导致隐私信息主体和隐私信息收集/使用方对隐私信息的价值衡量结果不一。例如,隐私信息披露前,隐私信息收集/使用方无法获悉隐私信息主体的具体特性;而隐私信息披露后,隐私信息主体无法获悉隐私信息收集/使用方对隐私信息的具体处理方法和使用用途。这些都将导致各个主体对隐私信息的披露、收集、使用等产生的收益和成本的期望值不一致。

隐私信息的隐私性和经济性对隐私信息相关的系列行为和态度均产生了显著影响。隐私信息的隐私性促使人们关注隐私信息的保护问题。隐私信息的经济性促使人们思考如何发挥隐私信息经济价值的问题。在隐私信息的隐私性和经济性的作用下,隐私信息主体和企业围绕隐私信息如何做出最优决策成为系列复杂的研究问题。

2.2 电子商务中消费者隐私信息的流转及应用

本节通过讨论在电子商务中隐私信息的流转及应用,分析各个主体围绕隐私信息各自的行为和决策特点。在电子商务中,隐私信息流转过程中涉及的主体主要包括消费者、电商企业和第三方组织。电商企业是通过自有线上渠道销售产品的企业和提供线上产品销售渠道的平台(简称"电商平台")的统称,第三方组织是指除消费者与电商企业外的其他组织。电子商务的模式分为直销模式和平台模式两种。直销模式是指没有电商平台参与,由产品制造企业直接通过自有线上渠道向消费者销售产品的模式。平台模式是指产品制造企业进驻电商平台,借助于电商平台实施产品销售的模式。在直销模式下,电商企业与消费者直接发生隐私信息交互行为。在平台模式下,电商平台、商家(进驻于电商平台上的产品制造企业)与消费者均会发生隐私信息交互行为。第三方组织获取消费者隐私信息的方式有两种,一是通过植入 cookies、侵入电商企业等方式非法获取,二是通过与电商企业进行利益交换获取。电子商务中,消费者隐私信息在相关参与主体间的流转过程如图 2-1 所示。

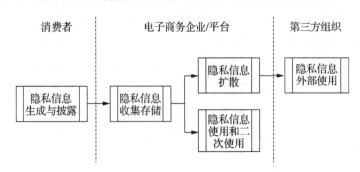

图 2-1 电子商务环境中消费者隐私信息的流转和应用

从消费者隐私信息在电子商务环境下的流转过程和应用可知,隐私信息涉及的行为主体较多。同时,在隐私信息的流转过程中,消费者如何披露隐私信息,企业/电商平台如何收集隐私信息、如何使用隐私信息,消费者和企业/电商平台如何保护隐私信息等均是需要关注的问题。

2.2.1 隐私信息的生成与披露

1. 隐私信息的生成

产品制造企业开展电子商务既可以采用自建线上渠道的直销模式,也可以采用加入相关电商平台(如淘宝、京东等)的平台模式,不同模式下消费者产生的信息有一定差别。

在直销模式下,消费者与电商企业交互的所有行为均会生成隐私信息。当消费者进入企业的线上销售渠道(如网上商城或 Apps)时,会生成消费者的个人基本隐私信息,包括地理位置信息及登录状态下的账号信息等;在消费者浏览商品的过程中,会生成消费者的浏览行为信息,包括消费者浏览的商品特性、消费者浏览商品的频次、消费者浏览商品逗留的时间等信息;在消费者产生购买意向的过程中,会生成消费者的购买行为信息,包括消费者将商品放入购物车或从购物车删除的行为信息、消费者订单生成或取消信息、消费者付款信息、消费者商品物流信息、消费者商品评价信息、消费者商品售后信息等。

在平台模式中,隐私信息的生成路径有两条。一方面,在消费者使用电商平台的商务活动服务过程中生成,如消费者的浏览服务、搜索服务、购物车服务、交易服务、物流服务和售后服务等。这类隐私信息生成方式与直销模式类似。另一方面,在消费者使用电商平台的增值服务活动过程中产生。例如,淘宝网推出了"洋淘"服务,支持消费者在电商平台上分享好物；淘宝网、京东网、拼多多均推出"农场""消消乐"等游戏，与电商平台的电子商务活动深度绑定，这时电商平台可获得消费者更深层次的个性特征信息、社交信息等。消费者在参与电商平台提供的各类服务的过程中将生成多维度、多层次的隐私信息。

2. 隐私信息的披露

面对电商企业的信息收集要求，消费者向其披露隐私信息。消费者进行隐私信息披露的方式主要有两种，一种是主动的隐私信息披露，另一种是被动的隐私信息披露。所谓主动的隐私信息披露是指消费者在意识到电商企业对其隐私信息的收集行为后，主动披露的隐私信息。所谓被动的隐私信息披露是指在消费者未察觉或者无法管控的状态下隐私信息被收集的过程。

在当前的电子商务中，消费者被动披露隐私信息的现象普遍存在。一种普遍存在的情况是，消费者只有披露隐私信息才能获得软件的使用权或网站的访问权。例如，部分电子商务网站要求消费者在登录后才能进行浏览、搜索。大部分的电子商务网站只有在登录后才能将商品加入购物车或进入交易流程。大部分的 Apps 通常只有在消费者授权了 Apps 对消费者隐私信息的使用后才能进一步使用。另一种普遍存在的情况是，电商企业利用消费者对信息收集的"无知"，在消费者不知晓的情况下，"非法"收集消费者的隐私信息。例如，大多数的电商企业通过 cookies 在消费者不知情的情况下获取消费者的隐私信息。

为了保护消费者的隐私信息，国内外均开始从政策层面对企业收集、使用消费者隐私信息的行为进行监管。如欧盟于 2018 年正式启用 GDPR 条例，美国于 2020 年开始实施 CCPA(California Consumer Privacy Act)条例，我国于 2017 年拟定了《信息安全技术 个人信息安全规范》以保护消费者的隐私信息，2021 年 11 月 1 日起我国施行第一部个人信息保护方面的专门法律《中华人民共和国个人信息保护法》。政策层面的隐私信息保护条例、法律的出台，使得消费者可以在一定程度上掌握隐私信息披露的主动权。此外，一些反隐私收集技术的出现，也为消费者掌握隐私信息披露的主动权提供了可行路径。例如，360 等安全软件为消费者提供了删除 cookies 的功能。消费者对隐私信息披露的主动权在于消费者可以决策披露的隐私信息类型、披露的隐私信息量等。

可以看出，只有在隐私信息的生成和披露阶段，消费者可以对隐私信息拥有管控力。一旦完成隐私信息的披露后，隐私信息的管控权将会被移交至隐私信息收集/使用方的手中。

2.2.2 隐私信息的收集存储

鉴于消费者隐私信息的经济价值，对于电子商务活动中生成的海量消费者隐私信息，电商企业会进行收集。根据收集信息的目的性，隐私信息的收集可分为面向特定应用的信息收集和广泛信息收集两类。

所谓面向特定应用的信息收集是从特定应用需求出发，进行特定的、目标明确的数据收集。如："淘宝网"为了支撑消费者完成电商交易，会向消费者收集其银行卡信息、手机号和送货地址信息。"大众点评网"为了提升消费者的搜索效率和附近商家匹配效率,会向消费者收集地理位置信息。这种信息收集方式因为收集的数据量较小从而降低了数据的存储和分析成本。但是,这种信息收集方式要求电商企业能够精准获知应用对信息的需求,对电商企业的数据运营能力有较高要求。所谓广泛信息收集是指不局限于特定应用需求,对消费者的各类信息进行全面广泛收集。这种信息收集方式涉及的数据量巨大,数据存储和处理成本较高,不过数据的潜在价值也较大。对消费者来说,电商企业的广泛信息收集行为会加强消费者对信息隐私风险的感知。

在平台模式中,隐私信息的收集主要由平台完成。作为电子商务活动的实施平台,商家对消费者隐私信息的收集行为会受到电商平台的限制。例如,淘宝网承诺,商家仅能获取消费者昵称、购买产品信息、寄件地址等有限的信息。电商平台对商家收集消费者隐私信息的行为限制,主要是出于对消费者隐私信息保护的角度和对隐私信息的绝对性掌控。

电商企业将消费者隐私信息以资产的形式进行存储,以便为后续的信息二次使用奠定数据基础。电商企业对消费者隐私信息的存储行为将提升隐私信息的使用成本。在云计算和大数据技术高度发展的信息化社会,隐私信息的存储成本得以极大地下降,因而更加剧了电商企业对隐私信息的无限制存储现象。

2.2.3 隐私信息的使用

隐私信息使用包括隐私信息的当次使用和二次使用。隐私信息的当次使用主要是指电商企业基于对消费者隐私信息处理,满足当次电商活动需要的隐私信息使用行为。电商企业使用消费者隐私信息主要包括两个方面:其一是基于消费者提供的隐私信息,支持消费者电子商务活动的顺利进行;其二是基于消费者提供的隐私信息,为消费者提供增值服务,提升消费者电子商务活动的价值感知。

信息的二次使用主要是指隐私信息收集方在收集隐私信息的最初目的之外又对隐私信息进行了其他的处理、分析和应用的行为。信息的二次使用形式主要包括对信息的再加工和应用(如根据对信息的加工和分析结果向消费者投放定向广告、基于对信息的分析结果优化产品设计、实施产品差异化定价、优化用户体验等)、信息拥有方与第三方组织分享消费者隐私信息、电商企业为第三方组织提供有偿的数据服务等。在直销模式下,对信息的再加工和应用是目前电商企业进行信息二次使用的主要形式。在平台模式下,电商平台对信息的二次使用包括三种形式:其一为电商平台本身对信息的二次使用,其二为电商平台与商家进行信息分享,其三为电商平台与第三方(包括其他平台)的信息分享。鉴于电商平台是消费者隐私信息(电子商务活动过程中的隐私信息)的拥有者,因此电商平台对信息二次使用享有主导权。

2.2.4 隐私信息的扩散与外部使用

在消费者的信息披露和电商企业的信息存储过程中,均存在着隐私信息的泄露风险。当电商企业的信息安全性不高时,第三方组织能够通过安全攻击等方式非法窃取消费者的隐私信息。第三方非法窃取消费者隐私信息的行为提升了消费者的信息隐私关注,同时会对电商企业造成财务、信誉等方面的损失。

第三方组织对消费者隐私信息的使用行为称为隐私信息的外部使用。一般来说,第三方组织可通过有偿提供隐私信息或者隐私信息分析服务的方式获取收益。我国的"神策数据""观远数据""诸葛io"等数据分析平台便利用收集的电商数据,通过提供有偿的电商数据分析服务而盈利。

2.3 电子商务中消费者和电商企业的隐私信息行为策略

电子商务环境下,各参与主体均会综合考虑环境因素和自身的需求做出相应的行为选择。本节分别针对消费者和电商企业讨论他们各自可能的行为选择。

2.3.1 消费者的隐私信息行为策略

电子商务中,消费者隐私信息行为策略是指消费者权衡隐私信息披露的期望收益和期望成本,根据效用最大化原则,在隐私信息披露上所做的行为选择。具体来说,消费者的隐私信息披露策略主要有不披露隐私信息、无限制披露隐私信息、最优决策披露隐私信息和披露虚假隐私信息等四种方式。

1. 不披露隐私信息

不披露隐私信息是消费者在面临隐私信息披露的不可控性做出的极端行为。不披露隐私信息的表现形式主要有三种,即拒绝与电商企业实施电子商务交易、匿名披露隐私信息和付出成本实时删除隐私信息。

一般来说,信息隐私关注程度高的消费者,往往会通过拒绝合作的方式拒绝披露隐私信息。在当前的电子商务中,消费者的电子商务行为不可避免地伴随着隐私信息的收集与使用。例如,当消费者访问电子商务网站/Apps 时,电子商务网站/Apps 通过读取其地理位置信息、IP 地址或者手机识别码等方式,锁定消费者的身份,并进一步记录消费者访问的痕迹信息。当消费者选择从电子商务网站/Apps 购买产品/服务时,其交易信息和交易过程中的行为轨迹也不可避免地被网站/Apps 收集并使用。对于信息隐私关注较高的消费者来说,一旦访问电子商务网站/Apps,便意味着失去了对隐私信息的控制权。尤其在电子商务网站/Apps 无法或不愿对消费者的隐私信息实施保护的时候,消费者的隐私风险意识将会更高。因而,部分消费者将会拒绝与(不实施隐私信息保护的)电子商务网站/Apps 合作。

匿名披露隐私信息是消费者不披露隐私信息的另一种方式。所谓匿名,是指消费者在访问网站时,cookies 无法在消费者的访问页面上收集任何个人特征信息,同时消费者的 IP 地址无法被追踪[160]。一旦消费者所披露的信息无法与个人相关联时,就能够限制电商企业的隐私信息应用行为。例如,消费者通过匿名方式披露隐私信息,就可以避免电商企业向其推送定向广告。目前,消费者匿名披露隐私信息可借助于两种手段实现。其一,消费者可以通过信息技术手段实现匿名。例如,消费者可以使用能够帮助其隐匿 IP 地址的浏览器(如谷歌浏览器)访问网站。其二,消费者可以选择提供匿名保护隐私信息政策的电商企业实施电商活动。例如,鉴于淘宝网支持消费者选择"匿名购买",以防止消费者的交易信息被非法使用,用户可以选择淘宝网并使用"匿名购买"功能进而达到不披露隐私信息的目的。消费者接受一些快递公司(如顺丰等)推出的匿名面单服务,在其购买产品后的物流阶段,避免其地址信息、联系方式等的披露。

付出成本实时删除隐私信息的方式主要依赖于现有的信息技术实现。借助于软件工具,消费者可以删除电子商务交易活动过程中的隐私信息。但是,这种方式一般要付出一定的成本,如软件的购买费用。

2. 无限制披露隐私信息

无限制披露隐私信息是消费者采取的一种较为极端的隐私信息披露策略。消费者选择无限制披露隐私信息意味着消费者将按照隐私信息收集方的要求毫无保留地披露隐私信息。

当消费者对电商企业足够信任,或者未能意识到隐私信息披露的风险时,会选择无限制披露隐私信息。企鹅智库发布的"2018 中国网民个人隐私状况调查报告"指出,政府官方网站和大型互联网公司在受访者群体中分别有着 81.4% 和 64.3% 的个人信息存放信任比例,银行、金融理财、社交应用类平台成为用户注册信息时最信任的行业。

对于部分消费者来说,往往也会选择无限制披露感知隐私风险较低的隐私信息。例如,企鹅智库发布的"2018 中国网民个人隐私状况调查报告"指出,受访者对文章推荐(71%)、商品推荐(55%)的容忍度最高,这些属于他们眼中不至于侵犯隐私的生活休闲式数据。在其他主体请求收集这些数据的时候,他们往往会选择无限制披露。

3. 最优决策披露隐私信息

基于隐私信息的经济性的影响,在假设消费者为理性人的情况下,消费者会通过权衡隐私信息披露的收益和成本决策最优的隐私信息披露量。

一方面,对消费者来说,隐私信息披露量并不是越少越好,因为较高的消费者隐私信息披露量对电商企业隐私信息应用效果有着显著的正向影响。而企业/电商平台隐私信息应用效果又将反过来影响消费者在电商活动中的价值感知。例如,在现有的研究[161]中,研究者们认为电商企业能够获取的消费者隐私信息越多,电商企业的定向能力越强。消费者可以通过电商企业较强的定向能力获得精准的产品推荐,进而降低了产品搜索成本。同时,消费者更容易获取满足需求的产品推荐,进而提升其对产品的价值感知。

另一方面,对消费者来说,隐私信息披露量也不是越多越好。这是因为,鉴于消费者信息隐私关注的存在,隐私信息披露量越高,其感知的隐私风险也越高。因为企业/电商平台对消费者隐私信息二次使用以及其他主体之间分享消费者隐私信息等现象的存在,消费者披露的隐私信息越多,意味着隐私信息被二次使用、被泄露、被共享等的量也越多,这为消费者带来了较高的隐私风险。

所以,综上所述,出于对隐私信息披露的收益和风险的权衡,为实现效用最大化,消费者往往在与电商企业和第三方组织的博弈过程中,披露最优的隐私信息量。

4. 披露虚假隐私信息

在隐私信息经济性的作用下,电商企业出于交换的目的,通常会以提供一定价格折扣等奖励的形式激励消费者披露隐私信息。此时,消费者将同时面对隐私信息披露换取的奖励和隐私信息披露的风险。为了降低隐私信息披露的风险,同时能够获得隐私信息披露的奖励,消费者会选择披露虚假隐私信息。

消费者虚假隐私信息披露行为可以带来一定的直接收益,如价格折扣,也可以一定程度上保护个人隐私信息。但是虚假隐私信息披露行为会使得消费者获得的个性化服务等质量下降。故而,是否披露虚假隐私信息及披露多少等对消费者来说需要综合考虑后做出决策。

2.3.2 电商企业的隐私信息行为策略

电商企业在获得消费者隐私信息后,在考虑消费者信息隐私关注的基础上,为充分发挥隐私信息经济性,获取隐私信息的最大价值,会采取多种隐私信息行为策略。电商企业的隐私信息行为策略是指电商企业根据利润最大化原则,基于消费者信息隐私关注和隐私信息经济性,直接或间接作用于消费者隐私信息的行为方式选择。具体包括隐私信息收集策略、基于隐私信息的定价策略、基于隐私信息的个性化服务策略、隐私信息分享策略、隐私信息保护策略等。

1. 隐私信息的收集策略

隐私信息收集策略主要包括隐私信息收集方式、隐私信息收集量两个方面的决策。从电商企业在隐私信息收集中的作用可将收集方式分为两类。一类是由电商企业确定隐私信息的收集量,消费者只能按照要求披露隐私信息,否则消费者将无法参与电子商务活动或者参与电子商务的行为会受到一定限制。举例来说,在电子商务 Apps 的应用过程中,消费者通常被要求开放 Apps 访问手机终端的地理位置信息、存储信息、照片、手机通讯录等的权限。若消费者不开放上述权限,则无法使用该 Apps。在此情境下,消费者有三个选择:服从该平台的要求,提供相应的隐私信息;不提供隐私信息,不参与该平台的电子商务活动;提供虚假的隐私信息。另一类是由消费者确定隐私信息的披露量,也就是电商企业将隐私信息披露的主导权给予消费者,此时隐私信息的收集量依赖于消费者的隐私信息披露决策,电商企业只能采取措施激励消费者披露更多的隐私信息。

2. 基于隐私信息的定价策略

当电商企业无法获悉消费者的隐私信息时,因无法识别消费者对产品的感知价值,故而电商企业的产品定价通常是采用面向所有消费者的统一定价模式。在平台模式中,电商平台也会基于与竞争平台之间的博弈及网络外部性的影响制定相应的价格补贴策略。不使用消费者隐私信息时,电商平台的价格补贴策略是面向所有消费者无差异的。

当电商企业获得消费者的隐私信息时,通过对隐私信息的分析,电商企业可以识别消费者对产品的偏好和感知价值,进而针对不同的消费者设定不同的产品价格,以实现利润最大化。这种针对不同的消费者进行差异化定价的产品定价策略称为"价格歧视"。如果电商企业所能掌握的消费者隐私信息越多,电商企业对消费者可进行更深入的分析,进而能够针对每个消费者进行不同的产品定价;若电商企业只能通过消费者隐私信息确定不同类别消费者的产品感知价值,那么电商企业的"价格歧视"策略只能针对不同群体的消费者而制定。例如,对产品感知价值高的消费者,电商企业制定较高的产品价格,而对产品感知价值低的消费者,电商企业制定较低的产品价格。

3. 基于隐私信息的个性化服务策略

电商企业提供的个性化服务主要包括投放定向广告、产品推荐、关联搜索等。个性化服务能够提高消费者的购买意愿,同时降低消费者的产品搜索成本。显而易见,个性化服务依赖于电商企业对消费者隐私信息的分析。一般来说,电商企业掌握的消费者隐私信息越多,通过对消费隐私信息的挖掘和分析,电商企业对消费者的个性化特征了解越深入,可以向消费者提供的个性化服务种类就越多、质量也越高。但是,鉴于个性化服务对隐私信息的依赖性,个性化服务的同时还会引发消费者的信息隐私关注[161]。而信息隐私关注直接影响着消费者的隐私信息披露行为。因此,电商企业的个性化服务策略与消费者的隐私信息披露策略相互作用、相互影响。

4. 隐私信息的共享策略

因电商企业对消费者隐私信息的收集存储能力和处理分析能力的不同,隐私信息的共享策略当前被普遍接受。具体表现为能够收集并存储大量消费者隐私信息的电商企业利用资源优势向第三方组织提供数据服务。

电商企业提供数据服务的具体形式有两种。一种是向其他组织共享手中的消费者隐私信息。例如,电商平台与"微博""微信"等社交媒体平台合作,实施平台间的"账号互联"。通过账号互联,平台间可以共享消费者的隐私信息。另一种是利用现有的数据资源,向第三方组织提供包括数据统计、数据挖掘、数据分析等在内的服务。例如,"淘宝网"借助于电商平台优势,收集并存储了海量的消费者交易数据。凭借数据资源优势,"淘宝网"借助于"生意参谋"等工具向平台上进驻的企业有偿提供数据服务。一些第三方数据公司,如"数据威(Ecdataway)"和"神策数据(Sensors Data)"等通过植入 cookies 等方式从电子商务网站/Apps 获取了大量的电子商务交易数据,进而向需求组织提供数据服务。百度推出"百度数智平台""百度司南"和"百度统计"等数据服务工具,利用其现有的包括用户搜索行为数据等在内的数据资源为用户提供全面的数据服务。

5. 隐私信息的保护策略

电商企业的隐私信息应用会提升消费者的信息隐私关注[161]，进而降低消费者隐私信息披露意愿甚至影响产品购买意愿。此外，隐私信息应用过程中也伴随着隐私信息泄露风险[162-163]，这将进一步提高消费者的信息隐私关注[164-165]。为此，电商企业在获取消费者隐私信息后，在从隐私信息使用中获利的同时，必须投入成本对消费者的隐私信息实施保护。

电商企业针对消费者隐私的保护策略主要包括两种方式。其一，面向消费者，增强隐私信息收集和应用的透明度，以提升消费者对企业/平台的信任度，从而降低消费者的信息隐私关注。其二，面向潜在的数据安全威胁，通过加强信息安全投资、与隐私信息共享方订立隐私信息保护协议、购买信息安全保险降低隐私信息泄露风险等方式实施隐私信息保护。

第 2 部分
电商企业隐私信息应用和保护策略及其对消费者的影响研究

第 3 章
电商平台向商家提供数据服务的策略及其影响研究

电商平台是产品/服务商家开展电子商务活动的虚拟市场空间,已经成为消费者购买产品的主要渠道之一,这也使得电商平台所掌握的消费者数据越来越多。这些数据不仅可服务于平台自身的运营和管理决策,而且可以服务于平台内的商家。本章考虑消费者的信息隐私关注,分别针对垄断环境和竞争环境,研究电商平台向商家提供数据服务的策略及其对电商平台、商家和消费者的影响。

3.1 问题的提出

电商平台为买家和卖家提供了虚拟的交易场所,其可能的收益方式主要包括为广告主提供广告以获得广告收入和从进驻的企业(下文简称"商家")处收取费用,收费模式可以是一次性的进驻费用、基于销量的交易佣金或两者兼具。当前电商平台的盈利能力均与用户规模(包括商家规模和买家规模)密切相关。如,需要有足够的买家规模才能吸引广告主,商家越多可收取的费用越高。电商平台的竞争从本质上来讲是用户规模的竞争。在扩大买家规模方面,平台可采取提供更好的服务或以更低价格销售产品。例如,在价格方面,淘宝网向买家提供平台补贴,即开展"百亿补贴"或"跨店满减"等活动,京东网通过"京贴"或京豆抵用金额等形式,降低买家的购买成本,吸引买家。在服务方面,淘宝网通过"直播""推荐系统"等服务方式吸引更多买家;京东网通过"plus 会员"增值服务、快速物流服务等方式吸引买家。在扩大卖家规模方面,平台可采取降低甚至免收进驻费(交易佣金)或者提升对企业的服务水平等方式获得更多商家进驻。

电子商务环境下,平台可以获得非常丰富的消费者数据,商家能获得的数据很有限。而这些数据却是商家了解市场需求和经营决策的战略性资源。为此,部分平台开始向商家提供数据服务,以期提升平台对商家的吸引力。当前电商平台提供数据服务的方式主要包括共享数据、提供数据分析工具等方式。例如,淘宝网的"生意参谋"数据分析工具为商家提供了全面的数据分析功能,以期为商家吸引更多流量。

平台向商家提供数据服务会对电子商务中的各参与主体的行为产生影响。对平台来说,一方面提供数据服务,不仅可以通过商家对数据服务的付费来增加收入,而且通过数据服务可提升对商家的服务水平,增加平台的吸引力。平台的"数据服务"提升了买家对需求产品进行关键词搜索的匹配概率,"数据服务"促使商家能够设置更为精准的产品关键词,进而提升了商家的产品被具有潜在需求的买家搜索到的概率。买家搜索匹配概率的提升,意味着平台上的产品销量的提升,进而对商家的进驻和买家的购买决策均能起到激励作用。另一方面,买家存在"信息隐私关注",平台的"数据服务"涉及买家数据的二次使用问题,将增强买家对隐私风险的关注程度。高信息隐私关注可能导致平台上消费者的流失。对消费者来说,电商平台向商家提供数据服务,意味着消费者所需承担的隐私风险将会因隐私信息被二次使用而上升;但是,因为数据服务能够帮助商家精准把握消费者需求,消费者也能够通过数据服务获得由电商平台和商家双方提供的个性化服务,从而提升电子商务活动的价值感知。对商家来说,在数据服务的帮助下,可以更加精准地识别消费者需求,更加高效地开展营销活动;借助于数据服务,通过对消费者隐私信息的挖掘、分析,商家能够生产更好的满足消费者需求的产品,从而提升消费者对产品的价值感知。但是,商家接受数据服务需付出一定成本,这就意味着如果数据服务能够为商家带来的价值较低,那么接受数据服务反而会降低商家利润。由以上分析可看出,电商平台向商家提供数据服务的行为给电子商务中的各参与方的行为均会产生影响,进而影响电商平台、商家和消费者的相关决策。

电商平台为了更有效地应用消费者隐私信息提供数据服务,必须把握数据服务对各主体行为决策的作用机理,而这方面的研究还很少。电商平台提供数据服务的行为从本质上来说是电商平台利用消费者隐私信息直接获利。现有研究主要从消费者隐私信息的分享角度对其带来的影响进行了初步探讨。一部分研究探讨了企业向第三方组织发起数据交易的行为所产生的影响[136,166];另一部分则是探讨了第三方数据公司向企业有偿提供消费者隐私信息的行为对企业竞争的影响[167]。当前的研究局限于企业与第三方之间的消费者隐私信息分享行为,数据销售者和数据购买者之间的唯一联系就是数据交易。但是,对于电商平台向其商家提供消费者隐私信息的数据分析服务行为的研究尚为空白。

为此,本章考虑消费者的信息隐私关注,构建博弈模型,分别研究在垄断市场和竞争市场两个情境下,电商平台向其商家提供数据服务的策略选择及其所带来的影响。具体的研究问题包括数据服务对平台交易佣金设定和企业产品价格策略的影响,数据服务对消费者的隐私信息披露的影响,数据服务对电商平台利润、商家利润和消费者剩余等的影响以及数据服务对电商平台的竞争态势的影响。

3.2 垄断环境下电商平台向商家提供数据服务的策略和影响研究

3.2.1 基本假设与变量描述

本节通过构建博弈模型研究垄断市场中电商平台向商家提供数据服务对电商平台、商家和消费者的影响。不失一般性,本节不考虑平台之间以及商家之间的竞争。在模型中,平台为商家提供销售产品的空间,从每笔交易中收取交易佣金。消费者在平台上购买产品,同时向平台提供个人信息。平台基于所收集的消费者隐私信息,一方面可以为消费者提供个性化服务,另一方面可以向企业提供数据服务。本节研究中电商平台、商家和消费者三方间的关系如图3-1所示。

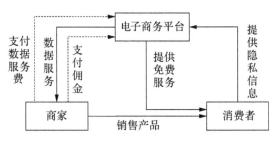

图3-1 本节研究所涉及主体间关系

假设平台在每笔销售完成后会向商家收取交易费 f_t[168](下文简称"交易佣金")。本节假设每个消费者最多只能购买一件产品。因此,平台从交易中获得的利润为 nf_t,其中 n 为购买产品的消费者数量。此外,电商平台还为商家提供数据服务,假设提供数据服务的成本为 0。借鉴 Casadesus-Masanell 和 Hervas-Drane[166]的模型,本节引入了参数 k_s 反映"数据服务技术水平"。数据服务技术水平决定了平台将对所收集的信息的挖掘深度。假设平台可以从消费者那里收集的信息量为 $\sum y_i$,其中 $y_i (i=1,2,\cdots,n)$ 指每个消费者披露的信息量。因此,电商平台的数据服务总量为 $k_s \sum y_i$。假设电商平台向商家收取的数据服务费为 f_s,进一步可以确定电商平台提供数据服务的收益为 $f_s k_s \sum y_i$。综上所述,提供数据服务时,电商平台的收益函数为:

$$\varphi = f_s k_s \sum y_i + nf_t \tag{3.1}$$

假设商家只能通过平台销售产品,同时销售成本为0。因此,当给定产品价格 p 时,商家销售产品可以获得的利润为 $\sum(p-f_t)$。此外,当电商平台提供数据服务时,鉴于数据服务可以为商家带来的价值,商家支付费用接受数据服务。数据服务为商家带来的价值主要在于帮助商家实现精准营销。举例来说,借助于数据服务,商家可以识别潜在需求消费者并推送定向广告。此外,商家还可以通过设置更符合潜在需求消费者偏好的关键字来描述产品,以提高消费者搜索到需求产品的可能性。引入参数 w 来表示数据服务为商家带来的收益系数,即"数据服务价值"。因此,数据服务为商家带来的利润为 $(w-f_s)k_s \sum y_i$。综上所述,商家接受数据服务时的利润函数为:

$$\pi = (w-f_s)k_s \sum y_i + \sum(p-f_t) \tag{3.2}$$

消费者通过衡量披露隐私信息及购买产品的效用决定是否购买产品。假设消费者一旦登录电商平台便会购买产品,且消费者登录电商平台便意味着一定会披露隐私信息。假设消费者信息披露的价值感知系数为 v_d,在 $[d^-,d^+]$ 上服从均匀分布。消费者可以从信息披露中获得利益,如获得个性化服务。假设消费者披露的信息越多,他们获得的个性化服务就越多[166]。但隐私信息披露也会为消费者带来隐私风险[7],而数据服务显然会进一步增加消费者的感知隐私风险[166]。故而,消费者披露隐私信息的效用为 $v_d[y_i-(k_s+1)(y_i)^2]$。另一方面,引入参数 θ 表示产品给消费者带来的感知价值。因此,消费者购买产品的效用为 $\theta-p$。对于消费者来说,当其效用为非负时,消费者便会登录电商平台并购买产品。消费者的效用函数为:

$$u_i^D = v_d[y_i-(k_s+1)(y_i)^2]+\theta-p \tag{3.3}$$

为了分析数据服务的效果,构建电商平台不提供数据服务,即 $k=0$ 时的博弈模型作为基准模型。无论是基准模型,还是电商平台提供数据服务时的博弈模型,均服从三阶段的博弈:第一阶段,电商平台决定交易佣金;第二阶段,企业决定产品价格;最后阶段,消费者决定是否从平台购买产品,进一步的,购买者决定提供多少隐私信息。下文使用上标 N 和 D 分别标识没有数据服务的基准模型和有数据服务的模型的决策变量。模型的变量及变量描述见表 3-1 所示:

表 3-1 模型的变量及变量描述

变量	变量描述	变量	变量描述
f_t	交易佣金	y_i	隐私信息披露量
k_s	数据服务技术水平	f_s	数据服务费用
p	产品价格	w	数据服务价值
v_d	隐私信息披露价值感知系数	θ	产品的感知价值

3.2.2 电商平台提供数据服务时模型的均衡解

对消费者的效用函数[式(3.3)]求消费者隐私信息披露量(y_i^D)的一阶偏导可得:

$$\frac{\partial u_i^D}{\partial y_i^D} = v_d[1-2(k_s+1)y_i^D] \tag{3.4}$$

令 $\frac{\partial u_i^D}{\partial y_i^D}=0$,可得消费者的隐私信息均衡披露量($y_i^D$)为:

$$y_i^D = \frac{1}{2(k_s+1)} \tag{3.5}$$

当消费者的效用为正时,消费者在电商平台上购买产品。假设存在一个效用为 0 的消费者(以下简称"无差别消费者"),购买产品与否对该消费者来说无差别。该消费者的效用可表示为:

$$v_{d0}y_0^D - v_{d0}(k_s+1)(y_0^D)^2 + \theta - p^D = 0 \tag{3.6}$$

此处,v_{d0} 表示无差别消费者的隐私信息披露价值感知,y_0 表示无差别消费者的隐私信息披露量。由式(3.6)可得:

$$v_0^D = \frac{p^D - \theta}{y_0^D [1 - (k_s + 1) y_0^D]} \tag{3.7}$$

隐私信息披露价值感知高于 v_{d0} 的消费者将会选择在电商平台上购买产品。因此,可得购买产品的消费者数量(n^D)为:

$$n^D = d^+ - \frac{p^D - \theta}{y_0^D [1 - (k_s + 1) y_0^D]} \tag{3.8}$$

分析式(3.5)和式(3.8)可得到引理 3.1。

引理 3.1 市场上的消费者数量及每个消费者的隐私信息披露量(y_i^D)均随电商平台数据服务技术水平(k_s)的上升而下降。

对商家的利润函数[式(3.2)]求价格(p^D)的一阶偏导可得:

$$\frac{\partial \pi^D}{\partial p^D} = -4(k_s + 1)[(w - f_s) k_s y_i^D + p^D - f_t^D] + [d^+ - 4(k_s + 1)(p^D - \theta)] \tag{3.9}$$

令 $\frac{\partial \pi^D}{\partial p^D} = 0$,可得产品的均衡价格($p^D$)为:

$$p^D = \frac{d^+}{8(k_s + 1)} - \frac{k(w - f_s)}{4(k_s + 1)} + \frac{f_t^D + \theta}{2} \tag{3.10}$$

引理 3.2 产品价格(p^D)随着电商平台数据服务技术水平(k_s)的提升呈单调递减趋势,同时随电商平台交易佣金(f_t^D)的提升呈单调递增趋势。

电商平台针对商家决策和消费者的行为做出反应,进而在以实现利润最大化的目标下,确定电商平台的交易佣金(f_t^D)。对电商平台的收益函数[式(3.1)]求交易佣金(f_t^D)的一阶偏导可得:

$$\frac{\partial \varphi^D}{\partial f_t^D} = -4(k_s + 1) f_t^D - k_s f_s + \frac{d^+}{2} + k_s (w - f_s) + 2(k_s + 1) \theta \tag{3.11}$$

令 $\frac{\partial \varphi^D}{\partial f_t^D} = 0$,可得电商平台在均衡状态下的交易佣金($f_t^D$)为:

$$f_t^{D*} = \frac{\frac{d^+}{2} + k_s (w - 2 f_s)}{4(k_s + 1)} + \frac{\theta}{2} \tag{3.12}$$

类似的,可以得到基准模型中电商平台的均衡交易佣金(f_t^N)为:

$$f_t^{N*} = \frac{d^+}{8} + \frac{\theta}{2} \tag{3.13}$$

比较 f_t^{N*} 和 f_t^{D*} 可得:若数据服务价值满足 $w > 2 f_s + d^+ / 2$,那么 $f^{D*} > f_t^{N*}$;否则若数据服务价值满足 $w \leqslant 2 f_s + d^+ / 2$,那么 $f_t^{D*} \leqslant f_t^{N*}$。

命题 3.1 当电商平台提供数据服务时,电商平台收取的交易佣金大小受数据服务费用(f_s)、数据服务价值(w)和数据服务技术水平(k_s)的影响。即:① 电商平台收取的交易佣金随数据服务费用(f_s)的提升呈下降趋势,随数据服务价值(w)的提升呈上升趋势;② 当数据服务价值较高或数据服务费用较低($w > 2f_s + d^+/2$)时,电商平台收取的交易佣金随数据服务技术水平(k_s)的提升呈上升趋势,且此时电商平台的交易佣金高于电商平台不提供数据服务时的情形;③ 当数据服务价值较低或数据服务费用较高($w \leqslant 2f_s + d^+/2$)时,电商平台收取的交易佣金随数据服务技术水平(k_s)的提升呈下降趋势,且此时电商平台的交易佣金低于电商平台不提供数据服务时的情形。

电商平台倾向于设定较高的交易佣金,以实现利润最大化。然而,高昂的交易佣金又可能会迫使商家选择退出该平台。若数据服务价值足够高以至于商家即使支付了高昂的交易佣金,商家仍能从进驻平台中受益。从上述分析中可知,商家因数据服务而获得的收益随数据服务量的提升而增加。这意味着,数据服务技术水平越高,商家留在电商平台上的意愿也越高。因此,在高数据服务技术水平下,平台可以进一步提升交易佣金。然而,若数据服务价值较低,数据服务的存在对商家甚至会带来负面影响(数据服务带来的收益有限,而商家接受数据服务所付出的成本较高),且数据服务技术水平越高,该负面影响越大。此时,为尽可能留住商家,平台须降低交易佣金。

3.2.3 电商平台提供数据服务的影响分析

当电商平台提供数据服务时,产品的均衡价格(p^D)为:

$$p^{D*} = \frac{3d^+}{16(k_s+1)} - \frac{k_s w}{8(k_s+1)} + \frac{3\theta}{4} \tag{3.14}$$

当电商平台不提供数据服务时,产品的均衡价格(p^N)为:

$$p^{N*} = \frac{3d^+}{16} + \frac{3\theta}{4} \tag{3.15}$$

命题 3.2 数据服务的存在促使平台上进驻的商家降低产品价格,且数据服务价值(w)或数据服务技术水平(k_s)越高,产品定价越低。但数据服务费用(f_s)高低对产品定价无影响。

一方面,商家通过数据服务可实现精准营销,进而降低产品的营销成本。另一方面,商家可以借助数据服务优化产品设计和运营,进而降低产品的生产成本。营销成本和生产成本的降低,使得商家即使降低产品价格,也依然能够获得较高的净利润。此外,产品价格的降低还能够促使更多的消费者进入市场购买产品。故而,在数据服务的作用下,降低产品价格不但可能增加销量,还能够保证商家利润。

当电商平台提供数据服务时,市场中消费者数量(n^D)为:

$$n^D = \frac{d^+}{4} + \frac{k_s w}{2} + (k_s+1)\theta \tag{3.16}$$

根据市场中的均衡需求量,进一步可得电商平台可收集的消费者隐私信息总量($\sum y_i^D$)为:

$$\sum y_i^D = \frac{d^+ + 2k_s w}{8(k_s+1)} + \frac{\theta}{2} \tag{3.17}$$

当电商平台不提供数据服务时,市场中消费者数量(n^N)为:

$$n^N = \frac{d^+}{4} + \theta \qquad (3.18)$$

根据市场中的均衡需求量,进一步可得电商平台可收集的消费者隐私信息总量($\sum y_i^N$)为:

$$\sum y_i^N = \frac{d^+}{8} + \frac{\theta}{2} \qquad (3.19)$$

命题 3.3 若电商平台提供数据服务,将有更多的消费者愿意进入市场,电商平台能够收集的消费者隐私信息总量更多。此外,数据服务价值(w)越高或数据服务技术水平(k_s)越高,市场中的消费者数量越多,平台所收集的消费者隐私信息总量也越高。

尽管电商平台提供数据服务增加了消费者的感知隐私风险,但同时促使了产品价格下降,产品价格的下调给消费者带来的积极影响高于数据服务带来的感知隐私风险。因此,促使更多的消费者在平台上购买。此外,尽管由于信息隐私关注的存在,消费者披露的隐私信息减少[44,74],但大幅增长的消费者数量反而促使电商平台可以收集的信息总量提升。

若电商平台提供数据服务,在均衡条件下,电商平台的利润(φ^D)为:

$$\varphi^D = \frac{1}{2(k_s+1)} \left[\frac{d^+}{4} + \frac{k_s w}{2} + (k_s+1)\theta \right]^2 \qquad (3.20)$$

基准模型中,在均衡条件下,电商平台的利润(φ^N)为

$$\varphi^N = \frac{1}{2}\left(\frac{d^+}{4} + \theta\right)^2 \qquad (3.21)$$

比较电商平台提供数据服务和不提供数据服务两种情境下的平台利润 φ^D 和 φ^N,可得:

$$2(k_s+1)(\Delta\varphi) = \left(\frac{w}{2}+\theta\right)^2 k_s^2 - \left(\frac{d^+}{4}+\theta\right)\left(\frac{d^+}{4}-\theta-w\right)k_s + \left(\frac{d^+}{4}+\theta\right)^2 \qquad (3.22)$$

其中,$\Delta\varphi = \varphi^D - \varphi^N$。

进一步分析,可得如下结论:

① 若数据服务价值满足 $w \geqslant \frac{d^+}{8} - \left(\frac{3}{2}\right)\theta$,那么 $\varphi^D \geqslant \varphi^N$;

② 若数据服务价值满足 $w < \frac{d^+}{8} - \left(\frac{3}{2}\right)\theta$,那么当数据服务技术水平满足

$$k_s \leqslant \left(\frac{1}{2}\right)\left(\frac{d^+}{4}+\theta\right)\left[\left(\frac{d^+}{4}-\theta-w\right)-\sqrt{\left(\frac{d^+}{4}+\theta\right)\left(\frac{d^+}{4}-3\theta-2w\right)}\right] \bigg/ \left(\frac{w}{2}+\theta\right)^2$$ 时,$\varphi^D \geqslant \varphi^N$。

若平台提供数据服务,那么在均衡条件下,商家的利润(π^D)为:

$$\pi^D = \frac{n^D}{4(k_s+1)}[n^D + 2k_s(w-f_s)] \qquad (3.23)$$

基准模型中,在均衡条件下,商家的利润(π^N)为:

$$\pi^N = \frac{(n^N)^2}{4} \qquad (3.24)$$

对商家利润 π^D 求数据服务技术水平 k_s 的一阶偏导可得：

$$\frac{\partial \pi^D}{\partial k_s} = \frac{k_s}{2}\left(\frac{\partial n^D}{\partial k_s}\right)^2 + \left[\frac{d^+/4+\theta}{2} + \frac{k_s(k_s+2)(w-f_s)}{2(k_s+1)}\right]\left(\frac{\partial n^D}{\partial k_s}\right) + \frac{(w-f_s)(d^+/4+\theta)}{2(k_s+1)} \tag{3.25}$$

因为 $\frac{\partial n^D}{\partial k_s} > 0$，所以进一步可得 $\frac{\partial \pi^D}{\partial k_s} > 0$，即商家利润 π^D 在数据服务技术水平 k_s 上单调递增。又因为 $k \in (0,1]$ 而基准模型为考虑数据服务 $k_s = 0$ 时的特殊情况，所以有 $\pi^D > \pi^N$。

若平台提供数据服务，那么消费者剩余(CS^D)为：

$$CS^D = (d^+ - d^-)\left[\frac{\theta}{4} + \frac{k_s w}{8(k_s+1)} - \frac{d^+}{16(k_s+1)} + \frac{d^-}{8(k_s+1)}\right] \tag{3.26}$$

基准模型中，消费者剩余(CS^N)为：

$$CS^N = (d^+ - d^-)\left(\frac{\theta}{4} - \frac{d^+}{16} + \frac{d^-}{8}\right) \tag{3.27}$$

比较消费者剩余 CS^D 和 CS^N，可得 $CS^D \geqslant CS^N (d^+ \geqslant 2d^-)$。

命题 3.4 当数据服务价值较高 $\left[w \geqslant \frac{d^+}{8} - \left(\frac{3}{2}\right)\theta\right]$ 时，电商平台能够从数据服务中获取更高的利润；当数据服务价值较低 $\left[w < \frac{d^+}{8} - \left(\frac{3}{2}\right)\theta\right]$ 时，只有在电商平台提供的数据服务技术水平(k_s)较小时，平台才能因提供数据服务而获取更高的利润。而对于商家和消费者来说，平台提供数据服务对他们始终有利。

对于商家来说，数据服务为商家带来了直接收益，并吸引了更多的消费者购买产品。对于消费者来说，因数据服务而产生的隐私风险可通过低产品价格来弥补。因此，数据服务对商家和消费者均有好处。对于电商平台来说，若数据服务价值较高，电商平台可借此提升交易佣金，进而增加电商平台收入。若数据服务价值较低，根据命题 3.1 可知，在均衡条件下，当提供数据服务力度较大时，电商平台反而会下调交易佣金。所以，这便致使平台即使能够从数据服务中获得一部分收益，但低交易佣金仍使得电商平台的总体收益受损。

3.2.4 信息不对称情形时数据服务提供策略及其影响

在实际应用中，当电商平台向商家提供有偿的数据服务时，商家可选择购买数据服务，也可以选择不购买数据服务。对于电商平台来说，仅能依据历史统计数据得到商家购买数据服务的概率，假设电商平台认为商家接受数据服务的概率为 q_s。对于商家来说，会根据利润最大化原则，决策是否购买数据服务。因此，在商家购买数据服务的决策方面，电商平台和商家存在信息不对称。接下来，进一步研究在数据服务购买决策存在信息不对称的情境下，电商平台向商家提供数据服务的策略及其影响。

求解该情境下的模型均衡解，可得市场中的消费者数量(n)为：

$$n = q_s\left[\frac{d^+}{4} + k_s(w - f_s) + (1+k_s)\theta - \frac{q_s k_s(w-2f)}{2}\right] +$$

$$(1-q_s)\left[\frac{d^+}{4} - \frac{q_s k_s(w-2f)}{2} + (k_s+1)\theta\right] \tag{3.28}$$

进一步可求得电商平台收取的交易佣金(f_t^D)为:

$$f_t^{D*} = \frac{\frac{d^+}{2} + q_s k_s(w-2f_s)}{4(k_s+1)} + \frac{\theta}{2} \tag{3.29}$$

最终,可求得均衡状态下,电商平台的利润(φ^D)为:

$$\varphi^D = \frac{q_s f_s k_s}{2(k_s+1)}\left[\frac{d^+}{4} + k_s(w-f_s) + (1+k_s)\theta - \frac{q_s k_s(w-2f_s)}{2}\right]$$

$$+ \left[\frac{d^+}{4} + \frac{q_s k_s w}{2} + (k_s+1)\theta\right]\left(\frac{\frac{d^+}{2} + q_s k_s(w-2f_s)}{4(k_s+1)} + \frac{\theta}{2}\right) \tag{3.30}$$

消费者剩余(CS)为:

$$\text{CS} = (d^+ - d^-)\left[-\frac{d^+}{16(k_s+1)} + \frac{q_s k_s w}{8(k_s+1)} + \frac{\theta}{4} + \frac{d^-}{8(k_s+1)}\right] \tag{3.31}$$

通过比较该情境与基准模型中的均衡解,可得命题 3.5。

命题 3.5 在电商平台和商家在商家是否购买数据服务的决策方面存在信息不对称的情境下,电商平台的数据服务对消费者隐私信息披露行为、消费者产品购买行为、电商平台交易佣金和消费者剩余的影响与商家一定购买数据服务的情境一致。然而,电商平台的利润受商家接受数据服务的概率(q_s)影响。当满足以下条件时,数据服务能够提升平台利润:

(1) 若商家接受数据服务的概率(q_s)较低,那么当数据服务价值较高时;或数据服务价值较低但数据服务成本居中时,数据服务能够提升电商平台利润。

(2) 若商家接受数据服务的概率(q_s)较高,那么数据服务始终能够提升电商平台利润。

该命题表明,商家接受数据服务的概率影响着数据服务对电商平台收益的影响。这是因为若商家接受数据服务,那么数据服务便可以为电商平台带来额外收入。

商家可通过比较不接受数据服务和接受数据服务两种情形下的利润,来确定是否接受平台的数据服务。若商家不接受数据服务,那么商家的均衡产品定价(p_N^D)为:

$$p_N^D = \frac{3d^+}{16(k_s+1)} + \frac{q_s k_s(w-2f_s)}{8(k_s+1)} + \frac{3\theta}{4} \tag{3.32}$$

进一步可求得商家的利润(π_N^D)为:

$$\pi_N^D = \left[\frac{d^+}{16(k_s+1)} - \frac{q_s k_s(w-2f_s)}{8(k_s+1)} + \frac{\theta}{4}\right]\left[\frac{d^+}{4} + (1+k_s)\theta + \frac{q_s k_s w}{2}\right] \tag{3.33}$$

若商家购买数据服务,那么商家的均衡产品价格(p_A^D)为:

$$p_A^D = \frac{3d^+}{16(k_s+1)} - \frac{k_s(w-f_s)}{4(k_s+1)} + \frac{3\theta}{4} + \frac{q_s k_s(w-2f_s)}{8(k_s+1)} \tag{3.34}$$

进一步可求得商家获得的利润(π_A^D)为:

$$\pi_A^D = \left[\frac{k_s(w-f_s)}{4(k_s+1)} + \frac{d^+}{16(k_s+1)} + \frac{\theta}{4} - \frac{q_s k_s(w-2f_s)}{8(k_s+1)}\right]\left[\frac{d^+}{4} + (1+k_s)\theta + \frac{q_s k_s w}{2}\right]$$

$$\tag{3.35}$$

比较两种情形下企业的均衡产品价格,可得到命题 3.6。

命题 3.6 若商家购买数据服务,那么数据服务将促使商家降低产品价格;若商家不购买数据服务,那么只有当数据服务价值较低($w < 3d^+/q_s + 3f_s$)时,数据服务才会促使商家降低产品价格。此外,当满足以下任一条件时,无论商家接受数据服务与否,数据服务都会促使商家提升产品价格:① 数据服务费用(f_s)较高;② 数据服务费用(f_s)居中,数据服务价值(w)较低且数据服务量(k_s)较高;③ 数据服务费用(f_s)居中,数据服务价值(w)较高但数据服务量(k_s)较低。

这一命题表明,无论商家是否购买数据服务,数据服务都能降低产品价格。我们也可以看到,即使商家购买数据服务,商家的利润也不会随着数据服务技术水平的增加而提升。这是因为电商平台与商家在商家购买数据服务方面存在信息不对称导致了市场上消费者数量的减少。

3.3 竞争环境下电商平台向商家提供数据服务的策略和影响研究

3.3.1 模型假设与模型构建

1. 基本假设与变量描述

本节以市场上处于竞争状态的两个电商平台(平台 A 和平台 B)为研究对象。两个平台的卖家市场(商家)规模总量为 1,商家根据平台的进驻费和预期产品销量确定进驻平台 A 还是平台 B。平台的另一边是规模总量为 1 的消费者市场。假设消费者登录平台即会发生购买行为。依据现实情况,消费者在登录平台及购买产品的过程中一般会应平台要求向平台披露个人信息。鉴于对披露后的个人信息的无力掌控感,消费者对披露个人信息的行为存在一定的信息隐私关注[7,10]。基于已有的研究[155,169],本节假设市场中存在两类消费者。一类是占比为 g 的信息隐私关注型消费者,该类消费者基于判断隐私信息披露的风险和收益进而确定是否进行隐私信息的披露。假设该类消费者的信息隐私关注系数为 β。另一类是占比为 $1-g$ 的隐私不关注型消费者,该类消费者对隐私信息披露持不关心态度,即仅依据购买产品的效用选择购买产品的平台。

平台 A 和平台 B 的竞争目标是抢占更多的企业市场,即吸引更多的商家进驻平台。假设平台 A 和平台 B 均通过向商家一次性收取平台进驻费获利。故而,平台上的商家数量($n_i, i = A, B$)和平台进驻费的设定决定了平台的利润($\varphi_i, i = A, B$)。而平台进驻费的设定也影响着平台上的商家数量。所以一方面,平台 A 和平台 B 通过平台进驻费竞争吸引更多的商家进驻。本节引入内生变量 f_A 代表平台 A 向单个商家收取的进驻费,引入内生变量 f_B 代表平台 B 向单个商家收取的进驻费。运用 Hotelling 模型研究商家对平台 A 和平台 B 的选择。假设所有的商家均匀分布在区间[0,1]上,平台 A 和平台 B 分别位于区间的 0 端和 1 端,商家选择平台 A 或平台 B 的机会成本为 t。商家通过比较进驻两个平台的利润,决策平台的进驻策略。假设商家进驻平台 A 的利润为 Φ_A,进驻平台 B 的利润为 Φ_B,即当 $\Phi_A > \Phi_B$ 时,商家进驻平台 A;当 $\Phi_A < \Phi_B$ 时,商家进驻平台 B。

另一方面,鉴于平台网络外部性的影响,平台 A 和平台 B 上的消费者(买家)数量($m_i, i = A, B$)也会影响商家的进驻意愿。对于消费者而言,只有在搜索到商家的产品时,才有可能发生购买行为。一般情况下,平台上基于消费者关键词搜索实现需求产品匹配的逻辑是:首先,进驻于平台上的商家设定产品关键词描述在售的产品特性;接着,消费者在平台根据自身需求进行关键词搜索;最后,平台基于搜索技术对消费者输入的关键词和商家设定的产品关键词进行匹配,进而展现消费者搜索与需求产品的匹配。此处,将平台匹配到消费者搜索目标的概率称为平台的"固有搜索匹配率"。假定在平台不提供数据服务的情况下,平台 A 和平台 B 的"固有搜索匹配率"相同,为 e。值得注意的是,由于信息不对称,商家设定的产品关键词与消费者搜索的关键词可能存在偏差。为降低这种偏差,一些平台,如天猫,向商家提供了数据服务,即平台利用掌握的海量消费者个人信息向商家提供消费者行为和偏好分析的数据服务,以帮助商家设置更符合目标消费者需求的产品关键词,从而提升消费者关键词搜索的匹配效果。例如,淘宝网推出的"生意参谋"的"主题词－趋势词／新词"功能,便是基于对用户个人信息进行分析而实现商家优化"产品关键词"设置的目的,从而实现消费者关键词搜索匹配效果的提升。假设由平台的数据服务提升的关键词搜索匹配效果为 d,下文简称为"匹配提升值",为保证平台的利润为正,假设匹配提升值满足 $d < \dfrac{2(t-e)}{e}$。

对于信息隐私关注型消费者而言,产品购买过程中的个人信息披露行为会产生隐私风险,而平台的数据分析服务因为涉及对消费者个人信息的二次使用,将会进一步加剧信息隐私关注型消费者的感知隐私风险。假设信息隐私关注型消费者的感知隐私风险由信息隐私关注系数和个人信息二次使用行为决定。其中,消费者可观察到的平台的个人信息二次使用行为导致的结果为"匹配提升值"的存在。故而,可进一步假设当平台不提供数据服务时,信息隐私关注型消费者的感知隐私风险为 β;当平台提供数据服务时,信息隐私关注型消费者的感知隐私风险提升至 $\beta(1+d)$。信息隐私关注型消费者根据购买产品的效用和个人信息披露的感知隐私风险选择平台。隐私不关注型消费者仅根据购买产品的效用选择平台。

假设在不考虑消费者隐私风险和产品偏好的情况下,消费者购买产品的净效用为 0,即消费者对产品的感知价值等于产品的定价。运用 Hotelling 模型研究消费者的购买决策。假设所有的消费者均匀分布在区间[0,1]上,平台 A 和平台 B 分别位于区间的 0 端和 1 端,消费者按对平台 A 和平台 B 的偏好不同均匀分布,信息隐私关注型消费者在两个平台之间的偏好位置为 y_p,隐私不关注型消费者在两个平台之间的偏好位置为 y_u。消费者选择平台 A 或平台 B 的机会成本为 t。

假设信息隐私关注型消费者从平台 A 和平台 B 购买产品的效用分别为 u_{pA} 和 u_{pB}。当 u_{pA}

$>u_{pB}$ 时,信息隐私关注型消费者将从平台 A 处购买产品;当 $u_{pA}<u_{pB}$ 时,信息隐私关注型消费者将从平台 B 处购买产品。同理,假设隐私不关注型消费者从平台 A 和平台 B 购买产品的效用分别为 u_{uA} 和 u_{uB}。当 $u_{uA}>u_{uB}$ 时,信息隐私关注型消费者将从平台 A 处购买产品;当 $u_{uA}<u_{uB}$ 时,信息隐私关注型消费者将从平台 B 处购买产品。

本节中变量的标识和变量描述如表 3-2 所示。

表 3-2 变量标识及变量描述

变量	变量描述	变量	变量描述
g	信息隐私关注型消费者占消费者市场总量的比例	m_i	在平台 i 上购买的消费者(买家)数量,$i=$ A,B
β	信息隐私关注型消费者的信息隐私关注程度	e	平台 A 和平台 B 的"固有搜索匹配率"
n_i	平台 i 上商家的数量,$i=$ A,B	φ_i	平台 i 的利润,$i=$ A,B
d	平台数据服务提升的关键词搜索匹配效果,简称"匹配提升值"	x_{bp}	信息隐私关注型消费者在平台 A 和平台 B 之间的偏好位置
f_i	平台 i 向单个商家收取的进驻费,$i=$ A,B	x_{bu}	隐私不关注型消费者在平台 A 和平台 B 之间的偏好位置
x	商家在平台 A 和平台 B 之间的偏好位置	u_{pi}	信息隐私关注型消费者从平台 i 购买产品的效用,$i=$ A,B
t	消费者和商家选择平台 A 或平台 B 的机会成本	u_{ui}	隐私不关注型消费者从平台 i 购买产品的效用,$i=$ A,B
Φ_i	商家进驻平台 i 的利润,$i=$ A,B		

2. 基准模型构建与求解:平台不提供数据服务

首先讨论平台不提供数据分析服务时的情形。在基准模型中,两个电商平台、消费者和商家的博弈序列如下:

第一步:平台 A 和平台 B 同时确定平台进驻费。

第二步:商家确定进驻的平台,同时,消费者确定购买产品的平台。

基准模型的所有决策变量均用上标"N"标识。

运用 Hotelling 模型求解进驻平台 A 和平台 B 上的商家数量,可得商家进驻平台 A 和平台 B 可获取的利润分别为:

$$\Phi_A^N = em_A^N - f_A^N - tx_s^N \tag{3.36}$$

$$\Phi_B^N = em_B^N - f_B^N - t(1-x_s^N) \tag{3.37}$$

若两个利润满足 $\Phi_A^N > \Phi_B^N$,那么商家将进驻平台 A。假设存在一个商家,其利润满足 $\Phi_A^N = \Phi_B^N$,即进驻平台 A 和平台 B 对该商家来说无差异。根据 $\Phi_A^N = \Phi_B^N$,可求得:

$$x^N = \frac{1}{2} + \frac{2em_A^N - f_A^N - e + f_B^N}{2t} \tag{3.38}$$

进一步可得,进驻平台 A 的商家数量 n_A^N 为:

$$n_A^N = \frac{1}{2} + \frac{e(m_A^N - m_B^N) - f_A^N + f_B^N}{2t} \tag{3.39}$$

进驻平台 B 的商家数量 n_B^N 为:

$$n_B^N = \frac{1}{2} - \frac{e(m_A^N - m_B^N) - f_A^N + f_B^N}{2t} \tag{3.40}$$

进一步的,可得信息隐私关注型消费者从平台 A 和平台 B 购买产品的效用分别为:

$$u_{pA}^N = en_A^N - \beta - tx_{bp}^N \tag{3.41}$$

$$u_{pB}^N = en_B^N - \beta - t(1 - x_{bp}^N) \tag{3.42}$$

若两个消费者效用满足 $u_{pA}^N > u_{pB}^N$,那么信息隐私关注型消费者将从平台 A 处购买产品。假设存在一个信息隐私关注型消费者,其购买产品的效用满足 $u_{pA}^N = u_{pB}^N$,即从平台 A 或平台 B 购买产品对该消费者来说无差异。根据 $u_{pA}^N = u_{pB}^N$,可求得:

$$x_p^N = \frac{e(n_A^N - n_B^N)}{2t} + \frac{1}{2} \tag{3.43}$$

根据本节假设,隐私不关注型消费者基于购买产品的效用确定购买决策。故而,该类消费者从平台 A 和平台 B 处购买产品的效用函数分别为:

$$u_{uA}^N = en_A^N - tx_{bu}^N \tag{3.44}$$

$$u_{uB}^N = en_B^N - t(1 - x_{bu}^N) \tag{3.45}$$

同理可求得当 $u_{uA}^N = u_{uB}^N$ 时,隐私不关注型消费者数量从平台 A 处购买的临界点为:

$$x_u^N = \frac{e(n_A^N - n_B^N)}{2t} + \frac{1}{2} \tag{3.46}$$

进一步可得,在平台 A 上购买产品的隐私不关注型消费者数量 m_A^N 为:

$$m_A^N = \frac{e(n_A^N - n_B^N)}{2t} + \frac{1}{2} \tag{3.47}$$

在平台 B 上购买产品的隐私不关注型消费者数量 m_B^N 为:

$$m_B^N = -\frac{e(n_A^N - n_B^N)}{2t} + \frac{1}{2} \tag{3.48}$$

由式(3.39)和式(3.47)可得:

$$n_A^N = \frac{-f_A^N + f_B^N}{2\left(t - \dfrac{e^2}{t}\right)} + \frac{1}{2} \tag{3.49}$$

$$m_A^N = \frac{(-f_A^N + f_B^N)\dfrac{e}{t}}{2\left(t - \dfrac{e^2}{t}\right)} + \frac{1}{2} \tag{3.50}$$

同理,由式(3.40)和式(3.48)可得:

$$n_B^N = -\frac{-f_A^N + f_B^N}{2\left(t - \frac{e^2}{t}\right)} + \frac{1}{2} \tag{3.51}$$

$$m_B^N = -\frac{(-f_A^N + f_B^N)\frac{e}{t}}{2\left(t - \frac{e^2}{t}\right)} + \frac{1}{2} \tag{3.52}$$

由假设可知平台的利润 φ_i^N 为:

$$\varphi_i^N = n_i^N f_i^N, \quad i = A, B \tag{3.53}$$

将式(3.49)和式(3.52)代入式(3.53),并进一步求所得函数对进驻费 f_A^N 和 f_B^N 的一阶偏导,可得均衡状态下平台A和平台B的进驻费 f_A^N 和 f_B^N 分别为:

$$f_A^N = t - \frac{e^2}{t} \tag{3.54}$$

$$f_B^N = t - \frac{e^2}{t} \tag{3.55}$$

故而进一步可得,均衡状态下,平台A和平台B的买家份额均为 $\frac{1}{2}$,卖家份额也均为 $\frac{1}{2}$。

引理3.3 在平台不提供数据分析服务情境下,两个无差异平台的企业市场份额和买家市场份额均相等。同时,平台的进驻费相同。

该结论表明对于无差别的两个平台而言,当没有平台提供数据分析服务时,设置相同的进驻费是平台的最优策略。最终,平台获得的市场份额也相等。该结论与现有关于竞争环境中的商家价格策略的研究结论一致。

3. 数据服务提供不对称情境下的模型构建与求解

本部分讨论数据服务提供不对称情境下平台间的竞争态势。在模型中,设定仅有平台A提供数据服务。平台、商家和消费者的决策序列为:

第一步:平台A和平台B同时确定商家进驻的费用。

第二步:商家确定进驻的平台,同时,消费者确定购买产品的平台。

在该模型中,所有的决策变量均用上标"D"标识。

根据假设可知,商家进驻平台A可以获取的利润(Φ_A^D)为:

$$\Phi_A^D = e(1+d)m_A^D - f_A^D - tx_s^D \tag{3.56}$$

商家进驻平台B可以获取的利润(Φ_B^D)为:

$$\Phi_B^D = em_B^D - f_B^D - t(1 - x_s^D) \tag{3.57}$$

若 $\Phi_A^D > \Phi_B^D$,则商家将进驻平台A。假设存在一个商家,其利润满足 $\Phi_A^D = \Phi_B^D$,即进驻平台A和平台B对该商家来说无差异。根据 $\Phi_A^D = \Phi_B^D$,可求得:

$$x^D = \frac{1}{2} + \frac{em_A^D(2+d) - f_A^D - e + f_B^D}{2t} \tag{3.58}$$

由此可得,进驻平台 A 的商家数量为:

$$n_A^D = \frac{1}{2} + \frac{em_A^D(2+d) - f_A^D - e + f_B^D}{2t} \tag{3.59}$$

进驻平台 B 的商家数量为:

$$n_B^D = \frac{1}{2} - \frac{em_A^D(2+d) - f_A^D - e + f_B^D}{2t} \tag{3.60}$$

平台 A 的数据服务一方面能够提升消费者对需求产品的搜索匹配概率,另一方面会增加信息隐私关注型消费者的信息隐私关注程度。假设该类消费者的信息隐私关注由 β 增加至 $\beta(1+d)$。信息隐私关注型消费者从平台 A 和平台 B 处购买的效用分别为:

$$u_{pA}^D = e(1+d)n_A^D - \beta(1+d) - tx_{bp}^D \tag{3.61}$$

$$u_{pB}^D = en_B^D - \beta - t(1 - x_{bp}^D) \tag{3.62}$$

若 $u_{pA}^D > u_{pB}^D$,那么消费者将从平台 A 处购买产品。假设存在一个消费者,其购买产品的效用满足 $u_{pA}^D = u_{pB}^D$,即从平台 A 或平台 B 购买产品对该消费者来说无差异。根据 $u_{pA}^D = u_{pB}^D$,可求得:

$$x_{bp}^D = \frac{1}{2} + \frac{e(1+d)n_A^D - \beta d - en_B^D}{2t} \tag{3.63}$$

因此可得,在平台 A 处购买的信息隐私关注型消费者数量 m_{pA} 为:

$$m_{pA}^D = g\left[\frac{1}{2} + \frac{e(1+d)n_A^D - \beta d - en_B^D}{2t}\right] \tag{3.64}$$

在平台 B 处购买的信息隐私关注型消费者数量 m_{pB} 为:

$$m_{pB}^D = g\left[\frac{1}{2} - \frac{e(1+d)n_A^D - \beta d - en_B^D}{2t}\right] \tag{3.65}$$

对于隐私不关注型的消费者而言,数据服务不会影响其感知隐私信息风险。因此,隐私不关注型消费者的购买决策取决于产品本身带来的效用。隐私不关注型消费者从平台 A 和平台 B 处购买的效用分别为:

$$u_{uA}^D = e(1+d)n_A^D - tx_{bu}^D \tag{3.66}$$

$$u_{uB}^D = en_B^D - t(1 - x_{bu}^D) \tag{3.67}$$

同理,可求得从平台 A 处购买的隐私不关注型消费者的数量为:

$$m_{uA}^D = (1-g)\left\{\frac{1}{2} + \frac{e[(1+d)n_A^D - n_B^D]}{2t}\right\} \tag{3.68}$$

从平台 B 处购买的隐私不关注型消费者的数量为:

$$m_{uB}^D = (1-g)\left\{\frac{1}{2} - \frac{e[(1+d)n_A^D - n_B^D]}{2t}\right\} \tag{3.69}$$

综上所述,从平台 A 处购买的消费者总量 m_A^D 为:

$$m_A^D = g\left[\frac{1}{2} + \frac{e(1+d)n_A^D - \beta d - en_B^D}{2t}\right] + (1-g)\left\{\frac{1}{2} + \frac{e[(1+d)n_A^D - n_B^D]}{2t}\right\} \tag{3.70}$$

从平台 B 处购买的消费者总量 m_B^D 为：

$$m_B^D = g\left[\frac{1}{2} - \frac{e(1+d)n_A^D - \beta d - en_B^D}{2t}\right] + (1-g)\left\{\frac{1}{2} - \frac{e[(1+d)n_A^D - n_B^D]}{2t}\right\} \quad (3.71)$$

将式(3.59)、式(3.60)、式(3.70)和式(3.71)代入平台的利润函数中，并进一步求所得函数对进驻费 f_A^D 和 f_B^D 的一阶偏导，可得均衡状态下平台 A 和平台 B 的进驻费分别为：

$$f_A^D = t + \frac{-e^2(2+d)(3+d) - 2te}{6t} + \frac{e(2+d)(t-\beta dg)}{6t} \quad (3.72)$$

$$f_B^D = t + \frac{-e^2(2+d)(3+2d) + 2te}{6t} + \frac{-e(2+d)(t-\beta dg)}{6t} \quad (3.73)$$

引理 3.4 数据分析服务带来的消费者搜索匹配提升值(d)对平台进驻费(f_A^D 和 f_B^D)的影响与信息隐私关注型消费者的占比(g)、平台的固有搜索匹配率(e)有关：

① 若信息隐私关注型消费者占比较高$\left(g > \frac{t}{2\beta}\right)$，那么随着匹配提升值($d$)的上升，平台 A 的进驻费呈减少趋势；若此时平台的固有搜索匹配率也较高($e \geq \beta g$)，那么平台 B 的进驻费随匹配提升值(d)的上升也呈下降趋势；若此时平台的固有搜索匹配率较低$\left(e \leq \frac{2\beta g - t}{5}\right)$，那么平台 B 的进驻费随匹配提升值($d$)的上升呈上升趋势；若此时平台的固有搜索匹配率居中$\left(\frac{2\beta g - t}{5} < e < \beta g\right)$，那么平台 B 的进驻费随匹配提升值($d$)的上升呈先下降后上升的趋势。

② 若信息隐私关注型消费者占比较低$\left(g \leq \frac{t}{7\beta}\right)$，那么当平台的固有搜索匹配率也较高$\left(e \geq \frac{t-2\beta g}{5}\right)$时，平台 A 和平台 B 的进驻费均随匹配提升值(d)的上升而呈下降趋势；当平台的固有搜索匹配率较低($e < \beta g$)时，平台 B 的进驻费随匹配提升值(d)的上升而呈先下降再上升的趋势，平台 A 的进驻费随匹配提升值(d)的上升而呈先上升后下降的趋势；当平台的固有搜索匹配率居中$\left(\beta g \leq e < \frac{t-2\beta g}{5}\right)$时，平台 B 的进驻费随匹配提升值($d$)的上升而呈下降趋势，平台 A 进驻费随匹配提升值(d)的上升而呈先上升后下降的趋势。

③ 若信息隐私关注型消费者占比居中$\left(\frac{t}{7\beta} < g \leq \frac{t}{2\beta}\right)$，那么当平台的固有搜索匹配率较高($e \geq \beta g$)时，平台 A 和平台 B 的进驻费均随匹配提升值(d)的上升而呈下降趋势；当平台的固有搜索匹配率较低$\left(e \leq \frac{2\beta g - t}{5}\right)$时，平台 B 的进驻费随匹配提升值($d$)的上升而呈先下降再上升的趋势，平台 A 的进驻费随匹配提升值(d)的上升而呈先上升后下降的趋势；当平台的固有搜索匹配率居中$\left(\beta g \leq e < \frac{t-2\beta g}{5}\right)$时，平台 A 的进驻费随匹配提升值($d$)的上升而呈下降趋势，平台 B 的进驻费随匹配提升值(d)的上升而呈先下降后上升的趋势。

引理 3.4 证明：

对 f_A^D 求解 d 的一阶偏导可得:

$\frac{\partial f_A^D}{\partial d} = \frac{e}{6t}[-2(\beta g+e)d+t-2\beta g-5e]$。分析可知:

若 $e \geqslant \frac{t-2\beta g}{5}$,则 $\frac{\partial f_A^D}{\partial d}<0$;若 $e<\frac{t-2\beta g}{5}$,则当 $d<\frac{-2\beta g-5e+t}{2(\beta g+e)}$ 时,$\frac{\partial f_A^D}{\partial d}>0$;当 $d>\frac{-2\beta g-5e+t}{2(\beta g+e)}$ 时,$\frac{\partial f_A^D}{\partial d}<0$。

对 f_B^D 求解 d 的一阶偏导可得:

$\frac{\partial f_B^D}{\partial d} = -\frac{e[2(e-\beta g)d+5e+t-2\beta g]}{6t}$。分析可知:

若 $e \geqslant \beta g$ 且 $e>\frac{2\beta g-t}{5}$,有 $\frac{\partial f_B^D}{\partial d}<0$;若 $e<\beta g$ 且 $e \leqslant \frac{2\beta g-t}{5}$,有 $\frac{\partial f_B^D}{\partial d}>0$;若 $\frac{2\beta g-t}{5}<e<\beta g$,当 $d>\frac{5e+t-2\beta g}{2(\beta g-e)}$ 时,$\frac{\partial f_B^D}{\partial d}>0$;当 $d<\frac{5e+t-2\beta g}{2(\beta g-e)}$ 时,$\frac{\partial f_B^D}{\partial d}<0$。

综合可得:

① 若 $g \leqslant \frac{t}{7\beta}$,那么有 $\frac{t-2\beta g}{5} \geqslant \beta g$。此时:

a. 若 $e \geqslant \frac{t-2\beta g}{5}$,则 $\frac{\partial f_A^D}{\partial d}<0, \frac{\partial f_B^D}{\partial d}<0$。

b. 若 $\beta g \leqslant e<\frac{t-2\beta g}{5}$,则当 $d<\frac{-2\beta g-5e+t}{2(\beta g+e)}$ 时,$\frac{\partial f_A^D}{\partial d}>0$;当 $d>\frac{-2\beta g-5e+t}{2(\beta g+e)}$ 时,$\frac{\partial f_A^D}{\partial d}<0, \frac{\partial f_B^D}{\partial d}<0$。

c. 若 $e<\beta g$,则当 $d>\frac{5e+t-2\beta g}{2(\beta g-e)}$ 时,$\frac{\partial f_B^D}{\partial d}>0, \frac{\partial f_A^D}{\partial d}<0$;当 $\frac{-2\beta g-5e+t}{2(\beta g+e)}<d<\frac{5e+t-2\beta g}{2(\beta g-e)}$ 时,$\frac{\partial f_B^D}{\partial d}<0, \frac{\partial f_A^D}{\partial d}<0$。当 $d<\frac{-2\beta g-5e+t}{2(\beta g+e)}$ 时,$\frac{\partial f_A^D}{\partial d}>0, \frac{\partial f_B^D}{\partial d}<0$。

② 若 $\frac{t}{7\beta}<g \leqslant \frac{t}{2\beta}$,有 $\frac{t-2\beta g}{5}<\beta g$。此时:

a. 若 $e<\frac{t-2\beta g}{5}$,则当 $d<\frac{-2\beta g-5e+t}{2(\beta g+e)}$ 时,$\frac{\partial f_A^D}{\partial d}>0, \frac{\partial f_B^D}{\partial d}<0$;当 $\frac{-2\beta g-5e+t}{2(\beta g+e)}<d<\frac{5e+t-2\beta g}{2(\beta g-e)}$ 时,$\frac{\partial f_A^D}{\partial d}<0, \frac{\partial f_B^D}{\partial d}<0$。当 $d>\frac{5e+t-2\beta g}{2(\beta g-e)}$ 时,$\frac{\partial f_A^D}{\partial d}<0, \frac{\partial f_B^D}{\partial d}>0$。

b. 若 $\frac{t-2\beta g}{5} \leqslant e<\beta g$,则 $\frac{\partial f_A^D}{\partial d}<0$。当 $d>\frac{5e+t-2\beta g}{2(\beta g-e)}$ 时,$\frac{\partial f_B^D}{\partial d}>0$;当 $d<\frac{5e+t-2\beta g}{2(\beta g-e)}$ 时,$\frac{\partial f_B^D}{\partial d}<0$。

c. 若 $e \geqslant \beta g$,则 $\frac{\partial f_B^D}{\partial d}<0, \frac{\partial f_A^D}{\partial d}<0$。

③ 若 $g>\frac{t}{2\beta}$,则 $\frac{\partial f_A^D}{\partial d}<0$。同时,若 $e \geqslant \beta g$,则 $\frac{\partial f_B^D}{\partial d}<0$;若 $e \leqslant \frac{2\beta g-t}{5}$,则 $\frac{\partial f_B^D}{\partial d}>0$;若

$\frac{2\beta g-t}{5}<e<\beta g$,则当 $d>\frac{5e+t-2\beta g}{2(\beta g-e)}$ 时,$\frac{\partial f_B^D}{\partial d}>0$;当 $d<\frac{5e+t-2\beta g}{2(\beta g-e)}$ 时,$\frac{\partial f_B^D}{\partial d}<0$。

证毕。

此外,比较平台 A 和平台 B 在平台 A 提供数据服务时的进驻费,可得:

(1) 若信息隐私关注型消费者占比满足 $g\geqslant\frac{1}{2\beta}+\frac{t}{\beta(2+d)}$,则有:$f_B^D>f_A^D$。

(2) 若信息隐私关注型消费者占比满足 $\frac{t}{(2+d)\beta}\leqslant g<\frac{1}{2\beta}+\frac{t}{\beta(2+d)}$,则有:

当 $e>2\beta g-\frac{2t}{2+d}$ 时,$f_B^D<f_A^D$;当 $e<2\beta g-\frac{2t}{2+d}$ 时,$f_B^D>f_A^D$。

(3) 若信息隐私关注型消费者占比满足 $g<\frac{t}{(2+d)\beta}$,则 $f_B^D<f_A^D$。

命题 3.7 当只有平台 A 向商家提供数据服务时,① 若信息隐私关注型消费者占比很高,那么平台 B 可设置高于平台 A 的进驻费;② 若信息隐私关注型消费者占比很低,那么平台 B 设置的进驻费将低于平台 A;③ 若信息隐私关注型消费者占比居中,那么当平台的固有搜索匹配率较高时,平台 A 可设置高于平台 B 的进驻费。

命题 3.7 证明:

令 $f_B^D-f_A^D$ 可得:$f_B^D-f_A^D=\frac{-e(2+d)\left[\frac{-\beta d}{t}g+1+\frac{ed}{2t}\right]+2e}{3}$。分析可得,当 $2\beta g-\frac{2t}{2+d}<e$ 时,$f_B^D<f_A^D$。进一步求解不等式 $2\beta g-\frac{2t}{2+d}<e$ 可得:

(1) 若 $g\geqslant\frac{1}{2\beta}+\frac{t}{\beta(2+d)}$,则:$2\beta g-\frac{2t}{2+d}\geqslant 1$。而 $e\leqslant 1$,所以 $2\beta g-\frac{2t}{2+d}>e$ 恒成立。即有:$f_B^D>f_A^D$。

(2) 若 $\frac{t}{(2+d)\beta}\leqslant g<\frac{1}{2\beta}+\frac{t}{\beta(2+d)}$,则:$0<2\beta g-\frac{2t}{2+d}<1$。所以有:当 $e>2\beta g-\frac{2t}{2+d}$ 时,$f_B^D<f_A^D$;当 $e<2\beta g-\frac{2t}{2+d}$ 时,$f_B^D>f_A^D$。

(3) 若 $g<\frac{t}{(2+d)\beta}$,则:$2\beta g-\frac{2t}{2+d}<0$。因为 $e>0$,所以 $e>2\beta g-\frac{2t}{2+d}$ 恒成立。即有 $f_B^D<f_A^D$。

证毕。

平台以利润最大化为目标确定进驻费。若进驻费过高,那么商家将不愿进驻平台;若进驻费过低,那么平台的利益将受损。因此,根据平台与商家的博弈可知,当平台可以通过数据服务吸引足够多的商家进驻平台时,适当提升进驻费对平台的总利润不会造成损失。

若市场上信息隐私关注型消费者的占比很高,那么因感知到数据服务带来的隐私风险而选择不在平台 A 上购买的消费者数量占比也较高。受平台网络外部性的影响,平台上购买产品的消费者数量的降低将导致商家进驻平台的意愿下降。为此,平台 A 只能通过降低进驻费来吸引商家进驻。同理,若市场上信息隐私关注型消费者的占比很低,那么因数据服务提升了产品搜索匹配效果而选择在平台 A 上购买的消费者占比较高。受平台网络外部性的影响,平台上购买产品的消费者数量的增多将导致商家进驻平台的意愿上升。此时,平台 A 无须再通过设置低于竞争对手的进驻费来获取企业市场的竞争优势,反而提高进驻费还能够使平台 A 获取最大化的利润。

若信息隐私关注型消费者占比居中,那么信息隐私关注型消费者和隐私不关注型消费者对平台 A 的影响差异性不显著。此时,若平台 A 提供数据服务的行为能够减少信息隐私关注型消费者带来的负面影响,同时增加隐私不关注型消费者带来的正面影响,那么提供数据服务便能够为平台 A 带来竞争优势,即平台 A 无须通过设置相较于竞争对手更低的进驻费来吸引更多的商家进驻。分析可知,若平台的固有搜索匹配率较高,那么在数据服务的影响下,隐私不关注型消费者的产品搜索效果将较为显著,这类消费者的正向影响提升。故而,此时平台 A 无须设置更低的平台进驻费。

根据式(3.59)、式(3.60)、式(3.70)、式(3.71)、式(3.72)和式(3.73)进一步可得,均衡状态下,平台 A 和平台 B 的买家数量 m_A^D 和 m_B^D 分别为:

$$m_A^D = \frac{e(2+d)\{2t(t-e)+e(2+d)[(t-e)-\beta dg]\}}{12t^2\left[2t-e(2+d)\dfrac{e(2+d)}{2t}\right]} + \frac{3(t-e-\beta dg)+e(2+d)}{6t}$$

(3.74)

$$m_B^D = 1 - \frac{e(2+d)\{2t(t-e)+e(2+d)[(t-e)-\beta dg]\}}{12t^2\left[2t-e(2+d)\dfrac{e(2+d)}{2t}\right]} - \frac{3(t-e-\beta dg)+e(2+d)}{6t}$$

(3.75)

平台 A 和平台 B 的卖家数量 n_A^D 和 n_B^D 分别为:

$$n_A^D = \frac{1}{3} + \frac{2t(t-e)+e(2+d)[(t-e)-\beta dg]}{6t\left[2t-\dfrac{e^2(2+d)^2}{2t}\right]}$$

(3.76)

$$n_B^D = \frac{2}{3} - \frac{2t(t-e)+e(2+d)[(t-e)-\beta dg]}{6t\left[2t-\dfrac{e^2(2+d)^2}{2t}\right]}$$

(3.77)

引理 3.5 竞争环境下的两个平台 A 和 B,若平台 A 向商家提供数据服务,那么数据服务带来的消费者产品搜索匹配提升值(d)对平台卖家市场的影响如下:

① 若信息隐私关注型消费者占比较高 $\left(g \geqslant \dfrac{1}{\beta}\right)$,那么平台 A 的卖家市场份额随匹配提升值($d$)的上升而减少。

② 若信息隐私关注型消费者占比较低 $\left(g < \dfrac{t}{\beta}\right)$,那么数据分析服务带来的匹配提升值($d$)对平台卖家市场的影响还与平台的固有搜索匹配率($e$)有关,即:

a. 当平台的固有搜索匹配率(e)满足 $e > \beta g$ 时,平台 A 的卖家市场份额随匹配提升值

(d)的上升而增加。

b. 当平台的固有搜索匹配率(e)满足 $e < 2\beta g - t$ 时,平台 A 的卖家市场份额随匹配提升值(d)的上升而减少。

c. 当平台的固有搜索匹配率(e)满足 $2\beta g - t < e < \beta g$ 时,平台 A 的卖家市场份额随匹配提升值(d)的上升而呈先增加后减少的趋势,且在

$$d = \frac{-2(e-2\beta g)(t^2-e^2) - 4t\sqrt{(t^2-e^2)\beta g(\beta g - e)}}{e^2[2\beta g + (t-e)]}$$ 时,

平台 A 的卖家市场份额达到最高。

③ 若信息隐私关注型消费者占比居中 $\left(\frac{t}{\beta} \leqslant g < \frac{1}{\beta}\right)$,那么数据服务带来的匹配提升值($d$)对平台卖家市场的影响依然与平台的固有搜索匹配率(e)有关,即:

a. 当平台的固有搜索匹配率(e)满足 $e > \beta g$ 时,平台 A 的卖家市场份额随匹配提升值(d)的上升而增加。

b. 当平台的固有搜索匹配率(e)满足 $e < \beta g$ 时,平台 A 的卖家市场份额随匹配提升值(d)的上升而减少。

3.3.2 数据服务对卖家和买家数量的影响

1. 数据服务对消费者市场的影响

当两个平台都不向商家提供数据服务时,每个平台可以获取的市场份额分别为 1/2。当平台 A 向商家提供数据服务时,平台 A 可以获取的买家市场份额为:

$$m_A^D = \frac{e(2+d)\{2t(t-e) + e(2+d)[(t-e) - \beta dg]\}}{12t^2\left[2t - e(2+d)\frac{e(2+d)}{2t}\right]} + \frac{3(t-e-\beta dg) + e(2+d)}{6t}$$

(3.78)

比较平台 A 提供数据服务情境下和不提供数据服务情境下的买家市场份额可得:

$$m_A^D - \frac{1}{2} = \frac{e(2+d)\{2t(t-e) + e(2+d)[(t-e) - \beta dg]\}}{12t^2\left[2t - e(2+d)\frac{e(2+d)}{2t}\right]} + \frac{-e - 3\beta dg + ed}{6t}$$

(3.79)

分析式(3.79)可知,因为根据假设条件 $2t > e(2+d)$,可得 $6t^2 - e^2(2+d)^2 > 0$,同时又因为 $[2t + e(2+d)][3t - e(2+d)] > 0$,故而可得:当信息隐私关注型消费者占比满足 $g < \frac{[2t+e(2+d)][3t-e(2+d)]e}{2\beta[6t^2-e^2(2+d)^2]}$ 时,平台 A 的买家市场规模为 $m_A^D > \frac{1}{2}$;否则,当信息隐私关注型消费者占比满足 $g \geqslant \frac{[2t+e(2+d)][3t-e(2+d)]e}{2\beta[6t^2-e^2(2+d)^2]}$ 时,平台 A 的买家市场规模为 $m_A^D < \frac{1}{2}$。

命题 3.8 两个竞争性电商平台 A 和 B，在只有平台 A 向商家提供数据服务时，若信息隐私关注型消费者占比(v) 较高，那么数据服务会致使平台 A 丢失部分消费者；而若信息隐私关注型消费者占比(v) 较低，那么数据服务会帮助平台 A 吸引更多的消费者。

消费者基于效用最大化的原则选择购买产品的平台，即只有从平台 A 处购买产品的效用高于平台 B 处购买产品的效用时，消费者才会选择平台 A。在考虑消费者信息隐私关注的情况下，当产品价格不变时（根据实际应用情况，同一个商家在不同平台上的统一定价的现象较为普遍）消费者购买产品的效用同时受隐私信息披露的风险和产品购买的感知价值影响。

平台 A 的数据服务能够提升两类消费者在平台 A 上的搜索匹配率。对隐私不关注型消费者的感知隐私信息风险不会产生影响。所以，平台 A 通过数据服务能够吸引更多的隐私不关注型消费者购买。显然，隐私不关注型消费者占比较高时，对整个消费者市场而言，平台 A 的份额将会因数据服务而提升。

对信息隐私关注型消费者来说，数据服务会加剧其感知隐私信息风险。对于这类消费者而言，会进一步权衡数据服务提升搜索匹配率带来的正向效用和加强感知隐私信息风险带来的负向效用，进而选择平台。这意味着，当平台 A 的数据服务为这类消费者带来的负向效用高于正向效用时，平台 A 将会流失这部分消费者，信息隐私关注程度越高的消费者越容易流失。当这类消费者占比较高时，对整个消费者市场而言，平台 A 的份额将会因数据服务而降低。

2. 数据服务对平台卖家市场的影响

首先，通过比较平台 A 提供数据服务和不提供数据服务两种情境下可获取的商家数量，分析数据服务对平台卖家市场的影响。若平台 A 不进行数据服务，那么在均衡状态下，平台 A 和平台 B 可在企业市场上各占据 1/2 的市场份额。若平台 A 提供数据服务，那么在均衡状态下，平台 A 可获取的商家数量为：

$$n_A^D = \frac{1}{3} + \frac{2t(t-e) + e(2+d)[(t-e) - \beta dg]}{6t\left[2t - \frac{e^2(2+d)^2}{2t}\right]} \tag{3.80}$$

分析式(3.80)，可得：

(1) 若信息隐私关注型消费者占比满足 $g \geq \frac{1}{2\beta} + \frac{t}{\beta(2+d)}$，则有：$n_A^D < \frac{1}{2}$。

(2) 若信息隐私关注型消费者占比满足 $\frac{t}{(2+d)\beta} < g < \frac{1}{2\beta} + \frac{t}{\beta(2+d)}$，则有：

当 $e > 2\beta g - \frac{2t}{2+d}$ 时，有 $n_A^D > \frac{1}{2}$；当 $e < 2\beta g - \frac{2t}{2+d}$ 时，有 $n_A^D < \frac{1}{2}$。

(3) 若信息隐私关注型消费者占比满足 $g \leq \frac{t}{(2+d)\beta}$，则 $n_A^D > \frac{1}{2}$。

证明：

令 $n_A^D - \dfrac{1}{2} = \dfrac{-e(2+d)\beta dg - 2te + e(2+d)\left(t + \dfrac{ed}{2}\right)}{6t\left[2t - e(2+d)\dfrac{e(2+d)}{2t}\right]} > 0$,则有：

当 $-e(2+d)\beta dg - 2te + e(2+d)\left(t + \dfrac{ed}{2}\right) > 0$ 时，$n_A^D - \dfrac{1}{2} > 0$ 成立。

分析该不等式 $-e(2+d)\beta dg - 2te + e(2+d)\left(t + \dfrac{ed}{2}\right) > 0$ 可得：

$-2\beta g + \dfrac{t}{2(2+d)} + e > 0$。那么求解不等式可得：

(1) 若 $g \geqslant \dfrac{1}{2\beta} + \dfrac{t}{\beta(2+d)}$，则：$2\beta g - \dfrac{2t}{2+d} \geqslant 1$。所以有：

$-2\beta g + \dfrac{t}{2(2+d)} + e < 0$ 恒成立，即：$n_A^D < \dfrac{1}{2}$。

(2) 若 $\dfrac{t}{\beta(2+d)} \leqslant g < \dfrac{1}{2\beta} + \dfrac{t}{\beta(2+d)}$，则：$0 < 2\beta g - \dfrac{2t}{2+d} < 1$。所以有：

当 $e > 2\beta g - \dfrac{2t}{2+d}$ 时，有 $n_A^D > \dfrac{1}{2}$；当 $e < 2\beta g - \dfrac{2t}{2+d}$ 时，有 $n_A^D < \dfrac{1}{2}$。

(3) 若 $g < \dfrac{t}{\beta(2+d)}$，则：$2\beta g - \dfrac{2t}{2+d} < 0$。所以有：

$-2\beta g + \dfrac{t}{2(2+d)} + e > 0$ 恒成立，即 $n_A^D > \dfrac{1}{2}$。

证毕。

根据上述分析，可得到命题 3.9。

命题 3.9 两个竞争性电商平台 A 和 B，若仅有平台 A 向商家提供数据服务，则：

① 若信息隐私关注型消费者占比很高 $\left[g \geqslant \dfrac{1}{2\beta} + \dfrac{t}{\beta(2+d)}\right]$，那么提供数据服务将致使平台 A 在卖家市场上的竞争力减弱。

② 若信息隐私关注型消费者占比较低 $\left[g < \dfrac{t}{\beta(2+d)}\right]$，那么提供数据服务将致使平台 A 在卖家市场上的竞争力加强。

③ 若信息隐私关注型消费者占比居中 $\left[\dfrac{t}{\beta(2+d)} \leqslant g < \dfrac{1}{2\beta} + \dfrac{t}{\beta(2+d)}\right]$，那么当平台的固有搜索匹配率($e$)较低时，提供数据服务将致使平台 A 在卖家市场上的竞争力削弱；否则，当平台的固有搜索匹配率(e)较高时，提供数据服务将致使平台 A 在卖家市场上的竞争力加强。

平台的网络外部性导致平台上消费者的数量会显著影响商家进驻平台的决策。商家在预测不同消费者结构下的消费者购买决策的基础上，确定平台进驻的意向。若信息隐私关注型消费者占比很高，那么因感知到数据服务带来的隐私风险而选择不在平台 A 上购买的消费者数量占比也较高。若市场上信息隐私关注型消费者的占比很低，那么因数据服务提升了产品搜索匹配效果而选择在平台 A 上购买的消费者占比较高。若信息隐私关注型消费者占比居中,那么当平台的固有搜索匹配率较高时,在数据服务的影响下,隐私不关注型消费者的产品搜索效果将较为显著,这类消费者的正向影响提升。

3.3.3 数据服务对平台进驻费设定的影响

在平台 A 和平台 B 均不提供数据服务情境下,可求得均衡状态下平台 A 的平台进驻费为:

$$f_A^N = t - \frac{e^2}{t} \tag{3.81}$$

比较式(3.72)和式(3.81),可得到平台 A 的数据服务对其进驻费设定的影响。

$$f_A^D - f_A^N = (2+d)\left[\frac{1}{2} - \frac{1}{2}\frac{\beta dg}{t} - \frac{e(3+d)}{2t}\right] + 3\frac{e}{t} - 1 \tag{3.82}$$

分析式(3.82),可得:

(1) 若信息隐私关注型消费者占比满足 $g > \dfrac{t}{(2+d)\beta}$,则 $f_A^N > f_A^D$。

(2) 若信息隐私关注型消费者占比满足 $g \leqslant \dfrac{t}{(2+d)\beta}$,则有:

当 $e > \dfrac{-(2+d)\beta g + t}{5+d}$ 时,$f_A^N > f_A^D$;当 $e < \dfrac{-(2+d)\beta g + t}{5+d}$ 时,$f_A^N < f_A^D$。

接下来,比较平台 B 在竞争平台 A 提供数据服务和不提供数据服务情境下均衡平台进驻费的设定来分析平台 A 的行为对平台 B 的影响。对模型进行求解,可得平台 A 不进行数据共享时,平台 B 的平台进驻费 f_B^N 为:

$$f_B^N = t - \frac{e^2}{t} \tag{3.83}$$

比较式(3.73)和式(3.83),可得到平台 A 的行为对其平台进驻费设定的影响。

$$f_B^D - f_B^N = \frac{-e(2+d)\left[\frac{1}{2} - g\frac{\beta d}{2t} + \frac{e(3+2d)}{2t}\right] + e}{3} + \frac{e^2}{t} \tag{3.84}$$

分析式(3.84),可得:

(1) 若信息隐私关注型消费者占比满足 $g > \dfrac{t}{(2+d)\beta}$,则有:

当 $e > \dfrac{-t + (2+d)g\beta}{7+2d}$ 时,$f_B^N > f_B^D$;当 $e < \dfrac{-t + (2+d)g\beta}{7+2d}$ 时,$f_B^N < f_B^D$。

(2) 若信息隐私关注型消费者占比满足 $g \leqslant \dfrac{t}{(2+d)\beta}$,则有:$f_B^N > f_B^D$。

命题 3.10 两个竞争性电商平台 A 和 B,在仅有平台 A 提供数据服务的情况,数据服务对平台进驻费设定的影响如下:

① 若信息隐私关注型消费者占比较高 $\left(g > \dfrac{t}{(2+d)\beta}\right)$,那么平台 A 将因提供数据服务

而降低平台进驻费。而对于平台 B 来说,当平台的固有搜索匹配率较高时,平台 A 提供数据服务的行为将迫使其降低进驻费;当平台的固有搜索匹配率较低时,平台 B 将提升进驻费。

② 若信息隐私关注型消费者占比较低$\left(g \leqslant \dfrac{t}{(2+d)\beta}\right)$,那么平台 B 将因平台 A 提供数据服务的行为而降低进驻费。而对于平台 A 来说,当平台的固定搜索匹配率较高时,平台 A 将降低进驻费;当平台的固定搜索匹配率较低时,平台 A 将提升进驻费。

平台主要通过进驻费竞争卖家市场。鉴于平台的网络外部性,平台也可以通过影响买家市场来竞争卖家市场。平台 A 提供数据服务可达到影响买家市场的目的。若数据服务能够较大程度地吸引买家选择平台 A,那么平台 A 则无须通过降低进驻费来获取在卖家市场上的竞争优势。

数据服务对买家市场的影响程度取决于买家市场中信息隐私关注型消费者的占比。若信息隐私关注型消费者占比较高,选择平台 A 的消费者会减少。为了降低消费者较少给卖家市场带来的负面影响,平台 A 会选择降低进驻费以保证在卖家市场上的竞争力。对于平台 B 来说,进驻费的设定还需进一步考虑平台 A 的进驻费和数据服务对买家市场的影响。当平台固有搜索匹配率较高时,平台 A 的数据服务对消费者的正向效用影响较为显著。为了获得竞争优势,平台 B 在平台 A 降低进驻费时也会选择降低进驻费。当平台固有搜索匹配率较低时,平台 A 的数据服务对消费者的正向效用影响并不显著,反而加剧了信息隐私关注型消费者的感知隐私风险。故而,对于平台 B 来说,平台 A 通过降低进驻费可获取的竞争优势十分有限。故而,平台 B 会提升进驻费,以保证利润最大化。

若信息隐私关注型消费者占比较低,平台 A 获取了更多的消费者。因为网络外部性,消费者规模的增大会激励更多的商家进驻。为了增强竞争力,平台 B 会选择降低进驻费以吸引商家进驻。对于平台 A 而言,虽然有可能获取更多的消费者,但是因为平台 B 降低进驻费的策略,平台 A 会进一步衡量数据服务带来的影响,进而判断是否需要降低进驻费以保持竞争优势。当平台的固定搜索匹配率较高时,数据服务为平台 A 带来的正向影响不足以弥补平台 B 降低进驻费行为带来的威胁。故而,平台 A 仍然会选择降低进驻费吸引更多商家进驻。当平台的固定搜索匹配率较低时,情况相反。

综上所述,两个竞争性电商平台 A 和 B,若在平台固有搜索匹配率较高的情况下平台 A 提供数据服务,那么两个竞争平台都会通过降低进驻费的方式争取竞争优势。而若在平台固有搜索匹配率较低的情况下平台 A 提供数据服务,平台的进驻费竞争态势将会得到缓解,即总有一方会选择提升进驻费。

3.3.4 数据服务对平台利润的影响

在这一小节中,本项目将进一步讨论两个竞争性电商平台 A 和 B,仅平台 A 向商家提供数据服务时,该服务对两个平台利润的影响。

1. 对平台 A 的利润影响分析

首先,分析平台 A 不提供服务的利润。根据均衡解求解可得,平台 A 在不提供数据服务时,利润 Π_A^N 为:

$$\Pi_A^N = \frac{t}{2} - \frac{e^2}{2t} \tag{3.85}$$

在提供数据服务时,平台 A 的利润 Π_A^D 为:

$$\Pi_A^D = \frac{\{[3t - e(3+d)][2t + e(2+d)] - e(2+d)\beta dg\}^2}{36t^2\left[2t - \dfrac{e^2(2+d)^2}{2t}\right]} \tag{3.86}$$

平台的利润由平台上的商家数量及进驻费决定。由命题 3.8 和命题 3.9 可知,若数据服务带来的匹配提升值(d)或平台的固有搜索匹配率(e)较小时,数据服务会导致平台 A 上进驻的商家数量减少。而此时,由命题 3.10 可知,若数据服务带来的匹配提升值(d)较大或平台的固有搜索匹配率(e)较高时,数据服务将促使平台 A 降低进驻费。结合这三个命题,可得:

① 若隐私关注型消费者占比很高 $\left[g \geqslant \dfrac{1}{2\beta} + \dfrac{t}{\beta(2+d)}\right]$,则 $\Pi_A^N > \Pi_A^D$。

② 若隐私关注型消费者占比较高 $\left[\dfrac{t}{(2+d)\beta} < g < \dfrac{1}{2\beta} + \dfrac{t}{\beta(2+d)}\right]$,则当平台固有搜索匹配率满足 $e < 2\beta g - \dfrac{2t}{2+d}$ 时,$\Pi_A^N > \Pi_A^D$。

③ 若隐私关注型消费者占比不高 $\left(g \leqslant \dfrac{t}{(2+d)\beta}\right)$,则当平台固有搜索匹配率满足 $e < \dfrac{-(2+d)\beta g + t}{5+d}$ 时,$\Pi_A^N < \Pi_A^D$。

接下来,运用数值分析法讨论以上三个条件未覆盖到的情况,即条件① 若隐私关注型消费者占比较高 $\left[\dfrac{t}{(2+d)\beta} < g < \dfrac{1}{2\beta} + \dfrac{t}{\beta(2+d)}\right]$ 且平台固有搜索匹配率满足 $e > 2\beta g - \dfrac{2t}{2+d}$ 的情况;条件② 若隐私关注型消费者占比较低 $\dfrac{t}{3\beta} < g \leqslant \dfrac{t}{(2+d)\beta}$ 且平台固有搜索匹配率满足 $e > \dfrac{-(2+d)\beta g + t}{5+d}$ 的情况;条件③ 若隐私关注型消费者占比很低 $g \leqslant \dfrac{t}{3\beta}$ 且平台固有搜索匹配率满足 $e \geqslant \dfrac{-(2+d)\beta g + t}{5+d}$ 的情况。

令 $t=1, d=0.6, v=0.6, \beta=1, u=0.4$,且 e 在区间 $[0.43, 0.75]$ 上变化,可模拟得条件① 下,即信息隐私关注型消费者占比较高且平台固有搜索匹配率(e)较高时,平台 A 的利润与平台的固有搜索匹配率(e)之间的关系,如图 3-2 所示。

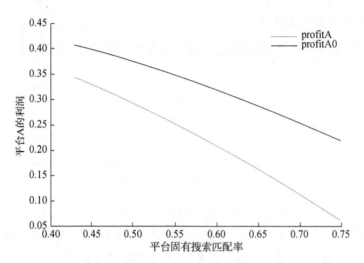

图 3-2　条件 ① 下平台 A 的利润与平台固有搜索匹配率 e 之间的关系

注：图中 profitA 表示平台 A 提供数据服务时的利润；profitA0 表示平台 A 不提供数据服务时的利润（图 3-3 和图 3-4 中相同）。

由图 3-2 可知，若信息隐私关注型消费者占比较高，即 $\frac{t}{(2+d)\beta} < g < \frac{1}{2\beta} + \frac{t}{\beta(2+d)}$，那么当平台固有搜索匹配率满足 $e > 2\beta g - \frac{2t}{2+d}$ 时，平台 A 不提供数据服务的利润高于提供数据服务的利润（$\Pi_A^N > \Pi_A^D$）。

令 $t=1, d=0.6, v=0.35, \beta=1, u=0.65$，且 e 在区间 $[0.016, 0.75]$ 上变化，可得条件 ② 下，即信息隐私关注型消费者占比较低且平台固有搜索匹配率不低时，平台 A 的利润与平台固有搜索匹配率 e 之间的关系，如图 3-3 所示。

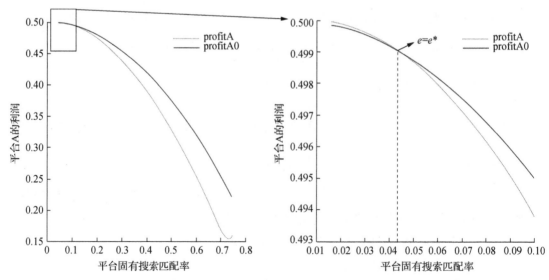

图 3-3　条件 ② 下平台 A 的利润与平台的固有搜索匹配率 e 之间的关系

由图 3-3 可知,若信息隐私关注型消费者占比较低,即 $\frac{t}{3\beta} < g \leqslant \frac{t}{(2+d)\beta}$,那么当平台固有搜索匹配率满足 $e \geqslant \frac{-(2+d)\beta g + t}{5+d}$ 时,有:在区间 $e \in \left(e^*, \frac{2t}{2+d}\right)$ 上,平台 A 不提供数据服务的利润高于提供数据服务的利润($\Pi_A^N > \Pi_A^D$);在区间 $e \in \left[\frac{-(2+d)\beta g + t}{5+d}, e^*\right)$ 上,平台 A 不提供数据服务的利润低于提供数据服务的利润($\Pi_A^N < \Pi_A^D$)。

令 $t = 1, d = 0.6, v = 0.1, \beta = 1, u = 0.9$,且 e 在区间 $[0.019, 0.75]$ 上变化,可得条件③下,即信息隐私关注型消费者占比很低且平台固有搜索匹配率不低时,平台 A 的利润与平台固有搜索匹配率 e 之间的关系,如图 3-4 所示。

由图 3-4 可知,若信息隐私关注型消费者占比很低,即 $g \leqslant \frac{t}{3\beta}$,那么当平台固有搜索匹配率满足 $e \geqslant \frac{-(2+d)\beta g + t}{5+d}$ 时,有:在区间 $e \in (e_1^{**}, e_2^{**})$ 上,平台 A 不提供数据服务的利润高于提供数据服务的利润($\Pi_A^N > \Pi_A^D$);在区间 $e \in \left(e_2^{**}, \frac{2t}{2+d}\right)$ 或 $e \in \left[\frac{-(2+d)\beta g + t}{5+d}, e_1^{**}\right]$ 上,平台 A 不提供数据服务的利润低于提供数据服务的利润($\Pi_A^N < \Pi_A^D$)。

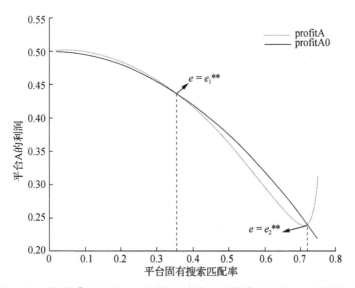

图 3-4 条件③下平台 A 的利润与平台固有搜索匹配率 e 之间的关系

不同条件下平台 A 不提供数据服务及提供数据服务时利润对比情况见表 3-3 所示。

表 3-3　不同条件下平台 A 不提供数据服务及提供数据服务时利润对比情况

平台固有搜索匹配率	隐私关注型消费者占比		
	$g \leqslant \dfrac{t}{3\beta}$	$\dfrac{t}{3\beta} < g \leqslant \dfrac{t}{(2+d)\beta}$	$g > \dfrac{t}{(2+d)\beta}$
$e < \dfrac{-(2+d)\beta g + t}{5+d}$	$\Pi_A^N < \Pi_A^D$	$\Pi_A^N < \Pi_A^D$	$\Pi_A^N > \Pi_A^D$
$e \geqslant \dfrac{-(2+d)\beta g + t}{5+d}$	当 $e < e_1^{**}$：$\Pi_A^N < \Pi_A^D$ 当 $e_1^{**} < e < e_2^{**}$：$\Pi_A^N > \Pi_A^D$ 当 $e > e_2^{**}$：$\Pi_A^N < \Pi_A^D$	当 $e < e^*$：$\Pi_A^N < \Pi_A^D$ 当 $e > e^*$：$\Pi_A^N > \Pi_A^D$	

2. 对平台 B 利润的影响

接下来,分析平台 A 提供数据服务的行为对不提供数据服务的平台 B 利润的影响。可求得平台 A 不提供数据服务时,平台 B 的利润 Π_B^N 为：

$$\Pi_B^N = \frac{t}{2} - \frac{e^2}{2t} \tag{3.87}$$

在平台 A 提供数据服务时,平台 B 的利润 Π_B^D 为：

$$\Pi_B^D = \frac{\left\{ 3t - e(2+d)\left[\dfrac{-\beta d}{2t}g + \dfrac{1}{2} + \dfrac{e(3+2d)}{2t} \right] + e \right\}^2}{3\left[2t - \dfrac{e^2(2+d)^2}{2t} \right]} \tag{3.88}$$

结合命题 3.8、命题 3.9 和命题 3.10 可得：

① 若信息隐私关注型消费者占比很高 $\left[g \geqslant \dfrac{1}{2\beta} + \dfrac{t}{\beta(2+d)} \right]$,则当平台固有搜索匹配率满足 $e < \dfrac{-t + (2+d)g\beta}{7+2d}$ 时,平台 B 在平台 A 不提供数据服务时的利润低于提供数据服务时的利润 $(\Pi_B^N < \Pi_B^D)$。

② 若信息隐私关注型消费者占比较高 $\left[\dfrac{t}{(2+d)\beta} < g < \dfrac{1}{2\beta} + \dfrac{t}{\beta(2+d)} \right]$,则当平台固有搜索匹配率满足 $e < \dfrac{-t + (2+d)g\beta}{7+2d}$ 时,平台 B 在平台 A 不提供数据服务时的利润低于提供数据服务时的利润 $(\Pi_B^N < \Pi_B^D)$；当平台固有搜索匹配率满足 $e > 2\beta g - \dfrac{2t}{2+d}$ 时,平台 B 在平台 A 不提供数据服务时的利润高于提供数据服务时的利润 $(\Pi_B^N > \Pi_B^D)$。

③ 若信息隐私关注型消费者占比不高 $\left[g < \dfrac{t}{(2+d)\beta} \right]$,则平台 B 在平台 A 不提供数据服务时的利润高于提供数据服务时的利润 $(\Pi_B^N > \Pi_B^D)$。

对以上三个条件未覆盖到的两种情况本项目运用数值分析法讨论。

情况①　若信息隐私关注型消费者占比很高 $\left[g \geqslant \dfrac{1}{2\beta} + \dfrac{t}{\beta(2+d)} \right]$ 且平台固有搜索匹

配率满足 $e > \dfrac{-t + (2+d)g\beta}{7+2d}$。

令 $t=1, d=0.6, v=0.9, \beta=1, u=0.1$，且 e 在区间 $[0.19, 0.75]$ 上变化，可模拟得在情况 ① 中，即信息隐私关注型消费者占比很高时，平台 B 的利润与平台固有搜索匹配率 e 之间的关系，见图 3-5。

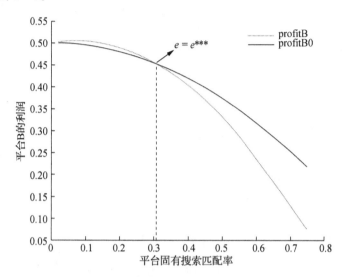

图 3-5　情况 ① 中平台 B 的利润与平台固有搜索匹配率 e 之间的关系

注：profitB 表示平台 A 提供数据服务时平台 B 的利润，profitB0 表示平台 A 不提供数据服务时平台 B 的利润（图 3-6 中相同）。

由图 3-5 可知，若信息隐私关注型消费者占比很高 $\left[g \geqslant \dfrac{1}{2\beta} + \dfrac{t}{\beta(2+d)}\right]$，那么当平台固有搜索匹配率满足 $e > \dfrac{-t + (2+d)g\beta}{7+2d}$ 时，在区间 $\left[\dfrac{-t + (2+d)g\beta}{7+2d}, e^{***}\right]$ 上，平台 B 在平台 A 不提供数据服务时的利润低于提供数据服务时的利润（$\Pi_B^N < \Pi_B^D$）；在区间 $\left(e^{***}, \dfrac{2t}{2+d}\right)$ 上，平台 B 在平台 A 不提供数据服务时的利润高于提供数据服务时的利润（$\Pi_B^N > \Pi_B^D$）。

情况②　若信息隐私关注型消费者占比居中 $\left[\dfrac{t}{(2+d)\beta} < g < \dfrac{1}{2\beta} + \dfrac{t}{\beta(2+d)}\right]$ 且平台固有搜索匹配率满足 $\dfrac{-t + (2+d)g\beta}{7+2d} < e < 2\beta g - \dfrac{2t}{2+d}$。

令 $t=1, d=0.6, v=0.6, \beta=1, u=0.4$，且 e 在区间 $[0.068, 0.43]$ 上变化，可模拟得在情况 ② 中，即信息隐私关注型消费者占比较高时，平台 B 的利润与平台固有搜索匹配率 e 之间的关系，见图 3-6。

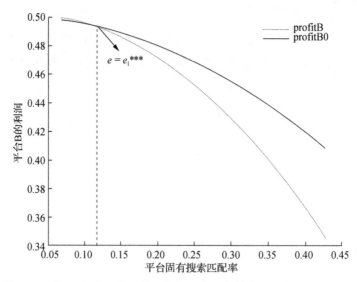

图 3-6　情况 ② 中平台 B 的利润与平台固有搜索匹配率 e 之间的关系

由图 3-6 可知，若信息隐私关注型消费者占比居中 $\left[\dfrac{t}{(2+d)\beta}<g<\dfrac{1}{2\beta}+\dfrac{t}{\beta(2+d)}\right]$，那么当平台固有搜索匹配率满足 $\dfrac{-t+(2+d)g\beta}{7+2d}<e<2\beta g-\dfrac{2t}{2+d}$ 时，在区间 $\left[\dfrac{-t+(2+d)g\beta}{7+2d},e_1^{***}\right]$ 上，平台 B 在平台 A 不提供数据服务时的利润低于提供数据服务时的利润（$\Pi_B^N<\Pi_B^D$）；在区间 $\left(e_1^{***},2\beta g-\dfrac{2t}{2+d}\right)$ 上，平台 B 在平台 A 不提供数据服务时的利润高于提供数据服务时的利润（$\Pi_B^N>\Pi_B^D$）。

综合上述分析，数据服务对平台 B 的利润的影响如表 3-4 所示。

命题 3.11　两个竞争性电商平台 A 和 B，在平台 A 提供数据服务时，可得：

① 若信息隐私关注型消费者占比较高 $\left[g\geqslant\dfrac{t}{(2+d)\beta}\right]$，那么数据服务将降低平台 A 的收益。此时，在平台固有搜索匹配率较低的情况下，平台 A 提供数据服务会提升平台 B 的收益。

② 若信息隐私关注型消费者占比较低 $\left[g<\dfrac{t}{(2+d)\beta}\right]$，那么数据服务将损害平台 B 的收益。对于平台 A 来说，若平台固定搜索匹配率较低，能够因提供数据服务而提高收益。

③ 在一种极端情况下，即若信息隐私关注型消费者占比十分低 $\left(g\leqslant\dfrac{t}{3\beta}\right)$，平台 A 在固有搜索匹配率十分高的情况下也能够因提供数据服务而提高收益。

表 3-4 平台 A 提供与不提供数据服务时平台 B 的利润对比情况

平台固有搜索匹配率	隐私关注型消型者占比		
	$g \geq \frac{1}{2\beta} + \frac{t}{\beta(2+d)}$	$\frac{t}{(2+d)\beta} < g < \frac{1}{2\beta} + \frac{t}{\beta(2+d)}$	$g < \frac{t}{(2+d)\beta}$
$e < \frac{-t+(2+d)g\beta}{7+2d}$	$\Pi_B^N < \Pi_B^D$		
$\frac{-t+(2+d)g\beta}{7+2d} < e < 2\beta g - \frac{2t}{2+d}$	当 $e < e^{***}$: $\Pi_B^N < \Pi_B^D$; 当 $e > e^{***}$: $\Pi_B^N > \Pi_B^D$	当 $e < e_1^{***}$: $\Pi_B^N < \Pi_B^D$; 当 $e > e_1^{***}$: $\Pi_B^N > \Pi_B^D$	$\Pi_B^N > \Pi_B^D$
$e > 2\beta g - \frac{2t}{2+d}$		$\Pi_B^N > \Pi_B^D$	

命题 3.11 说明两个平台竞争的情况下,其中一个平台提供数据服务并不一定对自身有利,甚至有可能损害自身利益而使竞争对手获利。导致这一结果的主要原因是消费者信息隐私关注。据文献[7,10]的研究发现,消费者会因对个人数据的不可控性而对要求其披露个人隐私信息的主体产生信息隐私关注。换言之,由于消费者信息隐私关注的存在,平台需谨慎实施对消费者个人信息的应用策略。电商平台竞争过程中,若期望通过为商家提供数据服务而提升平台的搜索匹配率,进而提升平台竞争力,那么平台必须考虑其数据服务行为将提升信息隐私关注型消费者的感知隐私风险,在平台的固有搜索匹配率较高或信息隐私关注型消费者占比较高时,平台不能从提供数据服务中获益。只有在信息隐私关注型消费者占比十分低,且平台固有搜索匹配率很高的情况下,平台才能从数据服务提供中获益。

3.4 主要结论和管理启示

电商平台获得消费者隐私信息后,最直接的应用方式是为商家提供数据服务,但商家对隐私信息的应用会增加消费者的信息隐私关注。为此,需要考虑消费者的信息隐私关注,研究电商平台的数据服务策略及其对各相关主体的影响。目前学者们对该问题的探讨主要局限于企业与第三方之间的数据交易行为,涉及电商平台通过提供数据服务实施的隐私信息应用方式的研究较为匮乏。本章构建定量模型对该问题进行了深入探讨。

3.4.1 主要结论

本章分别针对平台寡头垄断市场和两个平台竞争市场两种情境,研究平台向商家提供数据服务的策略及其对商家和消费者产生的影响。

1. 寡头垄断的市场环境,模型分析的主要结论

(1) 平台提供数据服务的策略与数据服务价值(w)和数据服务技术水平(k_s)两个因素

有关,即只有当数据服务价值(w)较高或平台提供的数据服务技术水平(k_s)较低时,平台才会提供数据服务。

(2) 当电商平台提供数据服务时,数据服务对电商平台收取的交易佣金大小的影响受数据服务费用(f_s)和数据服务价值(w)两个因素的作用,即当数据服务价值较高或数据服务费用较低($w > 2f_s + d^+/2$)时,电商平台提供数据服务会促使其提升交易佣金。

(3) 平台提供数据服务对消费者和进驻商家始终有利,此外,数据服务提升了消费者产品购买意愿、促使商家降低产品定价。

2. 在平台A和平台B竞争的环境中,若平台A向商家提供数据服务,平台B不提供数据服务,模型分析的主要结论

(1) 数据服务对平台A进驻费设定和利润的影响与信息隐私关注型消费者占比(g)、平台固有搜索匹配率(e)相关。若信息隐私关注型消费者占比较低$\left[g \leqslant \frac{t}{(2+d)\beta}\right]$,当平台固有搜索匹配率($e$)较低时,平台A会提升进驻费,其利润上升;当平台固有搜索匹配率(e)较高时,平台A会降低进驻费,只要平台固有搜索匹配率(e)不十分高,其利润便会提升。若信息隐私关注型消费者占比较高$\left[g > \frac{t}{(2+d)\beta}\right]$,数据服务总能促使平台A降低进驻费,同时利润减少。

(2) 数据服务对平台B进驻费设定和利润的影响与信息隐私关注型消费者占比(v)、平台固有搜索匹配率(e)相关。若信息隐私关注型消费者占比较低$\left[g \leqslant \frac{t}{(2+d)\beta}\right]$,那么数据服务将会促使平台B降低进驻费,其利润下降。若信息隐私关注型消费者占比较高$\left[g > \frac{t}{(2+d)\beta}\right]$,当平台固有搜索匹配率($e$)较低时,平台B会提升进驻费,其利润提升;当平台固有搜索匹配率(e)较高时,平台B会降低进驻费,只要平台固有搜索匹配率(e)不十分高,其利润便会上升。

(3) 数据服务对商家的影响与信息隐私关注型消费者占比(g)、平台固有搜索匹配率(e)相关。若信息隐私关注型消费者占比很高$\left[g \geqslant \frac{1}{2\beta} + \frac{t}{\beta(2+d)}\right]$,那么提供数据服务将会削弱平台A在卖家市场上的竞争力;若信息隐私关注型消费者占比较低,那么提供数据服务将加强平台A在卖家市场上的竞争力;若信息隐私关注型消费者占比居中$\left[\frac{t}{(2+d)\beta} \leqslant g < \frac{1}{2\beta} + \frac{t}{\beta(2+d)}\right]$,当平台固有搜索匹配率较低时,提供数据服务将削弱平台A在卖家市场上的竞争力。

(4) 平台A提供数据服务对买家市场的影响与信息隐私关注型消费者占比(g)有关:若信息隐私关注型消费者占比较高,那么数据服务会致使平台A丢失部分消费者。

3.4.2 主要管理启示

基于对电商平台向商家提供数据服务的影响研究所得出的结论,对电商平台的数据服务管理的启示主要有:

(1) 在单寡头垄断市场中,电商平台决策是否提供数据服务的依据是数据服务能否提升电商平台的利润。若电商平台能够收集到高质量的消费者个人数据,并具备较强的数据挖掘和分析能力,也就是能够给商家提供比较高价值的数据服务,那么电商平台应该向商家提供数据服务。

(2) 在竞争市场中,电商平台提供数据服务的主要目的是提升市场竞争力。在竞争对手不提供数据服务的情况下,如果市场上信息隐私关注型消费者占比较低,或者平台固有搜索匹配率较高,平台应该向商家提供数据服务。

(3) 当处于寡头垄断市场环境中时,如果电商平台的数据服务带给商家的价值较高,电商平台可以借此提升交易佣金;如果电商平台的数据服务带给商家的价值较低,电商平台则需要降低交易佣金以吸引商家进驻平台。由此可见,在提供数据服务的情况下,平台可以通过采取措施防止消费者提供虚假隐私信息、监管电商平台上企业的行为以避免虚假交易的产生以及加大投资力度提升数据分析能力等方法保证数据服务的高价值,以便实现通过数据服务提升平台交易佣金的目的。

(4) 当处于竞争环境中,如果一个平台不提供数据服务而另一平台提供数据服务,两个电商平台均需要在评估市场中信息隐私关注型消费者的占比和平台固有搜索匹配率的基础上,设定最优的进驻费,以保持竞争力。对于不提供数据服务的平台,若信息隐私关注型消费者占比较高,可以在平台固有搜索匹配率较低的情况下提升进驻费,而在平台固有搜索匹配率较高的情况下降低进驻费。若信息隐私关注型消费者占比较低,平台只能够降低进驻费以获取最大化利润。对于提供数据服务的平台,若想通过数据服务获得更高的商家市场份额,必须努力降低市场上信息隐私关注型消费者的占比,如采取有效隐私信息保护手段降低消费者的感知隐私风险,给予消费者充分的掌控个人隐私信息的权利等。

第 4 章
电商平台开放社交账号登录下定向广告和隐私信息共享策略研究

随着网络技术的快速发展,各类平台正成为人们社会活动的主要载体,不同功能的平台可以收集到的消费者数据类型各有侧重。例如,电商平台主要是交易信息和产品浏览行为信息等,社交媒体平台主要是社交信息等。为更精准地分析消费者的特征,平台间可共享信息,增加消费者隐私信息的维度,进而提升隐私信息应用的价值。例如,不同类型平台间账号互登录已在实践中普遍应用。本章基于隐私信息经济性,以电商平台获取消费者隐私信息实施定向广告为应用背景,构建博弈模型,研究电商平台通过向消费者提供社交账号登录以获取更多消费者隐私信息时,社交账号登录的实施策略。首先,通过比较平台是否开放社交账号登录的收益,研究电商平台社交账号登录应用的条件及其产生的影响。其次,研究电商平台在采用"社交账号登录方式"的前提下,与社交媒体平台实现隐私信息共享的策略选择,即授权消费者或电商平台决策隐私信息共享水平两种策略的选择。

4.1 问题的提出

当前,越来越多的互联网平台(下文简称"平台")与社交网站合作向互联网消费者提供社交账号登录方式(social login)。例如,在线旅行平台"去哪儿网"与腾讯、新浪等多家社交网络平台合作,向消费者提供"QQ 账号登录""微博账号登录"等多种社交账号登录方式。国内最大的电商平台之一"京东网"与腾讯合作,向消费者开放了"QQ 账号登录"及"微信账号登录"的社交账号登录方式(以下简称"社交账号登录")。

社交账号登录对互联网用户和平台均会产生多方面的影响。对互联网用户来说,一方面社交账号登录可提升登录的便利性,即为消费者免去烦琐的新账号注册程序,同时使用统一账号降低了消费者的账号记忆成本。但另一方面,社交账号登录使得消费者信息被多方共享,增加了消费者的隐私信息风险[7]。对平台来说,可借助于社交账号登录实现"引流",即利用社交账号登录的便利性吸引社交网络上的消费者登录并使用该平台。同时,平台还可与社交网络共享消费者信息,提升定向广告等面向消费者的个性化服务能力[170]。但是,一方面由于消费者自身的信息隐私关注,另一方面由于定向广告等个性化服务在给消费者带来收益感知的同时,也大幅增加消费者感知隐私信息风险[161],导致消费者不选择或放弃社交账号登录,使得平台不能实现提供社交账号登录的预期。实际中不难发现,部分平台提供社交账号登录的积极性并不高。一些平台并未开放社交账号登录,如天猫平台,虽然开放了社交账号登录,但并未积极推广该登录方式,如"知乎网"将社交账号登录设置在十分不起眼的位置。为此,在消费者信息隐私关注的影响下,电商平台在什么条件下、以什么方式可以向消费者提供社交账号登录,社交账号登录对电商平台、消费者、广告主分别会产生什么影响等问题均是平台在社交账号登录选择上需要考虑和解决的问题。

更进一步,在平台选择开放社交账号登录方式时,平台还面临如何选择合适的信息获取方式的问题,也就是电商平台开放社交账号登录后,如何确定与社交平台间进行哪些信息的共享。在现实的应用中,平台间进行信息共享的策略主要有两种:一种是将信息共享的决策权交给信息的所有者——平台消费者;另一种是将信息共享的决策权掌握在平台手中——电商平台或社交平台中的任意一方,或者由两方共同协商决定。这两种信息共享策略各具优势。对于第一种信息共享方式而言,消费者对个人信息的使用具有控制权,在一定程度上降低了消费者的隐私风险。对于第二种信息共享方式而言,平台可以以利润最大化为目标,确定对平台最为有利的信息共享方案。这样,在考虑消费者信息隐私关注的情况下,在社交账号登录方式的应用过程中,确定信息共享策略也是平台需要考虑的重要问题之一。

当前,社交账号登录的应用普遍存在,但对社交账号登录的研究还刚开始。现有文献主要从社交账号登录的技术实现、影响社交账号登录应用的因素及社交账号登录带来的影响三个方面进行了一些研究。Ko 等[171]从技术角度将社交账号登录定义为一种系统的单点登录模式。Kontaxis 等[172]、Sun 和 Beznosov[173] 以及 Wang 等[174]认为,在充分保证信息安全及考虑消费者隐私风险感知的前提下,社交账号登录可以降低消费者的登录成本。此外,从管理学角度,Gafni 和 Nissim[175]采用实证方法分析了影响消费者使用社交账号登录的因素。Krasnova 等[176]采用实验方法,研究了手机 Apps 采用社交账号登录时要求消费者提供隐私信息的行为对消费者隐私风险感知的影响。还有少量文献将应用社交账户登录的平台作为经济主体,研究社交账户登录对平台相关运营决策的影响。例如,Krämer 等[170]假设所有消费者均会无条件选择平台所提供的社交账号登录,探讨了平台是否开放社交账号登录的决策行为,研究了社交账号登录对平台定向广告投放策略及广告主定向广告投放平台选择的影响。

现有文献大多只是研究了社交账号登录对消费者行为和平台/企业相关决策行为的影响,而现实中消费者社交账号登录的选择行为和隐私风险感知与平台定向广告策略等决策行为是相互作用、相互影响的。此外,现有文献对社交账号登录方式的研究大多局限在企业是否采用社交登录方式上面,很少有成果讨论社交登录方式背后的隐私信息共享问题。

本章在考虑消费者信息隐私关注的情况下构建博弈模型,深入探讨电商平台选择社交账号登录方式的条件以及社交账号登录后的电商平台与社交平台间信息共享策略的选择,研究电商平台社交账号登录获取隐私信息的策略。

4.2 电商平台社交登录方式的应用条件及影响研究

4.2.1 基本假设与变量描述

1. 市场描述

本节以一个电商平台为研究对象,探讨平台开放社交账号登录与否的策略选择。该平台为登录消费者提供电子商务活动场所,并通过吸引广告主在平台上投放定向广告以获得收益。不失一般性,将平台开放社交账号登录的成本、信息处理的成本和广告投放的成本标准化为 0,消费者总人数标准化为 1,广告主总数量标准化为 1。这些参数的变化不影响本项目的结论。市场中存在两类消费者,一类消费者的信息隐私关注程度为 β_h,另一类消费者的信息隐私关注程度为 β_l,且 $\beta_h > \beta_l$。不妨将前一类消费者定义为"隐私敏感消费者",后一类消费者定义为"隐私中立消费者"。假设隐私中立消费者所占比例为 g_u,隐私敏感消费者所占比例为 $1-g_u$。为吸引消费者登录平台,平台与社交网站合作,向消费者开放社交账号登录。此时,消费者可以选择通过"社交账号"或"注册平台账号"登录平台。平台策略与消费者登录行为的相关关系如图 4-1 所示。

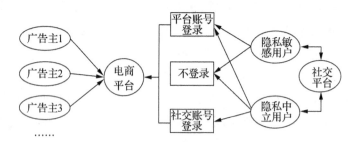

图 4-1 平台策略和消费者登录行为相关关系图

2. 平台策略

平台根据广告主投放定向广告的策略和消费者平台登录的策略决策是否开放社交账号登录。若平台不开放社交账号登录,平台的利润为 π^N。为简化描述,文中使用上标 N 标识平台不开放社交账号登录时的变量。若平台开放社交账号登录,平台的利润为 π^S。为简化描述,文中使用上标 S 标识平台开放社交账号登录时的变量。当 $\pi^S > \pi^N$ 时,平台开放社交账号登录。

借鉴现有研究[177-179],平台采用"按展示计费"(cost per impression,CPM) 的广告计费模式。平台的利润由广告主的数量决定。假设平台向单个广告主收取的广告费用为外生变量 p_a。若平台不开放社交账号登录,广告主的数量为 z^N。平台的利润即可表示为:

$$\pi^N = \sum_{1}^{z^N} p_a \tag{4.1}$$

平台进一步基于与广告主和消费者的博弈确定定向广告的定向能力 t_c^N（下文简称"定向能力"）。定向能力指平台通过优化算法等技术手段实现的将广告定向投送给潜在需求消费者的概率[170]。举例来说，邹翔等[180]提出，平台可通过地理位置定位实现广告的定向投放，Hojjat等[181]设计了 Pattern-HCG 系统实施定向广告的精准投放。此外，在现实应用中，淘宝通过消费者大数据分析向潜在需求消费者投放定向广告，今日头条使用GPS定位技术实施潜在需求消费者定向。平台的定向能力影响着登录平台的消费者数量。一方面，定向广告降低了消费者的产品搜索成本，可为消费者带来正向效用。另一方面，在消费者"信息隐私关注"的作用下，定向广告增加了消费者的感知隐私风险，为消费者带来了负向效用[44,161,182]。此外，平台的定向能力还会影响广告主数量。现有研究表明，影响广告主进行广告投放的因素是"平台能够定向到的消费者数量"[183]。而平台能够定向到的消费者数量由平台的定向能力和登录平台的消费者数量共同决定。

若平台开放社交账号登录，广告主的数量为 z^S。此时，平台的利润可表示为：

$$\pi^S = \sum_1^{z^S} p_a \tag{4.2}$$

平台进一步基于登录平台的消费者数量 n^S 和广告主的数量 z^S，以利润最大化为目标，确定平台的定向能力 t_c^S。值得注意的是，在消费者使用社交账号登录时，由于隐私信息共享情形的存在，平台的广告定向能力将得以提升[170,184]。假设平台定向广告的定向能力由 t_c^S 提升至 δt_c^S。其中，$\delta(\delta \geqslant 1)$ 为定向能力的提升系数（以下简称"定向效果提升值"）。

3. 广告主的定向广告投放策略

广告主根据平台的社交账号登录开放策略、定向能力和消费者平台登录策略来决策定向广告投放策略。

若平台不开放社交账号登录，广告主 $i(i=1,2,\cdots,z^N)$ 的利润为 η_i^N。当 $\eta_i^N \geqslant 0$ 时，广告主向平台投放定向广告。假设消费者只要接收到定向广告便一定会发生购买行为[185]，因而可进一步假设广告主的利润来自平台定向到的消费者。引入参数 λ 表示平台通过定向广告为广告主带来的单位价值（下文简称"单位定向价值感知"）。平台为广告主带来的定向价值为 $\lambda t_c^N n^N$。其中，n^N 表示登录平台的消费者数量，$t_c^N n^N$ 表示被广告定向到的消费者数量（下文简称"定向效果"）。综上可得，广告主 $i(i=1,2,\cdots,z^N)$ 的利润函数为：

$$v_i^N = \lambda t_c^N n^N - p \tag{4.3}$$

若平台开放社交账号登录，广告主 $i(i=1,2,\cdots,z^S)$ 的利润为 η_i^S。当 $\eta_i^S \geqslant 0$ 时，广告主会在平台上投放定向广告。假设使用社交账号登录的消费者数量为 n_{IS}^S，平台对其定向效果为 $\delta t_c^S n_{IS}^S$。假设使用平台账号登录的消费者数量为 n_A^S，平台对其定向效果为 $t_c^S n_A^S$。综上，平台为广告主带来的定向价值为 $\lambda \delta t_c^S n_{IS}^S + \lambda t_c^S n_A^S$。因此，当平台开放社交账号登录时，广告主 $i(i=1,2,\cdots,z^S)$ 的利润函数为：

$$\eta_i^S = \lambda \delta t_c^S n_{IS}^S + \lambda t_c^S n_A^S - p_a \tag{4.4}$$

4. 消费者的平台登录策略

消费者根据平台的社交账号登录开放策略和定向能力确定是否登录平台,若登录将进一步确定采取何种方式登录平台。

若平台不开放社交账号登录,隐私中立消费者和隐私敏感消费者登录平台的效用分别为 u_l^N 和 u_h^N。当 $u_l^N \geqslant 0 (u_h^N \geqslant 0)$ 时,消费者登录平台。消费者登录平台的效用由平台使用效用和定向广告效用两部分组成。假设消费者对于平台使用的效用相同,即为外生变量 A。平台的定向广告效用包括正向效用和负向效用两部分,已在上文有详细说明,此处不做赘述。引入 v_a 表示消费者对定向广告的感知价值。因为不同消费者对定向广告的感知价值不一,故而假定该感知价值在 $[0,1]$ 上均匀分布。可得,定向广告为消费者带来的正向效用为 $v_a t_c^N$。另一方面,定向广告的负向效用来自消费者的感知隐私风险。基于现有研究,假设消费者的隐私感知风险由消费者的信息隐私关注程度和平台的定向能力决定[161]。可得,隐私中立消费者的感知隐私风险为 $\beta_l (t_c^N)^2$,隐私敏感消费者的感知隐私风险为 $\beta_h (t_c^N)^2$。综上可知,若平台不开放社交账号登录,两类消费者的效用分别为:

$$u_l^N = A + v_a t_c^N - \beta_l (t_c^N)^2 \tag{4.5}$$

$$u_h^N = A + v_a t_c^N - \beta_h (t_c^N)^2 \tag{4.6}$$

若平台开放社交账号登录,隐私中立消费者使用社交账号和平台账号登录平台的效用分别为 u_{lS}^S 和 u_{lA}^S,隐私敏感消费者使用社交账号和平台账号登录平台的效用分别为 u_{hS}^S 和 u_{hA}^S。消费者使用社交账号登录平台时,定向广告为消费者带来的正向效用为 $v_a \delta t_c^S$;为隐私敏感消费者和隐私中立消费者带来的感知隐私风险分别为 $\beta_h (\delta t_c^S)^2$ 和 $\beta_l (\delta t_c^S)^2$。消费者不使用社交账号登录平台时,定向广告为两类消费者带来的正向效用均为 $v_a t_c^S$;为隐私敏感消费者和隐私中立消费者带来的感知隐私风险分别为 $\beta_h (t_c^S)^2$ 和 $\beta_l (t_c^S)^2$。

综上所述,隐私中立消费者使用社交账号登录的效用可表示为:

$$u_{lS}^S = A + v_a \delta t_c^S - \beta_l (\delta t_c^S)^2 + \varphi \tag{4.7}$$

其中,φ 表示社交账号登录为消费者带来的感知便利性(下文简称"社交账号登录的便利性")。

隐私中立消费者使用平台账号登录的效用可表示为:

$$u_{lA}^S = A + v_a t_c^S - \beta_l (t_c^S)^2 \tag{4.8}$$

隐私中立消费者登录策略的决策依据:① 当 u_{lA}^S 和 u_{lS}^S 均为小于 0 时,隐私中立消费者不登录平台;② 当 $0 \leqslant u_{lA}^S < u_{lS}^S$ 或 $u_{lA}^S < 0 \leqslant u_{lS}^S$ 时,隐私中立消费者采用社交账号登录平台;③ 当 $u_{lA}^S > u_{lS}^S \geqslant 0$ 或 $u_{lA}^S \geqslant 0 > u_{lS}^S$ 时,隐私中立消费者采用平台账号登录平台。

隐私敏感消费者使用平台账号登录的效用可表示为:

$$u_{hA}^S = A + v_a t_c^S - \beta_h (t_c^S)^2 \tag{4.9}$$

隐私敏感消费者使用社交账号登录的效用可表示为:

$$u_{hS}^S = A + v_a \delta t_c^S - \beta_h (\delta t_c^S)^2 + \varphi \tag{4.10}$$

比较式(4.9)和式(4.10)可得:
$$u_{hA}^S - u_{hS}^S = (\delta-1)t_c^S[\beta_h t_c^S(\delta+1) - v_a] - \varphi \qquad (4.11)$$

分析式(4.11),可以进一步假设隐私敏感消费者的信息隐私关注程度β_h足够高,即$\beta_h \geqslant \varphi/[(\delta^2-1)(t_c^S)^2] + v_a/[t_c^S(\delta-1)]$,使得隐私敏感消费者使用社交账号登录始终是不占优策略。故而可得,隐私敏感消费者不会使用社交账号登录平台。这一假设已有一定的理论基础。一些学者认为,分享消费者个人信息的行为给消费者带来更多的感知隐私风险[166,167]。而研究进一步发现,隐私敏感消费者更趋向于因隐私风险而保护个人数据[78,79]。综上所述,隐私敏感消费者在$u_{hA}^S \geqslant 0$时使用平台账号登录平台,否则不登录平台。

5. 平台、广告主和消费者三方博弈的决策顺序

综上所述,平台、广告主和消费者三方存在如下的博弈关系:平台是否开放社交账号登录及定向能力决策受广告主的广告投放策略的影响;广告主是否在平台上投放定向广告受平台社交账号登录开放策略、定向能力策略及消费者的平台登录策略共同影响;消费者的平台登录策略受平台的社交账号登录开放策略、定向能力影响。

三方博弈的决策次序为:

第一步:平台决策是否开放社交账号登录;

第二步:平台决策广告的定向能力;

第三步:广告主决策是否在平台上投递定向广告;

第四步:消费者决策是否登录平台,并决策采用何种方式登录。

模型中涉及的变量及变量描述见表4-1所示。

表4-1 模型变量及变量描述

变量	变量描述
β_h	"隐私敏感消费者"的隐私风险感知系数
β_l	"隐私中立消费者"的隐私风险感知系数
g_u	隐私中立消费者所占比例
π^N/π^S	平台不开放/开放社交账号登录时平台的利润
p_a	平台向单个广告主收取的广告费用
z^N/z^S	平台不开放/开放社交账号登录时广告主的数量
t_c^N/t_c^S	平台不开放/开放社交账号登录时定向广告的定向能力
n^N/n^S	平台不开放/开放社交账号登录时登录平台的消费者数量
δ	平台开放社交账号登录后的定向效果提升值
η_i^N/η_i^S	平台不开放/开放社交账号登录时广告主$i(i=1,2,\cdots,z^N/z^S)$的利润
λ	平台通过定向广告为广告主带来的单位价值

(续表)

变量	变量描述
n_{lS}^S	平台开放社交账号登录时使用社交账号登录的消费者数量
n_{A}^S	平台开放社交账号登录时使用平台账号登录的消费者数量
u_l^N	平台不开放社交账号登录时隐私中立消费者登录平台的效用
u_h^N	平台不开放社交账号登录时隐私敏感消费者登录平台的效用
A	消费者使用平台的效用
v_a	消费者对定向广告的感知价值
φ	社交账号登录为消费者带来的感知便利性

4.2.2　平台开放社交账号时平台、广告主、消费者的均衡策略分析

1. 登录平台的消费者数量及广告定向效果分析

根据模型假设,当 $u_{hA}^S \geqslant 0$ 时,隐私敏感消费者使用平台账号登录。根据公式(4.9)求解 $u_{hA}^S \geqslant 0$ 可得:$v_a \geqslant \beta_h t_c^S - A/t_c^S$,即对定向广告的感知价值高于 $\beta_h t_c^S - A/t_c^S$ 的隐私敏感消费者会登录平台。又因为隐私敏感消费者的占比为 $1-g_u$,故而可求得当给定平台的定向能力时,隐私敏感消费者登录平台的数量为:

$$n_{hA}^S = (1-g_u)\left(1-\beta_h t_c^S + \frac{A}{t_c^S}\right) \tag{4.12}$$

针对隐私中立消费者,令式(4.7)中的 $u_{lS}^S \geqslant 0$,可得:$v_a \geqslant \beta_l \delta t_c^S - (\varphi+A)/(\delta t_c^S)$。令式(4.8)中的 $u_{lA}^S \geqslant 0$,可得:$v_a \geqslant \beta_l t_c^S - \dfrac{A}{t_c^S}$。若 $\varphi < \beta_l(t_c^S)^2\delta(\delta-1) + A(\delta-1)$,可得 $\beta_l t_c^S - \dfrac{A}{t_c^S} < \beta_l \delta t_c^S - \dfrac{(\varphi+A)}{\delta t_c^S} < \beta_l(\delta+1)t_c^S - \dfrac{\varphi}{(\delta-1)t_c^S}$。当 $v_a < \beta_l t_c^S - \dfrac{A}{t_c^S}$ 时,$u_{lA}^S < 0$ 且 $u_{lS}^S < 0$,消费者不登录平台。当 $v_a \geqslant \beta_l(\delta+1)t_c^S - \dfrac{\varphi}{(\delta-1)t_c^S}$ 时,$u_{lS}^S > u_{lA}^S > 0$,消费者使用社交账号登录。又因为隐私中立消费者的占比为 g_u,可求得在给定平台的定向能力 t_c^S 时社交账号登录的隐私中立消费者的数量为:

$$n_{lS}^S = g_u\left[1-\beta_l(\delta+1)t_c^S + \frac{\varphi}{(\delta-1)t_c^S}\right] \tag{4.13}$$

当 $\beta_l t_c^S - \dfrac{A}{t_c^S} \leqslant v_a < \beta_l(\delta+1)t_c^S - \dfrac{\varphi}{(\delta-1)t_c^S}$ 时,$u_{lA}^S \geqslant 0$ 且 $u_{lS}^S < u_{lA}^S$。此时,消费者使用平台账号登录。可得使用平台账号登录的隐私中立消费者的数量为:

$$n_{lA}^S = g_u\left[\beta_l \delta t_c^S - \frac{\varphi}{(\delta-1)t_c^S} + \frac{A}{t_c^S}\right] \tag{4.14}$$

社交账号登录便利性(φ)低时,消费者平台登录策略见图 4-2 所示:

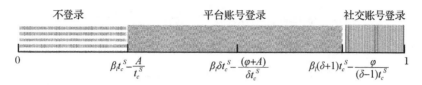

图4-2 社交账号登录便利性(φ)低时消费者平台登录策略

若$\varphi \geq \beta_l(t_c^S)^2\delta(\delta-1)+A(\delta-1)$,可得:

$$\beta_l t_c^S - \frac{A}{t_c^S} \geq \beta_l \delta t_c^S - \frac{(\varphi+A)}{\delta t_c^S} \geq \beta_l(\delta+1)t_c^S - \frac{\varphi}{(\delta-1)t_c^S}。$$

当$v_a \geq \beta_l \delta t_c^S - \frac{(\varphi+A)}{\delta t_c^S}$时,$u_{IS}^S > u_{IA}^S$,即隐私中立消费者均采用社交账号登录平台。当$v_a < \beta_l \delta t_c^S - \frac{(\varphi+A)}{\delta t_c^S}$时,$u_{IA}^S < 0$且$u_{IS}^S < 0$,即隐私中立消费者均不登录平台。综上,隐私中立消费者使用社交账号登录平台的数量为:

$$n_{IS}^S = g_u\left[1 - \beta_l \delta t_c^S + \frac{(\varphi+A)}{\delta t_c^S}\right] \tag{4.15}$$

社交账号登录便利性(φ)高时,消费者平台登录策略见图4-3所示。

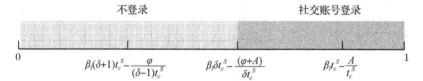

图4-3 社交账号登录便利性(φ)高时消费者平台登录策略

命题4.1 若社交账号登录便利性高$[\varphi \geq \beta_l(t_c^S)^2\delta(\delta-1)+A(\delta-1)]$,那么隐私中立消费者只会使用社交账号登录平台,登录平台的隐私中立消费者数量为$g_u[1-\beta_l\delta t_c^S+(\varphi+A)/(\delta t_c^S)]$。若社交账号登录便利性低$[\varphi < \beta_l(t_c^S)^2\delta(\delta-1)+A(\delta-1)]$,那么社交账号登录和平台账号登录均有可能被隐私中立消费者采用。其中,采用社交账号登录的消费者数量为$g_u\left[1-\beta_l(\delta+1)t_c^S+\frac{\varphi}{(\delta-1)t_c^S}\right]$,采用平台账号登录的消费者数量为$g_u\left[\beta_l\delta t_c^S - \frac{\varphi}{(\delta-1)t_c^S}+\frac{A}{t_c^S}\right]$。

根据命题4.1,进一步分析平台对两类消费者的定向效果。平台对隐私敏感消费者的定向效果为:

$$t_c^S n_{hA}^S = (1-g_u)[t_c^S - \beta_h(t_c^S)^2 + A] \tag{4.16}$$

若社交账号登录的便利性十分高,则平台对隐私中立消费者的定向效果为:

$$\delta t_c^S n_{IS}^S = g_u \delta t_c^S\left[1-\beta_l\delta t_c^S + \frac{(\varphi+A)}{\delta t_c^S}\right] \tag{4.17}$$

若社交账号登录的便利性不十分高,则平台对隐私中立消费者的定向效果为:

$$\delta t_c^S n_{IS}^S + t_c^S n_{IA}^S = g_u \delta t_c^S \left[1 - \beta_l \delta t_c^S + \frac{(\varphi + A)}{\delta t_c^S} \right] \tag{4.18}$$

由式(4.17)和式(4.18)可知,平台对两类消费者的定向效果均与社交账号登录的便利性无关。分析平台的定向能力对平台定向效果的影响,结论见命题4.2。

命题 4.2　随着平台定向能力的提升,平台对隐私敏感消费者和隐私中立消费者的定向效果均呈先上升后下降的趋势。(证明见附录A)

2. 向平台投放定向广告的广告主数量分析

式(4.4)中,当 $\eta_i^S \geqslant 0$ 时,广告主会在平台上投放广告。根据 $\eta_i^S \geqslant 0$,可得: $\lambda \geqslant p_a/(\delta t_c^S n_{IS}^S + t_c^S n_A^S)$。根据上文分析可知: $\delta t_c^S n_{IS}^S + t_c^S n_A^S$ 表示平台对两类消费者的定向效果。故而,由式(4.16)、式(4.17)和式(4.18)可得:

$$\delta t_c^S n_{IS}^S + t_c^S n_A^S = g_u \delta t_c^S \left[1 - \beta_l \delta t_c^S + \frac{(\varphi + A)}{\delta t_c^S} \right] + (1 - g_u)[t_c^S - \beta_h (t_c^S)^2 + A] \tag{4.19}$$

故而,单位定向价值感知高于

$$\frac{p_a}{g_u \delta t_c^S \left[1 - \beta_l \delta t_c^S + \frac{(\varphi + A)}{\delta t_c^S} \right] + (1 - g_u)[t_c^S - \beta_h (t_c^S)^2 + A]}$$

的广告主会在平台上投放广告。综上可得,当给定平台的定向能力 t_c^S 时,平台上投放广告的广告主数量为:

$$z^S = 1 - \frac{p_a}{g_u \delta t_c^S \left[1 - \beta_l \delta t_c^S + \frac{(\varphi + A)}{\delta t_c^S} \right] + (1 - g_u)[t_c^S - \beta_h (t_c^S)^2 + A]} \tag{4.20}$$

3. 平台的均衡定向能力

基于利润最大化原则,令 $\partial \pi^S / \partial t_c^S = 0$ 且 $\partial^2 \pi^S / \partial (t_c^S)^2 < 0$,可求得平台的均衡广告定向强度为:

$$t_c^S = \frac{g_u \delta + 1 - g_u}{2 g_u \beta_l \delta^2 + 2(1 - g_u) \beta_h} \tag{4.21}$$

4.2.3　平台不开放社交账号登录时平台、广告主和消费者的均衡策略分析

平台不开放社交账号登录时,两类消费者要么使用平台账号登录,要么不登录。当 $u_h^N \geqslant 0$ 时,隐私敏感消费者登录平台;当 $u_l^N \geqslant 0$ 时,隐私中立消费者登录平台。因此可求得平台不开放社交账号登录时消费者登录平台数量 n^N 为:

$$n^N = (1 - g_u)(1 - \beta_h t_c^N) + g_u(1 - \beta_l t_c^N) + \frac{A}{t_c^N} \tag{4.22}$$

当 $\eta_i^N \geqslant 0$ 时,广告主在平台上投放定向广告。由此,可求得投放定向广告的广告主数量 z^N 为:

$$z^N = 1 - \frac{p_a}{t^N - (1-g_u)\beta_h(t_c^N)^2 - g_u\beta_l(t_c^N)^2 + A} \quad (4.23)$$

平台基于利润最大化原则,确定定向能力。对 π^N 求 t_c^N 的一阶偏导,并令 $\partial \pi^N / \partial t_c^N = 0$,可得:

$$t_c^N = \frac{1}{2[(1-g_u)\beta_h + g_u\beta_l]} \quad (4.24)$$

此时,$\partial^2 \pi^N / \partial (t_c^N)^2 < 0$。因而,式(4.24)中的 t^N 为平台的均衡定向能力。

4.2.4 平台是否开放社交账号登录的条件分析

比较平台开放社交账号登录与不开放社交账号登录时的利润,分析平台开放社交账号登录的条件。

将式(4.20)和式(4.21)的均衡解代入式(4.2)中,可求得当平台开放社交账号登录时,平台的均衡利润为:

$$\pi^S = p_a - \frac{2g_u\beta_l\delta^2 + 2(1-g_u)\beta_h p_a^2}{(g_u\delta + 1 - g_u)^2 + [2g_u\beta_l\delta^2 + 2(1-g_u)\beta_h](A + g_u\varphi)} \quad (4.25)$$

将式(4.23)和式(4.24)的均衡解代入式(4.1)中,可求得当平台不开放社交账号登录时,平台的均衡利润为:

$$\pi^N = p_a - \frac{4[(1-g_u)\beta_h + g_u\beta_l]p_a^2}{4[(1-g_u)\beta_h + g_u\beta_l]A + 1} \quad (4.26)$$

比较式(4.25)和式(4.26),可知:当满足式(4.27)时,$\pi^S > \pi^N$ 成立,平台会开放社交账号登录。

$$g_u[g_u + 2\beta_l(X + g_u\varphi)]\delta^2 + 2g_u(1-g_u)\delta + (1-g_u)[1 - g_u + 2\beta_h(X + g_u\varphi)] > 0 \quad (4.27)$$

其中,$X = -\dfrac{1}{4[(1-g_u)\beta_h + g_u\beta_l]}$。

命题4.3 若社交账号登录便利性十分低 $\left(\varphi \leqslant -\dfrac{1}{2\beta_l} - \dfrac{1-g_u}{2g_u\beta_h} - \dfrac{X}{g_u}\right)$,平台不会开放社交账号登录;若社交账号登录便利性十分高,平台会开放社交账号登录。

若社交账号登录便利性较低 $\left(-\dfrac{1}{2\beta_l} - \dfrac{1-g_u}{2g_u\beta_h} - \dfrac{X}{g_u} < \varphi < -\dfrac{1}{2\beta_l} - \dfrac{X}{g_u}\right.$ 或 $-\dfrac{1}{2\beta_l} - \dfrac{1-g_u}{2g_u\beta_h} - \dfrac{X}{g_u} < \varphi < -\dfrac{1-g_u}{2g_u\beta_h} - \dfrac{X}{g_u}\bigg)$,社交账号登录为平台带来的定向效果提升值影响平台决策,当定向效果提升值太高或太低时,平台均不会开放社交账号登录。

若社交账号登录便利性较高 $\left(-\dfrac{1}{2\beta_l} - \dfrac{X}{g_u} \leqslant \varphi < -\dfrac{1-g_u}{2g_u\beta_h} - \dfrac{X}{g_u}\right.$ 或 $-\dfrac{1-g_u}{2g_u\beta_h} - \dfrac{X}{g_u} \leqslant \varphi < -\dfrac{1}{2\beta_l} - \dfrac{X}{g_u}\bigg)$,平台是否开放社交账号登录受消费者隐私风险感知与定向效果提升值共同影响:① 若隐私敏感消费者数量占比较高,那么当社交登录带来的定向效果提升值较低时,平

台会开放社交账号登录;② 若隐私敏感消费者数量占比较低,那么当定向效果提升值较高时,平台会开放社交账号登录。

证明见附录 B。

社交账号登录能否为平台吸引更多的广告主投放广告是平台决策是否提供该种登录方式的依据。而广告主选择是否在平台投放广告的依据是平台的定向效果。故而,平台是否开放社交账号登录归根结底取决于社交账号登录能否提升平台的定向效果。

当社交账号登录便利性十分高时,所有隐私中立消费者均使用社交账号登录,平台定向效果十分好,故而平台会为消费者开放社交账号登录。当社交账号登录便利性十分低时,所有隐私中立消费者均不使用社交账号登录,社交账号登录对平台来说毫无用处,故而平台不会为消费者开放社交账号登录。

当社交账号登录便利性较低时,若定向效果提升值十分高,对隐私中立消费者来说,社交账号登录的隐私风险将十分高。此时,较低的便利性不足以弥补高隐私风险带来的损失,故而隐私中立消费者不愿使用社交账号登录。若定向效果提升值十分低,平台的定向效果不好。故而,当社交账号登录便利性较低时,若定向效果提升值十分高或十分低,提供社交账号登录均会致使平台的定向效果下降。

当社交账号登录便利性较高时,便利性可在一定程度上弥补隐私风险带来的负面作用。所以,若定向效果提升值较高,面向社交账号登录的隐私中立消费者的定向效果较好。然而,对于使用平台账号登录的隐私中立消费者和隐私敏感消费者来说,高定向效果提升值会提升隐私风险,登录平台的消费者数量将会大幅下降。总的来说,平台对使用平台账号登录消费者的定向效果会因定向效果提升值的提高而减少。故而,当社交账号登录便利性较高时,社交账号登录能否帮助平台提升定向效果,仍将进一步取决于市场上两类消费者的占比情况,即:若市场上隐私中立消费者占比高,同时社交账号登录为平台带来的定向效果提升值较高,平台定向效果更佳;若市场上隐私敏感消费者占比高,同时社交账号登录为平台带来的定向效果提升值较低,平台定向效果亦更佳。

4.2.5 社交账号登录对平台的影响分析

1. 社交账号登录对平台利润和平台广告定向能力的影响分析

通过分析平台开放社交登录时的利润函数可得到命题 4.4。

命题 4.4 社交账号登录带来的定向效果提升值越高,平台利润呈先增加后减少的趋势,当 $\delta = \beta_h/\beta_l$ 时,平台利润最高。(证明见附录 C)

进一步的,通过分析平台的广告定向能力的均衡值可得到命题 4.5。

命题 4.5 当平台开放社交账号登录时,若市场上隐私敏感消费者占比较高 $\left(\dfrac{1-g_u}{g_u} > \dfrac{\beta_l}{\beta_h - 2\beta_l}\right)$,则当平台的定向效果提升值达到 $-\dfrac{1-g_u}{g_u} + \sqrt{\dfrac{(1-g_u)[(1-g_u)\beta_l + g_u\beta_h]}{g_u^2 \beta_l}}$ 时,

平台的定向能力最大。若市场上隐私敏感消费者较少$\left(\frac{1-g_u}{g_u} \leq \frac{\beta_l}{\beta_h - 2\beta_l}\right)$，则定向效果提升值越高，平台的定向能力将越弱。（证明见附录D）

当平台开放社交账号登录时，平台定向效果提升值对平台定向能力的影响如表4-2所示。

为追求利润最大化，平台致力于通过加强广告定向效果吸引广告主投放广告。当平台开放社交账号登录时，社交账号登录带来的广告定向效果提升值对平台的广告定向效果有影响。该影响是多面的：定向效果提升值越高，平台的总体定向能力越强；此外，鉴于消费者的隐私风险感知，高定向效果提升值导致登录平台的消费者数量减少。因此，为平衡定向效果提升值变化带来的影响，平台会相应地调整广告定向能力以提升广告的定向效果。

表4-2 定向效果提升值上升对平台定向能力的影响

条件	定向效果提升值的取值范围	定向能力变化趋势
$\frac{1-g_u}{g_u} > \frac{\beta_l}{\beta_h - 2\beta_l}$	$\delta < -\frac{1-g_u}{g_u} + \sqrt{\frac{(1-g_u)[(1-g_u)\beta_l + g_u\beta_h]}{g_u^2 \beta_l}}$	加强
	$\delta \geq -\frac{1-g_u}{g_u} + \sqrt{\frac{(1-g_u)[(1-g_u)\beta_l + g_u\beta_h]}{g_u^2 \beta_l}}$	减弱
$\frac{1-g_u}{g_u} \leq \frac{\beta_l}{\beta_h - 2\beta_l}$	—	减弱

根据式(4.17)和式(4.18)可知，广告定向效果提升值仅会对隐私中立消费者的定向效果产生影响，即随着广告定向效果提升值的增加，其定向效果呈先增强后减弱的变化趋势。当市场上隐私敏感消费者占比较高时，平台对隐私敏感消费者的定向效果对平台影响更大。结合命题4.2可知，平台先增强后减弱的广告定向能力将会使得隐私敏感消费者的定向效果持续提升。当市场上隐私中立消费者占比较高时，平台对隐私中立消费者的定向效果对平台的影响更大。鉴于平台的定向能力和社交账号登录方式产生的定向效果提升值均会对消费者同时产生正向和负向效用，故而，随着定向效果提升值的增加，平台可通过减弱定向能力适当缓解广告定向效果提升值的增加带来的影响。

平台的利润受其对社交账号登录消费者和平台账号登录消费者的定向效果的共同影响。当社交账号登录带来的广告定向效果提升值高到一定程度后，必有一类消费者的定向效果会大幅减弱。若隐私敏感消费者占比较高，当平台的广告定向能力下降到一定程度后，平台账号登录的隐私中立消费者的定向效果会大幅减弱。同理，若隐私中立消费者占比较高，当平台的广告定向能力上升到一定程度后，隐私敏感消费者的定向效果会大幅减弱。故而，广告的定向效果提升值较高时，平台的利润会降低。

2. 社交账号登录对平台"消费者引流"效果的分析

所谓社交账号登录的"消费者引流"即借助于社交账号登录将非平台消费者吸引到平台上的行为。本节通过比较平台在开放社交账号登录与不开放社交账号登录时的不登录平台的消费者数量,来分析社交账号登录对平台"消费者引流"的效果。

当平台开放社交账号登录时,隐私敏感消费者只会选择平台账号登录或者不登录。通过对隐私敏感高的消费者的效用函数的分析可知,不登录平台的隐私敏感消费者的数量为:

$$1 - n_{hA}^S = (1 - g_u)\left(\beta_h t_c^S - \frac{A}{t_c^S}\right) \tag{4.28}$$

隐私中立消费者可能会选择社交账号登录、平台账号登录或者不登录。通过对隐私中立消费者的效用函数的分析可知,不登录平台的隐私中立消费者数量为:

$$1 - n_{lA}^S - n_{lS}^S = g_u\left(\beta_l t_c^S - \frac{A}{t_c^S}\right) \tag{4.29}$$

由此可得,当平台开放社交账号登录时,不登录平台的消费者数量为:

$$1 - n^S = (1 - g_u)\left(\beta_h t_c^S - \frac{A}{t_c^S}\right) + g_u(\beta_l t_c^S - A) \tag{4.30}$$

此外,当平台不开放社交账号登录时,隐私敏感消费者和隐私中立消费者均只有两种选择:平台账号登录或不登录。此时,通过消费者的效用函数可得,不登录平台的消费者数量为:

$$1 - n^N = (1 - g_u)\left(\beta_h t_c^N - \frac{A}{t_c^N}\right) + g_u\left(\beta_l t_c^N - \frac{A}{t_c^N}\right) \tag{4.31}$$

比较式(4.30)和式(4.31)可知,当 $t_c^N \leqslant t_c^S$ 时,有 $n^N \geqslant n^S$。由 $t_c^N \leqslant t_c^S$,可得: $\delta \leqslant (1 - g_u)(\beta_h - \beta_l)/\beta_l$。

命题4.6 当社交账号登录带来的定向效果提升值较低时,社交账号登录不能为平台实现引流。此外,市场上消费者的信息隐私关注程度偏差 $[(\beta_h - \beta_l)/\beta_l]$ 越大,社交账号登录不能实现引流的可能性越大。

社交账号登录带来的定向效果提升值的高低通过影响平台的广告定向能力来间接影响登录平台的消费者数量。当平台定向效果提升值较低时,开放社交账号登录时平台的广告定向能力高于不开放社交账号登录时的广告定向能力。此外,因消费者隐私风险感知的存在,平台的广告定向能力越高,登录平台的消费者越少。由此可知,当平台定向效果提升值较低时,开放社交账号登录时登录平台的消费者数量减少,即社交账号登录未能为平台实现引流。

若市场上两类消费者的信息隐私关注程度偏差较大,即假定隐私中立消费者的信息隐私关注程度一定,隐私敏感消费者的信息隐私关注程度十分高。此时,较高的广告定向能力将导致更多的隐私敏感消费者不愿登录平台。故而,可通过调高社交登录带来的定向效果提升值来间接增加隐私敏感消费者的登录数量。由此可知,若市场上两类消费者的信息隐私关注程度偏差较大,只有在社交账号登录带来的定向效果提升值更高时,社交账号登录才会实现引流。

若将社交账号登录能否实现引流的定向效果提升值临界点视为一个阈值,那么,对于平台来说,显然该阈值越低,社交账号登录能够实现引流的可能性越高,即平台若能通过措施减少两类消费者的信息隐私关注程度偏差,社交账号登录便更有可能发挥引流的价值。

4.3 社交账号登录情境下平台间信息共享策略研究

4.3.1 基本假设与变量描述

本节以一个电商平台、平台上进驻的一个企业、一个社交媒体平台(下文简称"社交平台")及同时具有社交账号和电商平台账号的消费者为对象,研究电商平台应用社交登录时涉及的电商平台与社交平台间的消费者隐私信息共享策略。

企业通过电商平台参与的零售渠道和直销渠道两种途径销售产品。另外,企业会通过两种方式向消费者投放定向广告。一种是在电商平台上投放定向广告,另一种是在社交平台上投放定向广告。电商平台通过分析消费者的交易信息(包括交易相关的基本信息和行为信息)识别有需求的消费者,进而投放定向广告。社交平台通过分析用户的社交信息识别有需求的消费者,进而投放定向广告。假设电商平台和社交平台定向广告的投放精准度均为 t_a,消费者的购买行为基于第一次接受的定向广告,即:首先接收到电商平台定向广告的消费者会选择在电商平台购买;首先接收到社交平台定向广告的消费者以效用最大化为目标选择购买产品的渠道。假设消费者先看到电商平台上广告的概率为 q,对产品的感知价值为 θ。

电商平台通过向进驻企业收取交易佣金获利。假设一个消费者最多只购买一件产品,那么通过电商平台购买产品的消费者越多便意味着电商平台的利润越高。将电商平台的交易佣金系数归一化为 1,那么在假设从电商平台购买产品的消费者数量为 d_E,电商平台的利润 π_E 可表示为 d_E。为了提高产品的销量,电商平台通过投放定向广告的方式使有潜在需求的消费者知晓产品信息。假设有潜在需求的消费者一旦收到定向广告便会发生购买行为。进一步,假设电商平台只能向拥有电商平台账号,即可能登录电商平台的消费者投放定向广告。由此可得,当不与社交平台共享消费者隐私信息时,从电商平台购买产品的消费者数量 d_E 可表示为 $t_a n_E$。其中,n_E 为拥有电商平台账号的消费者数量。

平台获取的消费者信息维度越多,平台投放定向广告的定向精准度越高。为了提高定向广告的精准度,电商平台与社交媒体平台通过"社交账号登录"的方式实现消费者不同维度的隐私信息的共享,即电商平台的交易信息与社交平台的社交信息的共享。根据现实的应用,两个平台间主要有两种隐私信息共享策略:一是由消费者决策隐私信息共享量;二是由平台(电商平台或社交平台)决策隐私信息共享量。

本节假设第二种隐私信息共享策略由电商平台决策。进一步,假设电商平台选择由消费者确定隐私信息共享量时，电商平台和社交平台投放定向广告的定向精准度均提升为 $(1+y_c)t_a$，其中 y_c 为消费者决策的平台间共享的消费者信息量，y_c 在区间 $[0,1]$ 上均匀分布。电商平台接受社交账号登录，且选择由电商平台决策平台间共享的消费者信息量时，电商平台和社交平台投放定向广告的定向精准度均提升为 $(1+y_p)t_a$，其中 y_p 为电商平台决策的平台间共享的消费者信息量，y_p 在区间 $[0,1]$ 上均匀分布。电商平台的消费者隐私信息共享行为在提升平台定向广告定向精准度的同时，还将提升消费者的信息隐私关注。假设不存在消费者隐私信息共享行为时，消费者的信息隐私关注为 β；在消费者决策隐私信息共享量的情境下，消费者的信息隐私关注为 $(1+\varepsilon y_c)\beta$；在电商平台决策隐私信息共享量的情境下，消费者的信息隐私关注为 $(1+y_p)\beta$。其中 $\beta \in U[0,1]$，$\varepsilon < 1$，ε 为消费者信息分享的决策权带来的信息隐私关注下降的系数，简称"信息隐私关注下降系数"。一般来说，信息隐私关注下降系数越小，说明消费者从隐私信息分享决策权中获取的效用越高。那么在平台间的消费者隐私信息共享策略制定过程中，电商平台与消费者存在博弈关系。博弈过程涉及的决策时序如下：

第一阶段：电商平台确定平台间信息共享策略。

第二阶段：消费者选择购买渠道。同时，在电商平台选择消费者决定信息共享量的情况下，消费者进一步决策平台可共享的数据量。

本节比较"消费者决策隐私信息共享量"和"电商平台决策隐私信息共享量"两种隐私信息共享模式分别对电商平台和消费者的影响。两种策略中涉及的内生变量分别用上标1和上标2标识。模型中涉及的变量及变量的描述如表4-3所示。

表4-3　模型变量及描述

变量	变量描述	变量	变量描述
t_a	定向广告的投放精准度	β	消费者的信息隐私关注
q	消费者先看到电商平台上广告的概率	y_p	电商平台决策的平台间共享的消费者信息量
d_E	从电商平台购买产品的消费者数量	y_c	消费者决策的平台间共享的消费者信息量
π_E	电商平台的利润	θ	消费者对产品的感知价值
n_E	拥有电商平台账号的消费者数量	ε	信息分享的决策权带来的信息隐私关注下降的系数，简称"信息隐私关注下降系数"

4.3.2　平台间两种信息共享策略分析

在电商平台开放社交账户登录的情境下，电商平台可进一步选择与社交平台共享消费者信息的策略，即由消费者在进行社交账号登录时确定平台之间可以共享的消费者信息量，或由平台协商（本节假定由电商平台决策）确定平台之间共享的消费者信息量。接下来，我们将分析在这两种信息共享方式下电商平台的信息共享策略。

1. 消费者确定平台间信息共享量

由模型假设可知,先看到电商平台上定向广告的消费者选择在电商平台购买。可求得:
先看到电商平台上定向广告的消费者数量 n_E^1 为:

$$n_E^1 = [1-(1-q)(1+y_c)t](1+y_c)t \tag{4.32}$$

先看到社交平台上定向广告的消费者数量 n_S^1 为:

$$n_S^1 = [1-q(1+y_c)t](1+y_c)t \tag{4.33}$$

命题 4.7 收到社交平台和电商平台上定向广告的消费者数量均会随着平台间共享的消费者信息量的提升而呈先增加后减少的趋势。

平台共享的消费者信息量的提升意味着电商平台和社交平台的定向广告精准度均会得到提升。因为首次接收到的定向广告对消费者的影响更为显著[161],所以电商平台和社交平台在定向广告投放方面存在竞争。故而,接收到电商平台定向广告的消费者数量会因本平台定向精准度的提升而增加,同时会因定向广告投放竞争平台定向精准度的提升而降低。

消费者在电商平台上购买产品的效用为:

$$u_E^1 = (1+y_c)\theta - \varepsilon y_c\beta - x \tag{4.34}$$

进一步,基于效用最大化原则,确定平台间共享的消费者信息量。对消费者效用 u_E^1 求解信息共享量 y_c 的一阶偏导可得:

$$\frac{\partial u_E^1}{\partial y_c} = \theta - \varepsilon\beta \tag{4.35}$$

令 $\frac{\partial u_E^1}{\partial y_c} > 0$,可得 $\beta < \min\left\{\frac{\theta}{\varepsilon}, 1\right\}$,即若 $\beta < \min\left\{\frac{\theta}{\varepsilon}, 1\right\}$,则消费者披露的隐私信息越多,那么消费者的效用越高。故而,基于效用最大化的原则,对于 $\beta < \min\left\{\frac{\theta}{\varepsilon}, 1\right\}$ 的消费者来说,会披露最高量的隐私信息,即 $y_c = 1$。同理,令 $\frac{\partial u_E^1}{\partial y_c} < 0$,可得 $\beta > \min\left\{\frac{\theta}{\varepsilon}, 1\right\}$,即若 $\beta > \min\left\{\frac{\theta}{\varepsilon}, 1\right\}$,则消费者披露的隐私信息越少,那么消费者的效用越高。故而,基于效用最大化的原则,对于 $\beta > \min\left\{\frac{\theta}{\varepsilon}, 1\right\}$ 的消费者来说,会披露最低量的隐私信息,即 $y_c = 0$。

命题 4.8 若由于消费者自身决策共享信息量所带来的信息隐私关注降低系数较高 ($\varepsilon > \theta$),那么数量为 $\frac{\theta}{\varepsilon}$ 的消费者愿意两个平台共享全部的消费者隐私信息,数量为 $1-\frac{\theta}{\varepsilon}$ 的消费者不会授权平台共享信息;若信息隐私关注降低系数较低 ($\varepsilon \leqslant \theta$),那么所有的消费者愿意两个平台共享全部的消费者隐私信息。

若信息隐私关注降低系数较低,消费者对平台信息共享拥有自主决策权大大降低了消费者的隐私风险感知。故而,消费者有意愿授权平台共享尽可能多的信息以获取需求产品信息,进而达到提升产品购买效用的目的。若信息隐私关注降低系数较高,消费者对平台信息共享拥有自主决策权仅在一定程度上降低了消费者的隐私风险感知。此时,消费者对平台共享信息量的决策还将进一步取决于共享信息的风险和收益间的平衡效果。对于信息隐私关注高的消费者来说,平台间信息共享的风险高于收益,故而这部分消费者不会授权信息共享。而对于信息隐私关注系数低的消费者来说,情况则相反,故而这部分消费者会授权平台共享尽可能多的信息。根据模型的假设,市场上消费者的信息隐私关注系数在区间[0,1]上均匀分布,故而同意授权平台共享隐私信息的消费者数量为 $\frac{\theta}{\varepsilon}$。

接下来,进一步求解从电商平台购买产品的消费者数。对于信息隐私关注满足 $\beta < \min\left\{\frac{\theta}{\varepsilon}, 1\right\}$ 的消费者来说,其从电商平台和直销渠道购买产品的效用分别为:

$$u_{El}^1 = 2\theta - \varepsilon\beta - x_l^1 \tag{4.36}$$

$$u_{Ml}^1 = \theta - (1 - x_l^1) \tag{4.37}$$

令 $u_{El}^1 = u_{Ml}^1$,可求得:$x_l^1 = \frac{\theta - \varepsilon\beta + 1}{2}$。

对于信息隐私关注满足 $\beta > \min\left\{\frac{\theta}{\varepsilon}, 1\right\}$ 的消费者来说,其从电商平台和直销渠道购买产品的效用分别为:

$$u_{Eh}^1 = \theta - x_h^1 \tag{4.38}$$

$$u_{Mh}^1 = \theta - (1 - x_h^1) \tag{4.39}$$

令 $u_{Eh}^1 = u_{Mh}^1$,可求得 $x_h^1 = \frac{1}{2}$。

综上可得,先看到社交平台广告并从电商平台购买的消费者数量为

$$x^1 = \int_0^{\min\left\{\frac{\theta}{\varepsilon}, 1\right\}} \frac{\theta - \varepsilon\beta + 1}{2} d\beta + \int_{\min\left\{\frac{\theta}{\varepsilon}, 1\right\}}^1 \frac{1}{2} d\beta \tag{4.40}$$

进一步分析可知:若 $\frac{\theta}{\varepsilon} < 1$,那么 $x^1 = \frac{\theta(\theta + 1)}{4\varepsilon} + \frac{1}{2}$。

此时,从电商平台购买产品的总的消费者数量为:

$$d_E^1 = t_a \left[\frac{\theta(\theta+1)}{4\varepsilon} + \frac{3}{2}\right]\left(1 + \frac{\theta}{\varepsilon}\right) - \left\{1 + q\left[\frac{\theta(\theta+1)}{4\varepsilon} - \frac{1}{2}\right]\right\}\left(1 + \frac{3\theta}{\varepsilon}\right)t_a^2 \tag{4.41}$$

此时,电商平台所获取的利润为:

$$\pi_E^1 = t_a \left[\frac{\theta(\theta+1)}{4\varepsilon} + \frac{3}{2}\right]\left(1 + \frac{\theta}{\varepsilon}\right) - \left\{1 + q\left[\frac{\theta(\theta+1)}{4\varepsilon} - \frac{1}{2}\right]\right\}t_a^2\left(1 + \frac{3\theta}{\varepsilon}\right) \tag{4.42}$$

若 $\frac{\theta}{\varepsilon} \geq 1$ 那么 $x^1 = \frac{\theta+1}{2} - \frac{\varepsilon}{4}$。此时,从电商平台购买产品的总的消费者数量为:

$$d_E^1 = 2[1 - 2(1-q)t_a]t_a + 2(1 - 2qt_a)t_a\left(\frac{\theta+1}{2} - \frac{\varepsilon}{4}\right) \tag{4.43}$$

$$\frac{\partial d_E^1}{\partial t_a} = 2 + 2\left(\frac{\theta+1}{2} - \frac{\varepsilon}{4}\right) - 8t_a\left[(1-q) + q\left(\frac{\theta+1}{2} - \frac{\varepsilon}{4}\right)\right] \tag{4.44}$$

此时,电商平台所获取的利润为:

$$\pi_E^1 = 2t_a\left(1+\frac{\theta+1}{2}-\frac{\varepsilon}{4}\right)-4\left[(1-q)+q\left(\frac{\theta+1}{2}-\frac{\varepsilon}{4}\right)\right]t_a^2 \qquad (4.45)$$

分析消费者信息隐私关注下降系数(ε)对电商平台利润的影响,得到如下结果:

在消费者信息隐私关注下降系数较高($\varepsilon>\theta$)的情况下:

① 若消费者先看到电商平台上定向广告的概率较低$\left(q<\frac{6}{\theta+13}\right)$,那么:

当定向广告精准度满足 $t_a<\frac{\theta+7}{12-5q+q\theta}$ 时,$\frac{\partial \pi_E^1}{\partial \varepsilon}<0$;当定向广告精准度满足 $\frac{\theta+7}{12-5q+q\theta}<t_a<\frac{3(\theta+3)}{12+7q\theta+q}$ 时,$\frac{\partial \pi_E^1}{\partial \varepsilon}>0$;当定向广告精准度满足 $\frac{3(\theta+3)}{12+7q\theta+q}<t_a<\frac{1}{3q}$ 且消费者信息隐私关注下降系数满足 $\theta<\varepsilon<\frac{2\theta(\theta+1)(3qt_a-1)}{\theta+7-(12-5q+q\theta)t_a}$ 时,$\frac{\partial \pi_E^1}{\partial \varepsilon}<0$;当定向广告精准度满足 $\frac{3(\theta+3)}{12+7q\theta+q}<t_a<\frac{1}{3q}$ 且消费者信息隐私关注下降系数满足 $\varepsilon>\frac{2\theta(\theta+1)(3qt_a-1)}{\theta+7-(12-5q+q\theta)t_a}$ 时,$\frac{\partial \pi_E^1}{\partial \varepsilon}>0$;当定向广告精准度满足 $t_a>\frac{1}{3q}$ 时,$\frac{\partial \pi_E^1}{\partial \varepsilon}>0$。

② 若消费者先看到电商平台上定向广告的概率较高$\left(q\geqslant\frac{6}{\theta+13}\right)$,那么:

当定向广告精准度满足 $t_a\leqslant\frac{1}{3q}$ 时,$\frac{\partial \pi_E^1}{\partial \varepsilon}<0$;当定向广告精准度满足 $\frac{1}{3q}<t_a<\frac{3(\theta+3)}{12+7q\theta+q}$ 时,$\frac{\partial \pi_E^1}{\partial \varepsilon}<0$;当定向广告精准度满足 $\frac{3(\theta+3)}{12+7q\theta+q}<t_a<\frac{\theta+7}{12-5q+q\theta}$ 且消费者信息隐私关注下降系数满足 $\theta<\varepsilon<\frac{2\theta(\theta+1)(3qt_a-1)}{\theta+7-(12-5q+q\theta)t_a}$ 时,$\frac{\partial \pi_E^1}{\partial \varepsilon}>0$;当定向广告精准度满足 $\frac{3(\theta+3)}{12+7q\theta+q}<t_a<\frac{\theta+7}{12-5q+q\theta}$ 且消费者信息隐私关注下降系数满足 $\varepsilon>\frac{2\theta(\theta+1)(3qt_a-1)}{\theta+7-(12-5q+q\theta)t_a}$ 时,$\frac{\partial \pi_E^1}{\partial \varepsilon}<0$;当定向广告精准度满足 $t_a\geqslant\frac{\theta+7}{12-5q+q\theta}$ 时,$\frac{\partial \pi_E^1}{\partial \varepsilon}>0$。

在消费者信息隐私关注下降系数较低的情况下($\varepsilon<\theta$):① 若消费者先看到电商平台上定向广告的概率满足 $q>\frac{1}{2}$,那么当定向广告精准度满足 $t_a>\frac{1}{2q}$ 时,$\frac{\partial \pi_E^1}{\partial \varepsilon}>0$;当定向广告精准度满足 $t_a<\frac{1}{2q}$ 时,$\frac{\partial \pi_E^1}{\partial \varepsilon}<0$。② 若消费者先看到电商平台上定向广告的概率满足 $q<\frac{1}{2}$,那么 $\frac{\partial \pi_E^1}{\partial \varepsilon}<0$。

命题 4.9 在消费者决策平台间信息共享量的策略下,消费者对个人信息掌控效果对电商平台利润的影响受两个因素的制约:消费者先看到电商平台定向广告的概率(q)和平台定向广告投放的精准度(t_a)。

① 在消费者信息隐私关注下降系数(ε)高于 θ 时:若平台定向精准度(t_a)很低,那么电

商平台的利润随信息隐私关注下降系数(ε)的提升而提升;若平台定向精准度(t_a)很高,那么电商平台的利润随消费者信息隐私关注下降系数(ε)的提升而降低;若平台定向精准度(t_a)居中,那么消费者信息隐私关注下降系数(ε)对电商平台的利润的影响将受消费者先收到电商平台定向广告的概率(q)制约。

② 在消费者信息隐私关注下降系数(ε)低于θ时:若消费者先收到电商平台定向广告的概率(q)较低或者平台定向精准度(t_a)较低,电商平台的利润随消费者信息隐私关注下降系数(ε)的提升而提升;若消费者先收到电商平台定向广告的概率(q)较高并且平台定向精准度(t_a)较高时,电商平台的利润随消费者信息隐私关注下降系数(ε)的提升而降低。

2. 电商平台决策平台间的信息共享量

由模型假设可知,先看到电商平台上定向广告的消费者选择在电商平台购买。可求得,先看到电商平台上定向广告的消费者数量n_E^2为:

$$n_E^2 = [1-(1-q)(1+y_p)t_a](1+y_p)t_a \tag{4.46}$$

先看到社交平台上广告的消费者数量n_S^2为:

$$n_S^2 = [1-q(1+y_p)t_a](1+y_p)t_a \tag{4.47}$$

先看到社交平台上广告的消费者通过比较效用选择在电商平台或其他渠道购买。其中,先看到社交平台上广告的消费者在电商平台购买产品的效用u_E^2为:

$$u_E^2 = (1+y_p)\theta - y_p\beta - x^2 \tag{4.48}$$

先看到社交平台上广告的消费者在直销渠道购买产品的效用u_M^2为:

$$u_M^2 = \theta - (1-x^2) \tag{4.49}$$

令$u_E^2 = u_M^2$,可得:$x^2 = \dfrac{y_p(\theta-\beta)+1}{2}$。进而可得,先看到社交平台上定向广告的消费者选择在电商平台上购买产品的数量为:

$$d_E^2 = \dfrac{1+y_p\theta}{2} - \dfrac{y_p}{4} \tag{4.50}$$

命题 4.10 在由电商平台决策平台间共享消费者信息量的情境下,在电商平台上购买产品的消费者数量与平台间共享的消费者信息量相关。先看到电商平台上定向广告的消费者数量随平台间共享的消费者信息量的增加而呈先上升后下降的趋势;对于先看到社交平台上定向广告的消费者来说,若消费者对产品的感知价值较高$\left(\theta>\dfrac{1}{2}\right)$,那么平台间共享的消费者信息量越多,有意愿在电商平台上购买产品的消费者数量也越多;反之,若消费者对产品的感知价值较低$\left(\theta<\dfrac{1}{2}\right)$,那么平台间共享的消费者信息量越多,有意愿在电商平台上购买产品的消费者数量越少。

根据式(4.46)、式(4.47)和式(4.50)可得电商平台的利润π_E^2为:

$$\pi_E^2 = [1-(1-q)(1+y_p)t_a](1+y_p)t_a +$$

$$[1-q(1+y_p)t_a](1+y_p)t_a\left(\frac{1+y_p\theta}{2}-\frac{y_p}{4}\right) \quad (4.51)$$

对式(4.51)求变量 y_p 的一阶偏导可得:

$$\frac{\partial \pi_E^2}{\partial y_p} = 1 - 2(1-q)(1+y_p)t_a + \frac{1}{2} - \frac{(2\theta-1)}{4} + \frac{(2\theta-1)(1+y_p)}{2} -$$

$$q(1+y_p)t_a - qt_a(1+y_p)^2\left(\frac{\theta}{2}-\frac{1}{4}\right) \quad (4.52)$$

令 $\frac{\partial \pi_E^2}{\partial y_p} = 0$,求解可得以下结论:

① 若平台的定向精准度较低$\left(t_a < \frac{5+2\theta}{4[4+q(2\theta-3)]}\right)$,那么平台共享的消费者隐私信息量为 $y_p = 1$。

② 若平台的定向精准度较高$\left(t_a \geqslant \frac{5+2\theta}{2[4+q(2\theta-3)]}\right)$,那么平台共享的消费者隐私信息量为 $y_p = 0$。

③ 若平台的定向精准度居中$\left(\frac{5+2\theta}{4[4+q(2\theta-3)]} \leqslant t_a < \frac{5+2\theta}{2[4+q(2\theta-3)]}\right)$,那么平台共享的消费者隐私信息量为 $y_p = \frac{5+2\theta}{2t_a[4(1-q)+q(1+2\theta)]} - 1$。

命题 4.11 在由电商平台决策平台间共享消费者信息量的情境下,平台间共享信息量受消费者先看到电商平台定向广告的概率(q)及平台定向精准度(t_a)的影响:① 若消费者先接收电商平台定向广告的概率(q)或平台的定向精准度(t_a)很低,那么平台间共享的消费者信息量将达到最高,即电商平台与社交平台将毫无保留地共享消费者信息;② 若消费者先接收电商平台定向广告的概率(q)和平台的定向精准度(t_a)均很高,那么电商平台将不与社交平台共享消费者信息;③ 若消费者先接收电商平台定向广告的概率(q)和平台的定向精准度(t_a)均不是很低(很高),那么电商平台将选择与社交平台共享部分消费者信息。

若消费者先看到电商平台定向广告的概率(q)或平台的定向精准度(t_a)很低,那么电商平台能够吸引的消费者数量有限,只有通过最大化的消费者信息共享才能提升平台的定向精准度(t_a)以定向更多的消费者。若消费者先看到电商平台定向广告的概率(q)和平台的定向精准度(t_a)均很高,那么在电商平台上购买的消费者数量较多。此时,电商平台的信息共享行为对增强本平台的吸引力作用有限,反而会促使社交平台因定向精准度(t_a)的提升而掠夺更多的消费者。若消费者先看到电商平台定向广告的概率(q)和平台的定向精准度(t_a)均不是很低(很高),那么电商平台则会权衡信息共享对本平台和社交平台定向精准度的提升对消费者购买决策的影响。这将导致电商平台会根据权衡结果有控制地共享部分消费者信息。

4.3.3 电商平台的信息共享策略选择

基于上文的分析可知,当电商平台接受社交账户登录且采取由消费者决策信息共享量

时,电商平台所获取的利润如下:

若消费者的信息隐私关注下降系数较高$(\varepsilon > \theta)$,那么电商平台所获取的利润为:

$$\pi_E^1 = t_a \left[\frac{\theta(\theta+1)}{4\varepsilon} + \frac{3}{2}\right]\left(1 + \frac{\theta}{\varepsilon}\right) - \left\{1 + q\left[\frac{\theta(\theta+1)}{4\varepsilon} - \frac{1}{2}\right]\right\}t_a^2\left(1 + \frac{3\theta}{\varepsilon}\right) \quad (4.53)$$

若消费者的信息隐私关注下降系数较低$(k \leqslant v)$,那么电商平台所获取的利润为:

$$\pi_E^1 = 2t_a\left(1 + \frac{\theta+1}{2} - \frac{\varepsilon}{4}\right) - 4\left[(1-q) + q\left(\frac{\theta+1}{2} - \frac{\varepsilon}{4}\right)\right]t_a^2 \quad (4.54)$$

当电商平台接受社交账户登录且由平台决策信息共享量时:

(1) 平台的定向精准度较低$\left(t_a < \frac{5+2\theta}{4[4+q(2\theta-3)]}\right)$或消费者先接收电商平台定向广告的概率较高$\left(q \geqslant \frac{4}{3-2\theta}\right)$,此时,电商平台的利润为$\pi_E^2 = \frac{(5+2\theta)t_a}{2} - [4+q(2\theta-3)]t_a^2$。

(2) 消费者先接收电商平台定向广告的概率较低$\left(q < \frac{4}{3-2\theta}\right)$且平台的定向精准度较高$\left(t_a \geqslant \frac{5+2\theta}{2[4+q(2\theta-3)]}\right)$,此时,电商平台的利润为$\pi_E^2 = \frac{(5+2\theta)t_a}{4} - \left[1 + q\left(\frac{2\theta-3}{4}\right)\right]t_a^2$。

(3) 消费者先接收电商平台定向广告的概率较低$\left(q < \frac{4}{3-2\theta}\right)$且平台的定向精准度居中$\left(\frac{5+2\theta}{4[4+q(2\theta-3)]} \leqslant t_a < \frac{5+2\theta}{2[4+q(2\theta-3)]}\right)$,此时,电商平台的利润为$\pi_E^2 = \frac{(4\theta^2-25)(1-2q)(2\theta-3)}{4[8+2q(2\theta-3)]^2} + \left\{\frac{(2\theta-1)(2q+1)(2v-3)}{4t_a[8+2q(2\theta-3)]} + \frac{1}{2}q\right\}\frac{(5+2\theta)^2}{[8+2q(2\theta-3)]^2}$。

接下来,将通过比较两种信息共享策略下电商平台的利润大小来决策电商平台可采用的最优信息共享策略。

1. 在消费者信息隐私关注下降系数较低$(\varepsilon \leqslant \theta)$的情形下电商平台的信息共享策略选择

(1) 若平台的定向精准度满足$t_a < \frac{5+2\theta}{4[4+q(2\theta-3)]}$,那么比较两种信息共享策略下的利润,可得:

$$\pi_E^1 - \pi_E^2 = t_a(1-\varepsilon)\left(\frac{1}{2} - t_a q\right) \quad (4.55)$$

分析式(4.55)可得:

① 若消费者先接收到电商平台定向广告的概率满足$q \geqslant \frac{8}{11-2\theta}$,那么当平台的定向精准度满足$\frac{1}{2q} < t_a \leqslant \frac{5+2\theta}{4[4(1-q)+q(1+2\theta)]}$时,$\pi_E^1 < \pi_E^2$;当平台的定向精准度满足$t_a \leqslant \frac{1}{2q}$时,$\pi_E^1 > \pi_E^2$。

② 若消费者先接收到电商平台定向广告的概率满足$q < \frac{8}{11-2\theta}$,则有$\pi_E^1 > \pi_E^2$。

(2) 若平台的定向精准度满足 $t_a \geqslant \dfrac{5+2\theta}{2[4+q(2\theta-3)]}$,那么比较两种信息共享策略下的利润,可得:

$$\pi_E^1 - \pi_E^2 = t_a\left(\dfrac{\theta}{2} + \dfrac{7-2\varepsilon}{4}\right) + t_a^2\left[-3 + q\left(\dfrac{-6\theta+5}{4} + \varepsilon\right)\right] \quad (4.56)$$

进一步分析式(4.56)可得:

① 若消费者先接收到电商平台定向广告的概率满足 $q < \dfrac{1}{2}$,则当平台的定向精准度满足 $\dfrac{5+2\theta}{2[4+q(2\theta-3)]} \leqslant t_a < \dfrac{1}{2q}$ 时,$\pi_E^1 < \pi_E^2$;当平台的定向精准度满足 $t_a \geqslant \dfrac{1}{2q}$ 且消费者的信息隐私关注下降系数较高 $\left(\varepsilon \geqslant \dfrac{-(2\theta+7)+[12-(-6\theta+5)q]t_a}{2(2t_aq-1)}\right)$ 时,$\pi_E^1 > \pi_E^2$;当平台的定向精准度满足 $t_a \geqslant \dfrac{1}{2q}$ 且消费者的信息隐私关注下降系数较低 $\left(\varepsilon < \dfrac{-(2\theta+7)+[12-(-6\theta+5)q]t_a}{2(2t_aq-1)}\right)$ 时,$\pi_E^1 < \pi_E^2$。

② 若消费者先接收到电商平台定向广告的概率满足 $q \geqslant \dfrac{1}{2}$,那么当平台的定向精准度满足 $t_a \geqslant \dfrac{5+2\theta}{2[4+q(2\theta-3)]}$ 且消费者的信息隐私关注下降系数较高 $\left(\varepsilon \geqslant \dfrac{-(2\theta+7)+[12-(-6\theta+5)q]t_a}{2(2t_aq-1)}\right)$ 时,$\pi_E^1 > \pi_E^2$;当平台的定向精准度满足 $t_a \geqslant \dfrac{5+2\theta}{2[4+q(2\theta-3)]}$ 且消费者的信息隐私关注下降系数较低 $\left(\varepsilon < \dfrac{-(2\theta+7)+[12-(-6\theta+5)q]t_a}{2(2t_aq-1)}\right)$ 时,$\pi_E^1 < \pi_E^2$。

(3) 若平台的定向精准度满足 $\dfrac{5+2\theta}{4[4+q(2\theta-3)]} \leqslant t_a < \dfrac{5+2\theta}{2[4+q(2\theta-3)]}$,那么比较两种信息共享策略下的利润,可得:

$$\pi_E^1 - \pi_E^2 = -4\left[(1-q) + q\left(\dfrac{\theta+1}{2} - \dfrac{\varepsilon}{4}\right)\right]t_a^2 - \dfrac{(4\theta^2-25)(1-2q)(2\theta-3)}{4[8+2q(2\theta-3)]^2} + \\ 2t_a\left(1 + \dfrac{\theta+1}{2} - \dfrac{\varepsilon}{4}\right) - \left\{\dfrac{(2\theta-1)(2q+1)(2\theta-3)}{4t_a[8+2q(2\theta-3)]} + \dfrac{1}{2}q\right\}\dfrac{(5+2\theta)^2}{[8+2q(2\theta-3)]^2} \quad (4.57)$$

鉴于运用解析求解方法判断式(4.57)正负值的难度较大,接下来利用数值模拟仿真方法对式(4.57)进行分析。

令 $\varepsilon = 0.3, \theta = 0.4, q = 0.4$,数值仿真由消费者决策数据共享量和由电商平台决策数据共享量两种情况下的电商平台利润随平台的定向精准度 t_a 的变化趋势。在式(4.57)中,平台的定向精准度 t_a 位于区间 $[0.46, 0.93]$ 上。仿真结果见图4-4所示。

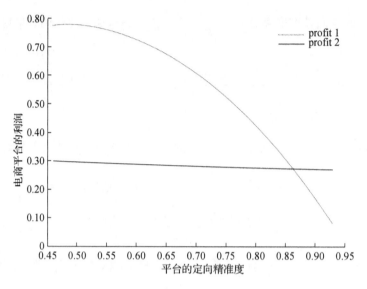

图 4-4　两种数据共享策略下电商平台的利润变化趋势

注：图中 profit 1 表示由消费者决策数据共享量的情境下电商平台的利润，profit 2 表示由电商平台决策数据共享量的情境下电商平台的利润（图 4-5、图 4-6 和图 4-7 相同）。

命题 4.12　若消费者的信息隐私关注下降系数较低（$\varepsilon \leqslant \theta$），那么对电商平台来说，当平台的定向精准度（$t_a$）较高时，由电商平台决策数据共享量更为有利；当平台的定向精准度（t_a）较低时，由消费者决策数据共享量更为有利。

平台间共享消费者隐私信息能够提升平台投放定向广告的定向精准度。对于电商平台来说，若其定向精准度较高，则进一步通过共享消费者隐私信息提升定向精准度的意义不大，反而会致使社交平台因获取消费者交易信息提升了定向精准度而导致先看到社交平台定向广告的一部分消费者流向直销渠道。由命题 4.8 可知，若消费者的信息隐私关注下降系数较低，那么在由消费者决策信息共享量的情境下，所有的消费者均会选择在平台间共享全部的信息。这对电商平台来说显然是不利的。所以，在这种情况下，由电商平台决策平台间信息共享量，有利于电商平台依据自身利润最大化原则确定对自己更为有利的信息共享量。

当平台的定向精准度较低时，通过共享消费者隐私信息提升定向精准度对电商平台来说十分有效。并且，共享的消费者隐私信息量越高，对平台提升定向精准度的帮助越大。所以，在这种情况下，由消费者决策隐私信息共享量最为合适。一方面，这种策略保证了隐私信息共享量处于最高水平；另一方面，这种策略降低了隐私信息共享给消费者带来的信息隐私关注。

2. 消费者的信息隐私关注下降系数较高（$\varepsilon > \theta$）情形下电商平台的信息共享策略选择

（1）若平台的定向精准度满足 $t_a < \dfrac{5+2\theta}{4[4+q(2\theta-3)]}$，比较两种信息共享策略下的利润，可得：

$$\pi_E^2 - \pi_E^1 = t_a^2 \left\{ -3 + q \left[\frac{\theta(\theta+1)}{4\varepsilon} + \frac{5}{2} + \frac{3\theta}{\varepsilon} \left(\frac{\theta(\theta+1)}{4\varepsilon} - \frac{1}{2} \right) - 2\theta \right] + \frac{3\theta}{\varepsilon} \right\} +$$
$$t_a \left\{ 1 + \theta - \frac{\theta}{\varepsilon} \left[\frac{\theta(\theta+1)}{4\varepsilon} + \frac{7}{4} + \frac{\theta}{4} \right] \right\} \tag{4.58}$$

分析式(4.58)可得：

当平台的定向精准度满足 $t_{a1} < t_a < \frac{5+2\theta}{4[4+q(2\theta-3)]}$ 时，$\pi_E^2 < \pi_E^1$。当平台的定向精准度满足 $t_a < t_{a1}$ 时，$\pi_E^2 > \pi_E^1$。

其中，$t_{a1} = \dfrac{(1+\theta)\varepsilon - \theta\left[\dfrac{\theta(\theta+1)}{4\varepsilon} + \dfrac{7}{4} + \dfrac{\theta}{4}\right]}{3\varepsilon - q\left\{\dfrac{\theta(\theta+1)}{4} + \dfrac{5}{2} + 3\theta\left[\dfrac{\theta(\theta+1)}{4\varepsilon} - \dfrac{1}{2}\right] - 2\theta\varepsilon\right\} - 3\theta}$。

进一步运用数值仿真法模拟两种信息共享策略下电商平台利润随平台定向精准度(t_a)的变化趋势。令 $\varepsilon = 0.8, \theta = 0.4, q = 0.4$，数值仿真由消费者决策数据共享量和由电商平台决策数据共享量两种情况下电商平台利润随平台定向精准度(t_a)的变化趋势。根据变量赋值可知式(4.58)中的平台定向精准度(t_a)位于区间$[0.01, 0.46]$上。仿真结果见图4-5所示。

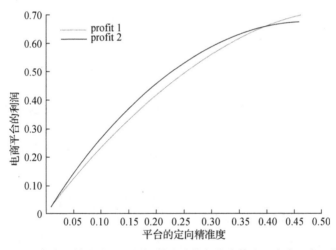

图4-5 平台定向精准度(t_a)很低时两种信息共享策略下电商平台利润情况

(2) 若平台的定向精准度满足 $t_a \geqslant \dfrac{5+2\theta}{2[4(1-q)+q(1+2\theta)]}$，那么比较两种信息共享策略下的利润，可得：

$$\pi_E^1 - \pi_E^2 = t_a \left\{ \left[\frac{\theta(\theta+1)}{4\varepsilon} + \frac{3}{2} \right] \frac{\theta}{\varepsilon} + \frac{\theta(\theta+1)}{4\varepsilon} + \frac{1-2\theta}{4} \right\} +$$
$$t_a^2 \left\{ q \left[\frac{2\theta-1}{4} - \frac{\theta(\theta+1)}{4\varepsilon} \right] - \left[3 + q \left(\frac{3\theta(\theta+1)}{4\varepsilon} - \frac{3}{2} \right) \right] \frac{\theta}{\varepsilon} \right\} \tag{4.59}$$

因为 $\left[\dfrac{\theta(\theta+1)}{4\varepsilon} + \dfrac{3}{2}\right]\dfrac{\theta}{\varepsilon} + \dfrac{\theta(\theta+1)}{4\varepsilon} + \dfrac{1-2\theta}{4} > 0$，$q\left[\dfrac{2\theta-1}{4} - \dfrac{\theta(\theta+1)}{4\varepsilon}\right] - \left[3 + \right.$

$q\left(\dfrac{3\theta(\theta+1)}{4\varepsilon}-\dfrac{3}{2}\right)\right]\dfrac{\theta}{\varepsilon}<0$,所以有:

当平台的定向精准度满足 $t_a \geqslant \dfrac{5+2\theta}{2[4(1-q)+q(1+2\theta)]}$ 时,$\pi_E^1 < \pi_E^2$ 恒成立。

进一步运用数值仿真法分析两种信息共享策略下电商平台的利润变化趋势。

令 $\varepsilon=0.3, \theta=0.4, q=0.4$,数值仿真由消费者决策数据共享量和由电商平台决策数据共享量两种情况下的电商平台利润随平台的定向精准度(t_a)的变化趋势。根据变量赋值可知,式(4.59)中平台的定向精准度(t_a)位于区间[0.93,1.00]上。仿真结果见图 4-6 所示。

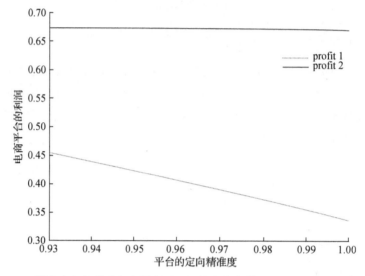

图 4-6　平台定向精准度(t_a)很高时不同信息共享策略下电商平台的利润情况

(3) 若 $\dfrac{5+2\theta}{4[4+q(2\theta-3)]} \leqslant t_a < \dfrac{5+2\theta}{2[4+q(2\theta-3)]}$,那么比较两种信息共享策略下的利润,可得:

$$\pi_E^1 - \pi_E^2 = t_a\left[\dfrac{\theta(\theta+1)}{4\varepsilon}+\dfrac{3}{2}\right]\left(1+\dfrac{\theta}{\varepsilon}\right)-\left\{1+q\left[\dfrac{\theta(\theta+1)}{4\varepsilon}-\dfrac{1}{2}\right]\right\}t_a^2\left(1+\dfrac{3\theta}{\varepsilon}\right)-$$
$$\dfrac{(4\theta^2-25)(1-2q)(2\theta-3)}{4[8+2q(2\theta-3)]^2}-\left\{\dfrac{(2\theta-1)(2q+1)(2\theta-3)}{4t_a[8+2q(2\theta-3)]}+\dfrac{1}{2}q\right\}\dfrac{(5+2\theta)^2}{[8+2q(2\theta-3)]^2}$$

(4.60)

鉴于运用解析求解方法判断式(4.60)正负值的难度较大,接下来利用数值模拟仿真方法对式(4.60)进行分析。

令 $\varepsilon=0.8, \theta=0.4, q=0.4$,数值仿真由消费者决策数据共享量和由电商平台决策数据共享量两种情况下的电商平台利润随平台的定向精准度(t_a)的变化趋势。根据变量赋值可知,式(4.60)中平台的定向精准度(t_a)位于区间[0.46,0.93]上。仿真结果见图 4-7 所示。

由上述分析可知,电商平台的信息共享策略选择与消费者信息隐私关注下降系数(ε)及平台的定向精准度(t_a)有关。

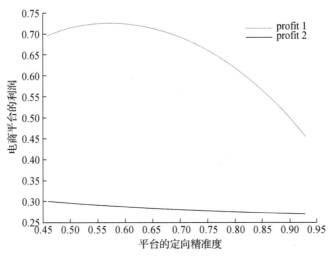

图 4-7　平台定向精准度(t_a)居中时两种信息共享策略下电商平台利润情况

命题 4.13　若消费者的信息隐私关注下降系数较高($\varepsilon > \theta$),那么对电商平台来说,当电商平台的定向精准度(t_a)很低(很高)时,由平台决策数据共享量更为有利;当电商平台的定向精准度(t_a)居中时,由消费者决策数据共享量更为有利。

当电商平台的定向精准度很低时,全面共享消费者信息对电商平台更为有利;而当电商平台的定向精准度很高时,不共享消费者信息对电商平台更为有利。这两种极端的结果促使平台在掌握信息共享的决策权时才能出现。当电商平台的定向精准度居中时,因为消费者信息管控效用较低,只有部分的消费者会同意共享信息,其他的消费者均无意愿授权平台的共享信息行为。当消费者拥有信息共享量的决策权时,平台间的信息共享行为对消费者产生的隐私风险较低,进而消费者在电商平台上购买的意愿不会因为平台的信息共享行为而下降。故而,由消费者决策数据共享对平台而言才是最优选择。

4.4　主要结论和管理启示

一般来说,平台获取的消费者隐私信息维度越多,那么隐私信息的应用价值便越高。鉴于此,不同类型平台间消费者隐私信息的共享已成为平台收集消费者隐私信息的途径之一,"社交账号登录""平台账号互联"等方式已在实践中普遍应用。但关于此方面的研究,现有文献主要探讨了社交账号登录对消费者行为和平台/企业相关决策行为的影响,而对电商平台来说,在什么条件下开放和以什么方式开放社交账号登录等问题均有待深入研究。本章以电商平台获取消费者隐私信息实施定向广告应用为背景,考虑消费者隐私信息的经济性,构建博弈模型,研究电商平台开放社交账号登录的条件和信息共享的方式,分析电商平台开放社交账号登录对相关主体的影响。

4.4.1 主要结论

本章研究了电子商务平台开放社交账号登录的策略和电子商务平台开放社交账号登录后的隐私信息共享策略两个问题,主要结论有:

1. 电商平台是否提供社交账号登录的决策受社交账号登录带来的便利性(φ)、隐私信息共享带来的定向效果提升值(δ)以及市场中隐私敏感消费者数量的影响。若社交账号登录带来的便利性十分低,平台不会开放社交账号登录,便利性十分高,平台会开放社交账号登录;若社交账号登录带来的便利性较低,且社交账号登录为平台带来的定向效果提升值太高或太低,平台均不会开放社交账号登录;若社交账号登录带来的便利性较高,此时若市场中隐私敏感消费者数量占比较高,当定向效果提升值较低时,平台会开放社交账号登录;若隐私敏感消费者数量占比较低,当定向效果提升值较高时,平台会开放社交账号登录。

2. 电商平台开放社交账号登录对电商平台的定向能力的影响与社交账号登录带来的定向效果提升值(δ)和隐私敏感型消费者数量两个因素有关。若市场上隐私敏感型消费者较多,则平台的定向能力随定向效果提升值的提升呈先上升后下降的趋势;若市场上隐私敏感型消费者较少,则定向效果提升值越高,平台的定向能力将越弱。

3. 当考虑消费者的信息隐私关注时,社交账号登录带来的定向效果提升值较低时,社交账号登录不能为平台实现引流。并且隐私敏感消费者与隐私中立消费者的信息隐私关注程度偏差越大,社交账号登录不能实现引流的可能性越大。

4. 电商平台开放社交账号登录时,与社交平台间的隐私信息共享策略选择与消费者决策共享量所带来的信息隐私关注下降系数(ε)和平台的定向精准度(t_a)两个因素有关。若信息隐私关注下降系数较低,当平台的定向精准度较高时,由电商平台决策数据共享量更为有利;当平台的定向精准度较低时,由消费者决策数据共享量更为有利;若信息隐私关注下降系数较高,当电商平台的定向精准度很低(很高)时,由平台决策数据共享量更为有利;当电商平台的定向精准度居中时,由消费者决策数据共享量更为有利。

5. 不同的隐私信息共享策略下,平台间的隐私信息共享量受消费者决策共享量所带来的信息隐私关注下降系数(ε)、消费者先看到电商平台定向广告的概率(q)和平台定向精准度(t_a)三个因素影响。若由消费者决策信息共享量,当信息隐私关注下降系数较高时,有部分消费者会将信息授权给平台共享;当信息隐私关注下降系数较低时,所有的消费者均会将信息授权给平台共享。若由平台决策信息共享量,当消费者先接收电商平台定向广告的概率或平台的定向精准度很低时,电商平台与社交平台将会共享全部信息;当消费者先接收电商平台定向广告的概率和平台的定向精准度均很高时,电商平台将完全不与社交平台共享信息;当消费者先接收电商平台定向广告的概率和平台的定向精准度均不是很低(很高)时,电商平台将选择与社交平台共享部分信息。

4.4.2 主要管理启示

基于本章模型分析的相关结论,对电商平台利用社交账号登录获取消费者隐私信息实施定向广告应用的管理,有以下主要管理启示:

1. 电商平台需综合考虑社交账号登录为消费者带来的便利性、为平台带来的定向效果提升值以及市场上消费者信息隐私关注情况等多个方面的因素,决策是否开放社交账号登录方式。若电商平台引入手机号登录、扫码登录等技术手段,降低社交账号登录的便利性优势,此时,只要社交平台可分享的消费者信息量不过低,电商平台便可向消费者开放社交账号登录。若社交账号登录的便利性优势明显,那么在市场上隐私敏感消费者占比较高的情况下,电商平台也可向消费者开放社交账号登录;在市场上隐私敏感消费者占比较低的情况下,只有在社交平台共享的消费者信息量较大时,电商平台才可向消费者开放社交账号登录。

2. 若电商平台开放社交登录方式,为保证利润的持续提升,电商平台可以根据社交账号登录方式带来的定向效果提升情况和市场上隐私敏感消费者的占比来调节定向能力。若市场上隐私敏感消费者占比较低,随着社交账号登录实现的定向效果提升值的增加,电商平台可相应加强定向能力;若市场上隐私敏感消费者占比较高,在社交账号登录实现的定向效果提升值处于较低水平时,电商平台可以随着平台定向效果提升值的增加而加强定向能力;在社交账号登录实现的定向效果提升值处于较高水平时,电商平台可以随着平台定向效果提升值的增加而减弱定向能力。

3. 电商平台可以基于对平台的定向精准度和消费者有隐私信息共享决策权时带来的信息隐私关注下降系数这两个影响因素的判断选择信息共享策略。在消费者的信息隐私关注下降系数较低且平台的定向精准度较高,或者消费者的信息隐私关注下降系数较高且平台的定向精准度不低(或不高)时,应选择由消费者决策平台间的隐私信息共享量。而在消费者的信息隐私关注下降系数较低且平台的定向精准度较低,或者消费者的信息隐私关注下降系数较高且平台的定向精准度很低(或很高)时,应选择由电商平台自行决策隐私信息共享量。

4. 在由消费者决策社交账号登录平台间信息共享量时,电商平台可以采取措施尽可能降低消费者的信息隐私关注下降系数,进而提升平台间信息共享量。在由电商平台决策社交账号登录平台间信息共享量时,若平台的定向精准度很高,那么电商平台可以选择不与社交平台共享消费者隐私信息;若平台的定向精准度很低,那么电商平台可以选择最大化地共享消费者隐私信息;若平台的定向精准度居中,那么电商平台可以适度共享消费者隐私信息,并且随着消费者先看到电商平台定向广告的概率的提升,电商平台共享的消费者隐私信息量会随着增加。

第 5 章
电商企业隐私信息保险的保护策略及其影响研究

消费者隐私信息正成为电商企业的战略资源,但随着消费者对信息隐私关注程度的提升和消费者隐私信息泄露事件的频繁发生,消费者在披露隐私信息过程中的感知信息隐私风险越来越高。为此,电商企业须在保护中利用消费者的隐私信息。当前,电商企业开始探索使用"隐私信息保险"来保护消费者的隐私信息。本章以电商企业获取消费者隐私信息提供个性化服务为应用背景,考虑消费者的信息隐私关注,构建博弈模型,讨论由电商企业购买"隐私信息保险"赠送给消费者和由消费者购买"隐私信息保险"两种方式下,电子商务中"隐私信息保险"的引入对消费者隐私信息披露策略、消费者产品购买意愿和电商企业利润的影响。

5.1 问题的提出

随着信息技术的发展,在电子商务中,不仅仅是消费者的注册等信息,还包括消费者在网络上的行为信息等均可以被有效地收集和存储,进而被使用。而消费者对隐私披露行为存在"信息隐私关注"[11,49,124,186-190],消费者认为电商企业对其隐私信息的收集、二次使用、篡改和非法访问等行为[191]会为其带来风险,如隐私信息泄露。近几年隐私信息泄露频繁发生。在2019年半年内 Elastic search 上便有 4200 万份用户简历被泄露;2019年优衣库(UNIQLO)上多达46万个消费者的隐私信息被非法浏览。隐私信息泄露会不可避免地给用户带来经济损失。波耐蒙(Ponemon)研究所在2021年的一份报告中称,51%的组织经历过由第三方造成的数据泄露。2021年6月,一名为"GODUser"的卖家声称获得7亿条领英用户信息,并在黑客论坛上叫卖。因此,信息隐私关注的存在致使消费者不愿意披露隐私信息,甚至降低消费者的购买意愿[56,192]。这就意味着电商企业需要采取必要的措施降低消费者的信息隐私关注,进而激励消费者披露隐私信息[9,12,13,32,48,165,193]。

一般来说,电商企业可以从两个方面采取措施降低消费者的信息隐私关注。一方面是降低消费者的隐私泄露风险,例如实施隐私信息保护政策[194-195]或进行必要的信息安全投资。另一方面是设计相关机制转移隐私信息泄露风险,例如提供隐私信息保险。

近两年,随着电子商务和大数据技术等的快速发展,"隐私信息保险"作为一种新的隐私信息保护手段被引入实践之中,"淘宝网"便是案例之一。作为中国最大的电商平台,"淘宝网"为消费者提供了便利的购物环境,同时也掌握着海量的消费者数据。然而,受网络信息安全的影响,消费者对个人信息的披露存在着较大的顾虑,甚至进一步影响其购买决策。鉴于此,淘宝网推出"隐私信息保险",承诺"被保险人在淘宝／天猫上注册账号,并进行实物类商品订单交易后,因订单信息被第三方窃取并直接用于欺诈被保险人,而使被保险人直接遭受财产的损失,可获得赔偿"。"隐私信息保险"的引入,以损失"补偿"为手段,转移隐私泄露风险,降低消费者信息隐私关注。

隐私信息保险是依据保险公司、电商企业与消费者三方就消费者隐私信息披露、保护和泄露后损失赔偿等所订立的保险协议,是对消费者的隐私信息泄露实施的事后补偿措施。作为一种特殊的隐私保护手段,其主要具备如下特点:

(1) 隐私信息保险是对消费者隐私信息披露风险的事后补偿机制。因信息不对称的存在,在实际应用中,消费者无法判断电商企业对其隐私信息的收集及应用是否符合监管或协议的要求,最终导致现有隐私保护手段的失效[14,23]。而隐私信息保险则是将电商企业对隐私信息的收集和应用过程视为黑箱,重点关注对消费者可能产生的隐私信息披露风险的补偿。

(2) 电子商务中隐私信息保险的应用还处于探索阶段,电商企业可以选择购买隐私信息保险赠予消费者以提升消费者披露隐私信息的意愿,也可以仅仅提供隐私信息保险的购买渠道而由消费者决策是否购买。

在隐私信息的披露与应用上,消费者与电商企业间存在着博弈关系。电商企业期望尽可能多地收集消费者信息,实施更有针对性的营销和定价策略,从而实现利润最大化。而消费者综合考虑隐私信息披露带来的收益和风险,期望在尽可能少提供隐私信息的情况下获得更多的服务和更优惠的价格。隐私信息保险的引入必然会影响消费者的隐私信息披露决策,进而会对电商企业的隐私信息利用策略的制定带来相应影响。因而,研究"隐私信息保险"的实施效果和影响具有较大的现实意义。

近年来,不少学者针对消费者的隐私信息披露问题和电商企业的隐私信息保护行为问题展开了大量研究。文献[44,183,196,197]的研究结果表明:隐私信息具有经济性,消费者会基于隐私信息披露的风险和收益决策是否披露隐私信息。因此,现有研究认为降低隐私信息披露风险是激励消费者披露隐私信息的主要方式之一[32,193],而提供隐私保护则是电商企业降低隐私信息披露风险的主要手段。Xu 等[8]通过实验发现,通过国家政策、电商企业行为和消费者个人保护等多个层面实施的隐私信息管控手段可以较为显著地降低消费者的信息隐私关注。Zhao 等[105]的研究发现,隐私信息保护政策的存在及消费者对互联网隐私立法的感知会降低"信息隐私关注"带来的负面影响。Bansal 等[97]认为电商企业的隐私信息保护机制直接影响消费者对电商企业披露其个人信息的意愿。部分学者[15]发现,消费者通常更倾向于在公示了隐私保护政策的电商企业购买产品。然而,也有部分学者[198]通过实验发现,电商企业的隐私保护政策对消费者来说,并未能起到明显作用。受信息不对称性的影响,即便电商企业公示了隐私保护政策,消费者仍然认为隐私信息披露的行为存在风险[199]。由此可见，以隐私保护政策为代表的隐私风险预控制措施对消费者隐私信息披露行为的影响存在分歧。而作为近几年兴起的"隐私信息保险"这一隐私风险转移措施，鲜有研究深入讨论其应用策略及影响。

本章运用博弈分析方法，首先研究电商企业无偿提供隐私信息保险（电商企业购买"隐私信息保险"赠送消费者）情境下，"隐私信息保险"对消费者隐私信息披露策略和电商企业利润的影响。然后研究电商企业有偿提供隐私信息保险（消费者自行购买"隐私信息保险"）情境下，消费者的"隐私信息保险"购买策略及隐私信息披露策略。本章具体讨论的问题包括：

（1）在考虑现有隐私信息安全保护力度的基础上，电商企业无偿提供隐私信息保险是否对电商企业有利？基于对电商企业现有隐私信息安全保护力度的认知，电商企业无偿提供隐私信息保险的行为对消费者的隐私信息披露行为会造成什么影响？

（2）在电商企业有偿提供隐私信息保险情境下，消费者在什么情况下会购买隐私信息保险？消费者购买隐私信息保险的购买决策对其隐私信息披露的决策产生了什么影响？消费者对隐私信息保险的购买决策对电商企业利润产生了什么影响？

5.2 电商企业为消费者购买隐私信息保险的策略及其影响

5.2.1 模型假设与变量描述

本节以处于单寡头垄断电子商务市场上的电商企业为研究对象。假设该市场中的消费者总量标准化为1，每个消费者最多只购买一件产品，且市场并未能被该电商企业所完全覆盖。电商企业在消费者购买商品时同步收集消费者的个人信息，以便更有效地为消费者服务。例如，电商企业通过分析收集的消费者个人信息可向消费者提供包括产品推荐等功能在内的个性化服务。一方面，鉴于个性化服务所起的降低消费者网上购物搜索成本的作用，个性化服务在一定程度上激励了消费者的个人信息披露行为。由于电商企业提供个性化服务依据的是消费者的个人偏好和特征，故而本节假设不同的消费者对个性化服务的感知价值（v）不同，并在$[0,1]$上均匀分布。另一方面，消费者在披露个人信息时也会承受信息隐私风险。Smith等[7]研究发现，消费者感知到的信息隐私风险主要来自电商企业的数据收集、数据使用或信息安全问题。通常情况下，电商企业可以通过约束自身行为来控制数据收集的风险，或通过制定隐私政策、与相关数据使用方签订数据使用协议等方式来控制数据使用过程中出现的风险。而信息安全带来的隐私风险对电商企业来说处于不可控的状态，因此研究如何管控由信息安全带来的信息隐私风险对电商企业来说尤为重要。信息安全带来的数据风险主要表现为因数据泄露给消费者带来的经济损失而产生的风险。本节研究的隐私风险也主要是指因数据泄露导致消费者发生经济损失的风险。不失一般性，假设消费者对隐私信息泄露的信息隐私关注程度（β）相同，本节简称为"数据泄漏关注"。消费者根据个人信息披露效用和产品价格决策是否购买产品及确定个人信息披露策略。

1. 情境1：电商企业不提供隐私信息保险

首先，构建电商企业不提供隐私信息保险情境下的博弈模型。对电商企业来说，收集消费者的个人信息可以为消费者提供更好的个性化服务，同时，鉴于消费者个人信息的巨大价值，电商企业还能够通过消费者的个人信息获得额外收益（下文简称"数据收益"）。例如，电商企业可以基于现有的消费者个人信息，为第三方提供有偿的数据分析服务。电商企业还能够通过挖掘消费者个人信息，发现消费者的潜在需求或偏好，从而优化产品设计，提升消费者对产品的价值感知。此外，电商企业还可以基于消费者个人信息实施定向广告的投递，降低产品的营销成本。假设消费者披露的个人信息越多，电商企业获得的数据收益便越高。通过引入外生变量（b）来描述电商企业从消费者的个人信息中获得的单位收益。因此，电商企业从每个消费者处获取的数据收益可表示为 by^N，其中 y^N 为消费者提供的个人信息量。此处，使用上标 N 标识电商企业不提供隐私信息保险情境下的内生变量，进一步可得电商企业的总数据收益为 $\sum by^N$。此外，假设参与到市场中的消费者数量为 n^N，产品价格为 p^N，进而可得电商企业的产品销售收益为 $n^N p^N$。为简化模型，本项目假设产品的销售成本和生产成本均为0。综上所述，电商企业的利润函数可以表示为：

$$\pi^N = \sum by^N + n^N p^N \tag{5.1}$$

消费者根据隐私信息披露的效用和产品价格决策是否向电商企业购买并制定个人信息披露策略。基于现有研究，消费者的个人信息披露效用可通过隐私算式（privacy calculus）求得[125]。一方面，由于隐私数据泄露，消费者要承受一定的隐私信息披露成本（下文简称"隐私信息成本"）。假设电商企业遭受隐私数据泄露的概率为 γ（下文简称"电商企业数据泄露概率"）。应该指出的是，本项目假设消费者承受的隐私信息成本来自数据泄露，而不是来自个人数据交易到第三方。这种假设是合理的，因为电商企业通常可以与第三方签订协议，以确保消费者数据的可靠使用。另一方面，消费者可以通过披露隐私信息获得个性化服务。根据 Casadesus Masanell 和 Hervas Drane[166] 的假设，消费者的隐私数据披露效用是隐私信息披露量的凹函数。借鉴文献[166]的假设，消费者隐私信息披露效用可表示为 $vy^N - \beta\gamma(y^N)^2$。综上所述，消费者购买产品的效用函数为：

$$u^N = vy^N - \beta\gamma(y^N)^2 - p^N \tag{5.2}$$

2. 情境2：电商企业为消费者购买隐私信息保险

接下来，我们构建电商企业为消费者购买隐私信息保险时的博弈模型。

为了转移消费者的隐私风险，并进一步激励消费者购买产品，电商企业为市场上的每一位消费者购买隐私信息保险。隐私信息保险承诺，消费者向电商企业披露隐私信息后一旦遭受了隐私信息泄露并承受了经济损失，消费者便将获得一定的赔偿。隐私信息保险解决了消费者与电商企业在对隐私信息保护上的信息不对称问题，即消费者无须了解隐私信息保护的复杂过程,仅需确定因隐私信息披露而造成的经济损失及损失的赔偿这一显而易见的结果便可。隐私信息保险的常见方式是电商企业支付保险费,并免费向消费者提供保险。如前所述,隐私信息保险作为电商企业转移消费者隐私风险的一种有效措施,已被一些电商企业实际应用,如淘宝网。一些研究[200]认为隐私信息保险的保费由赔偿额、隐私数据泄露概率和负载因子(loading factor)决定。因负载因子的大小不影响本项目的结果结论,故假设负载因子为常数1。进一步假设保费与隐私数据泄露概率和赔偿额均呈正相关关系,因此隐私信息保险的保费可表示为$(1+\gamma)k$。综上所述,电商企业提供隐私信息保险时的利润函数为:

$$\pi^F = \sum by^F + n^F[p^F - (1+\gamma)k] \tag{5.3}$$

上标 F 用来标识电商企业提供隐私信息保险情境下的内生变量。

对于消费者来说,当其因披露隐私信息而遭受经济损失时才会得到赔偿。因此,消费者的预期赔偿取决于发生经济损失的概率。很明显,电商企业隐私数据泄露的可能性越高,或者消费者披露隐私信息越多,消费者预期遭受经济损失的概率越高。因此,消费者产生经济损失的概率可表示为 γy^F。考虑到赔偿额(k),消费者的经济损失预期赔偿额为 $\gamma y^F k$。综上所述,当电商企业提供隐私信息保险时,消费者购买产品的效用为:

$$u^F = vy^F - \beta\gamma(y^F)^2 - p^F + \gamma y^F k \tag{5.4}$$

变量及变量描述见表 5-1 所示。

表 5-1 变量及变量描述

变量	变量描述	变量	变量描述
v	消费者对个性化服务的感知价值	n^N/n^F	电商企业不提供/提供隐私信息保险情境下市场中的消费者数量
β	消费者对数据泄露的隐私风险感知系数	p^N/p^F	电商企业不提供/提供隐私信息保险情境下的产品价格
b	电商企业从消费者的个人信息中获得的单位收益	k	隐私信息保险的赔偿额
y^N/y^F	电商企业不提供/提供隐私信息保险情境下消费者提供的个人信息量	γ	电商企业遭受隐私数据泄露的概率,即"电商企业数据泄露概率"

3. 博弈模型决策序列

基于对消费者产品购买行为的预测,电商企业决定是否向消费者提供隐私信息保险。而电商企业是否提供隐私信息保险的决策又进一步影响其价格策略。基于产品的价格和电商企业隐私信息保险的提供策略,消费者决策是否购买产品。基于效用最大化原则,消费者进一步制定隐私信息披露策略。基于以上分析,博弈模型可分为四个决策阶段:

第一阶段,电商企业决策是否向消费者提供隐私信息保险。

第二阶段,电商企业制定产品价格。

第三阶段,消费者根据电商企业是否提供隐私信息保险、产品价格以及隐私信息披露效用等决策是否向电商企业购买产品。

第四阶段,消费者决策披露隐私信息量的大小。

5.2.2 电商企业为消费者购买隐私信息保险的策略

本节首先通过逆向归纳法对模型进行求解,然后在分析模型的均衡解的基础上,进一步研究隐私信息保险的引入对电商企业和消费者的影响,并给出电商企业是否提供隐私信息保险的相关建议。

1. 电商企业提供隐私信息保险时的均衡解

(1) 隐私信息披露量　决策的第四阶段,消费者基于效用最大化原则,根据电商企业的价格策略和隐私信息保险的提供策略确定隐私信息的披露量。可求得消费者在均衡状态下隐私信息的披露量为

$$y^F = \frac{v + \gamma k}{2\gamma\beta} \tag{5.5}$$

(2) 消费者的购买决策　在模型决策的第三阶段,消费者决策是否进入市场并向电商企业购买产品。若消费者的效用为正时,消费者购买产品;若消费者的效用为负时,消费者将退出市场,即当消费者的效用满足以下条件时,消费者进入市场:

$$vy^F - \beta\gamma(y^F)^2 - p^F + \gamma y^F k \geqslant 0 \tag{5.6}$$

根据公式(5.5)和公式(5.6)进一步可得,电商企业的产品价格给定情形下,进入市场的消费者服务价值感知满足

$$v \geqslant \sqrt{4\gamma\beta p^F} - \gamma k \tag{5.7}$$

进一步求得市场上的消费者数量,即电商企业产品的需求量为:

$$n^F = 1 - \sqrt{4\gamma\beta p^F} + \gamma k \tag{5.8}$$

(3) 产品均衡价格　在模型决策的第二阶段,电商企业基于利润最大化原则并同时考虑消费者的隐私信息披露策略和产品购买决策,制定产品的均衡价格。对公式(5.3)中的电商企业利润函数 π^F 求产品价格 p^F 的一阶偏导,可得:

$$\frac{\partial \pi^F}{\partial p^F} = 1 - b - 3\sqrt{\gamma\beta p^F} + \gamma k + (1+\gamma)k\sqrt{\gamma\beta}(p^F)^{-1/2} \tag{5.9}$$

令 $\frac{\partial \pi^F}{\partial p^F} = 0$,可进一步求得产品的均衡价格,如公式(5.10)所示:

$$p^{F*} = \frac{[1 - b + \gamma k + \sqrt{(1-b+\gamma k)^2 + 12\gamma(1+\gamma)k\beta}]^2}{36\gamma\beta} \tag{5.10}$$

将公式(5.10)代入公式(5.8)中,可进一步求得产品的均衡需求量为:

$$n^F = \frac{2(1+\gamma k) + b - \sqrt{(1-b+\gamma k)^2 + 12\gamma(1+\gamma)k\beta}}{3} \tag{5.11}$$

2. 电商企业不提供隐私信息保险时的均衡解

(1) 隐私信息披露量　决策的第四阶段,消费者基于效用最大化原则,根据电商企业的

价格策略确定隐私信息的披露量。可求得消费者在均衡状态下,隐私信息的披露量为:

$$y^N = \frac{v}{2\gamma\beta} \tag{5.12}$$

(2) 消费者的购买决策　　在模型决策的第三阶段,消费者根据效用最大化原则决策是否购买产品。可求得消费者购买产品的条件为:

$$vy^N - \beta\gamma(y^N)^2 - p^N \geqslant 0 \tag{5.13}$$

基于公式(5.12)和公式(5.13),可进一步求得,电商企业产品均衡价格 p^N 给定情形下,服务价值感知满足以下条件的消费者将选择购买产品:

$$v \geqslant \sqrt{4\gamma\beta p^N} \tag{5.14}$$

进一步可求得电商企业的产品需求量为:

$$n^N = 1 - \sqrt{4\gamma\beta p^N} \tag{5.15}$$

(3) 产品均衡价格　　在模型决策的第二阶段,电商企业基于利润最大化原则并同时考虑消费者的隐私信息披露策略和产品购买决策,制定产品的均衡价格。对公式(5.1)中的电商企业利润函数 π^N 求产品价格 p^N 的一阶偏导,可得:

$$\frac{\partial \pi^N}{\partial p^N} = 1 - b - 3\sqrt{\beta\gamma p^N} \tag{5.16}$$

令 $\frac{\partial \pi^N}{\partial p^N} = 0$,可得产品的均衡价格为:

$$p^{N*} = \frac{(1-b)^2}{9\gamma\beta} \tag{5.17}$$

将公式(5.17)代入公式(5.15)可得均衡状态下产品的需求量为:

$$n^N = \frac{1+2b}{3} \tag{5.18}$$

3. 电商企业隐私信息保险的购买决策

在模型决策的第一阶段,电商企业通过比较购买隐私信息保险和不购买隐私信息保险的利润,基于利润最大化原则,决策是否购买隐私信息保险,即相较于不购买隐私信息保险的情境而言,若电商企业购买隐私信息保险可获取更高的利润,那么电商企业将选择购买隐私信息保险并将隐私信息保险无偿赠送给消费者。

首先,本项目分析隐私信息保险对电商企业利润的影响。基于均衡状态下消费者的隐私信息披露量、产品的需求量和产品的均衡价格,可求得均衡状态下,若提供隐私信息保险,那么电商企业的利润为:

$$\pi^F = \frac{\{2[1+\gamma k + \sqrt{(1-b+\gamma k)^2 + 12\gamma(1+\gamma)k\beta}] + b\}[2(1+\gamma k) + b - \sqrt{(1-b+\gamma k)^2 + 12\gamma(1+\gamma)k\beta}]^2}{108\gamma\beta} \tag{5.19}$$

对公式(5.19)中的利润函数 π^F 求隐私信息保险的补偿金 k 的一阶偏导,可得:

$$\frac{\partial \pi^F}{\partial k} = \frac{2\left[2(1+\gamma k)+b-\sqrt{(1-b+\gamma k)^2+12\gamma(1+\gamma)k\beta}\right]}{108\gamma\beta}M \tag{5.20}$$

其中，

$$M = 3\gamma\left[(1+\gamma k)+2b-6(1+\gamma)\beta+\sqrt{(1-b+\gamma k)^2+12\gamma(1+\gamma)k\beta}\right] \tag{5.21}$$

分析公式(5.20)和公式(5.21)，可得以下结论：

(1) 若 $\beta \leqslant \frac{1+2b}{6}$ 且 $\gamma \leqslant \frac{1+2b}{6\beta}-1$，那么 $\frac{\partial \pi^F}{\partial k} > 0$。

(2) 若 $\frac{1+2b}{6} < \beta \leqslant \frac{2+b}{6}$ 且 $\gamma \leqslant \frac{2+b}{6\beta}-1$，那么 $\frac{\partial \pi^F}{\partial k} > 0$。

(3) 若 $\beta \leqslant \frac{1+2b}{6}$ 且 $\frac{1+2b}{6\beta}-1 < \gamma \leqslant \frac{2+b}{6\beta}-1$，那么 $\frac{\partial \pi^F}{\partial k} > 0$。

(4) 若消费者对数据泄露关注很高 $\left(\beta > \frac{2+b}{6}\right)$，或者电商企业数据泄露概率很高 $\left(\gamma > \frac{2+b}{6\beta}-1\right)$，那么

当隐私信息保险赔偿额满足 $k > -\frac{[-b+2(1+\gamma)\beta][(2+b)-6(1+\gamma)\beta]}{2\gamma[-b+4(1+\gamma)\beta]}$ 时，可得 $\frac{\partial \pi^F}{\partial k} > 0$；

当隐私信息保险赔偿额满足 $k < -\frac{[-b+2(1+\gamma)\beta][(2+b)-6(1+\gamma)\beta]}{2\gamma[-b+4(1+\gamma)\beta]}$，时，可得 $\frac{\partial \pi^F}{\partial k} < 0$。

具体的证明过程见附录 E。

命题 5.1 若消费者对数据泄露关注(β)很高，或者电商企业数据泄露概率(γ)很高，那么电商企业的利润随着隐私信息保险赔偿额(k)的提升呈先降低后升高的趋势。若消费者的数据泄露关注(β)较低，同时电商企业数据泄露概率(γ)也很低，那么电商企业的利润会随着隐私信息保险赔偿额(k)的增加而增加。

市场中消费者的数量对电商企业利润有显著影响。这是因为随着隐私信息保险赔偿额的增加，数据利润和产品价格都在增加，但电商企业必须支付更高的隐私信息保险费，这使得电商企业从单个消费者处获得的单位利润减少。此外，若消费者的数据泄露关注很高，或者电商企业的数据泄露概率很高，那么消费者数量随隐私信息保险赔偿额的提升呈先增加后减少的趋势(具体的证明见附录 F)。综上所述，随着隐私信息保险赔偿额的增加，电商企业利润呈先增加后减少的趋势。若消费者对数据泄露关注较低，同时电商企业数据泄露概率较低，则消费者的数量会增加(具体的证明见 5.2.3 小节)。因此，电商企业利润随着赔偿额的增加而增加。

接下来，进一步求解电商企业不提供隐私信息保险时的均衡利润 π^N，可得：

$$\pi^N = \frac{(-\beta+4)(2b+1)^2}{108\gamma\beta} \tag{5.22}$$

通过比较公式(5.19)和公式(5.22)中的电商企业均衡利润,可得出电商企业提供隐私信息保险的优劣势。鉴于对这两种均衡利润进行函数比较的难度较大,此处通过数值模拟的方式,比较这两个利润的大小。令 $\gamma=0.8,\beta=0.8,\alpha=0.6$,可以模拟若消费者对数据泄露关注度较高且电商企业的数据泄露概率较高时,均衡利润 π^N 和 π^F 随着隐私信息保险赔偿额 k 的提升而呈现的变化趋势,如图5-1a所示。令 $\gamma=0.2,\beta=0.8,\alpha=0.6$,可以模拟若消费者对数据泄露关注度较高且电商企业的数据泄露概率较低时,均衡利润 π^N 和 π^F 随着隐私信息保险赔偿额 k 的提升而呈现的变化趋势,如图5-1b所示。令 $\gamma=0.2,\beta=0.3,\alpha=0.6$,可以模拟若消费者对数据泄露关注度较低且电商企业的数据泄露概率较低时,均衡利润 π^N 和 π^F 随着隐私信息保险赔偿额 k 的提升而呈现的变化趋势,如图5-1c所示。令 $\gamma=0.8,\beta=0.3,\alpha=0.6$,可以模拟若消费者对数据泄露关注度较低且电商企业的数据泄露概率较高时,均衡利润 π^N 和 π^F 随着隐私信息保险赔偿额 k 的提升而呈现的变化趋势,如图5-1d所示。

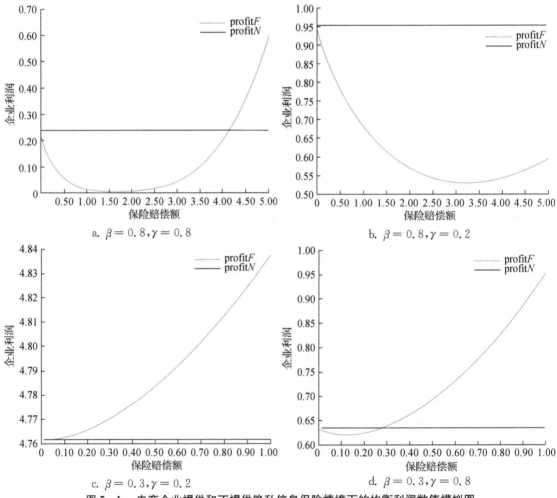

图5-1 电商企业提供和不提供隐私信息保险情境下的均衡利润数值模拟图

根据对均衡利润的数值模拟结果,我们可以得到推论5.1。

推论5.1 电商企业是否能从提供隐私信息保险中获取收益主要受三个参数的影响,如图5-2所示可分四种情况:① 若消费者的数据泄露关注(β)较高且电商企业的数据泄露概率(γ)较高,那么只有当隐私信息保险赔偿额(k)足够高时,提供隐私信息保险才对电商企业有利;② 若消费者的数据泄露关注(β)较高但电商企业的数据泄露概率(γ)较低,那么无论隐私信息保险赔偿额(k)如何,提供隐私信息保险都将对电商企业不利;③ 若消费者的数据泄露关注(β)较低但电商企业的数据泄露概率(γ)较高,那么只要隐私信息保险赔偿额(k)不十分低,提供隐私信息保险便将对电商企业有利;④ 若消费者的数据泄露关注较低(β)且电商企业的数据泄露概率(γ)较低,那么提供隐私信息保险将始终对电商企业有利。

值得注意的是,尽管推论5.1是基于对某些特定参数的赋值而获得的,但可以验证推论5.1对其他相关参数具有鲁棒性。

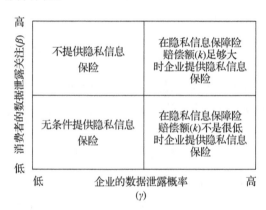

图5-2 电商企业提供隐私信息保险的策略选择

电商企业的利润取决于消费者的数量和它能从每个消费者那里获得的单位利润。若消费者的数据泄露关注很高,那么在隐私信息保险赔偿额较低的情况下,消费者数量较少,从而降低了公司的利润。当隐私违约保险赔偿额较高时,消费者数量较大(见下文5.2.3)。此外,若电商企业的数据泄露概率较大,那么当向消费者提供隐私信息保险时,较高的产品价格可以弥补保险费支付的成本。因此,在为消费者提供隐私信息保险后,电商企业仍然可以获得更高的利润。在数据泄露概率较低的情况下,当向消费者提供隐私信息保险时,即便是较高的产品价格仍然无法弥补支付保险费用的成本,从而降低了公司的利润。若消费者对数据泄漏的关注度较低,同时电商企业数据泄漏的可能性较大,则消费者数量随保险补偿金的增加而呈先减少后增加的趋势。消费者较低的数据泄露关注度和电商企业较高的数据泄漏概率促使电商企业收取更高的产品价格,同时也增加了产品的需求量,进而增加了电商企业的利润。因此,当保险赔偿额提高到一定水平时,隐私信息保险能够为电商企业带来更高的收益。若消费者的数据泄露关注较低,同时电商企业数据泄露的可能性也较低,那么更多的消费者会在公司提供隐私信息保险的情况下购买,进而电商企业的利润提升。

推论5.1表明,消费者的数据泄露关注在电商企业的隐私信息保险购买决策中起着至关重要的作用。若消费者的数据泄露关注较低,隐私信息保险是鼓励更多消费者购买并最终提升电商企业利润的有效工具。即使电商企业的网站安全性很低(数据泄露的可能性很高),电商企业在隐私信息保险上的投入成本也较低。然而,若消费者的数据泄露关注很高,隐私信息保险对消费者和电商企业将产生较小的积极影响。电商企业必须加大在隐私信息保险上的投入才能使隐私信息保险在激励消费者披露隐私信息并购买产品方面产生微弱的作用。在一定的条件下,甚至无论电商企业付出多大的努力(不论保险赔偿额有多高),引入隐私信息保险电商企业均不会受益。

推论5.1同样表明,电商企业能够通过提供隐私信息保险以应对信息安全问题,隐私信息保险确实对降低消费者感知的安全风险有积极的作用。然而,隐私信息保险的引入成本也随着消费者的数据泄露关注的变化而变化,即若消费者的数据泄露关注高(低),那么隐私信息保险的成本就高(低)。值得注意的是,若电商企业的网站安全性很高,当消费者的数据泄露关注很高时,隐私信息保险不能使电商企业受益。

5.2.3 电商企业为消费者购买隐私信息保险策略对消费者行为的影响

通过分析均衡状态下电商企业提供隐私信息保险和电商企业不提供隐私信息保险情境下的消费者隐私信息披露量,得出隐私信息保险对消费者隐私信息披露策略的影响,见命题5.2。

命题 5.2 相较于电商企业不提供隐私信息保险而言,若电商企业提供隐私信息保险,那么消费者将披露更多的隐私信息,且消费者隐私信息披露量随隐私信息保险赔偿额(k)的增加而上升,随电商企业数据泄露概率(γ)的提升而下降。

消费者基于隐私信息披露的收益和风险制定隐私信息披露策略[166]。消费者在购买阶段为了获得个性化服务而披露个人信息,消费者披露的个人信息越多,获得的个性化服务就越高,同时承担的隐私信息泄露风险也越高。若引入隐私信息保险,那么消费者面临的隐私信息泄露风险可以从消费者处转移到保险人处。因此,隐私信息保险能够激励消费者披露更多的隐私信息。此外,因为更高的隐私信息保险赔偿额意味着更多的隐私信息泄露风险被转移,所以高赔偿额下的消费者隐私信息感知风险较低。同时,较低的电商企业数据泄露概率也能够降低消费者的隐私信息感知风险。综上所述,随着保险赔偿额的增加或电商企业数据泄露概率的降低,消费者倾向于披露更多的信息。该策略使得消费者在承受较低的隐私信息泄露风险的同时可以获得更多的个性化服务。

命题5.2表明,隐私信息保险是电商企业可采取的一种激励消费者披露隐私信息的有效手段。若电商企业旨在获取尽可能多的消费者个人信息,可选择为消费者购买隐私信息保险。

消费者是否购买产品取决于电商企业的产品定价以及购买产品过程中的隐私信息披露行为带来的效用。而电商企业的产品定价及消费者的隐私信息披露行为均受电商企业隐私信息保险购买决策的影响。本节进一步讨论电商企业免费提供的隐私信息保险对消费者产品购买决策的影响。

首先,分析隐私信息保险赔偿额的大小对市场中购买产品的消费者数量的影响。在电商企业提供隐私信息保险情境下,对均衡状态下消费者数量 n^F 求保险赔偿额 k 的一阶偏导,可得:

$$\frac{\partial n^F}{\partial k} = \frac{2\gamma \sqrt{(1-b+\gamma k)^2 + 12\gamma(1+\gamma)k\beta} - [(1-b+\gamma k)\gamma + 6\gamma(1+\gamma)\beta]}{3\sqrt{(1-b+\gamma k)^2 + 12\gamma(1+\gamma)k\beta}} \quad (5.23)$$

分析式(5.23),可得到以下结论:

(1) 若 $\beta < \frac{1-b}{6}$ 且 $\gamma \leqslant \frac{1-b}{6\beta} - 1$,那么可得 $\frac{\partial n^F}{\partial k} > 0$。

(2) 若 $\beta < \frac{1-b}{6}$ 且 $\gamma > \frac{1-b}{6\beta} - 1$,那么当 $k > k_0$ 时,可得 $\frac{\partial n^F}{\partial k} > 0$;当 $k < k_0$ 时,可得 $\frac{\partial n^F}{\partial k} < 0$。

(3) 若 $\beta \geqslant \frac{1-b}{6}$,那么当 $k > k_0$ 时,可得 $\frac{\partial n^F}{\partial k} > 0$;当 $k < k_0$ 时,可得 $\frac{\partial n^F}{\partial k} < 0$。

其中,$k_0 = \frac{-[(1-b)+6(1+\gamma)\beta] + 4\sqrt{4(1+\gamma)^2\beta^2 + (1-b)(1+\gamma)\beta}}{\gamma}$。

具体的求解过程见附录 F。

命题 5.3 电商企业提供的隐私信息保险赔偿额(k)对消费者数量的影响如下:

① 当消费者数据泄露关注较低且电商企业数据泄露概率(γ)较低时,消费者数量随赔偿额(k)的增加而上升。

② 当隐私信息保险的赔偿额足够高时,随着赔偿额(k)的持续增长,消费者数量也会同步提升。

③ 当消费者数据泄露关注(β)较高或电商企业数据泄露概率(γ)较高,且在赔偿额处于较低水平时,随着赔偿额(k)的增长,消费者数量反而会同步下降。

进一步数值模拟消费者数量与隐私信息保险赔偿额间的关系,如图 5-3 所示。令 $\beta = 0.2, \gamma = 0.6, b = 0.2$,得到消费者数据泄露关注较高且电商企业数据泄露概率较高时,消费者数量与隐私信息保险的赔偿额间的关系,如图 5-3a 所示。令 $\beta = 0.2, \gamma = 0.1, b = 0.2$,得到消费者数据泄露关注较高但电商企业数据泄露概率较低时,消费者数量与隐私信息保险的赔偿额间的关系,如图 5-3b 所示。令 $\beta = 0.1, \gamma = 0.6, b = 0.2$,得到消费者数据泄露关注较低但电商企业数据泄露概率较高时,消费者数量与隐私信息保险的赔偿额间的关系,如图 5-3c 所示。令 $\beta = 0.1, \gamma = 0.1, b = 0.2$,得到消费者数据泄露关注较低且电商企业数据泄露概率较低时,消费者数量与隐私信息保险的赔偿额间的关系,如图 5-3d 所示。

电商企业提供隐私信息保险,以减少消费者对数据泄露的担忧,并鼓励消费者购买。对于消费者来说,在存在隐私信息保险的情况下,购买决策取决于隐私信息保险带来的效用和产品价格。若消费者的数据泄露关注和电商企业数据泄露概率均很低,那么消费者的隐私风险就很低。因此，隐私信息保险的作用是给消费者带来额外收益，即赔偿额。进而，隐私信息保险此时起到了激励消费者购买的作用。随着赔偿额的提升，消费者能够从隐私权保险中获得更高收益，进而提高消费者购买意愿。

若消费者数据泄露关注或电商企业数据泄露概率较高，消费者的隐私信息泄露风险就较高。在这种情况下，若隐私信息保险的赔偿额较低，那么隐私信息保险给消费者带来的利益就很低。同时，通过提供隐私信息保险，电商企业会向消费者收取更高的产品价格。故而，在隐私信息保险的赔偿额较低的情况下，即使保险赔偿额逐步提升，其对消费者高隐私信息泄露风险的补偿也十分有限。而逐步提升的赔偿额还使得产品价格不断提升。综合以上原因导致了消费者的购买意愿下降。

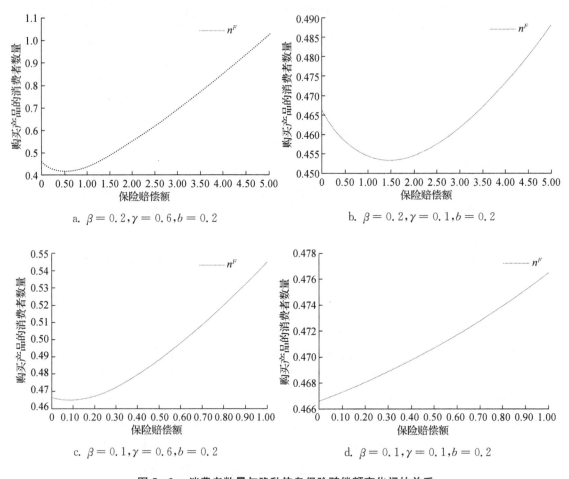

图 5-3 消费者数量与隐私信息保险赔偿额变化间的关系

现有文献表明，电商企业可以通过对消费者进行补偿来降低消费者的隐私信息泄露风险感知[194]，低隐私信息泄露风险感知使得消费者愿意在电子商务中购买产品[55-56]。本章研究发现消费者数据泄漏关注和电商企业的数据泄漏概率对隐私信息保险的作用有重要影响。若消费者数据泄露关注或电商企业数据泄露概率较高，那么当隐私信息保险的赔偿额较低时,随着赔偿额的上升消费者的购买意愿反而会降低。

进一步分析在电商企业提供隐私信息保险的情境下,电商企业数据泄露概率对消费者数量的影响。对消费者数量 n^F 求电商企业数据泄露概率(γ)的一阶偏导,可得:

$$\frac{\partial n^F}{\partial \gamma} = \frac{2k\sqrt{(1-b+\gamma k)^2 + 12\gamma(1+\gamma)k\beta} - [(1-b+\gamma k)k + 6(1+2\gamma)k\beta]}{3\sqrt{(1-b+\gamma k)^2 + 12\gamma(1+\gamma)k\beta}} \quad (5.24)$$

分析式(5.24),可得以下结论:

(1) 若隐私信息保险赔偿额较高($k \geqslant 4\beta$)且消费者对数据泄露的关注较低 $\left(\beta < \frac{1-b}{6}\right)$,那么 $\frac{\partial n^F}{\partial \gamma} > 0$。

(2) 若隐私信息保险赔偿额较高($k \geqslant 4\beta$)且消费者对数据泄露的关注较高 $\left(\beta \geqslant \frac{1-b}{6}\right)$,那么当电商企业数据泄露概率满足 $\gamma > \gamma_1$ 时,可得 $\frac{\partial n^F}{\partial \gamma} > 0$;当电商企业数据泄露概率满足 $\gamma < \gamma_1$ 时,可得 $\frac{\partial n^F}{\partial \gamma} < 0$。

(3) 若隐私信息保险赔偿额较低($k < 4\beta$)且消费者对数据泄露的关注较低 $\left(\beta < \frac{1-b}{6}\right)$,那么当电商企业数据泄露概率满足 $\gamma < \gamma_2$ 时,可得 $\frac{\partial n^F}{\partial \gamma} > 0$;当电商企业数据泄露概率满足 $\gamma > \gamma_2$ 时,可得 $\frac{\partial n^F}{\partial \gamma} < 0$。

(4) 若隐私信息保险赔偿额较低($k < 4\beta$)且消费者对数据泄露的关注较高 $\left(\beta \geqslant \frac{1-b}{6}\right)$,那么可得 $\frac{\partial n^F}{\partial \gamma} < 0$。

其中,$\gamma_1 = \dfrac{-[(1-b)+6\beta](k-4\beta) + 4\sqrt{(k-4\beta)\beta[-(1-b)^2 + k(1-b) + 3k\beta]}}{(k+12\beta)(k-4\beta)}$

且 $\gamma_2 = \dfrac{-[(1-b)+6\beta](k-4\beta) - 4\sqrt{(k-4\beta)\beta[-(1-b)^2 + k(1-b) + 3k\beta]}}{(k+12\beta)(k-4\beta)}$。

具体求解过程见附录 G。

命题 5.4 电商企业为消费者提供隐私信息保险的情境下,电商企业的消费者数量也会受到电商企业数据泄露概率(γ)影响,如图 5-4 所示。具体影响情况如下:

① 若消费者对数据泄露的关注(β)较低且隐私信息保险赔偿额(k)较高时,随着电商企业数据泄露概率(γ)的上升,消费者数量也会增加。

② 若消费者对数据泄露的关注(β)较高且隐私信息保险赔偿额(k)较高时,随着电商企业数据泄露概率(γ)的上升,消费者数量呈先减少后增加的趋势。

③ 若消费者对数据泄露的关注(β)较低且隐私信息保险赔偿额(k)较低时,随着电商企业数据泄露概率(γ)的上升,消费者数量呈先增加后减少的趋势。

④ 若消费者对数据泄露的关注(β)较高且隐私信息保险赔偿额(k)较低时,随着电商企业数据泄露概率(γ)的上升,消费者数量呈减少的趋势。

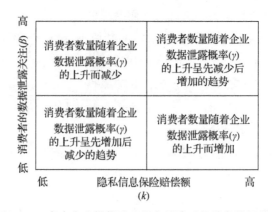

图 5-4　电商企业提供隐私信息保险时相关参数间关系

进一步数据模拟消费者数量与电商企业数据泄露概率(γ)间的关系,如图 5-5 所示。令 $\beta=0.2,k=0.9,b=0.2$,得到消费者对数据泄露的关注较高且隐私信息保险赔偿额(k)较高时,消费者数量与电商企业数据泄露概率(γ)间的关系,如图 5-5a 所示;令 $\beta=0.2,k=0.2,b=0.2$,得到消费者对数据泄露的关注较高且隐私信息保险赔偿额(k)较低时,消费者数量与电商企业数据泄露概率(γ)间的关系,如图 5-5b 所示;令 $\beta=0.1,k=0.2,b=0.2$,得到消费者对数据泄露的关注较低且隐私信息保险赔偿额(k)较低时,消费者数量与电商企业数据泄露概率(γ)间的关系,如图 5-5c 所示;令 $\beta=0.1,k=0.9,b=0.2$,得到消费者对数据泄露的关注较低且隐私信息保险赔偿额(k)较高时,消费者数量与电商企业数据泄露概率(γ)间的关系,如图 5-5d 所示。

若消费者对数据泄露的关注度和电商企业数据泄露概率均较低时,消费者对隐私风险的感知较低且随电商企业数据泄露概率的上升而增加。在这种情况下,若隐私信息保险赔偿额足以弥补消费者的隐私风险,那么消费者的购买意愿将会提升。因此,消费者数量随着数据泄露概率的上升而增加。若隐私信息保险赔偿额较低,以至于只能在数据泄露概率较低的情况下负担隐私风险。因此,当数据泄露概率较低时,消费者数量随着数据泄露概率的上升而增加。然而,当数据泄露概率较高时,因赔偿额不足以弥补隐私风险,而随着数据泄露概率的提升,隐私风险呈上升趋势,故而购买产品的消费者数量也将同步减少。

若消费者的数据泄露关注较高,那么当数据泄露概率较高时,消费者的感知隐私风险也高,且随着数据泄露概率的进一步提升,消费者的感知隐私风险也随着升高。在这种情况下,若隐私信息保险的赔偿额较低,那么消费者的隐私风险便始终得不到弥补。故而消费者数量将随着数据泄露概率的提升而减少。若隐私信息保险赔偿额较高,随着数据泄露概率的提升,赔偿额对消费者隐私风险的弥补程度呈现先下降后上升的趋势。故而,此时消费者数量也随着数据泄露概率的提升呈先下降后上升的趋势。

从公式(5.18)中可以看出,在电商企业不提供隐私信息保险的情境下,消费者数量随数据泄露概率的上升而减少。该结果与现有文献[190,199,201]的研究结论一致。根据命题 5.4 可以进一步看出,在电商企业提供隐私信息保险的情境下,隐私信息保险在一定条件下削弱了数据泄露对消费者购买决策的影响。例如,若消费者对数据泄露的关注较低或隐私信息保险的赔偿额较高时,隐私信息保险改变了数据泄露对消费者购买决策的负面影响。

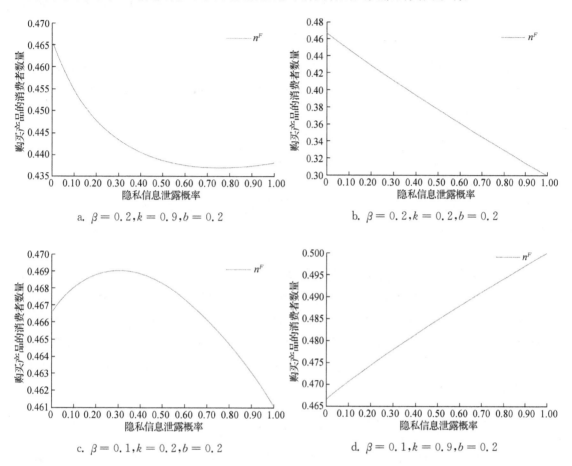

图 5-5 消费者数量随电商企业数据泄露的变化趋势

最后,分析电商企业提供隐私信息保险的决策对消费者购买行为的影响。通过比较电商企业不提供隐私信息保险和提供隐私信息保险两种情境下的消费者数量,可得:

$$n^F - n^N = \frac{1 + 2\gamma k - b - \sqrt{(1-b+\gamma k)^2 + 12\gamma(1+\gamma)k\beta}}{3} \quad (5.25)$$

分析式(5.25),可得:

(1) 若消费者对数据泄露的关注较低 $\left(\beta < \frac{1-b}{6}\right)$ 且数据泄露概率较低 $\left(\gamma \leqslant \frac{1-b}{6\beta} - 1\right)$,那么 $n^F > n^N$。

(2) 若消费者对数据泄露的关注较低 $\left(\beta < \frac{1-b}{6}\right)$ 且数据泄露概率较高 $\left(\gamma > \frac{1-b}{6\beta} - 1\right)$,那么当隐私信息保险赔偿额较高 $\left(k > \frac{-2(1-b) + 12\beta + 12\beta\gamma}{3\gamma}\right)$ 时,

$n^F > n^N$。

(3) 若消费者对数据泄露的关注较高 $\left(\beta \geqslant \dfrac{1-b}{6}\right)$，那么当隐私信息保险赔偿额较高 $\left(k > \dfrac{-2(1-b)+12\beta+12\beta\gamma}{3\gamma}\right)$ 时，$n^F > n^N$。

命题 5.5 当消费者的数据泄露关注 (β) 和电商企业数据泄露概率 (γ) 均较低时，电商企业提供隐私信息保险将会促使更多的消费者购买产品。否则，电商企业提供隐私信息保险只有在赔偿额足够高时才会提高消费者的购买意愿。

消费者感知到的隐私信息风险来自他们对数据泄露的关注度以及电商企业数据泄露概率。若消费者的数据泄露关注及电商企业数据泄露概率均较低时，消费者感知到的隐私信息风险就很低，电商企业此时提供隐私信息保险意味着消费者可以获取额外赔偿。因此，更多的消费者愿意购买产品。然而，若消费者的数据泄露关注或电商企业数据泄露概率很高，消费者感知到的隐私信息风险就高，此时只有当隐私信息保险赔偿额高到足以覆盖高隐私信息风险时，才会有更多的消费者购买。

现有文献[55,56]研究发现消费者的隐私信息风险感知对消费者的购买行为具有负面影响。命题 5.5 表明当消费者的隐私信息风险感知较低时，电商企业提供隐私信息保险能降低消费者隐私信息风险感知带来的负面作用。然而，当消费者的隐私信息风险感知较高时，隐私信息保险只有在保险赔偿额足够高时才能起到弱化隐私信息风险感知负面影响的效果。而高保险赔偿额意味着电商企业需支付更高的保费，进而提高电商企业提供隐私信息保险的成本。

5.2.4 电商企业为消费者购买隐私信息保险对其定价策略的影响

进一步分析电商企业提供隐私信息保险的决策对其自身产品定价策略的影响。隐私信息保险的赔偿额一方面直接关系到电商企业需支付的保费进而影响电商企业利润，另一方面影响消费者的购买行为进而影响电商企业的市场需求。基于此，本节通过分析隐私信息保险的赔偿额对产品均衡定价的影响来探索隐私信息保险对电商企业定价策略的影响。对电商企业均衡价格 p^{F*} 求隐私信息保险赔偿额 k 的一阶偏导，可得：

$$\dfrac{\partial p^{F*}}{\partial k} = \dfrac{[(1-b+\gamma k)+\sqrt{(1-b+\gamma k)^2+12\gamma(1+\gamma)k\beta}]}{18\beta}\left[1+\dfrac{(1-b+\gamma k)+6(1+\gamma)\beta}{\sqrt{(1-b+\gamma\beta)^2+12\gamma(1+\gamma)k\beta}}\right]$$
(5.26)

显然 $\dfrac{\partial p^{F*}}{\partial k} > 0$ 恒成立。

通过比较电商企业不提供隐私信息保险和提供隐私信息保险下的均衡价格，即公式(5.10)和公式(5.17)可得：

$$\sqrt{p^{F*}} - \sqrt{p^{N*}} = \dfrac{\gamma k-(1-b)+\sqrt{(1-b+\gamma k)^2+12\gamma(1+\gamma)k\beta}}{6\sqrt{\gamma\beta}} > 0 \quad (5.27)$$

命题 5.6 电商企业为消费者免费提供隐私信息保险提高了电商企业产品的均衡价格水平,并且隐私信息保险的赔偿额(k)越高,电商企业的均衡价格水平也将越高。

从情境 1 中均衡状态下消费者的数量可以看出,若电商企业不提供隐私信息保险,随产品价格的提高,购买产品的消费者将变少。因此,对于电商企业来说,产品价格越低,消费者购买产品并披露个人隐私信息的意愿便越强烈。这一现象在研究和实践中都得到了证实。文献[194]研究发现,公司提供优惠券等货币奖励或同等方式降低产品价格,对消费者披露个人隐私信息的行为起到了激励作用。例如,在亚马逊购物时,若消费者发现一旦提供个人隐私信息并接受有针对性的广告,便能够从亚马逊获得某种形式的折扣,他们将乐于向亚马逊共享个人信息。类似的,若消费者能够获得更多的优惠券,消费者也将更愿意向淘宝网提供个人隐私信息。当提供隐私信息保险时,相较于不提供隐私信息保险的情形而言,电商企业可以通过转移消费者的隐私风险来吸引消费者。此外,更重要的是,电商企业可以借此设定更高的价格。这些都将有助于电商企业在产品销售和个人数据应用方面获利。

5.3 电商企业为消费者提供自购隐私信息保险渠道的策略及其影响

5.3.1 基本假设与模型构建

1. 基本假设

本节讨论电子商务中消费者购买隐私信息保险对电商企业和消费者相关策略的影响,不失一般性,研究中不考虑市场的竞争性因素,也就是不考虑市场竞争对电商企业的服务提供和产品价格以及对消费者的隐私信息披露策略等的影响。

在"淘宝网"的"隐私信息保险"推行的前期,由"淘宝网"在其销售平台上向消费者免费赠送。随着消费者对隐私信息保险的熟悉和了解,可逐步转为用户可在购买产品前确定是否购买"隐私信息保险",以保证购买产品的同时,转移可能存在的隐私信息泄露风险。不失一般性,本章将"淘宝网"及在其上进驻的电商企业视为一个整体,即一个典型的电商企业 A(通过互联网销售产品)。电商企业 A 给消费者提供购买隐私信息保险的渠道,消费者可以自由选择是否购买隐私信息保险。若不购买,消费者自行承担隐私信息披露可能发生的损失;若购买,电商企业按照协议提供隐私信息保护措施,在隐私信息泄露带来损失时,消费者可以获得一定的补偿。

"淘宝网"向消费者提供服务,包括面向所有消费者的无差异化服务(如"搜索功能""购物车功能"等)及面向不同消费者的个性化服务,从而提升消费者购物的便利性,进而激励消费者的购买行为。一旦消费者决定从"淘宝网"购买产品,便意味着消费者将会向"淘宝网"

提供个人信息,包括注册信息、交易信息等。"淘宝网"凭借收集到的消费者信息一方面可以进一步提升个性化服务(如实施定向广告)提升产品销量,另一方面可以通过信息服务等方式获取额外收益。综上,电商企业 A 的利润来自两个方面:销售产品带来的利润(假定产品的价格为 p)和收集并应用消费者隐私信息带来的附加收益(假定电商企业 A 因消费者隐私信息而获取的利润系数为 b)。假定电商企业的产品生产和销售成本为零,电商企业的成本来自电商企业的个性化服务投入,假设电商企业的个性服务水平为 s。鉴于在现实应用中,电商企业均会向消费者提供基础的个性化服务,如"个人中心"等服务,故而假设个性化服务水平 s 存在最小值,为此本项目假定 $s \geqslant 1$。

假定单个消费者最多只能购买一件产品。鉴于线上交易的特点,消费者一旦决定参与到市场中(从电商企业 A 处购买产品),都会或多或少地披露隐私信息。消费者将信息披露给"淘宝网"后,无法控制商家或平台对信息后续的交易和使用,消费者通常会认为隐私信息披露存在着风险。譬如,消费者在交易过程中披露的银行卡、支付宝账号、收件地址等信息一旦泄露,可能使消费者的财产遭受损失。而该风险与消费者对"淘宝网"的信任程度及所披露的信息的敏感程度有关。此外,对于"淘宝网"提供的个性化服务,不同的消费者获得的价值感受不同。有的消费者对"淘宝网"提供的定向广告不感兴趣,有的消费者则会习惯通过定向广告购买心仪产品。因此,消费者是否进入市场除受产品价格影响外,还受电商企业的综合服务为其带来的效用及隐私信息披露产生的风险的影响。综合以上,假定消费者参与市场的意愿等同于消费者披露隐私信息的意愿。假定消费者 i 对电商企业综合服务的感知系数为 v_i,v_i 在 $[0,1]$ 上服从均匀分布。假设存在一个消费者(其对电商企业综合服务的感知系数为 v_0),是否进入市场对其来说并无差别,故而,当 $v_i \geqslant v_0$ 时,消费者将进入市场。进一步的,假定消费者进入市场后可自行确定隐私信息披露的量(假定消费者 i 披露的信息量为 y_i)。在现实中,消费者可以通过提供有限的注册信息、匿名购买等方式实现对隐私信息披露量的控制。隐私信息的披露可以为消费者带来一定的好处,如可以享受更好的服务,能够更准确地接收到产品信息进而减少搜索成本等。然而,因为受消费者隐私信息风险感知(privacy concerns)的影响,隐私信息的披露也会降低消费者效用。本章特指消费者对隐私信息被泄露的感知风险,简单描述为消费者的"数据泄露关注"。消费者 i 的数据泄露关注用参数 β_i 表示,处于进入市场临界点的消费者的数据泄露关注为 β。隐私信息披露带来的收益与风险大小均与隐私信息披露的量有关。鉴于此,本章将消费者因隐私信息披露带来的效用与隐私信息披露量的关系定义为一个凹函数[166],即隐私信息带来的消费者 i 的效用为 $\beta_i(1-y_i)y_i$。对于电商企业来说,基于经验,其能得到市场上消费者的平均隐私风险感知为 $\overline{\beta_i}$。

模型变量及描述见表 5-2 所示。

表 5-2 模型变量及描述

变量	变量描述	变量	变量描述
v_i	消费者 i 对电商企业服务的价值感知系数	q_i	消费者 i 买隐私信息保险的概率
v_0	处于进入市场临界点的消费者对电商企业服务的价值感知系数	q_0	处于进入市场临界点的消费者购买"隐私信息保险"的概率
s	电商企业提供的综合服务(包括无差异的服务及个性化服务)	$\overline{q_i}$	市场中消费者购买隐私信息保险的平均概率
β_i	消费者 i 的数据泄露关注	k	隐私信息保险赔偿额
β_0	处于进入市场临界点的消费者的数据泄露关注	I	隐私信息保险的购买价格
$\overline{\beta_i}$	市场中消费者的平均数据泄露关注	b	电商企业获取隐私信息的收益系数
y_i	消费者 i 披露的隐私信息量	p	电商企业的产品定价
$\overline{y_i}$	市场中消费者披露的隐私信息平均量	c	电商企业投入服务的边际成本

2. 模型构建

(1) 基准模型

首先研究在不存在隐私信息保险的情况下,消费者的隐私信息披露行为及电商企业的决策行为。为此,构建了不存在隐私信息保险情况下的博弈模型,并将此模型作为本节研究的基准模型。不存在隐私信息保险的情况下,电商企业与消费者的决策序列为:

第一步,电商企业确定个性化服务提供水平。

第二步,电商企业设定产品价格。

第三步,消费者决策是否购买产品并披露隐私信息。

第四步,消费者决策隐私信息披露量。

基于模型假设电商企业的收益来自两个方面:因收集并应用消费者隐私信息而获得的收益 $\int_{v_0}^{1} by_i \mathrm{d}v_i$ 和产品销售收益 $\int_{v_0}^{1} p \mathrm{d}v_i$。电商企业的成本来自电商企业提供的综合服务成本 $c(s+s^{-1})$,其中 c 为综合服务的边际成本,电商企业综合服务的总成本在 $s \geqslant 1$ 的情况下随着所提供综合服务量的增长而增长。因此,在没有"隐私信息保险"时,电商企业的利润函数如式(5.28)所示:

$$\max_{p,s} \pi_N = \int_{v_0}^{1} (by_i + p) \mathrm{d}v_i - c(s+s^{-1}) \tag{5.28}$$

其中,π_N 表示不存在隐私信息保险情境下电商企业获得的利润。

消费者 i 的效用来自三个方面:电商企业提供的个性化服务带来的效用 $v_i s$、消费者的隐私信息披露风险产生的效用 $\beta_i(1-y_i)y_i$ 以及消费者因购买产品而支付的费用 p。因此,在没有"隐私信息保险"时,消费者的效用函数如式(5.29)所示:

$$\max_{y_i} u_{Ni} = v_i s + \beta_i(1-y_i)y_i - p \tag{5.29}$$

其中，u_{Ni} 表示不存在隐私信息保险情境下消费者 i 的效用。

(2) 存在"隐私信息保险"时的模型

当存在隐私信息保险时，电商企业提供"隐私信息保险"购买渠道，由消费者决定是否购买。此时，电商企业和消费者的决策序列如下：

第一步，电商企业决策个性化服务提供水平。

第二步，电商企业设定产品价格。

第三步，消费者决策是否购买隐私保险。

第四步，消费者决策是否购买产品并披露隐私信息。

第五步，消费者决策隐私信息披露量。

此时，电商企业的收益依然来自因收集并应用消费者隐私信息而产生的附加收益和产品的销售收益两个方面。电商企业的成本依然来自电商企业个性化服务的投入。因此，电商企业的利润函数如式(5.30)所示：

$$\max_{p,s} \pi_C = \int_{v_0}^{1}(by_i+p)\mathrm{d}v_i - c(s+s^{-1}) \tag{5.30}$$

其中，π_C 表示存在隐私信息保险情境下电商企业获得的利润。

对于消费者来说，除了电商企业的个性化服务、购买产品支付的费用及隐私信息披露风险产生的效用外，若消费者选择购买隐私信息保险，就会因购买隐私信息保险及获得隐私信息泄露赔偿而产生效用。本模型中，假定消费者 i 购买保险的概率为 q_i，则消费者 i 购买保险支付的期望费用为 $q_i I$（假定隐私信息保险的价格设定为 I）。对于消费者 i 来说，q_i 的取值为 0 或 1，即消费者可选择买隐私信息保险或不买隐私信息保险。对于电商企业 A，其无法探知每位消费者购买隐私信息保险的概率，但是通过统计数据可知市场上消费者购买隐私信息保险的期望概率 $\overline{q_i}$。此外，按照隐私信息保险的规定，若消费者购买了隐私信息保险，则当消费者隐私泄露并发生财产损失时，将获得保险赔偿。而一般来说，当消费者披露的隐私信息越多，隐私信息发生泄露的概率越高。所以，本模型中，设定隐私信息泄露的概率为 q_{iL}，另 $q_{iL} = y_i[y_i \in (0,1)]$。假定隐私信息保险赔偿额为 k，那么消费者因隐私信息泄露而获取的赔偿为 $y_i q_i k$。综上所述，消费者 i 的效用函数为：

$$\max_{y_i} u_{Ci} = v_i s + \beta_i(1-y_i)y_i - p + q_i(y_i k - I) \tag{5.31}$$

其中，u_{Ci} 表示存在隐私信息保险情境下消费者 i 的效用。

5.3.2 电商企业为消费者提供自购隐私信息保险渠道的策略

当电商企业提供隐私信息保险的购买渠道时，通过比较均衡状态下消费者购买隐私信息保险的效用及不购买隐私信息保险的效用，分析消费者购买隐私信息保险的影响因素。

当市场完全覆盖时，消费者 i 的效用 u_{Ci}^c 为：

$$u_{Ci}^c = v_i + \frac{(q_i k + \beta_i)^2}{4\beta_i} - \frac{(q_0 k + \beta_0)^2}{4\beta_0} + (q_0 - q_i)I \tag{5.32}$$

若 $q_i = 0$,则表示消费者 i 不购买"隐私信息保险"。此时,消费者 i 的效用 $u_{Ci}^c(N)$ 为:

$$u_{Ci}^c(N) = v_i + \frac{\beta_i}{4} - \frac{(q_0 k + \beta_0)^2}{4\beta_0} + q_0 I \tag{5.33}$$

若 $q_i = 1$,则表示消费者 i 购买"隐私信息保险"。此时,消费者 i 的效用 $u_{Ci}^c(B)$ 为:

$$u_{Ci}^c(B) = v_i + \frac{(k + \beta_i)^2}{4\beta_i} - \frac{(q_0 k + \beta_0)^2}{4\beta_0} + (q_0 - 1)I \tag{5.34}$$

当市场不完全覆盖时,消费者 i 的效用 u_{Ci}^u 为:

$$u_{Ci}^u = \left(v_i - \frac{1}{2}\right)\sqrt{\frac{4c - \left[\frac{(q_0 k + \beta_0)^2}{4\beta_0} + \frac{b(\overline{\beta_i} + \overline{q_i}k)}{2\overline{\beta_i}} - q_0 I\right]^2}{4c - 1}} - \frac{(q_0 k + \beta_0)^2}{8\beta_0} +$$

$$\frac{b(\overline{\beta_i} + \overline{q_i}k)}{4\overline{\beta_i}} + \frac{q_0 I}{2} + \frac{(q_0 k + \beta_0)^2}{4\beta_0} - q_i I \tag{5.35}$$

若 $q_i = 0$,则表示消费者 i 不购买"隐私信息保险",此时,消费者 i 的效用 $u_{Ci}^u(N)$ 为:

$$u_{Ci}^u(N) = \left(v_i - \frac{1}{2}\right)\sqrt{\frac{4c - \left[\frac{(q_0 k + \beta_0)^2}{4\beta_0} + \frac{b}{2} - q_0 I\right]^2}{4c - 1}} +$$

$$\frac{-(q_0 k + \beta_0)^2 + 4\beta_0(b + q_0 I)}{8\beta_0} + \frac{(q_0 k + \beta_0)^2}{4\beta_0} \tag{5.36}$$

若 $q_i = 1$,则表示消费者 i 购买"隐私信息保险",此时,消费者 i 的效用 $u_{Ci}^u(B)$ 为:

$$u_{Ci}^u(B) = \left(v_i - \frac{1}{2}\right)\sqrt{\frac{4c - \left[\frac{(q_0 k + \beta_0)^2}{4\beta_0} + \frac{b(\beta_i + k)}{2\beta_i} - q_0 I\right]^2}{4c - 1}} - \frac{(q_0 k + \beta_0)^2}{8\beta_0} +$$

$$\frac{b(\beta_i + k)}{4\beta_i} + \frac{q_0 I}{2} + \frac{(q_0 k + \beta_0)^2}{4\beta_0} - I \tag{5.37}$$

分别比较式(5.33)和式(5.34)、式(5.36)和式(5.37),当 $u_{Ci}^c(N) < u_{Ci}^c(B)$、$u_{Ci}^u(N) < u_{Ci}^u(B)$ 时,消费者选择购买隐私信息保险,即有以下结论:

命题 5.7 消费者的数据泄露关注、保险的价格和保险赔偿额是影响消费者购买"隐私信息保险"的决定性因素。当市场完全覆盖时,若保险赔偿额较高($k \geqslant 2I$),则消费者一定会购买"隐私信息保险";若保险赔偿额较低($k < 2I$),则数据泄露关注满足 $\beta_i > \frac{k^2}{4I - 2k}$ 的消费者不会购买"隐私信息保险"。当市场不完全覆盖时,数据泄露关注满足 $\beta_i > \frac{bk}{4I}$ 的消费者不会购买"隐私信息保险"。

从命题 5.7 可以得出,隐私信息保险的价格(I)越低或赔偿额(k)越高,消费者剩余越高,消费者购买保险的意愿也就越高。而在隐私信息保险的价格(I)及赔偿额不变的情况下,对于数据泄露关注(β)较高的消费者来说,其购买保险的意愿较低。

消费者是否购买"隐私信息保险"影响着消费者的隐私信息披露决策,进而对电商企业的决策产生影响。本节对比电商企业是否为消费者提供隐私信息保险购买渠道,探讨消费者自购"隐私信息保险"的策略对电商企业决策的影响。对于电商企业来说,当为消费者提供购买隐私信息保险的渠道时,电商企业感知到的消费者 i 购买隐私信息保险的概率为 q_i;当不为消费者提供购买隐私信息保险的渠道时,$q_i = 0$。

若市场不完全覆盖,存在"隐私信息保险"时,电商企业获得的利润为:

$$\pi_C^u = 2\left\{-c + \frac{1}{4}\left[\frac{(q_0 k + \beta_0)^2}{4\beta_0} + \frac{b(\overline{\beta_i} + \overline{q_i}k)}{2\overline{\beta_i}} - q_0 I\right]^2\right\}\sqrt{\frac{c - \frac{1}{4}}{c - \frac{1}{4}\left[\frac{(q_0 k + \beta_0)^2}{4\beta_0} + \frac{b(\overline{\beta_i} + \overline{q_i}k)}{2\overline{\beta_i}} - q_0 I\right]^2}} +$$

$$\frac{(q_0 k + \beta_0)^2}{8\beta_0} + \frac{b(\overline{\beta_i} + \overline{q_i}k)}{4\overline{\beta_i}} - \frac{q_0 I}{2} \tag{5.38}$$

不存在"隐私信息保险"时,电商企业获得的利润为:

$$\pi_N^u = 2\left[\left(\frac{\beta_0 + 2b}{8}\right)^2 - c\right]\sqrt{\frac{c - \frac{1}{4}}{c - \left(\frac{\beta_0 + 2b}{8}\right)^2}} + \frac{\beta_0 + 2b}{8} \tag{5.39}$$

若市场完全覆盖,存在"隐私信息保险"时,电商企业获得的利润为:

$$\pi_C^c = \frac{b(\overline{\beta_i} + \overline{q_i}k)}{2\overline{\beta_i}} + \frac{(q_0 k + \beta_0)^2}{4\beta_0} - q_0 I - 2c \tag{5.40}$$

不存在"隐私信息保险"时,电商企业获得的利润为:

$$\pi_N^c = \frac{b}{2} + \frac{\beta_0}{4} - 2c \tag{5.41}$$

命题 5.8 "隐私信息保险"对电商企业利润的影响由保险的价格、赔偿金及市场中消费者购买隐私信息保险的平均概率($\overline{q_i}$)和数据泄露关注($\overline{\beta_i}$)共同决定,即:市场上消费者购买隐私信息保险的平均概率($\overline{q_i}$)越高或消费者的平均数据泄露关注($\overline{\beta_i}$)越低,电商企业利润越高;保险价格(I)越低或赔偿额(k)越高,电商企业利润也越高。同时,相较于不存在隐私信息保险的情境,若满足 $\frac{b\overline{q_i}k}{2\overline{\beta_i}} - q_0 I + \frac{q_0 k}{4}\left(2 + \frac{q_0 k}{\beta_0}\right) > 0$,隐私信息保险会给电商企业带来更高的利润(具体证明见附录 H)。

当隐私信息保险的价格及赔偿额一定时(由保险公司确定),隐私信息保险对电商企业能否产生积极的影响取决于电商企业从消费者隐私信息中获得的收益的大小,而这与消费者的平均数据泄露关注及消费者购买"隐私信息保险"的平均概率有关(这两个因素决定了消费者披露隐私信息的量)。

在"隐私信息保险"存在的情境下,当市场不完全覆盖时,若 $\frac{b\overline{q_i}k}{2\overline{\beta_i}} > q_0 I - \frac{q_0 k}{4}\left(2 + \frac{q_0 k}{\beta_0}\right)$,电商企业会提供更少的个性化服务、降低电商企业成本、制定更低的产品价格,致使电商企业通过销售产品带来的收益降低,但这部分收益损失可以被消费者隐私信息为电商企业带来的收益所弥补,电商企业的利润仍会有所提升。当市场完全覆盖且电商企业成本因投入相同的服务保持不变时,若 $\frac{b\overline{q_i}k}{2\beta_i} > q_0I - \frac{q_0k}{4}\left(2 + \frac{q_0k}{\beta_0}\right)$,则利用消费者隐私信息为电商企业带来的收益净增值高于电商企业通过销售产品带来的收益净增值(有可能是负值),故而会提升电商企业利润。

5.3.3 电商企业为消费者提供自购隐私信息保险渠道策略对消费者的影响

均衡状态下消费者是否进入市场的临界点为:

$$v_0 = \frac{1}{2} + \left[-\frac{(q_0k+\beta_0)^2}{8\beta_0} - \frac{b(\beta_i+q_ik)}{4\beta_i} + \frac{q_0I}{2}\right]\sqrt{\frac{c-\frac{1}{4}}{c-\frac{1}{4}\left[\frac{(q_0k+\beta_0)^2}{4\beta_0} + \frac{b(\beta_i+q_ik)}{2\beta_i} - q_0I\right]^2}}$$

(5.42)

服务感知系数 $v_i \geqslant v_0$ 的消费者将会进入市场。由式(5.42)可以看出:

命题 5.9 消费者进入市场的可能性与其购买"隐私信息保险"的概率(q_i)呈反比,与数据泄露关注(β_i)呈正比;当处于进入市场临界点的消费者购买"隐私信息保险"的概率满足 $q_0 = \frac{2I\beta_0^2}{k^2}$ 时,消费者进入市场的意愿最低。

由式(5.42)得出不购买"隐私信息保险"的消费者进入市场的临界值 $v_{C_0}^u(N)$ 为:

$$v_{C_0}^u(N) = \frac{1}{2} + \left[-\frac{(q_0k+\beta_0)^2}{8\beta_0} - \frac{b}{4} + \frac{q_0I}{2}\right]\sqrt{\frac{c-\frac{1}{4}}{c-\frac{1}{4}\left[\frac{(q_0k+\beta_0)^2}{4\beta_0} + \frac{b}{2} - q_0I\right]^2}}$$

(5.43)

购买"隐私信息保险"的消费者进入市场的临界值 $v_{C_0}^u(B)$ 为:

$$v_{C_0}^u(B) = \frac{1}{2} + \left[-\frac{(q_0k+\beta_0)^2}{8\beta_0} - \frac{b(\beta_i+k)}{4\beta_i} + \frac{q_0I}{2}\right]\sqrt{\frac{c-\frac{1}{4}}{c-\frac{1}{4}\left[\frac{(q_0k+\beta_0)^2}{4\beta_0} + \frac{b(\beta_i+k)}{2\beta_i} - q_0I\right]^2}}$$

(5.44)

比较式(5.43)和式(5.44)可知,消费者 i 购买"隐私信息保险"的概率 q_i 越高,消费者进入市场的临界点越低。

进一步分析均衡解发现,当给定消费者购买保险的概率 q_i 和隐私信息保险的赔偿额 k 时,消费者披露的均衡隐私信息量为 $y_i = \frac{1+q_ik}{2}$。若消费者购买"隐私信息保险",其披露的

隐私信息量为 $y_i(B) = \frac{1+k}{2}$；若消费者不购买"隐私信息保险"，其披露的隐私信息量为 $y_i(N) = \frac{1}{2}$，即购买"隐私信息保险"的消费者披露的隐私信息量更多。

命题 5.10 相较于不买"隐私信息保险"的消费者来说，买"隐私信息保险"的消费者进入市场的意愿更高且会披露更多的隐私信息。

这说明，"隐私信息保险"提升了消费者披露隐私信息的意愿，对电商企业来说通过"隐私信息保险"的方式来激励消费者披露隐私信息是有意义的。

若保险价格较低或保险赔偿额较高，消费者购买"隐私信息保险"的意愿将会提升，进而进一步提升消费者进入市场的意愿。因此，若承保方降低保险价格或提升保险赔偿力度，可促使更多的消费者进入市场。例如，"淘宝网"上的"隐私信息保险"承保方为"众安保险"。该公司与"淘宝网"属于战略合作关系，"淘宝网"可与"众安保险"协同实现利益共同体的共赢，即由"众安保险"提供较低的保险价格或较强的保险补偿力度，"淘宝网"对其进行一定的补贴，最终双方共同努力实现市场中消费者数量的提升。

5.3.4 电商企业为消费者提供自购隐私信息保险渠道策略对其定价策略和个性化服务策略的影响

"不存在隐私信息保险"和"存在隐私信息保险"两种情形下，电商企业服务投入和产品定价的均衡解如表 5-3 所示。

表 5-3 有或无隐私信息保险时电商企业服务量及产品价格的均衡解

市场特性	决策变量	无隐私信息保险	存在隐私信息保险
市场不完全覆盖	个性化服务量	$\sqrt{\dfrac{64c-(\beta_0+2b)^2}{64c-16}}$	$\sqrt{\dfrac{4c-\left[\dfrac{(q_0k+\beta_0)^2}{4\beta_0}+\dfrac{b(\overline{\beta_i}+\overline{q_ik})}{2\overline{\beta_i}}-q_0I\right]^2}{4c-1}}$
市场不完全覆盖	产品定价	$\dfrac{1}{2}\sqrt{\dfrac{64c-(\beta_0+2b)^2}{16(4c-1)}}+\dfrac{-2b+\beta_0}{8}$	$\dfrac{1}{2}\sqrt{\dfrac{4c-\left[\dfrac{(q_0k+\beta_0)^2}{4\beta_0}+\dfrac{b(\overline{\beta_i}+\overline{q_ik})}{2\overline{\beta_i}}-q_0I\right]^2}{4c-1}}+\dfrac{(q_0k+\beta_0)^2}{8\beta_0}-\dfrac{b(\overline{\beta_i}+\overline{q_ik})}{4\overline{\beta_i}}-\dfrac{q_0I}{2}$
市场完全覆盖	个性化服务量	1	1
市场完全覆盖	产品定价	$\dfrac{\beta_0}{4}$	$\dfrac{(q_0k+\beta_0)^2}{4\beta_0}-q_0I$

分析表 5-3 中的均衡解可知：

定理 5.1 在不完全覆盖市场中,电商企业产品定价与其提供的服务呈正线性相关。(证明见附录 I)

在不完全覆盖市场中,消费者不一定会购买产品,即当效用低于零时,消费者不会购买产品。分析消费者效用构成可知,电商企业的产品定价对消费者效用将会产生显著的负向影响,而提供的服务将会对消费者效用产生显著的正向影响。当电商企业提供的服务较高时,电商企业提升产品定价对消费者总体效用产生的影响甚少。

分析表 5-3 中变量的值,可得命题 5.11 和命题 5.12。

命题 5.11 当市场不完全覆盖时,"隐私信息保险"对电商企业产品定价和投入服务的影响由保险的价格、赔偿额及市场中消费者购买隐私信息保险的平均概率($\overline{q_i}$)和平均数据泄露关注($\overline{\beta_i}$)等几个因素共同决定,即:市场上消费者购买隐私信息保险的平均概率($\overline{q_i}$)越高或消费者的平均数据泄露关注($\overline{\beta_i}$)越低,电商企业提供的服务和产品定价越低;保险的价格越低或赔偿额越高,电商企业的服务和产品定价越低。同时,相较于不存在"隐私信息保险"的情形,若满足 $\frac{b\overline{q_i}k}{2\overline{\beta_i}} - q_0 I + \frac{q_0 k}{4}\left(2 + \frac{q_0 k}{\beta_0}\right) > 0$,则"隐私信息保险"的存在会使电商企业提供更少的服务,制定更低的产品价格。(证明见附录 J)

当市场不完全覆盖时,市场中消费者购买"隐私信息保险"概率的提升或消费者对数据泄露关注的降低,意味着将有更多的消费者购买"隐私信息保险"。购买"隐私信息保险"会提升消费者进入市场的意愿并披露更多的隐私信息(见命题 5.9)。同时,随着保险价格的降低及保险赔偿额的加大,购买"隐私信息保险"的消费者进入市场的意愿将更强烈,这意味着市场中的消费者数量将进一步增加。综上,市场上消费者购买隐私信息保险的平均概率越高、消费者的平均数据泄露关注越低、保险的价格越低或补偿力度越强将加强"隐私信息保险"对消费者披露隐私的激励作用。因为电商企业为消费者提供服务(特别是个性化服务)的目的之一是激励更多的消费者进入市场并披露隐私信息。所以,"隐私信息保险"的存在使得电商企业通过服务投入来激励消费者进入市场的必要性降低。为实现电商企业利润最大化,电商企业倾向于降低服务水平进而降低成本,同时制定更低的产品价格(定理 5.1),致使电商企业通过销售产品带来的收益有所降低,当这部分利润损失小于消费者隐私信息为电商企业带来的收益增加时,电商企业利润仍会提升。

命题 5.12 当市场完全覆盖时,与不存在"隐私信息保险"的情况比较,存在"隐私信息保险"时,"隐私信息保险"的价格与赔偿额直接影响着电商企业的产品定价,若保险价格满足 $I > q_0 k^2 + 2k\beta_0$,电商企业将制定更低的产品价格且投入最低的服务水平,产品价格随"隐私信息保险"赔偿额的增加而上升,随"隐私信息保险"价格的提高而降低。

当市场完全覆盖时,所有消费者都将参与到市场中。此时,电商企业仅需投入最低的无差异化服务来保证消费者电子商务交易的完成,无须再提供个性化服务。而"隐私信息保险"赔偿额的降低或者保险价格的提升,意味着消费者参与到市场中的临界点会提升,即消费者更难参与到市场中。所以,为了防止消费者离开市场,在电商企业投入服务不变的情况下,电商企业必须考虑降低产品定价以提升消费者效用进而达到留住消费者的目的。由此可以看出,电商企业的产品定价取决于"隐私信息保险"的价格和赔偿额,而"隐私信息保险"的价格和赔偿额取决于隐私信息泄露的风险,即隐私信息泄露的风险越高,保险的价格越高,保险的赔偿额越低。

5.4 主要结论和管理启示

电商企业在为消费者提供在线产品销售、服务的过程中,伴随着收集并存储大量的消费者数据。而电商企业存在的数据泄露现象,使消费者对电商企业的隐私信息收集行为产生了巨大的风险感知。基于该背景,电商企业推出"隐私信息保险"以期减少消费者的隐私风险感知,激励消费者进行在线购买。目前,隐私信息保险已实际应用,但学术界鲜少对隐私信息保险的设置策略及其影响进行研究。本章通过构建博弈模型,分别从电商企业免费提供隐私信息保险和消费者自主购买隐私信息保险两个方面,讨论了隐私信息保险的引入策略及其对消费者隐私信息披露意愿、产品购买意愿以及对电商企业定价策略、个性化服务策略等的影响。

5.4.1 主要结论

隐私信息保险是新生事物,初期电商企业可选择向消费者免费提供的方式应用,随着消费者的接受和深入了解,再以由电商企业提供购买渠道,消费者自行选择购买的方式应用。本章针对这两种应用方式,研究了相关问题,得出以下主要结论:

1. 电商企业免费提供隐私信息保险并不一定能带来电商企业利润的提升,具体受消费者的数据泄露关注(β)、电商企业的数据泄露概率(γ)和隐私信息保险赔偿额(k)三个因素的影响。若消费者的数据泄露关注(β)较高,此时如果电商企业的数据泄露概率(γ)较高,那么只有当隐私信息保险赔偿额(k)足够高时,电商企业免费提供隐私信息保险才对电商企业有利;如果电商企业的数据泄露概率(γ)较低,电商企业不可能从免费提供隐私信息保险中获利。若消费者的数据泄露关注(β)较低,此时如果电商企业的数据泄露概率(γ)较高,那么只要隐私信息保险赔偿额(k)不十分低,免费提供隐私信息保险便将对电商企业有利;如果电商企业的数据泄露概率(γ)较低,那么免费提供隐私信息保险始终对电商企业有利。

2. 电商企业为消费者免费提供隐私信息保险,不仅会影响电商企业自身的定价策略,而且影响消费者的隐私信息披露策略和产品购买决策,并且电商企业的产品均衡定价随隐私信息保险的赔偿额(k)的提高而升高。对消费者来说,一方面电商企业免费提供隐私信息保险可使消费者披露更多的隐私信息,另一方面,当消费者的数据泄露关注(β)和电商企业数据泄露概率(γ)均较低时,隐私信息保险将会促使更多的消费者购买产品。

3. 电商企业提供隐私信息保险购买渠道,消费者自行决策购买隐私信息保险情境下,只有在消费者的数据泄露关注(β)、保险的价格(I)和保险赔偿额(k)等参数满足 $\dfrac{b\overline{q_i}k}{2\beta_i} - q_0 I + \dfrac{q_0 k}{4}\left(2 + \dfrac{q_0 k}{\beta_0}\right) > 0$ 时,隐私信息保险购买渠道的设置才会给电商企业带来更高的利润。并且,当市场完全覆盖时,若保险赔偿额较高($k \geqslant 2I$),则消费者一定会购买隐私信息保险;若保险赔偿额较低($k < 2I$),则数据泄露关注满足 $\beta > \dfrac{k^2}{4I - 2k}$ 的消费者不会购买隐私信息保险。当市场不完全覆盖时,数据泄露关注满足 $\beta > \dfrac{bk}{4I}$ 的消费者不会购买隐私信息保险。

4. 电商企业为消费者提供隐私信息保险购买渠道会影响其定价策略和个性化服务策略。当市场完全覆盖时,隐私信息保险的价格(I)与赔偿额直接影响着电商企业的产品定价,若隐私信息保险的价格满足 $I > q_0 k^2 + 2k\beta_0$,那么电商企业将制定更低的产品价格且投入最低的个性化服务水平。当市场不完全覆盖时,若隐私信息保险的价格满足 $\dfrac{b\overline{q_i}k}{2\beta_i} - q_0 I + \dfrac{q_0 k}{4}\left(2 + \dfrac{q_0 k}{\beta_0}\right) > 0$,那么隐私信息保险的存在会促使电商企业降低个性化服务水平和产品价格。

5. 消费者自行购买隐私信息保险时,市场上消费者购买隐私信息保险的平均概率($\overline{q_i}$)越高或消费者的平均数据泄露关注($\overline{\beta_i}$)越低,电商企业利润越高;隐私信息保险的价格(I)越低或赔偿额(k)越高,电商企业利润也越高。

6. 消费者自行购买隐私信息保险情境下,隐私信息保险对消费者隐私信息披露意愿和产品购买意愿会产生显著影响。相较于不买"隐私信息保险"的消费者来说,买"隐私信息保险"的消费者进入市场的意愿更高,且会披露更多的隐私信息;消费者进入市场的可能性与其购买"隐私信息保险"的概率(q_i)呈反比,与数据泄露关注(β_i)呈正比;当处于进入市场临界点的消费者购买"隐私信息保险"的概率满足 $q_0 = \dfrac{2I{\beta_0}^2}{k^2}$ 时,消费者进入市场的意愿最低。

5.4.2 主要管理启示

基于本章模型分析结论,对电商企业在隐私信息保险应用上的管理启示主要有:

1. 电商企业为消费者免费提供隐私信息保险策略时,需要综合考虑市场中消费者数据泄露关注、电商企业的隐私信息保护水平以及隐私信息保险自身的特征因素,有选择性地为部分消费者赠送隐私信息保险。

(1) 对数据泄露关注(β)较高的消费者,在电商企业数据泄露概率(γ)较高且隐私信息保险赔偿额(k)足够高的情况下,购买隐私信息保险赠予消费者;而在电商企业数据泄露概率(γ)较低时,电商企业不需购买隐私信息保险赠予消费者。

(2) 对数据泄露关注(β)较低的消费者,在电商企业数据泄露概率(γ)较低时,电商企业可以购买隐私信息保险赠予消费者;而在数据泄露概率(γ)较高时,只要隐私信息保险赔偿额(k)不特别低,电商企业可以购买隐私信息保险赠予消费者。

2. 在电商企业购买隐私信息保险赠予消费者后,电商企业可以通过调节消费者的数据泄露关注(β)、数据泄露概率(γ)和隐私信息保险赔偿额(k)等以激励消费者披露隐私信息和购买产品。如:电商企业可通过与保险公司协商,提升隐私信息保险的赔偿额(k),以激励消费者披露隐私信息;电商企业还可以采取措施提升消费者对电商企业的信任以降低消费者的数据泄露关注,或加大信息安全投资降低数据泄露概率等,激励消费者进入市场。

3. 电商企业为消费者自行购买隐私信息保险提供购买渠道策略时,只有在消费者购买隐私信息保险的概率较高时,电商企业提供隐私信息保险购买渠道是有效的。具体来说,当市场全覆盖时,只在两种情况下市场上的消费者会有较高的购买隐私信息保险概率,一是在保险赔偿额较高或者保险价格较低时,二是在消费者的数据泄露关注很低时。当市场不完全覆盖时,只要消费者数据泄露关注较低,就会有较高的购买隐私信息保险的概率。

4. 电商企业在向消费者提供购买隐私信息保险渠道后,可以基于对市场覆盖程度的判断,并综合考虑隐私信息保险的价格和赔偿额、市场中消费者购买隐私信息保险的平均概率($\overline{q_i}$)和平均数据泄露关注($\overline{\beta_i}$)等几个因素,调整产品定价策略和个性化服务策略。如,在不完全覆盖市场中,如果市场上消费者购买隐私信息保险的平均概率($\overline{q_i}$)较高或消费者的平均数据泄露关注($\overline{\beta_i}$)较低,电商企业可以降低产品的定价,也可以同时减少个性化服务提供量。在完全覆盖市场中,如果隐私信息保险的价格较高或者保险赔偿额较低,那么电商企业同样可以降低产品的定价,同时减少个性化服务提供量。

第3部分
消费者不同隐私信息行为下的企业隐私信息应用策略研究

第 6 章 消费者隐私信息公开行为影响下的电商企业劝说型大众广告策略

劝说型广告是电商企业从消费者的切身利益出发,告知消费者该电商企业品牌商品优于其他品牌商品的独到之处,以期形成消费者对本电商企业产品或服务的特殊偏爱,从而判定选择本电商企业的产品或服务的广告[①]。当电商企业不能识别不同类型的顾客并对其进行市场细分,不具备实施定向广告的条件时,只能采用传统的大众广告开展促销活动。本章考虑消费者不对隐私信息采取保护的情况下,研究电商企业不能进行用户细分时的劝说型大众广告策略。首先研究当劝说型广告发挥其提高消费者支付意愿、增加产品需求作用时的电商企业的广告策略;接着分析了当劝说型广告发挥其增加消费者对产品差异的感知、缓和市场竞争作用时的电商企业的广告策略;最后讨论了信息运营商的最优决策行为和隐私信息价格。

6.1 问题的提出

广告作为电商企业普遍运用的一种营销工具,广泛存在于微信公众平台、商业推广网站、电视、报纸、杂志等形式多样的新媒体和传统媒体平台之间,并在电商企业运营过程中扮演着越来越重要的角色。中国乳业两大巨头公司伊利和蒙牛 2016 年上半年在广告宣传上的费用分别为 40.7 亿和 28.26 亿人民币,分别占其营业总收入的 13.85% 和 10.37%[②]。2015 年可口可乐公司 442 亿美元的总收入中用于广告的支出费用达 40 亿美元,宝洁公司也花费了 80 亿美元用于广告支出,占其 653 亿美元总收入的 12.25%[③]。劝说型广告主要存在两方面的作用,一是提高消费者对产品的感知价值进而影响和改变消费者偏好,提高消费者支付意愿、增加产品需求。二是增加消费者对产品差异的感知,加强产品间的差异化、降低替代性,有效缓解电商企业间价格竞争[202]。

---

① 劝说性广告[EB/OL].[2018-03-06]. https://baike.baidu.com/item/劝说性广告/12746337.
② 伊利&蒙牛:喝的不是牛奶是广告!一年广告费几十亿[EB/OL].(2016-09-07)[2018-03-06]. http://news.e23.cn/content/2016090700182.html.
③ 广告费占总收入比 10% 以上的广告巨头们![EB/OL].(2016-09-10)[2018-03-06]. http://www.vccoo.com/v/2fc755.

第3部分   消费者不同隐私信息行为下的企业隐私信息应用策略研究

电子商务、互联网和信息技术的快速发展,使得电商企业、信息运营商、电商平台等相关各方能够通过信息追踪技术以前所未有的水平和速度来记录、存储和分析消费者个人信息数据,并通过相关数据来研究客户的基本属性、兴趣偏好和交易行为,精准预测客户未来消费倾向和产品需求。电商企业根据客户的消费倾向和行为特征能够为不同偏好类型的消费者提供符合其需要的产品和服务,实现精准营销,并针对不同偏好类型的消费者开展个性化定价以获取更多电商企业利润。电商企业对客户信息的巨大需求,带动了一大批如 Acxiom、Experian 等以专门通过向电商企业提供高效、安全、可靠的信息服务为主营业务的信息运营商的崛起和发展。电商企业、信息运营商、电商平台等相关各方对信息的获取、处理和应用依赖于信息技术进步的同时,也取决于消费者分享、提供个人信息的态度和意愿。电商企业通过捕捉和使用消费者行为数据在为消费者提供符合其需要的产品和服务的同时,不可避免地引发消费者对其隐私信息泄露的担忧。而现实生活中,一些客户在享受网购带来的方便快捷、省钱省事的同时,也相应地向商家公开个人联系方式、居住地址、银行卡号等隐私信息,诸多用户在商业网站上注册时毫无保留地公开自己的职业、年龄、收入、爱好等信息,这些隐私信息公开行为让消费者生活更便捷的同时也带来了如垃圾短信、诈骗等一系列的干扰。

电商企业在开展市场营销活动过程中,一般首先进行广告决策,然后进行价格决策。消费者隐私信息公开行为影响着电商企业的价格决策,进而影响电商企业的广告决策。电商企业在获取消费者隐私信息后向特定的消费者推送符合其需要产品的同时,也会相应开展个性化定价,最大限度地榨取消费者剩余,引起市场竞争加剧;电商企业通过向市场投放劝说型广告,又会增加消费者的产品需求、缓和市场竞争。基于此,明确消费者隐私信息公开行为对电商企业价格策略的影响机理进而对电商企业广告策略和利润的作用机制成为电商企业面向全体消费者采用大众广告营销策略时必须解决的关键问题之一。本章研究以下主要问题:

(1) 在消费者隐私信息公开行为影响下,电商企业获取消费者隐私信息后,其定价策略和广告策略如何决策。

(2) 在消费者隐私信息公开行为影响下,电商企业获取消费者隐私信息后,综合应用劝说型广告和歧视性定价策略对电商企业均衡利润、消费者剩余和社会福利的影响。

(3) 在竞争的市场环境下,当决定向电商企业提供有偿信息服务时,信息运营商的消费者隐私信息价格如何决策。

假定市场上消费者的总人数为1,均匀分布在$[0,1]$之间,类型为x的消费者位于区间$[0,1]$的x点上,消费者在区间上的位置x看作消费者的隐私信息[203],消费者对其隐私信息不采取保护措施,愿意公开个人隐私信息。市场上存在着两个相互竞争的电商企业:电商企业1和电商企业2,分别位于线性城市$[0,1]$的两端,电商企业生产产品的边际成本为c。在电商企业无广告投入和不存在价格歧视情形下,电商企业1和电商企业2分别向全体消费者制定统一的产品价格p_1和p_2,消费者x购买电商企业1产品和电商企业2产品的效用分别为$v-tx-p_1$、$v-t(1-x)-p_2$,其中v代表消费者购买产品的保留效用,t代表消费者偏好的差异性,假设 v 足够大以保证市场完全覆盖,消费者在每个电商企业最多购买一个单位的产品。电商企业 i 的广告强度为 φ_i,广告成本为 $\frac{a}{2}\varphi_i^2$,其中 a 表示广告成本参数。由于劝说型广告的作用在于改变消费者产品偏好、提高消费者的支付意愿、增加产品需求,增加消费者对产品差异的感知和缓和市场竞争,故广告决策是一个为决定价格竞争环境而运用的长期决策。电商企业博弈的过程分为两个阶段。第一阶段:两电商企业同时进行广告决策;第二阶段:两电商企业同时进行价格决策。

系统梳理本章变量及其在现实情景中的意义描述,具体如表 6-1 所示。

表 6-1 变量及其在现实情景中的意义描述

变量	变量描述	变量	变量描述
v	消费者购买产品的保留效用	CS	消费者剩余
t	消费者偏好的差异性	SW	社会福利
x	消费者类型	φ_i	电商企业 i 向市场投放的广告强度
a	广告成本参数	π_i	在价格决策阶段,电商企业 i 的利润函数
p_i	电商企业 i 向全体消费者制定的产品统一价格	Π_i	在广告决策阶段,电商企业 i 的利润函数
$p_i(x)$	电商企业 i 向不同类型的消费者制定的产品个性化价格	TT	广告发挥增加消费者产品差异的感知、缓和市场竞争作用,相互竞争的两个电商企业均获取到消费者隐私信息
β	单位广告的作用(单位广告提高消费者支付意愿的程度或增加消费者对产品差异的感知程度)	VZ	广告发挥提高消费者的支付意愿、增加产品需求的作用,两电商企业均未获取消费者隐私信息
VO	广告发挥提高消费者的支付意愿、增加产品需求的作用,市场上单个电商企业获取到消费者隐私信息	TZ	广告发挥增加消费者产品差异的感知、缓和市场竞争作用,两电商企业均未获取消费者隐私信息
VT	广告发挥提高消费者的支付意愿、增加产品需求的作用,相互竞争的两个电商企业均获取到消费者隐私信息	TO	广告发挥增加消费者产品差异的感知、缓和市场竞争作用,单个电商企业获取到消费者隐私信息

6.2 消费者隐私信息公开行为影响下的第一类劝说型大众广告策略

第一类劝说型广告是指电商企业向市场投放的能够提高消费者支付意愿、增加产品需求的劝说型广告。β 代表单位广告提高消费者支付意愿的程度。为保证决策变量存在极大值且在给定的现实范围内,假设 $\beta^2<2at$,即单位广告提高消费者支付意愿、增加产品需求的作用较小。

6.2.1 两电商企业均未获取消费者隐私信息

根据文献[202],电商企业 $i(i=1,2)$ 向市场投放强度为 φ_i 的广告,当市场上两电商企业都没有获取消费者隐私信息时,此时只能对所有消费者采取统一价格 p_i,消费者 x 购买电商企业1(竞争电商企业)和电商企业2(主体电商企业)产品的效用分别为 $v+\beta\varphi_1-tx-p_1$、$v+\beta\varphi_2-t(1-x)-p_2$。此时,边际消费者 $\overline{x}$ 为 $\frac{1}{2}+\frac{p_2-p_1}{2t}+\frac{\beta\varphi_1-\beta\varphi_2}{2t}$。

在价格竞争阶段,电商企业 i 的利润函数分别为:

$$\pi_i=(p_i-c)\left(\frac{1}{2}+\frac{p_j-p_i}{2t}+\frac{\beta\varphi_i-\beta\varphi_j}{2t}\right) \qquad (6.1)$$

两式联立分别对价格 p_1、p_2 求一阶导,得到竞争均衡下的电商企业产品价格为:

$$p_i=\frac{1}{2}(c+t+p_j+\beta\varphi_i-\beta\varphi_j) \qquad (6.2)$$

在价格决策阶段,电商企业 $i(i=1,2)$ 的利润函数为:

$$\pi_i(\varphi_i,\varphi_j)=\frac{(3t+\beta\varphi_i-\beta\varphi_j)^2}{18t} \qquad (6.3)$$

在广告竞争阶段,电商企业 $i(i=1,2)$ 的利润函数为:

$$\max_{\varphi_i}\Pi_i=\pi_i(\varphi_i,\varphi_j)-\frac{a}{2}\varphi_i^2=\frac{(3t+\beta\varphi_i-\beta\varphi_j)^2}{18t}-\frac{a}{2}\varphi_i^2 \qquad (6.4)$$

求解以上利润函数,得到两电商企业竞争均衡时的广告量为 $\varphi_i^{VZ}=\frac{\beta}{3a}$[①],代入式(6.4)并计算消费者剩余 CS^{VZ} 和社会福利 SW^{VZ},得到下列结论:

定理6.1 在两电商企业均未获取消费者隐私信息,同时投放提高消费者支付意愿和增加产品需求的劝说型广告时,两电商企业竞争的均衡广告量 φ_i^{VZ} 为 $\frac{\beta}{3a}$、电商企业均衡利润 Π_i^{VZ} 为 $\frac{t}{2}-\frac{\beta^2}{18a}$、消费者剩余 CS^{VZ} 为 $v-c-\frac{5t}{4}+\frac{\beta^2}{3a}$、社会福利水平 SW^{VZ} 为 $v-c-\frac{t}{4}+\frac{2\beta^2}{9a}$。

6.2.2 单个电商企业获取消费者隐私信息

电商企业 $i(i=1,2)$ 向市场投放强度为 φ_i 的广告,假设电商企业1没有获取消费者隐私信息,电商企业2单独获取消费者隐私信息,此时,电商企业1只能向其消费者制定统一的价格 p_1,电商企业2凭借其拥有的消费者隐私信息,结合消费者偏好,针对特定的消费者 x 开

---

① 上标 VZ 代表广告发挥提高消费者的支付意愿、增加产品需求的作用,两电商企业均未获取消费者隐私信息。

展个性化定价 $p_2(x)$。当消费者购买电商企业 1 产品时，其获得的效用为 $v+\beta\varphi_1-tx-p_1$，当消费者购买电商企业 2 产品时，其获得的效用为 $v+\beta\varphi_2-t(1-x)-p_2(x)$。当且仅当 $p_2(x) < p_1 + t(2x-1) + \beta\varphi_2 - \beta\varphi_1$，消费者 x 会选择购买电商企业 2 的产品，而不是其竞争对手电商企业 1 的产品，则电商企业 2 对消费者 x 制定的最优价格为：

$$p_2(x) = \begin{cases} p_1 + t(2x-1) + \beta\varphi_2 - \beta\varphi_1 & p_1 + t(2x-1) + \beta\varphi_2 - \beta\varphi_1 \geqslant c \\ c & p_1 + t(2x-1) + \beta\varphi_2 - \beta\varphi_1 < c \end{cases} \quad (6.5)$$

边际消费者 $\overline{x}$ 表示为：

$$\overline{x} = \frac{1}{2} + \frac{c - p_1 + \beta\varphi_1 - \beta\varphi_2}{2t} \quad (6.6)$$

在价格决策阶段，电商企业 $i(i=1,2)$ 的利润函数为：

$$\pi_1(\varphi_1,\varphi_2) = (p_1 - c)\left(\frac{1}{2} + \frac{c - p_1 + \beta\varphi_1 - \beta\varphi_2}{2t}\right) = \frac{(t + \beta\varphi_1 - \beta\varphi_2)^2}{8t} \quad (6.7)$$

$$\pi_2(\varphi_2,\varphi_1) = \int_{\frac{1}{2}+\frac{c-p_1+\beta\varphi_1-\beta\varphi_2}{2t}}^{1} [p_1 + t(2x-1) + \beta\varphi_2 - \beta\varphi_1 - c] \mathrm{d}x$$

$$= \frac{(\beta\varphi_2 - \beta\varphi_1)^2}{16t} + \frac{3(\beta\varphi_2 - \beta\varphi_1)}{8} + \frac{9t}{16} \quad (6.8)$$

在广告竞争阶段，电商企业 $i(i=1,2)$ 的利润函数为：

$$\max_{\varphi_1} \Pi_1 = \pi_1(\varphi_1,\varphi_2) - \frac{a}{2}\varphi_1^2 = \frac{(t + \beta\varphi_1 - \beta\varphi_2)^2}{8t} - \frac{a}{2}\varphi_1^2 \quad (6.9)$$

$$\max_{\varphi_2} \Pi_2 = \pi_2(\varphi_2,\varphi_1) - \frac{a}{2}\varphi_2^2 = \frac{(\beta\varphi_2 - \beta\varphi_1)^2}{16t} + \frac{3(\beta\varphi_2 - \beta\varphi_1)}{8} + \frac{9t}{16} - \frac{a}{2}\varphi_2^2 \quad (6.10)$$

求解以上利润函数，得到两电商企业竞争均衡时的广告量分别为 $\varphi_1^{VO} = \frac{2at\beta - \beta^3}{8a^2t - 3a\beta^2}$[①]、$\varphi_2^{VO} = \frac{3at\beta - \beta^3}{8a^2t - 3a\beta^2}$，依次代入式(6.9)和式(6.10)并计算消费者剩余 CS^{VO} 和社会福利 SW^{VO}，得到下列结论：

定理 6.2 在市场上单个电商企业获取消费者隐私信息、两电商企业同时投放提高消费者支付意愿和增加产品需求的劝说型广告时，主体电商企业自身的均衡广告量 φ_2^{VO} 为 $\frac{3at\beta - \beta^3}{8a^2t - 3a\beta^2}$，均衡利润 Π_2^{VO} 为 $\frac{(3at - \beta^2)^2(8at - \beta^2)}{2a(8at - 3\beta^2)^2}$；其竞争电商企业的均衡广告量 φ_1^{VO} 为 $\frac{2at\beta - \beta^3}{8a^2t - 3a\beta^2}$，均衡利润 Π_1^{VO} 为 $\frac{(2at - \beta^2)^2(4at - \beta^2)}{2a(8at - 3\beta^2)^2}$；消费者剩余 CS^{VO} 为 $v - c - t + \frac{5at\beta^2 - 2\beta^4}{2a(8at - 3\beta^2)}$，社会福利水平 SW^{VO} 为 $v - c - t + \frac{88a^3t^3 - 37a^2t^2\beta^2 - 9at\beta^4 + 4\beta^6}{2a(8at - 3\beta^2)^2}$。

[①] 上标 VO 代表广告发挥提高消费者的支付意愿、增加产品需求的作用，市场上单个电商企业获取到消费者隐私信息。

6.2.3 两电商企业同时获取消费者隐私信息

相互竞争的电商企业 1 和电商企业 2 同时获取消费者隐私信息时,两电商企业能够根据其获取的消费者隐私信息针对每一个消费者 x 开展个性化定价 $p_i(x)(i=1,2)$,如果消费者购买电商企业 1 产品,其获得的效用为 $v+\beta\varphi_1-tx-p_1(x)$,如果消费者购买电商企业 2 产品,其获得的效用为 $v+\beta\varphi_2-t(1-x)-p_2(x)$。此时,电商企业 i 的最低产品价格为 c。当且仅当 $p_2(x)<c+t(2x-1)+\beta\varphi_2-\beta\varphi_1$,消费者 x 会选择购买电商企业 2 的产品,而不是其竞争对手电商企业 1 的产品,则电商企业 2 对消费者 x 制定的最优价格为:

$$p_2(x)=\begin{cases} c+t(2x-1)+\beta\varphi_2-\beta\varphi_1 \\ c \end{cases} \tag{6.11}$$

同样的,电商企业 1 对消费者 x 制定的最优价格为:

$$p_1(x)=\begin{cases} c+t(1-2x)+\beta\varphi_1-\beta\varphi_2 \\ c \end{cases} \tag{6.12}$$

边际消费者 $\overline{x}$ 表示为:

$$\overline{x}=\frac{1}{2}+\frac{\beta\varphi_1-\beta\varphi_2}{2t} \tag{6.13}$$

在价格决策阶段,电商企业 $i(i=1,2)$ 的利润函数为:

$$\pi_1(\varphi_1,\varphi_2)=\int_0^{\frac{1}{2}+\frac{\beta\varphi_1-\beta\varphi_2}{2t}}[t(1-2x)+\beta\varphi_1-\beta\varphi_2]\mathrm{d}x=\frac{t}{4}+\frac{(\beta\varphi_1-\beta\varphi_2)^2}{4t}+\frac{\beta\varphi_1-\beta\varphi_2}{2}$$
(6.14)

$$\pi_2(\varphi_2,\varphi_1)=\int_{\frac{1}{2}+\frac{\beta\varphi_1-\beta\varphi_2}{2t}}^1[t(2x-1)+\beta\varphi_2-\beta\varphi_1]\mathrm{d}x=\frac{t}{4}+\frac{(\beta\varphi_2-\beta\varphi_1)^2}{4t}+\frac{\beta\varphi_2-\beta\varphi_1}{2}$$
(6.15)

在广告竞争阶段,电商企业 $i(i=1,2)$ 的利润函数为:

$$\max_{\varphi_i}\Pi_i=\pi_i(\varphi_i,\varphi_j)-\frac{a}{2}\varphi_i^2=\frac{t}{4}+\frac{(\beta\varphi_i-\beta\varphi_j)^2}{4t}+\frac{\beta\varphi_i-\beta\varphi_j}{2}-\frac{a}{2}\varphi_i^2 \tag{6.16}$$

求解以上利润函数,得到两电商企业竞争均衡时的广告量 $\varphi_i^{VT}=\frac{\beta}{2a}$①,代入式(6.16)并计算消费者剩余 CS^{VT} 和社会福利 SW^{VT},得到下列结论:

定理 6.3 在主体电商企业与竞争电商企业同时获取消费者隐私信息、同时投放提高消费者支付意愿和增加产品需求的劝说型广告时,两电商企业竞争的均衡广告量 φ_i^{VT} 为 $\frac{\beta}{2a}$、

---

① 上标 VT 代表广告发挥提高消费者的支付意愿、增加产品需求的作用,相互竞争的两个电商企业均获取到消费者隐私信息。

均衡利润 Π_1^{VT} 为 $\frac{t}{4}-\frac{\beta^2}{8a}$、消费者剩余 CS^{VT} 为 $v-c-\frac{3t}{4}+\frac{\beta^2}{2a}$、社会福利水平 SW^{VT} 为 $v-c-\frac{t}{4}+\frac{\beta^2}{4a}$。

6.2.4 结果对比分析

对比分析相互竞争的两个电商企业均未获取消费者隐私信息、单个电商企业获取消费者隐私信息、两个电商企业同时获取消费者隐私信息时的均衡广告量、均衡利润、消费者剩余和社会福利,得到推论 6.1 和推论 6.2。

推论 6.1 当两电商企业同时投放提高消费者支付意愿、增加产品需求的劝说型广告时,主体电商企业的均衡广告投放量在其与竞争电商企业同时获取消费者隐私信息时达到最高,在其单独获取消费者隐私信息时居中,在与竞争电商企业均未获取消费者隐私信息时最低,即 $\varphi_2^{VZ} < \varphi_2^{VO} < \varphi_2^{VT}$;主体电商企业的均衡利润在其单独获取消费者隐私信息时最高,在其与竞争电商企业同时获取消费者隐私信息时最低,即 $\Pi_2^{VT} < \Pi_2^{VZ} < \Pi_2^{VO}$。

当主体电商企业与其竞争电商企业同时获取消费者隐私信息时,为获取更大利润,两者会根据消费者隐私信息,针对消费者的不同类型推送符合其偏好需要的产品,同时运用个性化定价策略,此时市场竞争最为激烈。为赢得市场竞争,在广告竞争阶段,两电商企业会同时加大广告投入,造成电商企业广告成本增加,利润降低,最终导致主体电商企业在与竞争电商企业同时获取消费者隐私信息时广告投放量最大,但电商企业利润却最低。当主体电商企业与其竞争电商企业都没有获取消费者隐私信息时,两电商企业只能针对全体消费者制定统一的价格,与个性化定价策略相比,市场竞争较缓和,电商企业加大广告投放力度的动力不足,此时的电商企业广告投放量最低。与竞争电商企业相比,当主体电商企业独自获取消费者隐私信息时,其具备了独自开展个性化定价策略的市场竞争优势,主体电商企业会最大限度地榨取消费者剩余,导致主体电商企业在单独获取消费者隐私信息时利润最大。

推论 6.2 当两电商企业同时投放提高消费者支付意愿、增加产品需求的劝说型广告时,消费者剩余随市场上获取消费者隐私信息的电商企业个数的增加而增加,即 $CS^{VZ} < CS^{VO} < CS^{VT}$;社会福利水平在两电商企业同时获取消费者隐私信息时达到最高。当单位广告提高消费者支付意愿、增加产品需求的作用较小时,单个电商企业独自获取消费者隐私信息时的社会福利水平低于两电商企业均未获取消费者隐私信息时的社会福利水平。当单位广告提高消费者支付意愿、增加产品需求的作用较大时,单个电商企业独自获取消费者隐私信息时的社会福利水平高于两电商企业均未获取消费者隐私信息时的社会福利水平,即:

当 $\beta^2 < \frac{59-\sqrt{457}}{21}at$ 时,$SW^{VO} < SW^{VZ} < SW^{VT}$;

当 $\frac{59-\sqrt{457}}{21}at < \beta^2 < 2at$ 时,$SW^{VZ} < SW^{VO} < SW^{VT}$。

推论6.2说明更多的消费者个人隐私信息披露和利用将有利于消费者剩余的提高。消费者隐私信息的收集和利用使电商企业生产和销售个性化产品的能力进一步增强,产品能更好地满足消费者的个性化需求,劝说型广告的投放使得消费者的支付意愿进一步增强,两者共同作用提高了消费者剩余。当两电商企业同时获取消费者隐私信息,电商企业满足消费者个性化需求所带来的消费者剩余增加超过因市场竞争激烈所带来的利润降低时,社会福利水平相应提高,且此时社会福利水平是最高的。当单位广告提高消费者支付意愿、增加产品需求的作用较小时,广告策略给两电商企业带来的利润增加大于消费者剩余增加时,单个电商企业独自获取消费者隐私信息时的社会福利水平小于两电商企业均未获取消费者隐私信息时的社会福利水平,反之,单个电商企业独自获取消费者隐私信息时的社会福利水平大于两电商企业都未获取消费者隐私信息时的社会福利水平。

对比分析市场上相互竞争的两电商企业均未获取消费者隐私信息、单个电商企业获取消费者隐私信息、两个电商企业同时获取消费者隐私信息情形下的均衡利润,建立主体电商企业与其竞争电商企业获取／未获取消费者隐私信息决策的博弈关系收益矩阵,如图6-1所示,得到推论6.3。

		主体电商企业	
		获取	未获取
竞争电商企业	获取	Π_1^{YT}, Π_2^{YT}	Π_1^{YO}, Π_2^{YO}
	未获取	Π_1^{YO}, Π_2^{YO}	Π_1^{YZ}, Π_2^{YZ}

图6-1 主体电商企业与竞争企业获取／未获取消费者隐私信息决策的关系图

推论6.3 当两电商企业同时投放提高消费者支付意愿、增加产品需求的劝说型广告时,主体电商企业与竞争电商企业在是否需要获取消费者隐私信息决策中陷入"囚徒困境",且博弈存在唯一的纯策略纳什均衡解:(获取 获取)。

6.3 消费者隐私信息公开行为影响下的第二类劝说型大众广告策略

6.3.1 两电商企业均未获取消费者隐私信息

劝说型广告发挥第二类作用是指电商企业向市场投放劝说型广告能够增加消费者对产品差异的感知的同时缓和市场竞争[202]。根据文献[202],电商企业$i(i=1,2)$向市场投放强度为φ_i的广告,当市场上两电商企业均未获取消费者隐私信息时,此时只能对所有消费者采取统一价格p_i,消费者x购买电商企业1(竞争电商企业)和电商企业2(主体电商企业)产品的效用分别为$v-(t+\beta\varphi_1+\beta\varphi_2)x-p_1, v-(t+\beta\varphi_1+\beta\varphi_2)(1-x)-p_2$,$\beta$代表单位广告增加消费者对产品差异的感知程度,也可以理解为缓和市场竞争的强弱程度。此时,边际消费

者 $\bar{x}$ 为 $\frac{1}{2} + \frac{p_2 - p_1}{2(t + \beta\varphi_1 + \beta\varphi_2)}$。

在价格竞争阶段，电商企业 i 的利润函数分别为：

$$\pi_i = (p_i - c)\left[\frac{1}{2} + \frac{p_j - p_i}{2(t + \beta\varphi_i + \beta\varphi_j)}\right] \tag{6.17}$$

两式联立分别对价格 p_1、p_2 求一阶导，得到竞争均衡下的电商企业产品价格为：

$$p_i = c + t + \beta\varphi_i + \beta\varphi_j \tag{6.18}$$

将 p_i 代入电商企业 i 的利润函数 π_i 得到电商企业关于广告的利润函数为：

$$\pi_i(\varphi_i, \varphi_j) = \frac{1}{2}(t + \beta\varphi_i + \beta\varphi_j) \tag{6.19}$$

在广告竞争阶段，电商企业 $i(i=1,2)$ 的利润函数为：

$$\max_{\varphi_i} \Pi_i = \pi_i(\varphi_i, \varphi_j) - \frac{a}{2}\varphi_i^2 = \frac{t + \beta\varphi_i + \beta\varphi_j}{2} - \frac{a}{2}\varphi_i^2 \tag{6.20}$$

求解以上利润函数，得到两电商企业竞争均衡时的广告量 $\varphi_i^{TZ} = \frac{\beta}{2a}$①，代入式(6.20)并计算消费者剩余 CS^{TZ} 和社会福利 SW^{TZ}，得到下列结论：

定理 6.4 当两电商企业均未获取消费者隐私信息，同时投放增加消费者产品差异的感知和缓和市场竞争的劝说型广告时，两电商企业竞争的均衡广告量 φ_i^{TZ} 为 $\frac{\beta}{2a}$、电商企业均衡利润 Π_i^{TZ} 为 $\frac{t}{2} + \frac{3\beta^2}{8a}$、消费者剩余 CS^{TZ} 为 $v - c - \frac{5t}{4} - \frac{5\beta^2}{4a}$、社会福利水平 SW^{TZ} 为 $v - c - \frac{t}{4} - \frac{\beta^2}{2a}$。

6.3.2 单个电商企业获取消费者隐私信息

电商企业 $i(i=1,2)$ 向市场投放强度为 φ_i 的广告，假设电商企业 1 没有获取消费者隐私信息，电商企业 2 单独获取消费者隐私信息，此时，电商企业 1 只能向其消费者制定统一的价格 p_1，电商企业 2 凭借其拥有的消费者隐私信息，结合消费者偏好，针对特定的消费者 x 开展个性化定价 $p_2(x)$。当消费者购买电商企业 1 产品时，其获得的效用为 $v - (t + \beta\varphi_1 + \beta\varphi_2)x - p_1$，当消费者购买电商企业 2 产品时，其获得的效用为 $v - (t + \beta\varphi_1 + \beta\varphi_2)(1-x) - p_2(x)$。当且仅当 $p_2(x) \leqslant p_1 + (t + \beta\varphi_1 + \beta\varphi_2)(2x-1)$，消费者 x 会选择购买电商企业 2 的产品，而不是其竞争对手电商企业 1 的产品，则电商企业 2 对消费者 x 制定的最优价格为：

$$p_2(x) = \begin{cases} p_1 + (t + \beta\varphi_1 + \beta\varphi_2)(2x-1) & p_1 + (t + \beta\varphi_1 + \beta\varphi_2)(2x-1) \geqslant c \\ c & p_1 + (t + \beta\varphi_1 + \beta\varphi_2)(2x-1) < c \end{cases} \tag{6.21}$$

---

① 上标 TZ 代表广告发挥增加消费者产品差异的感知、缓和市场竞争作用，两电商企业均未获取消费者隐私信息。

边际消费者 $\bar{x}$ 表示为：

$$\bar{x} = \frac{1}{2} + \frac{c-p_1}{2(t+\beta\varphi_1+\beta\varphi_2)} \tag{6.22}$$

在价格决策阶段，电商企业 $i(i=1,2)$ 的利润函数为：

$$\pi_1(\varphi_1,\varphi_2) = (p_1-c)\left[\frac{1}{2} + \frac{c-p_1}{2(t+\beta\varphi_1+\beta\varphi_2)}\right] = \frac{t+\beta\varphi_1+\beta\varphi_2}{8} \tag{6.23}$$

$$\pi_2(\varphi_2,\varphi_1) = \int_{\frac{1}{2}+\frac{c-p_1}{2(t+\beta\varphi_1+\beta\varphi_2)}}^{1}[p_1+(t+\beta\varphi_1+\beta\varphi_2)(2x-1)-c]\mathrm{d}x = \frac{9(t+\beta\varphi_1+\beta\varphi_2)}{16} \tag{6.24}$$

在广告竞争阶段，电商企业 $i(i=1,2)$ 的利润函数为：

$$\max_{\varphi_1}\Pi_1 = \pi_1(\varphi_1,\varphi_2) - \frac{a}{2}\varphi_1^2 = \frac{t+\beta\varphi_1+\beta\varphi_2}{8} - \frac{a}{2}\varphi_1^2 \tag{6.25}$$

$$\max_{\varphi_2}\Pi_2 = \pi_2(\varphi_2,\varphi_1) - \frac{a}{2}\varphi_2^2 = \frac{9(t+\beta\varphi_1+\beta\varphi_2)}{16} - \frac{a}{2}\varphi_2^2 \tag{6.26}$$

求解以上利润函数，得到两电商企业竞争均衡时的广告量分别为 $\varphi_1^{TO} = \frac{\beta}{8a}$[①]、$\varphi_2^{TO} = \frac{9\beta}{16a}$，依次代入式（6.25）和（6.26）并计算消费者剩余 CS^{TO} 和社会福利 SW^{TO}，得到下列结论：

定理 6.5 当市场上单个电商企业获取消费者隐私信息、两电商企业同时投放增加消费者产品差异的感知和缓和市场竞争的劝说型广告时，主体电商企业自身的均衡广告量 φ_2^{TO} 为 $\frac{9\beta}{16a}$、均衡利润 Π_2^{TO} 为 $\frac{9t}{16} + \frac{117\beta^2}{512a}$；其竞争电商企业的均衡广告量 φ_1^{TO} 为 $\frac{\beta}{8a}$、均衡利润 Π_1^{TO} 为 $\frac{t}{8} + \frac{5\beta^2}{64a}$；消费者剩余 CS^{TO} 为 $v-c-t-\frac{11\beta^2}{16a}$、社会福利水平 SW^{TO} 为 $v-c-\frac{5t}{16} - \frac{195\beta^2}{512a}$。

6.3.3 两电商企业同时获取消费者隐私信息

相互竞争的电商企业 1 和电商企业 2 同时获取消费者隐私信息时，两电商企业能够根据其获取的消费者隐私信息针对每一个消费者 x 开展个性化定价 $p_i(x)$，如果消费者购买产品 1，其获得的效用为 $v-(t+\beta\varphi_1+\beta\varphi_2)x-p_1(x)$，如果消费者购买产品 2，其获得的效用为 $v-(t+\beta\varphi_1+\beta\varphi_2)(1-x)-p_2(x)$。此时，电商企业 i 的最低产品价格为 c。当且仅当 $p_2(x) \leqslant c+(t+\beta\varphi_1+\beta\varphi_2)(2x-1)$，消费者 x 选择购买电商企业 2 的产品，而不是其竞争对手电商企业 1 的产品，则电商企业 2 对消费者 x 制定的最优价格为：

$$p_2(x) = \begin{cases} c+(t+\beta\varphi_1+\beta\varphi_2)(2x-1) \\ c \end{cases} \tag{6.27}$$

---

① 上标 *TO* 代表广告发挥增加消费者产品差异的感知、缓和市场竞争作用，单个电商企业获取消费者隐私信息。

同样的,电商企业 1 对消费者 x 制定的最优价格为:

$$p_1(x) = \begin{cases} c + (t + \beta\varphi_1 + \beta\varphi_2)(1-2x) \\ c \end{cases} \quad (6.28)$$

边际消费者 $\bar{x}$ 表示为:

$$\bar{x} = \frac{1}{2} \quad (6.29)$$

将 $p_1(x)$、$p_2(x)$ 分别代入电商企业 1、2 得到电商企业关于广告的利润函数为:

$$\pi_1(\varphi_1, \varphi_2) = \int_0^{\frac{1}{2}} (t + \beta\varphi_1 + \beta\varphi_2)(1-2x)dx = \frac{1}{4}(t + \beta\varphi_1 + \beta\varphi_2) \quad (6.30)$$

$$\pi_2(\varphi_2, \varphi_1) = \int_{\frac{1}{2}}^1 (t + \beta\varphi_1 + \beta\varphi_2)(2x-1)dx = \frac{1}{4}(t + \beta\varphi_1 + \beta\varphi_2) \quad (6.31)$$

在广告竞争阶段,电商企业 $i(i=1,2)$ 的利润函数为:

$$\max_{\varphi_i} \Pi_i = \pi_i(\varphi_i, \varphi_j) - \frac{a}{2}\varphi_i^2 = \frac{t + \beta\varphi_i + \beta\varphi_j}{4} - \frac{a}{2}\varphi_i^2 \quad (6.32)$$

求解以上利润函数,得到两电商企业竞争均衡时的广告量 $\varphi_i^{TT} = \frac{\beta}{4a}$[①],代入式(6.32)并计算消费者剩余 CS^{TT} 和社会福利 SW^{TT},得到下列结论:

定理 6.6 当主体电商企业与竞争电商企业同时获取消费者隐私信息、同时投放增加消费者产品差异的感知和缓和市场竞争的劝说型广告时,两电商企业竞争的均衡广告量 φ_i^{TT} 为 $\frac{\beta}{4a}$、均衡利润 Π_i^{TT} 为 $\frac{t}{4} + \frac{3\beta^2}{32a}$、消费者剩余 CS^{TT} 为 $v - c - \frac{3t}{4} - \frac{3\beta^2}{8a}$、社会福利水平 SW^{TT} 为 $v - c - \frac{t}{4} - \frac{3\beta^2}{16a}$。

6.3.4 结果对比分析

对比分析相互竞争的两电商企业均未获取消费者隐私信息、独自获取消费者隐私信息、与竞争对手同时获取消费者隐私信息情形下的均衡广告量、均衡利润、消费者剩余和社会福利,得到推论 6.4 和推论 6.5。

推论 6.4 当两电商企业同时投放增加消费者产品差异的感知和缓和市场竞争的劝说型广告时,主体电商企业的均衡广告量在其单独获取消费者隐私信息时达到最高水平,两者均未获取消费者隐私信息时居中,在与竞争电商企业同时获取消费者隐私信息时最低,即 $\varphi_2^{TT} < \varphi_2^{TZ} < \varphi_2^{TO}$;主体电商企业的均衡利润在与竞争电商企业同时获取消费者隐私信息时达到最低,当单位广告增加消费者产品差异的感知、缓和市场竞争作用较小时,主体电商企

[①] 上标 TT 代表广告发挥增加消费者产品差异的感知、缓和市场竞争作用,相互竞争的两个电商企业均获取到消费者隐私信息。

业单独获取消费者隐私信息时的均衡利润高于两电商企业均未获取消费者隐私信息时的均衡利润,当单位广告增加消费者产品差异的感知、缓和市场竞争作用较大时,电商企业单独获取消费者隐私信息时的均衡利润低于两电商企业均未获取消费者隐私信息时的均衡利润,即当 $\beta^2 < \frac{32}{75}at$ 时,$\Pi_2^{TT} < \Pi_2^{TZ} < \Pi_2^{TO}$;当 $\beta^2 > \frac{32}{75}at$ 时,$\Pi_2^{TT} < \Pi_2^{TO} < \Pi_2^{TZ}$。

与投放提高消费者支付意愿、增加产品需求的劝说型广告不同,当相互竞争的两个电商企业同时投放增加消费者对产品差异的感知、缓和市场竞争的劝说型广告时,与竞争对手相比,主体电商企业单独获取消费者隐私信息时其能够针对不同类型的消费者开展个性化定价,市场垄断势力较强,劝说型广告发挥缓和市场竞争作用的效果较明显,主体电商企业此时加大广告投入将会带来更高的均衡利润。而当竞争电商企业也拥有消费者隐私信息时,主体电商企业自身市场垄断势力会削弱,劝说型广告发挥缓和市场竞争作用的效果减弱,主体电商企业投放广告的动力不足,此时的均衡广告量达到最低。当主体电商企业与其竞争电商企业同时获取消费者隐私信息时,两者同时运用个性化定价策略,市场竞争加剧,虽然通过广告策略能够缓和市场竞争,但当价格策略加剧市场竞争带来的利润降低大于广告策略缓和市场竞争带来的利润增加时,主体电商企业均衡利润达到最低。

当单位广告增加消费者产品差异的感知程度和缓和市场竞争的程度较弱时,两电商企业同时投放广告,但发挥缓和市场竞争作用的效果较弱,单个电商企业的利润也较低,主体电商企业单独获取消费者隐私信息时其能够针对不同类型的消费者开展个性化定价,以最大限度地榨取消费者剩余,当电商企业价格策略带来的利润增加大于广告策略带来的利润增加时,主体电商企业单独获取消费者隐私信息时的利润大于其与竞争电商企业均未获取消费者隐私信息时的利润;而当单位广告增加消费者产品差异的感知程度和缓和市场竞争的程度较强时,两电商企业同时投放广告将带来单个电商企业利润的增加,当广告策略带来的电商企业利润增加大于价格策略带来的利润增加时,主体电商企业单独获取消费者隐私信息时的利润将小于其与竞争电商企业均未获取消费者隐私信息时的利润。

推论 6.5 当两电商企业同时投放增加消费者产品差异的感知和缓和市场竞争的劝说型广告时:① 消费者剩余随市场上获取消费者隐私信息的电商企业个数的增加而增加,即 $CS^{TZ} < CS^{TO} < CS^{TT}$;② 当两电商企业同时获取消费者隐私信息时,社会福利水平最高,当单位广告增加消费者对产品差异的感知程度较小时,单个电商企业获取消费者隐私信息时的社会福利水平低于两电商企业都未获取消费者隐私信息时的社会福利水平,当单位广告增加消费者对产品差异的感知程度较大时,单个电商企业获取消费者隐私信息时的社会福利水平高于两电商企业均未获取消费者隐私信息时的社会福利水平,即:

当 $\beta^2 < \frac{32}{61}at$ 时,$SW^{TO} < SW^{TZ} < SW^{TT}$;当 $\beta^2 > \frac{32}{61}at$ 时,$SW^{TZ} < SW^{TO} < SW^{TT}$。

同推论 6.2,推论 6.5 同样说明消费者个人隐私信息的披露和利用有利于消费者剩余的提高。消费者隐私信息的收集和利用使电商企业生产和销售个性化产品的能力进一步增强,当两电商企业同时获取消费者隐私信息时,其产品能更好地满足消费者个性化需求,此时消费者剩余达到最高。当消费者剩余提高到远大于电商企业同时采用个性化定价,市场竞争激烈而导致的两电商企业利润降低时,社会福利提高,且此时社会福利水平最高。当单位广告增加消费者产品差异的感知程度和缓和市场竞争的程度较弱时,广告给两电商企业带来的利润增加大于消费者剩余增加时,单个电商企业获取消费者隐私信息时的社会福利水平小于两电商企业都未获取消费者隐私信息时的社会福利水平,反之,单个电商企业获取消费者隐私信息时的社会福利水平大于两电商企业都未获取消费者隐私信息时的社会福利水平。

对比分析相互竞争的两个电商企业均未获取消费者隐私信息、单个电商企业获取消费者隐私信息、两电商企业同时获取消费者隐私信息情形下的均衡利润,得到推论6.6。

推论6.6 当两电商企业同时投放增加消费者产品差异的感知和缓和市场竞争的劝说型广告时:① 当 $\beta^2 < \frac{32}{75}at$ 时,主体电商企业与竞争电商企业在是否需要获取消费者隐私信息决策中陷入"囚徒困境",且博弈存在唯一的纯策略纳什均衡解:(获取 获取);② 当 $\beta^2 > \frac{32}{75}at$ 时,博弈存在两个纯策略纳什均衡解:(获取 获取)和(不获取 不获取)。

6.3.5 信息运营商的最优决策

分析信息运营商的最优策略和计算隐私信息价格,假定信息运营商拥有消费者购买习惯和行为偏好数据。当信息运营商愿意出售隐私信息给单个电商企业时,隐私信息的最大价格是电商企业独自获取消费者隐私信息时的利润与其竞争对手的利润之差。

$$I_1 = \Pi_2^{YO} - \Pi_1^{YO} = \frac{(3at-\beta^2)^2(8at-\beta^2)}{2a(8at-3\beta^2)^2} - \frac{(2at-\beta^2)^2(4at-\beta^2)}{2a(8at-3\beta^2)^2} = \frac{7at^2-2t\beta^2}{16at-6\beta^2} \tag{6.33}$$

当信息运营商愿意出售隐私信息给两个电商企业时,隐私信息的最大价格是电商企业与其竞争对手同时获取消费者隐私信息时的自身利润与电商企业独自获取消费者隐私信息时其竞争对手的利润之差。

$$\begin{aligned} I_2 &= \Pi_i^{YT} - \Pi_1^{YO} = \frac{t}{4} - \frac{\beta^2}{8a} - \frac{(2at-\beta^2)^2(4at-\beta^2)}{2a(8at-3\beta^2)^2} \\ &= \frac{(2at-\beta^2)(32a^2t^2-24at\beta^2+5\beta^4)}{8a(8at-3\beta^2)^2} \end{aligned} \tag{6.34}$$

易证 $I_1 > 2I_2$,即信息运营商出售隐私信息给单个电商企业时获取的利润大于其出售隐私信息给两个电商企业时获取的利润。此时,信息运营商的最优策略是将隐私信息销售给一个电商企业,隐私信息价格为 $\frac{7at^2-2t\beta^2}{16at-6\beta^2}$。归纳整理得到推论6.7。

推论6.7 在双寡头竞争环境下,当两电商企业同时投放提高消费者支付意愿、增加产品需求的劝说型广告时,信息运营商的最优策略是将隐私信息销售给一个电商企业,隐私信

息价格为 $\frac{7at^2 - 2t\beta^2}{16at - 6\beta^2}$。

同推论 6.7，当劝说型广告发挥增加消费者对产品差异的感知、缓和市场竞争作用时，可得以下结论：

推论 6.8 在双寡头竞争环境下，当两电商企业同时投放增加消费者产品差异的感知和缓和市场竞争的劝说型广告时，信息运营商的最优策略是将隐私信息销售给一个电商企业，隐私信息价格为 $\frac{7t}{16} + \frac{77\beta^2}{512a}$。

6.4 主要结论和管理启示

6.4.1 主要结论

电子商务和信息技术的快速发展，使得消费者在线上线下浏览和交易过程中不自觉地公开其个人隐私信息。电商企业在获取消费者隐私信息后针对不同的消费者开展个性化定价，会引起市场竞争加剧，而电商企业通过向市场投放劝说型广告，又会增加消费者的产品需求、缓和市场竞争。消费者隐私信息公开行为影响着电商企业的价格决策，进而影响电商企业的广告决策。以往研究主要集中于消费者信息隐私关注及其对消费者隐私信息公开与保护行为的影响研究，较少讨论利用消费隐私信息情形下的电商企业价格策略及其对广告策略的影响。本章分别针对劝说型广告在市场营销中发挥的两类作用，研究消费者隐私信息公开行为影响下的电商企业劝说型大众广告策略。研究的主要结论有：

1. 在双寡头竞争环境下，当相互竞争的两个电商企业同时运用劝说型大众广告开拓市场时，随着市场上拥有消费者隐私信息的电商企业数目增多，消费者剩余和社会福利水平也将提高。在市场竞争过程中，为获取更多利润，电商企业应使自身保持信息占优优势。相互竞争的主体电商企业和竞争电商企业在是否需要获取消费者隐私信息决策中陷入"囚徒困境"。

2. 在双寡头竞争环境下，当相互竞争的两个电商企业同时运用劝说型大众广告开拓市场时，信息运营商为赢得市场竞争，获取最大利润，其最优决策是将自身收集和掌握的消费者隐私信息只售卖给一个电商企业。

6.4.2 主要管理启示

本章的模型分析结论对电商企业利用消费者隐私信息，综合运用广告和价格策略以及信息运营商提供的管理启示主要有：

1. 在双寡头竞争环境下，电商企业运用劝说型大众广告策略过程中，应采取会员制、有偿信息提供服务等方法鼓励消费者提供更多的个人信息，以利于电商企业利润、消费者剩余和社会福利水平的提高。

2. 在双寡头竞争环境下,电商企业运用劝说型大众广告策略过程中,应在市场竞争中使自身保持信息占优的优势,或者使自身居于信息垄断地位,在运用劝说型广告策略的同时针对不同的消费者采取个性化定价策略,以获取最大电商企业利润。

3. 在双寡头竞争环境下,当相互竞争的两个电商企业同时运用劝说型大众广告策略增加产品需求、开拓消费市场时,为获取更多利润,信息运营商的最优策略是只向其中一个电商企业售卖消费者隐私信息。

第 7 章
消费者隐私信息保护行为影响下的媒体平台定向广告策略

媒体平台的广告定向契合度与其所获取的消费者信息直接相关,消费者隐私信息保护行为影响着媒体平台的广告定向契合度及其利润。为此,本章研究基于消费者隐私信息保护行为的媒体平台定向广告策略。依据媒体平台是否向消费者收费,将媒体平台分为免费媒体平台和付费媒体平台。首先,在"免费 vs 免费"媒体平台对称竞争模式下,研究消费者隐私信息保护行为和广告定向契合度影响下的媒体平台定向广告策略;接着,在"免费 vs 付费"媒体平台非对称竞争模式下,研究消费者隐私信息保护行为、广告定向契合度、内容质量改善影响下的媒体平台定向广告策略。

7.1 "免费 vs 免费"对称竞争模式下的媒体平台定向广告策略

7.1.1 问题的提出

媒体平台在利用定向技术追踪消费者点击、浏览、购买等行为,识别其兴趣偏好特征,并根据分析结果推送定向广告过程中,不仅要考虑影响定向广告效果的定向范围、发送时机、投放频次等因素,还需考虑广告投放的定向契合度。与强调广告内容信息与消费者需求精准匹配所不同的是,广告投放的定向契合度强调媒体平台的投放精准性。广告投放的定向契合度是指媒体平台在定向广告投放过程中,定向广告精准触达与其需求相匹配的消费者的程度。媒体平台的广告定向契合度不仅影响着广告商的广告成本,而且影响着用户对广告和平台的接受程度。为在市场竞争中赢得优势,腾讯社交广告平台[①]建立以"基础用户定向、垂直行业定向、相似人群扩展"为基础的广告推送系统,致力于实现"让广告在对的时间以对的形式出现在对的人眼前",让广告不再是一种骚扰,而是符合用户需求的有价值信息。百度信息流广告平台[②]借助百度大数据、用户需求定向、精准推荐和智能投放等技术,使推广信息准确

---

① 腾讯社交广告营销平台. 三大定向能力轻松瞄准您的目标用户[EB/OL]. [2018-01-06]. http://e.qq.com/targeting/.
② 百度营销中心. 解读百度信息流广告[EB/OL]. [2018-01-06]. http://yingxiao.baidu.com/topic/513/index.html?id=0&id=tab1.

触达高潜用户的同时全面提升广告效果。今日头条[①]率先采用"GPS定向＋支持第三方监测"技术以提高其广告定向契合度,保证地域定向广告的精准投放。凤凰网、搜狐网、新浪网等[②]也结合自身积累的不同类型用户群研发出各具特色的定向广告后台支持系统。以上事例也说明,与以往大众传媒时代的覆盖面广、广告效应持续时间长等广告商选择媒体平台的标准不同,移动互联网和通信技术的快速发展使得媒体平台广告投放的定向契合度成为广告商选择是否在该平台上投放广告的重要因素。

媒体平台的广告定向契合度依赖于其信息的获取、处理和应用能力以及消费者分享、提供个人信息的态度和意愿,只有更多地了解用户行为,才能让广告和用户间具有更高的匹配度。媒体平台对消费者行为数据的捕捉和使用不可避免地引发消费者对其隐私信息泄露的担忧,消费者对其隐私信息保护的关注会带来消费者对媒体平台的不安全感,持续增强的不安全感会造成消费者选择不登录该媒体平台或接入平台时选择隐藏个人信息,如用户会通过注册虚假信息、运用无痕浏览模式、选择 Super Hide IP 软件隐藏 IP 地址等方式造成媒体平台无法获取消费者的有效信息、广告定向契合度降低等问题。消费者对其隐私信息的保护影响着媒体平台的广告定向契合度,广告定向契合度的高低影响着广告投放效果,进而影响广告商的广告投放意愿和平台利润。因此,揭示消费者隐私信息保护行为和广告定向契合度对媒体平台竞争的内在影响机理对于媒体平台高效运用定向广告策略、做出正确的管理决策具有重要的现实意义。

媒体市场竞争中,存在着搜狐网与新浪网、腾讯网与今日头条这种"免费 vs 免费"媒体平台对称竞争模式。基于媒体平台竞争中的现实问题和理论研究的空缺,考虑到消费者对隐私信息的保护影响着媒体平台获取消费者行为和个性特征数据的能力,进而影响媒体平台的广告定向契合度和电商企业利润,本节基于双边市场理论模型和博弈分析方法,研究在"免费 vs 免费"媒体平台对称竞争模式下,消费者隐私信息保护行为和广告定向契合度对媒体平台广告策略、定价策略和平台利润的影响。主要问题包括:

(1) 分析垄断环境下,单一媒体平台的广告定向契合度和消费者隐私信息保护行为如何影响媒体平台的广告和价格策略以及平台利润。

(2) 分析竞争环境下,当广告商选择单归属策略和多归属策略时,媒体平台的广告定向契合度和消费者隐私信息保护行为如何影响媒体平台的广告和价格策略以及平台利润。

(3) 广告商选择单归属策略或多归属策略时,广告商接入媒体平台的归属策略对媒体平台竞争的广告和价格策略以及利润水平影响如何,媒体电商企业在起步、发展等不同阶段的广告和定价策略如何选取。

---

① 今日头条广告定向技术实力大公开:GPS定向＋支持第三方监测[EB/OL].(2017-07-24)[2018-01-06]. http://tech.china.com/article/20170724/2017072443045.html.
② 从广告投放系统看各大平台的大数据定向能力[EB/OL].(2017-10-25)[2018-01-06]. http://www.sohu.com/a/199326557_119633.

7.1.2 基本假设与变量描述

媒体平台:媒体平台允许消费者免费接入,通过向广告商收取广告费来实现盈利,如腾讯免费视频、百度搜索等通过不同的定价模式向广告商收费,但允许用户免费获取资讯信息和观看体验。由于媒体平台的运营成本和广告成本不影响本项目分析结果,不失一般性,假设媒体平台的运营成本和广告成本为零,广告价格为 p,用接入媒体平台的广告商数量 a 来表示广告量[204],则媒体平台利润为 $\Pi = pa$。假设媒体平台的广告定向契合度为 λ,即 λ 比例的消费者被平台精准识别后收到定向广告的效用为 $v - tx$(此时广告对消费者不会产生干扰成本),$1 - \lambda$ 比例的消费者未被精准识别后其接入媒体平台的效用为 $v - ra - tx$,其中 $v > 0$ 表示消费者接入媒体平台的基本效用,$r > 0$ 表示单位广告给消费者带来的干扰成本,$t > 0$ 为消费者单位偏好差异成本,衡量消费者选择媒体平台后因与自己偏好不一致所导致的损失。

消费者:消费者选择单归属策略,在同一时间内只接入一个媒体平台,总人数标准化为 1,按其对媒体平台的偏好 x 均匀分布在 $[0,1]$ 之间。广告商和消费者相互匹配、相互作用,广告商偏好的媒体电商企业通常也是关注该广告商产品或服务的消费者偏好的媒体电商企业,例如车企和汽车经销商偏好在汽车之家、爱卡汽车等商业网站上投放有关汽车类的定向广告,而汽车爱好者、有购车意愿的消费者通常喜欢浏览和光顾这类网站,广告商和消费者通过媒体平台定向互动,故假设消费者对媒体平台的偏好差异和广告商对媒体平台的偏好差异是一致的,都为 t。消费者对自身隐私信息的保护程度 δ 影响着媒体平台的广告定向契合度 λ,消费者对自身隐私信息保护程度 δ 越大,媒体平台获取消费者个性化数据的能力和用户画像能力越弱,媒体平台的定向契合度越低;反之,消费者对自身隐私信息保护程度 δ 越小,媒体平台的定向契合度越高,即 $\frac{\partial \lambda}{\partial \delta} < 0$。

广告商:假设市场上广告商数量为 1,按其对媒体平台的偏好 z 均匀分布在 $[0,1]$ 之间。媒体平台广告投放的定向契合度、消费者隐私信息获取能力、公众关注度和社会影响力等影响着广告投放效果,也成为广告商选择媒体平台的重要因素。同时,接入媒体平台的消费者规模也直接影响着广告商的效用,接入媒体平台的消费者越多,相对而言广告效果越好,广告商的效用也越高。假设接入两个媒体平台的消费者规模分别为 n_1 和 n_2,偏好位于 z 点的广告商单归属(single-homing),只在一个媒体平台上投放广告时,选择媒体平台 1 的净效用为 $an_1 - tz - p_1$,选择媒体平台 2 的净效用为 $an_2 - t(1-z) - p_2$,当广告商多归属(multi-homing),同时在媒体平台 1 和媒体平台 2 上投放广告时获得的净效用为 $a - t - p_1 - p_2$,其中,$a > 0$,表示广告商对消费者的网络外部性强度,即广告商从每个接入媒体平台的消费者处获取的边际收益[204],用于衡量接入媒体平台的消费者规模对广告商投放广告效果的影响。

7.1.3 垄断环境下的媒体平台收益分析

假设市场上存在定向契合度为 λ 的单一垄断媒体电商企业,广告商在媒体平台上投放的广告量为 a,则偏好位于 x 点、λ 比例的消费者接入媒体平台的效用为 $U_\lambda = v - tx$,$1-\lambda$ 比例的消费者接入媒体平台的效用为 $U_{1-\lambda} = v - ra - tx$,广告价格 p 确定后,广告商选择接入媒体平台。讨论垄断环境下的媒体平台广告和定价策略,得到以下结论:

定理 7.1 垄断环境下,媒体平台的均衡广告价格和均衡利润分别为 $p^m = \dfrac{\alpha v}{2t}$[①] 和 $\Pi^m = \dfrac{\alpha^2 v^2}{4t[t^2 + \alpha r(1-\lambda)]}$,均衡广告量为 $a^m = \dfrac{\alpha v}{2[t^2 + \alpha r(1-\lambda)]}$。

证明:只有当 $U_\lambda \geqslant 0$ 和 $U_{1-\lambda} \geqslant 0$ 时,消费者才会选择加入媒体平台,则被平台精准识别后收到定向广告的消费者和未被精准识别的消费者选择加入媒体平台的临界值分别为 $x_\lambda = \dfrac{v}{t}$、$x_{1-\lambda} = \dfrac{v - ra}{t}$,则选择加入媒体平台的总人数为:

$$n = \lambda x_\lambda + (1-\lambda) x_{1-\lambda} = \lambda \frac{v}{t} + (1-\lambda) \frac{v - ra}{t} \tag{7.1}$$

此时,偏好为 z 的广告商加入媒体平台的效用为 $U_a = \alpha n - p - tz$,保证广告商效用 $U_a \geqslant 0$ 情形下得到广告商加入媒体平台的临界值为:

$$z' = a = \frac{\alpha n - p}{t} \tag{7.2}$$

将式(7.1)代入式(7.2)得到广告商数量为:

$$a = \frac{\alpha v - tp}{t^2 + \alpha r(1-\lambda)} \tag{7.3}$$

媒体平台利润函数为:

$$\Pi = \frac{p(\alpha v - tp)}{t^2 + \alpha r(1-\lambda)} \tag{7.4}$$

令 $\dfrac{\partial \Pi}{\partial p} = 0$ 并验证 $\dfrac{\partial^2 \Pi}{\partial p^2} < 0$ 得到均衡广告价格为 $p^m = \dfrac{\alpha v}{2t}$,将求解出的 p^m 分别代入式(7.3)和式(7.4),定理得证。

证毕。

分析广告定向契合度和消费者隐私信息保护行为对媒体平台均衡广告量、均衡广告价格和均衡利润的影响,得到推论 7.1。

推论 7.1 垄断环境下,媒体平台的均衡广告价格不依赖于广告定向契合度和消费者隐私信息保护程度的变化,而广告定向契合度的提高将提高媒体平台的均衡广告量和均衡利润,即 $\dfrac{\partial p^m}{\partial \lambda} = 0$、$\dfrac{\partial a^m}{\partial \lambda} > 0$、$\dfrac{\partial \Pi^m}{\partial \lambda} > 0$;消费者隐私信息保护程度的增强将降低媒体平台的均

---

① 上标代表 m 垄断环境。

衡广告量和均衡利润,即$\frac{\partial p^m}{\partial \delta}=0$、$\frac{\partial a^m}{\partial \delta}<0$ 和$\frac{\partial \Pi^m}{\partial \delta}<0$。

由于市场上只存在着单一的媒体平台,媒体平台凭借其在市场中的垄断地位制定垄断价格,以最大限度地榨取广告商剩余,故其广告定价策略不受定向契合度的影响,随着媒体平台广告定向契合度的提高,自然会吸引越来越多的广告商加入,在定价策略不变的情形下,随着平台上广告投放量的增加,媒体平台的利润相应增加。由于媒体平台的广告定向契合度与消费者隐私信息保护程度呈负相关关系,而媒体平台的均衡广告价格不依赖于广告定向契合度,均衡广告量和均衡利润与广告定向契合度呈正相关关系,故媒体平台的均衡广告价格不依赖于消费者隐私信息保护程度,均衡广告量和均衡利润均随消费者隐私信息保护程度的增强而减小。

7.1.4 竞争环境下的媒体平台收益分析

假设市场上存在着定向契合度分别为λ_1、λ_2的两竞争媒体平台$i(i=1,2)$,在两竞争媒体平台$i(i=1,2)$上投放的广告量分别为a_1、a_2,定向契合度将市场中的消费者群体分成四个部分:$\lambda_1\lambda_2$比例的消费者被两媒体平台精准识别并收到定向广告,此时,偏好位于x点的消费者接入媒体平台1、2的效用分别为$v-tx$和$v-t(1-x)$,消费者接入媒体平台1、2的效用无差异点为$x_1=\frac{1}{2}$;$\lambda_1(1-\lambda_2)$比例的消费者被媒体平台1精准识别并收到定向广告,但未被媒体平台2精准识别,此时,偏好位于x点的消费者接入媒体平台1、2的效用分别为$v-tx$、$v-ra_2-t(1-x)$,消费者接入媒体平台1、2的效用无差异点为$x_2=\frac{1}{2}+\frac{ra_2}{2t}$;$\lambda_2(1-\lambda_1)$比例的消费者被媒体平台2精准识别并收到定向广告,但未被媒体平台1精准识别,此时,偏好位于x点的消费者接入媒体平台1、2的效用分别为$v-ra_1-tx$、$v-t(1-x)$,消费者接入媒体平台1、2的效用无差异点为$x_3=\frac{1}{2}-\frac{ra_1}{2t}$;$(1-\lambda_1)(1-\lambda_2)$比例的消费者均未收到两媒体平台投放的定向广告,此时,偏好位于x点的消费者接入媒体平台1、2的效用分别为$v-ra_1-tx$和$v-ra_2-t(1-x)$,消费者接入媒体平台1、2的效用无差异点为$x_4=\frac{1}{2}+\frac{ra_2-ra_1}{2t}$。选择接入媒体平台1的人数为:

$$n_1=\frac{1}{2}\lambda_1\lambda_2+\lambda_1(1-\lambda_2)\left(\frac{1}{2}+\frac{ra_2}{2t}\right)+\lambda_2(1-\lambda_1)\left(\frac{1}{2}-\frac{ra_1}{2t}\right)+$$
$$(1-\lambda_1)(1-\lambda_2)\left(\frac{1}{2}+\frac{ra_2-ra_1}{2t}\right)$$
$$=\frac{1}{2}+\frac{(1-\lambda_2)ra_2}{2t}-\frac{(1-\lambda_1)ra_1}{2t} \tag{7.5}$$

选择接入媒体平台2的人数为:

$$n_2=\frac{1}{2}+\frac{(1-\lambda_1)ra_1}{2t}-\frac{(1-\lambda_2)ra_2}{2t} \tag{7.6}$$

1. 广告商选择单归属策略

在给定两媒体平台的广告价格后,广告商选择单归属策略,仅选择在一个媒体平台上投放广告,分析广告定向契合度影响下的媒体平台竞争均衡,得到以下结论:

定理7.2 在"免费 vs 免费"媒体平台对称竞争模式下,当广告商选择单归属策略时,两媒体平台竞争的均衡广告价格和均衡广告量分别为:

$$p_i^{cs} = t + \frac{\alpha r(3 - \lambda_i - 2\lambda_j)}{3t}①, \quad a_i^{cs} = \frac{3t^2 + \alpha r(3 - \lambda_i - 2\lambda_j)}{6t^2 + 3\alpha r(2 - \lambda_i - \lambda_j)}$$

媒体平台的均衡利润为 $\Pi_i^{cs} = \frac{[3t^2 + \alpha r(3 - \lambda_i - 2\lambda_j)]^2}{9t[2t^2 + \alpha r(2 - \lambda_i - \lambda_j)]}$ $(i \neq j, i, j = 1, 2)$。

证明:边际广告商 $\bar{z}$ 选择在媒体平台1和媒体平台2上投放广告所获得的净效用分别为 $\alpha n_1 - t\bar{z} - p_1, \alpha n_2 - t(1 - \bar{z}) - p_2$。广告商接入媒体平台1、2的效用无差异点为 $\bar{z} = \frac{1}{2} + \frac{\alpha(n_1 - n_2) + (p_2 - p_1)}{2t}$,处在 $[0, \bar{z}]$ 位置的广告商将选择在媒体平台1上投放广告,处在 $[\bar{z}, 1]$ 位置的广告商将选择在媒体平台2上投放广告。广告商选择在媒体平台1、2上的广告量分别为 $a_1 = \bar{z}, a_2 = 1 - \bar{z}$。与式(7.5)、式(7.6)联立整理得:

$$a_1 = \frac{t^2 + t(p_2 - p_1) + \alpha r(1 - \lambda_2)}{2t^2 + \alpha r(2 - \lambda_1 - \lambda_2)} \tag{7.7}$$

$$a_2 = \frac{t^2 + t(p_1 - p_2) + \alpha r(1 - \lambda_1)}{2t^2 + \alpha r(2 - \lambda_1 - \lambda_2)} \tag{7.8}$$

将式(7.7)、式(7.8)代入媒体平台利润函数 $\Pi_i = p_i a_i$,得两媒体平台利润函数为:

$$\Pi_1 = p_1 \left[\frac{t^2 + t(p_2 - p_1) + \alpha r(1 - \lambda_2)}{2t^2 + \alpha r(2 - \lambda_1 - \lambda_2)} \right] \tag{7.9}$$

$$\Pi_2 = p_2 \left[\frac{t^2 + t(p_1 - p_2) + \alpha r(1 - \lambda_1)}{2t^2 + \alpha r(2 - \lambda_1 - \lambda_2)} \right] \tag{7.10}$$

分别对 p_1、p_2 求导并验证 $\frac{\partial^2 \Pi_i}{\partial p_i^2} < 0$ 得 $p_i^{cs} = t + \frac{\alpha r(3 - \lambda_i - 2\lambda_j)}{3t}$ $(i \neq j, i, j = 1, 2)$,再依次代入式(7.7)~式(7.10),定理得证。证毕。

分析广告定向契合度对两竞争媒体平台均衡广告价格、均衡广告量和均衡利润的影响,得到推论7.2。

推论7.2 在"免费 vs 免费"媒体平台对称竞争模式下,当广告商选择单归属策略时,媒体平台的均衡广告价格和均衡利润均随自身的广告定向契合度和竞争对手的广告定向契合度的提高而降低,均衡广告量随自身的定向契合度的提高而增大、随竞争对手的定向契合度的提高而减小,即 $\frac{\partial p_i^{cs}}{\partial \lambda_i} < 0, \frac{\partial p_i^{cs}}{\partial \lambda_j} < 0, \frac{\partial \Pi_i^{cs}}{\partial \lambda_i} < 0, \frac{\partial \Pi_i^{cs}}{\partial \lambda_j} < 0, \frac{\partial a_i^{cs}}{\partial \lambda_i} > 0, \frac{\partial a_i^{cs}}{\partial \lambda_j} < 0$。

---

① 上标代表 c 竞争环境,s 代表广告商单归属。

进一步通过算例验证在广告商选择单归属策略时,媒体平台自身的广告定向契合度和竞争对手的广告定向契合度对均衡广告价格、均衡广告量和均衡利润的影响,取 $\alpha=2, r=2.5, t=1, \lambda_i、\lambda_j$ 在 $(0,1)$ 上变动,得到广告价格、广告量和均衡利润随自身的广告定向契合度和竞争对手的广告定向契合度的变化图(图7-1~图7-3)。

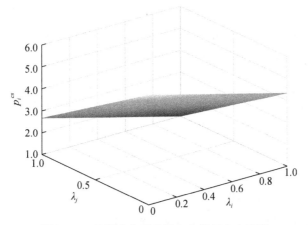

图7-1 均衡广告价格随定向契合度变化图

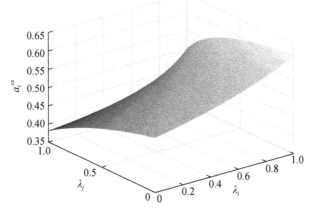

图7-2 均衡广告量随定向契合度变化图

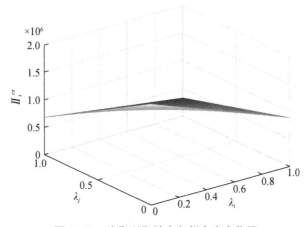

图7-3 均衡利润随定向契合度变化图

如图7-1～图7-3所示,当媒体平台自身的广告定向契合度λ_i和竞争对手的广告定向契合度λ_j逐渐提高时,媒体平台的均衡广告价格和均衡利润逐渐降低,均衡广告量却随自身定向契合度的逐渐提高而提高、随竞争对手定向契合度的逐渐提高而降低。

广告商的广告费是媒体平台利润的唯一来源,竞争环境下,当广告商单归属,只选择接入一个媒体平台时,随着竞争对手定向契合度的提高,即使自身定向契合度有所提高,为赢得市场竞争优势,媒体平台仍将降低自身广告价格以吸引更多的广告商接入,导致媒体平台的均衡广告价格随自身的广告定向契合度和竞争对手的广告定向契合度的提高而降低;在价格调整过程中,广告商始终是理性的,为提高广告投放效果,将会选择在定向契合度相对较高的媒体平台上投放广告,故媒体平台的均衡广告量随自身的定向契合度的提高而增大、随竞争对手的定向契合度的提高而减小;当广告价格随媒体平台自身定向契合度增大而降低的幅度大于均衡广告量随媒体平台自身定向契合度增大而增大的幅度时,媒体平台的均衡利润将随自身的广告定向契合度的提高而降低。随着竞争对手定向契合度的增大,媒体平台采取的"降价促销"策略导致媒体平台均衡利润随着竞争对手定向契合度的增大而降低。

分析消费者隐私信息保护行为对媒体平台均衡广告价格、均衡广告量和均衡利润的影响,得到推论7.3。

推论7.3 在"免费vs免费"媒体平台对称竞争模式下,当广告商选择单归属策略时,媒体平台的均衡广告价格和均衡利润均随消费者隐私信息保护程度的增强而提高;当媒体平台自身的广告定向契合度大于竞争对手的定向契合度时,媒体平台的均衡广告量随消费者隐私信息保护程度的增强而减小,反之,随消费者隐私信息保护程度的增强而增大,即 ① $\frac{\partial p_i^{cs}}{\partial \delta} > 0, \frac{\partial \Pi_i^{cs}}{\partial \delta} > 0$;② 当$\lambda_i > \lambda_j$时,$\frac{\partial a_i^{cs}}{\partial \delta} < 0$;当$\lambda_i < \lambda_j$时,$\frac{\partial a_i^{cs}}{\partial \delta} > 0$。

在"免费vs免费"媒体平台对称竞争模式下,广告商选择单归属策略时,由于媒体平台的广告定向契合度与消费者隐私信息保护程度负相关,而媒体平台的均衡广告价格和均衡利润与自身的广告定向契合度和竞争对手的广告定向契合度也呈负相关关系,故随着消费者隐私信息保护程度的增强,媒体平台的均衡广告价格和均衡利润也将提高;当媒体平台自身的定向契合度大于竞争对手的定向契合度时,媒体平台自身的广告定向契合度对均衡广告量影响的边际效应大于竞争对手的广告定向契合度对均衡广告量影响的边际效应[①],而均衡广告量与媒体平台自身的定向契合度正相关、与竞争对手的定向契合度负相关,故随着消费者隐私信息保护程度的增强,媒体平台的均衡广告量将减小,反之,将增大。

2. 广告商选择多归属策略

在给定两媒体平台的广告价格后,广告商选择多归属策略,选择在两个媒体平台上投放广告,分析广告定向契合度影响下的媒体平台竞争均衡,得到以下结论:

---

① 易证当$\lambda_i > \lambda_j$时,$\left|\frac{\partial a_i^{cs}}{\partial \lambda_i}\right| > \left|\frac{\partial a_i^{cs}}{\partial \lambda_j}\right|$,$\frac{\partial a_i^{cs}}{\partial \delta} < 0$;反之,$\frac{\partial a_i^{cs}}{\partial \delta} > 0$。

定理 7.3 在"免费 vs 免费"媒体平台对称竞争模式下,当广告商选择多归属策略时,两媒体平台竞争的均衡广告价格和均衡广告量分别为:

$$p_i^{cm} = \frac{\alpha[\alpha^2 r^2 (1-\lambda_i)(1-\lambda_j) + \alpha r t^2 (5 - 2\lambda_i - 3\lambda_j) + 4t^4]}{3\alpha^2 r^2 (1-\lambda_i)(1-\lambda_j) + 8\alpha r t^2 (2 - \lambda_i - \lambda_j) + 16t^4}①$$

$$a_i^{cm} = \frac{\alpha[2t^2 + \alpha r(1-\lambda_j)][\alpha^2 r^2 (1-\lambda_i)(1-\lambda_j) + \alpha r t^2 (5 - 2\lambda_i - 3\lambda_j) + 4t^4]}{t[2t^2 + \alpha r(2 - \lambda_i - \lambda_j)][3\alpha^2 r^2 (1-\lambda_i)(1-\lambda_j) + 8\alpha r t^2 (2 - \lambda_i - \lambda_j) + 16t^4]}$$

媒体平台的均衡利润为:

$$\pi_i^{cm} = \frac{\alpha^2[2t^2 + \alpha r(1-\lambda_j)][\alpha^2 r^2 (1-\lambda_i)(1-\lambda_j) + \alpha r t^2 (5 - 2\lambda_i - 3\lambda_j) + 4t^4]^2}{t[2t^2 + \alpha r(2 - \lambda_i - \lambda_j)][3\alpha^2 r^2 (1-\lambda_i)(1-\lambda_j) + 8\alpha r t^2 (2 - \lambda_i - \lambda_j) + 16t^4]^2}$$

$$(i \neq j, \quad i,j = 1,2)$$

证明:边际广告商 $\bar{z}_1$ 选择在媒体平台 1 和同时在两个媒体平台上投放广告所获得的净效用分别为 $\alpha n_1 - t\bar{z}_1 - p_1$ 和 $\alpha - t - p_1 - p_2$,广告商接入媒体平台 1 和同时接入两个媒体的效用无差异点为 $\bar{z}_1 = 1 + \frac{p_2 - \alpha n_2}{t}$。边际广告商 $\bar{z}_2$ 选择在媒体平台 2 和同时在两个媒体平台上投放广告所获得的净效用分别为 $\alpha n_2 - t(1-\bar{z}_2) - p_2$ 和 $\alpha - t - p_1 - p_2$,广告商接入媒体平台 1 和同时接入两个媒体的效用无差异点为 $\bar{z}_2 = \frac{\alpha n_1 - p_1}{t}$。处在 $[0, \bar{z}_1]$ 位置的广告商仅选择在媒体平台 1 上投放广告,处在 $[\bar{z}_1, \bar{z}_2]$ 位置的广告商选择在两个媒体平台上同时投放广告,处在 $[\bar{z}_2, 1]$ 位置的广告商仅选择在媒体平台 2 上投放广告,则广告商选择在媒体平台 1、2 上投放的广告量分别为 $a_1 = \bar{z}_2 = \frac{\alpha n_1 - p_1}{t}$, $a_2 = 1 - \bar{z}_1 = \frac{\alpha n_2 - p_2}{t}$。与式(7.5)、式(7.6)联立整理得:

$$a_1 = \frac{\alpha t^2 + \alpha^2 r(1-\lambda_2) - \alpha r(1-\lambda_2) p_2 - [2t^2 + \alpha r(1-\lambda_2)] p_1}{2t^3 + \alpha r t(2 - \lambda_1 - \lambda_2)} \quad (7.11)$$

$$a_2 = \frac{\alpha t^2 + \alpha^2 r(1-\lambda_1) - \alpha r(1-\lambda_1) p_1 - [2t^2 + \alpha r(1-\lambda_1)] p_2}{2t^3 + \alpha r t(2 - \lambda_1 - \lambda_2)} \quad (7.12)$$

将式(7.11)、式(7.12)代入媒体平台利润函数 $\Pi_i = p_i a_i$,得到两媒体平台利润函数为:

$$\Pi_1 = p_1 \left\{ \frac{\alpha t^2 + \alpha^2 r(1-\lambda_2) - \alpha r(1-\lambda_2) p_2 - [2t^2 + \alpha r(1-\lambda_2)] p_1}{2t^3 + \alpha r t(2 - \lambda_1 - \lambda_2)} \right\} \quad (7.13)$$

$$\Pi_2 = p_2 \left\{ \frac{\alpha t^2 + \alpha^2 r(1-\lambda_1) - \alpha r(1-\lambda_1) p_1 - [2t^2 + \alpha r(1-\lambda_1)] p_2}{2t^3 + \alpha r t(2 - \lambda_1 - \lambda_2)} \right\} \quad (7.14)$$

分别对 p_1、p_2 求导并验证 $\frac{\partial^2 \Pi_i}{\partial p_i^2} < 0$ 得

$$p_i^{cm} = \frac{\alpha[\alpha^2 r^2 (1-\lambda_i)(1-\lambda_j) + \alpha r t^2 (5 - 2\lambda_i - 3\lambda_j) + 4t^4]}{3\alpha^2 r^2 (1-\lambda_i)(1-\lambda_j) + 8\alpha r t^2 (2 - \lambda_i - \lambda_j) + 16t^4} \quad (i \neq j, \quad i,j = 1,2)$$

并依次代入式(7.11)~式(7.14),定理得证。证毕。

---

① 上标 c 代表竞争环境,m 代表广告商多归属。

分析广告定向契合度对两竞争媒体平台均衡广告价格、均衡广告量和均衡利润的影响，得到推论7.4。

推论7.4 在"免费vs免费"媒体平台对称竞争模式下，当广告商选择多归属策略时，媒体平台的均衡广告价格、均衡广告量、均衡利润与自身广告定向契合度呈正相关关系，与竞争对手广告定向契合度呈负相关关系，即 $\frac{\partial p_i^{am}}{\partial \lambda_i} > 0$、$\frac{\partial a_i^{am}}{\partial \lambda_i} > 0$ 和 $\frac{\partial \Pi_i^{m}}{\partial \lambda_i} > 0$，$\frac{\partial p_i^{am}}{\partial \lambda_j} < 0$、$\frac{\partial a_i^{am}}{\partial \lambda_j} < 0$ 和 $\frac{\partial \Pi_i^{m}}{\partial \lambda_j} < 0$。

进一步通过算例验证在广告商多归属情形下，媒体平台自身的广告定向契合度和竞争对手的广告定向契合度对均衡广告价格、均衡广告量和均衡利润的影响，取 $\alpha = 2, r = 2.5$，$t = 1, \lambda_i、\lambda_j$ 在 $(0,1)$ 上变动，得到广告价格、广告量和均衡利润随广告定向契合度的变化图（图7-4～图7-6）。

如图7-4至图7-6所示，当媒体平台自身的广告定向契合度 λ_i 逐渐提高时，媒体平台的均衡广告价格、均衡广告量和均衡利润均逐渐增大，当竞争对手的广告定向契合度 λ_j 逐渐提高时，媒体平台的均衡广告价格、均衡广告量和均衡利润却逐渐变小。

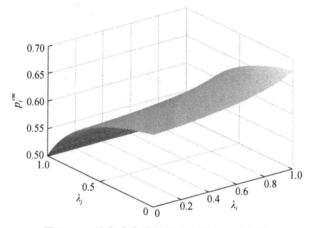

图7-4 均衡广告价格随定向契合度变化图

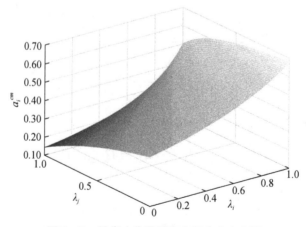

图7-5 均衡广告量随定向契合度变化图

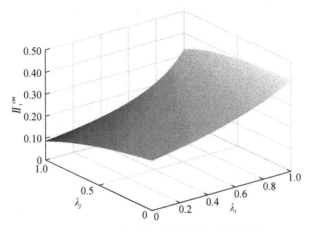

图 7-6　均衡利润随定向契合度变化图

在"免费 vs 免费"媒体平台对称竞争模式下,当广告商选择多归属策略时,广告商可以选择同时在一个或两个媒体平台上投放广告,为提高广告投放效果,类似单归属时的情形,广告商将会选择在定向契合度相对较高的媒体平台上投放广告,故媒体平台的均衡广告量随自身定向契合度的提高而增大、随竞争对手定向契合度的提高而减小。而由于广告商选择多归属策略,广告商可以选择在两个媒体平台上同时投放广告,广告商总数将超过 1,随着自身和竞争对手广告定向契合度的提高,平台间的竞争将更加激烈。为赢得更大利润,当竞争对手的定向契合度提高时,媒体平台会选择降低广告价格,当自身定向契合度提高时,媒体平台会选择提高广告价格。定向契合度对均衡广告价格和均衡广告量的影响同时发挥作用,导致媒体平台均衡利润随自身定向契合度的提高而增大,随竞争对手定向契合度的提高而减小。

推论 7.5　在"免费 vs 免费"媒体平台对称竞争模式下,当广告商选择多归属策略,媒体平台自身广告定向契合度对均衡广告价格、均衡广告量和均衡利润影响的边际效应大于竞争对手广告定向契合度对三者影响的边际效应时,消费者隐私信息保护程度负向影响媒体平台的均衡广告价格、均衡广告量和均衡利润;而当媒体平台自身广告定向契合度对均衡广告价格、均衡广告量和均衡利润影响的边际效应小于竞争对手广告定向契合度对三者影响的边际效应时,消费者隐私信息保护程度正向影响媒体平台的均衡广告价格、均衡广告量和均衡利润。即:

(1) 当 $\left|\dfrac{\partial p_i^{an}}{\partial \lambda_i}\right| > \left|\dfrac{\partial p_i^{an}}{\partial \lambda_j}\right|$ 时,$\dfrac{\partial p_i^{an}}{\partial \delta} < 0$;反之,$\dfrac{\partial p_i^{an}}{\partial \delta} > 0$。

(2) 当 $\left|\dfrac{\partial a_i^{an}}{\partial \lambda_i}\right| > \left|\dfrac{\partial a_i^{an}}{\partial \lambda_j}\right|$ 时,$\dfrac{\partial a_i^{an}}{\partial \delta} < 0$;反之,$\dfrac{\partial a_i^{an}}{\partial \delta} > 0$。

(3) 当 $\left|\dfrac{\partial \Pi_i^{an}}{\partial \lambda_i}\right| > \left|\dfrac{\partial \Pi_i^{an}}{\partial \lambda_j}\right|$ 时,$\dfrac{\partial \Pi_i^{an}}{\partial \delta} < 0$;反之,$\dfrac{\partial \Pi_i^{an}}{\partial \delta} > 0$。

在"免费 vs 免费"媒体平台对称竞争模式下,当广告商选择多归属的策略时,媒体平台的均衡广告价格、均衡广告量、均衡利润与自身的广告定向契合度呈正相关关系，与竞争对手的广告定向契合度呈负相关关系，而消费者隐私信息保护程度又负向影响广告定向契合度，所以当媒体平台自身的广告定向契合度对均衡广告价格、均衡广告量和均衡利润影响的边际效应大于竞争对手的广告定向契合度对均衡广告价格、均衡广告量和均衡利润影响的边际效应时，媒体平台的均衡广告价格、均衡广告量和均衡利润均随消费者隐私信息保护程度的增强而减小，反之，三者均随消费者隐私信息保护程度的增强而增大。

7.1.5 结果对比分析

为简化研究，便于对比分析，在"免费 vs 免费"媒体平台对称竞争模式下，假设两媒体电商企业具有相同的定向契合度，讨论 $\lambda_1 = \lambda_2 = \lambda$ 时，分析比较广告商不同归属策略情形下的媒体平台价格策略和广告商广告策略，以及均衡利润，为媒体平台在发展的不同阶段选择合适的运营策略提供理论参考。

推论 7.6 在"免费 vs 免费"媒体平台对称竞争模式下，当广告商从每个接入媒体平台的消费者处获取的边际收益较小时，广告商单归属时媒体平台的均衡广告量大于广告商多归属时媒体平台的均衡广告量；当广告商从每个接入媒体平台的消费者处获取的边际收益适中时，随着媒体平台广告定向契合度的提高，广告商单归属时媒体平台的均衡广告量先大于而后小于广告商多归属时媒体平台的均衡广告量；当广告商从每个接入媒体平台的消费者处获取的边际收益较大时，广告商单归属时媒体平台的均衡广告量小于广告商多归属时媒体平台的均衡广告量。

证明：当两媒体电商企业具有相同的定向契合度，即 $\lambda_1 = \lambda_2 = \lambda$ 时，

$$a_1^{cs} = a_2^{cs} = a^{cs} = \frac{1}{2}, a_1^{cm} = a_2^{cm} = a^{cm} = \frac{\alpha^2 r(1-\lambda) + 2\alpha t^2}{6\alpha rt(1-\lambda) + 8t^3}$$

$$a^{cs} - a^{cm} = \frac{1}{2} - \frac{\alpha^2 r(1-\lambda) + 2\alpha t^2}{6\alpha rt(1-\lambda) + 8t^3} = \frac{(1-\lambda)(3\alpha rt - \alpha^2 r) + 4t^3 - 2\alpha t^2}{2t[3\alpha r(1-\lambda) + 4t^2]}$$

(1) 当 $\alpha < 2t$ 时，$(1-\lambda)(3\alpha rt - \alpha^2 r) + 4t^3 - 2\alpha t^2 > 0$，有 $a^{cs} > a^{cm}$。

(2) 当 $2t < \alpha < 3t, 0 < \lambda < 1 - \dfrac{2t^2(\alpha - 2t)}{\alpha r(3t - \alpha)}$ 时，$(1-\lambda)(3\alpha rt - \alpha^2 r) + 4t^3 - 2\alpha t^2 > 0$，有 $a^{cs} > a^{cm}$；当 $1 - \dfrac{2t^2(\alpha - 2t)}{\alpha r(3t - \alpha)} < \lambda < 1$ 时，$(1-\lambda)(3\alpha rt - \alpha^2 r) + 4t^3 - 2\alpha t^2 < 0$，有 $a^{cs} < a^{cm}$。

(3) 当 $\alpha > 3t$ 时，$(1-\lambda)(3\alpha rt - \alpha^2 r) + 4t^3 - 2\alpha t^2 < 0$，有 $a^{cs} < a^{cm}$。 证毕。

在"免费 vs 免费"媒体平台对称竞争模式下，当广告商从每个接入媒体平台的消费者处获取的边际收益较小或当广告商从每个接入媒体平台的消费者处获取的边际收益适中而媒体平台的定向契合度较弱时，广告商在媒体平台上投放广告的效果较差，广告商选择接入单个媒体平台的意愿较强，而广告商从每个接入媒体平台的消费者处获取的边际收益较大或媒体平台的定向契合度提高时，广告商在媒体平台上投放广告的效果较好，理性的广告商自然会选择多归属策略，在两个媒体上投放广告。

推论 7.7 在"免费 vs 免费"媒体平台对称竞争模式下,当广告商从每个接入媒体平台的消费者处获取的边际收益较小时,广告商单归属时媒体平台的均衡广告价格、均衡利润大于广告商多归属时媒体平台的均衡广告价格和均衡利润;当广告商从每个接入媒体平台的消费者处获取的边际收益较大时,随着媒体平台广告定向契合度的提高,广告商单归属时媒体平台的均衡广告价格、均衡利润先大于而后小于广告商多归属时媒体平台的均衡广告价格和均衡利润。

证明:当 $\lambda_1 = \lambda_2 = \lambda$ 时,$p_1^{cs} = p_2^{cs} = p^{cs} = \dfrac{t^2 + \alpha r(1-\lambda)}{t}$,

$\Pi_1^{cs} = \Pi_2^{cs} = \Pi^{cs} = \dfrac{1}{2}\left[t + \dfrac{\alpha r(1-\lambda)}{t}\right]$; $p_1^{an} = p_2^{an} = p^{an} = \dfrac{\alpha^2 r(1-\lambda) + \alpha t^2}{3\alpha r(1-\lambda) + 4t^2}$,

$\Pi_1^{an} = \Pi_2^{an} = \Pi^{an} = \dfrac{\alpha^2[\alpha r(1-\lambda) + t^2][\alpha r(1-\lambda) + 2t^2]}{2t[3\alpha r(1-\lambda) + 4t^2]^2}$。

$p^{cs} - p^{an} = \dfrac{t^2 + \alpha r(1-\lambda)}{t} - \dfrac{\alpha^2 r(1-\lambda) + \alpha t^2}{3\alpha r(1-\lambda) + 4t^2} = \dfrac{[\alpha r(1-\lambda) + t^2][3\alpha r(1-\lambda) + 4t^2 - \alpha t]}{t[3\alpha r(1-\lambda) + 4t^2]}$。

(1) 当 $\alpha < 4t$ 时,$3\alpha r(1-\lambda) + 4t^2 - \alpha t > 0$,有 $p^{cs} > p^{an}$。

(2) 当 $\alpha > 4t$、$0 < \lambda < 1 - \dfrac{\alpha t - 4t^2}{3\alpha r}$ 时,$3\alpha r(1-\lambda) + 4t^2 - \alpha t > 0$,有 $p^{cs} > p^{an}$;

当 $1 - \dfrac{\alpha t - 4t^2}{3\alpha r} < \lambda < 1$ 时,$3\alpha r(1-\lambda) + 4t^2 - \alpha t < 0$,有 $p^{cs} < p^{an}$。

$\Pi^{cs} - \Pi^{an} = \dfrac{1}{2}\left[t + \dfrac{\alpha r(1-\lambda)}{t}\right] - \dfrac{\alpha^2[\alpha r(1-\lambda) + t^2][\alpha r(1-\lambda) + 2t^2]}{2t[3\alpha r(1-\lambda) + 4t^2]^2}$

$= \dfrac{[\alpha r(1-\lambda) + t^2]\{[3\alpha r(1-\lambda) + 4t^2]^2 - \alpha^2[\alpha r(1-\lambda) + 2t^2]\}}{2t[3\alpha r(1-\lambda) + 4t^2]^2}$。

(1) 当 $\alpha < 2\sqrt{2}t$ 时,$[3\alpha r(1-\lambda) + 4t^2]^2 - \alpha^2[\alpha r(1-\lambda) + 2t^2] > 0$,有 $\Pi^{cs} > \Pi^{an}$;

(2) 当 $\alpha > 2\sqrt{2}t$、$0 < \lambda < 1 - \dfrac{\alpha\sqrt{\alpha^2 + 24t^2} + \alpha^2 - 24t^2}{18\alpha r}$ 时,

$[3\alpha r(1-\lambda) + 4t^2]^2 - \alpha^2[\alpha r(1-\lambda) + 2t^2] > 0$,有 $\Pi^{cs} > \Pi^{an}$;

当 $1 - \dfrac{\alpha\sqrt{\alpha^2 + 24t^2} + \alpha^2 - 24t^2}{18\alpha r} < \lambda < 1$ 时,

$[3\alpha r(1-\lambda) + 4t^2]^2 - \alpha^2[\alpha r(1-\lambda) + 2t^2] < 0$,有 $\Pi^{cs} < \Pi^{an}$。 证毕。

推论 7.7 说明,在"免费 vs 免费"媒体平台对称竞争模式下,广告商从每个接入媒体平台的消费者处获取的边际收益是媒体平台制定广告价格时需要着重考虑的重要因素,广告商归属决策行为影响着媒体平台的利润,媒体平台应通过自身的价格策略来影响广告商的归属决策,进而实现媒体平台的利润最大化。

7.2 "免费 vs 付费"非对称竞争模式下的媒体平台定向广告策略

7.2.1 问题的提出

受制于消费者对其隐私信息的保护和自身信息应用技术的不成熟,当媒体平台的广告定向契合度较弱时,定向广告同样会给消费者带来不必要的干扰,消费者会通过反广告行为来降低效用损失,进而造成媒体平台运营受损。为全面提升广告投放效果,减少反广告行为带来的损失,以广告费为利润来源的免费媒体平台会不断提高其广告定向契合度以吸引更多的消费者和广告商接入。如 7.1.1 节中提及的今日头条、百度等。同样,为在市场竞争中赢得优势,有效规避因向用户收费而导致的消费者流失问题,以用户订阅费为利润来源的付费媒体平台则选择不断改善内容质量来吸引消费者接入,如爱奇艺付费视频服务等通过播放专业人士生产的专业视频,实施科技创新驱动战略,不断推出新形态的作品形式,提高内容质量,其营收中用户付费与广告收入之比已达1∶1。2017年6月中国在线视频App月活跃用户数方面,爱奇艺以 36524.3 万人位居行业第一[①]。相反,YouTube 不擅长自制专业视频内容,主要依靠用户生产内容[②]。当 YouTube 推出 YouTube Red 付费视频服务时,希望利用平台自身培养的网红来吸引用户的关注,通过将网红的视频内容放开给付费用户专享以获取电商企业利润。由于用户和网红生产的节目内容深度不够,质量不高,以致观众为这些内容付费的意愿大大降低,截至 2016 年夏季,YouTube Red 的付费用户一共只有 150 万人,另外有 100 万人仅申请了试用期付费,YouTube Red 付费视频服务运营战略受挫。

以上事例说明,在"免费 vs 付费"媒体平台非对称竞争模式下,免费媒体平台的广告定向契合度和付费媒体平台的内容质量成为两媒体平台赢得市场优势的关键因素。而免费媒体平台的广告定向契合度依赖于消费者对待个人隐私信息的行为和态度。因此,支持免费媒体平台高效运用定向广告策略、付费媒体平台改善内容质量提高平台利润,必须明确消费者隐私信息保护行为、免费媒体平台的广告定向契合度、付费媒体平台的内容质量改善对媒体平台竞争的内在影响机理。本小节基于双边市场理论模型,选取市场上普遍存在的 lump-sum 和 per-consumer 两种典型的"免费 vs 付费"非对称竞争模式,研究消费者隐私信息保护行为影响下的媒体平台定向广告策略。主要问题包括:

(1) 在"免费 vs 付费"媒体平台非对称竞争模式下,免费媒体平台的广告定向契合度、付费媒体平台的内容质量改善、消费者隐私信息保护行为如何影响媒体平台的广告和价格策

[①] 影大人. 2017 各大视频平台付费会员数量汇总[EB/OL]. (2017-09-09)[2018-06-02]. https://baijiahao.baidu.com/s?id=15797985899952326038&wfr=spider&for=pc.

[②] 好奇心日报. 为什么 YouTube 的付费会员卖不出去?[EB/OL]. (2016-11-04)[2018-06-02]. https://www.sohu.com/a/118161514_139533.

略以及平台利润。

(2) 在"免费 vs 付费"媒体平台非对称竞争模式下,以广告收入为盈利来源的免费媒体平台通过限制消费者隐私信息保护行为、提高其广告投放的定向契合度是否能够吸引更多的广告商接入进而提高平台利润。

(3) 在"免费 vs 付费"媒体平台非对称竞争模式下,以用户订阅费为盈利来源的付费媒体平台改善其内容质量是否能够吸引更多的用户接入进而提高平台利润。

7.2.2 基本假设与变量描述

媒体平台:假设市场上存在着竞争的两个媒体平台 $i(i=1,2)$,媒体平台 1 向在其平台上投放广告的广告商收取广告费,消费者可以免费接入平台;媒体平台 2 向每个接入其平台的消费者收取订阅费 s,但不接受广告商投放广告。不失一般性,假设媒体平台运营成本和广告成本为零,在 lump-sum 广告定价模式下广告价格为 $p=R$,在 per-consumer 广告定价模式下广告价格为 $p=en$,其中 n 为接入媒体平台的消费者人数,e 代表单个消费者每次点击单个广告时广告商支付给平台的费用,用接入媒体平台的广告商数量 a 来表示广告量,则免费媒体平台利润为 $\pi_1=Ra$ 或 $\pi_1=ena$,付费媒体平台利润为 $\pi_2=ns$。

消费者:消费者选择单归属策略,在同一时间内只接入一个媒体平台,总人数标准化为 1,按其对媒体平台的偏好 x 均匀分布在 $[0,1]$ 之间。假设付费媒体平台的内容质量改善程度为 v',免费媒体平台的广告定向契合度为 λ,即 λ 比例的消费者被免费媒体平台 1 精准识别后收到定向广告的效用为 $v-tx$(此时广告对消费者不会产生干扰成本),偏好位于 x 点的消费者接入付费媒体平台 2 的效用为 $v+v'-s-t(1-x)$,λ 比例的消费者接入媒体平台 1、2 的效用无差异点为 $x_1=\frac{1}{2}+\frac{s-v'}{2t}$;$1-\lambda$ 比例的消费者未被免费媒体平台 1 精准识别后其接入平台的效用为 $v-ra-tx$,此时,偏好位于 x 点的消费者接入付费媒体平台 2 的效用仍为 $v+v'-s-t(1-x)$,$1-\lambda$ 比例的消费者接入媒体平台 1、2 的效用无差异点为 $x_2=\frac{1}{2}+\frac{s-v'-ra}{2t}$。则选择接入免费媒体平台 1 的人数为:

$$n_1=\lambda\left(\frac{1}{2}+\frac{s-v'}{2t}\right)+(1-\lambda)\left(\frac{1}{2}+\frac{s-v'-ra}{2t}\right)=\frac{1}{2}+\frac{s-v'-r(1-\lambda)a}{2t} \quad (7.15)$$

选择接入付费媒体平台 2 的人数为:

$$n_2=\frac{1}{2}+\frac{v'-s+r(1-\lambda)a}{2t} \quad (7.16)$$

其中,$v>0$ 表示消费者接入媒体平台的基本效用,$r>0$ 表示单位广告给消费者带来的干扰成本,$t>0$ 为消费者单位偏好差异成本,衡量消费者选择媒体平台后因与自己偏好不一致所导致的损失。消费者对自身隐私信息的保护程度 δ 影响着媒体平台的广告定向契合度 λ,媒体平台的广告定向契合度与消费者隐私信息保护程度成反比,消费者对自身隐私信息

保护程度 δ 越大，媒体平台获取消费者个性化数据的能力和用户画像能力越弱，媒体平台的广告定向契合度越低；消费者对自身隐私信息保护程度 δ 越小，媒体平台的广告定向契合度越高，即 $\frac{\partial \lambda}{\partial \delta} < 0$。

广告商：假设市场上广告商总量为 1，单位广告生产成本为 y 且服从 $[0,1]$ 上的均匀分布，广告商的效用与接入媒体平台的消费者人数有关，消费者越多，广告商的效用越高。假设接入媒体平台的消费者人数为 n，则广告商接入媒体平台的效用为 $U = \alpha n - p - y$，其中，$\alpha > 0$，为广告商对消费者的网络外部性强度，用于衡量广告商从每个接入媒体平台的消费者处获取的边际收益，若消费者看到广告信息后购买产品或服务的意愿越强烈，则广告投放的效果越好，α 的值越大。当广告商效用大于零（$U \geqslant 0$）时其才会决定在媒体平台上投放广告。广告价格 p 确定后，广告商在媒体平台上投放的广告量随之确定为 $a = \alpha n - p$，广告商剩余为 $AS = \int_0^a (\alpha n - p - y) \mathrm{d}y$。广告商和消费者相互匹配、相互作用，广告商偏好的媒体电商企业通常也是关注该广告商产品或服务的消费者关注的媒体电商企业，例如家电电商企业通常选择在国美网上商城、家电网等投放定向广告，而对家电有强烈购买需求的消费者通常也会选择光顾这类网站了解产品信息，广告商和消费者通过媒体平台定向互动，故假设广告商和消费者对媒体平台的偏好差异成本是一致的，都为 t。

7.2.3 广告定向契合度与内容质量改善影响下的媒体平台竞争均衡

1. lump-sum 非对称竞争模式下的竞争均衡

假设免费媒体平台向消费者免费开放的同时通过广告价格 $p = R$ 向广告商收费，付费媒体平台向消费者收取订阅费 s^R 但不接受广告商投放广告，则根据式(7.15)和式(7.16)求得接入免费媒体平台和付费媒体平台的人数分别为：

$$n_1^R = \frac{1}{2} + \frac{s^R - v' - r(1-\lambda)a^R}{2t} \quad n_2^R = \frac{1}{2} + \frac{v' + r(1-\lambda)a^R - s^R}{2t} \tag{7.17}$$

在确定广告价格 $p = R$ 后，广告商选择在媒体平台 1 上投放的广告量为：

$$a^R = \alpha n_1^R - R \tag{7.18}$$

将式(7.18)代入式(7.17)反解得：

$$n_1^R = \frac{t + s^R - v' + r(1-\lambda)R}{2t + \alpha r(1-\lambda)} \quad n_2^R = \frac{t + v' - s^R + r(1-\lambda)(\alpha - R)}{2t + \alpha r(1-\lambda)} \tag{7.19}$$

将式(7.18)、式(7.19)代入平台利润函数 $\pi_1 = Ra, \pi_2 = ns$ 整理得：

$$\pi_1^R = R\left[\alpha \frac{t + s^R - v' + r(1-\lambda)R}{2t + \alpha r(1-\lambda)} - R\right] \quad \pi_2^R = s^R \frac{t + v' - s^R + r(1-\lambda)(\alpha - R)}{2t + \alpha r(1-\lambda)}$$

$$\tag{7.20}$$

为保证所求解的合理性，假设 $\alpha r(1-\lambda) + 3t - v' > 0$。免费媒体平台选择最优的 R 最大化其利润，付费媒体平台选择最优的 s^R 最大化其利润，π_1^R 对 R，π_2^R 对 s^R 分别求导、联立解得：

$$s^{R*} = \frac{\alpha r(1-\lambda)(3t+v') + 4t^2 + 4tv'}{\alpha r(1-\lambda) + 8t} \quad R^* = \frac{\alpha[\alpha r(1-\lambda) + 3t - v']}{\alpha r(1-\lambda) + 8t}$$

并依次代入式(7.20)、式(7.19)、式(7.18)整理得定理7.4。

定理7.4 在 lump-sum 非对称竞争模式下,付费媒体平台的均衡订阅费 s^{R*} 和免费媒体平台的均衡广告价格 p^{R*} 分别为:

$$s^{R*} = \frac{\alpha r(1-\lambda)(3t+v') + 4t^2 + 4tv'}{\alpha r(1-\lambda) + 8t}$$

$$p^{R*} = \frac{\alpha[\alpha r(1-\lambda) + 3t - v']}{\alpha r(1-\lambda) + 8t};$$

选择接入两媒体平台的消费者人数 n_1^{R*}、n_2^{R*} 分别为:

$$n_1^{R*} = \frac{\alpha^2 r^2(1-\lambda)^2 + 7\alpha rt(1-\lambda) - \alpha r(1-\lambda)v' - 4tv' + 12t^2}{[\alpha r(1-\lambda) + 8t][\alpha r(1-\lambda) + 2t]}$$

$$n_2^{R*} = \frac{\alpha r(1-\lambda)(3t+v') + 4t^2 + 4tv'}{[\alpha r(1-\lambda) + 8t][\alpha r(1-\lambda) + 2t]}$$

在免费媒体平台上投放的均衡广告量 a^{R*} 为 $\frac{2\alpha t[\alpha r(1-\lambda) + 3t - v']}{[\alpha r(1-\lambda) + 8t][\alpha r(1-\lambda) + 2t]}$;两媒体平台的均衡利润 π_1^{R*}、π_2^{R*} 分别为:

$$\pi_1^{R*} = \frac{2\alpha^2 t[\alpha r(1-\lambda) + 3t - v']^2}{[\alpha r(1-\lambda) + 8t]^2[\alpha r(1-\lambda) + 2t]}$$

$$\pi_2^{R*} = \frac{[\alpha r(1-\lambda)(3t+v') + 4t^2 + 4tv']^2}{[\alpha r(1-\lambda) + 8t]^2[\alpha r(1-\lambda) + 2t]}$$

2. per-consumer 非对称竞争模式下的竞争均衡

假设免费媒体平台向消费者免费开放的同时通过广告价格 $p = en$ 向广告商收取相应的费用,付费媒体平台向消费者收取订阅费 s^e 但不接受广告商投放广告,则根据式(7.15) 和式(7.16) 求得接入免费媒体平台以及付费媒体平台的人数分别为:

$$n_1^e = \frac{1}{2} + \frac{s^e - v' - r(1-\lambda)a^e}{2t} \quad n_2^e = \frac{1}{2} + \frac{v' + r(1-\lambda)a^e - s^e}{2t} \quad (7.21)$$

在确定广告价格 $p = en$ 后,广告商选择在媒体平台1上投放的广告量为:

$$a^e = \alpha n_1^e - e n_1^e \quad (7.22)$$

此时,广告商从每个接入媒体平台的消费者处获取的边际收益 α 必然大于单个消费者每次点击单个广告时广告商支付给平台的费用 e。否则,不会产生广告投放行为。

将式(7.22)代入式(7.21)反解得:

$$n_1^e = \frac{t + s^e - v'}{r(1-\lambda)(\alpha-e) + 2t} \quad n_2^e = \frac{r(1-\lambda)(\alpha-e) + t - s^e + v'}{r(1-\lambda)(\alpha-e) + 2t} \quad (7.23)$$

将式(7.22) 和式(7.23) 代入平台利润函数 $\pi_1 = ena$,$\pi_2 = ns$ 整理得:

$$\pi_1^e = e(\alpha - e)\left[\frac{t + s^e - v'}{r(1-\lambda)(\alpha-e) + 2t}\right]^2 \quad \pi_2^e = s^e \frac{r(1-\lambda)(\alpha-e) + t - s^e + v'}{r(1-\lambda)(\alpha-e) + 2t}$$

$$(7.24)$$

为保证所求解的合理性，假设 $\alpha r(1-\lambda)(5t-v')+4t(3t-v')>0$。免费媒体平台选择最优的 e 最大化其利润，付费媒体平台选择最优的 s^e 最大化其利润，π_1^e 对 e，π_2^e 对 s^e 分别求导、联立解得：

$$s^{e*}=\frac{3\alpha rt(1-\lambda)+\alpha r(1-\lambda)v'+4t^2+4tv'}{2\alpha r(1-\lambda)+8t} \quad e^*=\frac{\alpha^2 r(1-\lambda)+2\alpha t}{\alpha r(1-\lambda)+4t}$$

并依次带入式(7.24)、式(7.23)、式(7.22) 和 $p=en$ 整理得定理 7.5。

定理 7.5 在 per-consumer 非对称竞争模式下，付费媒体平台的均衡订阅费 s^{e*} 和免费媒体平台的均衡广告价格 p^{e*} 分别为：

$$s^{e*}=\frac{3\alpha rt(1-\lambda)+\alpha r(1-\lambda)v'+4t^2+4tv'}{2\alpha r(1-\lambda)+8t}$$

$$p^{e*}=\frac{\alpha[5\alpha rt(1-\lambda)-\alpha rv'(1-\lambda)+12t^2-4tv']}{8\alpha rt(1-\lambda)+32t^2}$$

选择接入两媒体平台的消费者人数 n_1^{e*}、n_2^{e*} 分别为：

$$n_1^{e*}=\frac{5\alpha rt(1-\lambda)-\alpha rv'(1-\lambda)+12t^2-4tv'}{8\alpha rt(1-\lambda)+16t^2}$$

$$n_2^{e*}=\frac{3\alpha rt(1-\lambda)+\alpha rv'(1-\lambda)+4t^2+4tv'}{8\alpha rt(1-\lambda)+16t^2}$$

在免费媒体平台上投放的均衡广告量 a^{e*} 为：

$$\frac{\alpha[5\alpha rt(1-\lambda)-\alpha rv'(1-\lambda)+12t^2-4tv']}{4[\alpha r(1-\lambda)+2t][\alpha r(1-\lambda)+4t]}$$

两媒体平台的均衡利润 π_1^{e*}、π_2^{e*} 分别为：

$$\pi_1^{e*}=\frac{\alpha^2[5\alpha rt(1-\lambda)-\alpha rv'(1-\lambda)+12t^2-4tv']^2}{32t[\alpha r(1-\lambda)+4t]^2[\alpha r(1-\lambda)+2t]}$$

$$\pi_2^{e*}=\frac{[3\alpha rt(1-\lambda)+\alpha r(1-\lambda)v'+4t^2+4tv']^2}{16t[\alpha r(1-\lambda)+4t][\alpha r(1-\lambda)+2t]}$$

3. 内容质量改善对媒体平台竞争均衡的影响分析

讨论竞争均衡时付费媒体平台内容质量改善对媒体平台的均衡订阅费、均衡广告价格、均衡广告量、接入平台的消费者人数和均衡利润的影响。

推论 7.8 在 lump-sum 和 per-consumer 两种非对称竞争模式下，竞争均衡时付费媒体平台内容质量的改善降低了免费媒体平台的广告价格、均衡广告量、接入平台的消费者人数和均衡利润，即 $\frac{\partial p^{R*}}{\partial v'}<0$、$\frac{\partial p^{e*}}{\partial v'}<0$、$\frac{\partial a^{R*}}{\partial v'}<0$、$\frac{\partial a^{e*}}{\partial v'}<0$、$\frac{\partial n_1^{R*}}{\partial v'}<0$、$\frac{\partial n_1^{e*}}{\partial v'}<0$、$\frac{\partial \pi_1^{R*}}{\partial v'}<0$、$\frac{\partial \pi_1^{e*}}{\partial v'}<0$；付费媒体平台内容质量的改善提高了其自身的订阅费、接入平台的消费者人数和均衡利润，即 $\frac{\partial s^{R*}}{\partial v'}>0$、$\frac{\partial s^{e*}}{\partial v'}>0$、$\frac{\partial n_2^{R*}}{\partial v'}>0$、$\frac{\partial n_2^{e*}}{\partial v'}>0$、$\frac{\partial \pi_2^{R*}}{\partial v'}>0$、$\frac{\partial \pi_2^{e*}}{\partial v'}>0$。

由于付费媒体平台的利润来源于消费者的订阅费，为获得更多利润，付费媒体平台在提高内容质量的同时必然提高订阅费，内容质量的改善将吸引更多的消费者接入，相应带来平台利润的增加。当付费媒体平台提高其节目内容质量时,加入免费媒体平台的人数减少,广告商在免费媒体平台上投放广告的效果变差,广告商广告投放意愿降低,均衡广告量减少。为获得竞争优势,吸引更多的广告商接入,免费媒体平台将采取降低广告价格的策略,最终导致免费媒体平台均衡利润降低。推论7.8说明无论是在lump-sum竞争模式下还是在per-consumer竞争模式下,内容质量改善对媒体平台竞争的影响效果是一致的,不随广告定价模式的改变而改变。

4. 定向契合度对媒体平台竞争均衡的影响分析

讨论竞争均衡时免费媒体平台的广告定向契合度对媒体平台的均衡订阅费、均衡广告价格、均衡广告量、接入平台的消费者人数和均衡利润的影响。

推论7.9 在lump-sum和per-consumer两种非对称竞争模式下,竞争均衡时免费媒体平台广告定向契合度的提高降低了付费媒体平台的订阅费和免费媒体平台的广告价格,即 $\frac{\partial s^{R*}}{\partial \lambda}<0$、$\frac{\partial s^{e*}}{\partial \lambda}<0$,$\frac{\partial p^{R*}}{\partial \lambda}<0$,$\frac{\partial p^{e*}}{\partial \lambda}<0$。

随着免费媒体平台广告定向契合度的提高,为获得市场竞争优势,付费媒体平台在内容质量改善的同时,采取降低订阅费的策略以吸引更多的消费者接入,加入付费媒体平台消费者人数的增多必然带来接入免费媒体平台人数的减少,进而导致在免费平台上投放广告的效果降低。为保持市场占有率,增加电商企业利润,吸引更多的广告商在平台上投放广告,免费媒体平台同样采取降低广告价格的策略,最终导致两种非对称竞争模式下的媒体平台价格均随免费媒体平台的广告定向契合度的提高而降低。推论7.9说明免费媒体平台在广告定向契合度提高时,并非凭借其平台技术和能力优势来提高广告价格。相反,免费媒体平台与付费媒体平台都会根据市场竞争态势变化采取"降价促销"策略。

推论7.10 (1)在lump-sum非对称竞争模式下,当付费媒体平台的内容质量改善较小时,免费媒体平台的消费者接入人数随其自身广告定向契合度的提高呈现出先减少而后增大的趋势,付费媒体平台的消费者接入人数随免费媒体平台广告定向契合度的提高呈现出先增大而后减少的趋势;当付费媒体平台的内容质量改善较大时,免费媒体平台的消费者接入人数随其自身广告定向契合度的提高而减少,付费媒体平台的消费者接入人数随免费媒体平台广告定向契合度的提高而增多。即:

① 当 $0<v'<\frac{t}{3}$ 和 $0<\lambda<1-\frac{2t\sqrt{2(5t+v')(t-v')}-4t^2-4tv'}{\alpha r(3t+v')}$ 时,$\frac{\partial n_1^{R*}}{\partial \lambda}<0$、$\frac{\partial n_2^{R*}}{\partial \lambda}>0$;

反之,当 $1-\frac{2t\sqrt{2(5t+v')(t-v')}-4t^2-4tv'}{\alpha r(3t+v')}<\lambda<1$ 时,$\frac{\partial n_1^{R*}}{\partial \lambda}>0$,$\frac{\partial n_2^{R*}}{\partial \lambda}<0$。

---

① 当 $v'>3t$ 时,令 $0<\lambda<1-\frac{v'-3t}{\alpha r}$ 保证了 $\alpha r(1-\lambda)+3t-v'>0$ 成立,后续推论类同。

② 当 $\frac{t}{3} < v' < 3t$ 或当 $v' > 3t$ 和 $0 < \lambda < 1 - \frac{v'-3t}{\alpha r}$[①] 时,$\frac{\partial n_1^{R*}}{\partial \lambda} < 0$、$\frac{\partial n_2^{R*}}{\partial \lambda} > 0$。

(2) 在 per-consumer 非对称竞争模式下,当付费媒体平台的内容质量改善较小时,免费媒体平台的消费者接入人数随其自身的广告定向契合度的提高而增加,付费媒体平台的消费者接入人数随免费媒体平台的广告定向契合度的提高而减少;当付费媒体平台的内容质量改善较大时,免费媒体平台的消费者接入人数随其自身的广告定向契合度的提高而减少,付费媒体平台的消费者接入人数随免费媒体平台的广告定向契合度的提高而增多。即:

① 当 $0 < v' < t$ 时,$\frac{\partial n_1^{e*}}{\partial \lambda} > 0$、$\frac{\partial n_2^{e*}}{\partial \lambda} < 0$。

② 当 $t < v' < 3t$ 时,$\frac{\partial n_1^{e*}}{\partial \lambda} < 0$、$\frac{\partial n_2^{e*}}{\partial \lambda} > 0$;

当 $3t < v' < 5t$ 和 $0 < \lambda < 1 - \frac{4t(v'-3t)}{\alpha r(5t-v')}$[①] 时,$\frac{\partial n_1^{e*}}{\partial \lambda} < 0$、$\frac{\partial n_2^{e*}}{\partial \lambda} > 0$。

推论 7.10 说明广告定向契合度在两种非对称竞争模式下对媒体平台竞争均衡时接入各平台的消费者人数的影响效果是不一致的。在 lump-sum 非对称竞争模式下,当付费媒体平台的内容质量改善较小而广告定向契合度又较低时,即使广告定向契合度提高,广告对消费者造成的干扰成本依然很大,接入免费媒体平台的人数依然随广告定向契合度的提高而减少,相反,接入付费媒体平台的消费者人数将会增多。而随着免费媒体平台定向契合度提高到一定程度时,广告产生的干扰成本变小,又由于付费媒体平台的内容质量改善较小,消费者接入免费媒体平台的消费体验不高,同时,还需支付一定的订阅费,消费者自然更愿意接入免费媒体平台而不选择接入付费媒体平台。当付费媒体平台内容质量改善较大时,即使免费媒体平台的定向契合度提高,当内容质量改善给消费者带来的效用增加大于免费媒体平台由于定向契合度提高而给消费者带来的干扰减少时,消费者自然更愿意接入付费媒体平台,进而导致接入免费媒体平台的消费者人数减少。

由于在 per-consumer 非对称竞争模式下,免费媒体平台通过广告点击次数向广告商收取广告费,广告商广告投放意愿与 lump-sum 非对称竞争模式相比,更多依赖于消费者规模,随着广告定向契合度的提高,广告对消费者产生的干扰成本降低,当付费媒体平台的内容质量改善较小时,致使消费者依然愿意接入免费媒体平台;而当付费媒体平台的内容质量改善较大时,消费者宁愿付费也希望获得更好的消费体验,更多的消费者会选择加入付费媒体平台,致使加入免费媒体平台的消费者人数减少。

以上结论很好地解释了爱奇艺、腾讯等的付费视频业务近年来迅速扩张的原因。随着这类视频网站对精品内容版权的覆盖能力及自制能力的大幅提升,媒体平台的内容质量得到了持续改善,截至 2017 年 9 月 28 日,腾讯视频的付费会员突破 4 300 万,而在 2018 年,腾讯

---

① 当 $3t < v' < 5t$ 时,令 $0 < \lambda < 1 - \frac{4t(v'-3t)}{\alpha r(5t-v')}$,保证了 $\alpha r(1-\lambda)(5t-v') + 4t(3t-v') > 0$ 成立,后续推论类同。

视频付费会员数已发展到 8 200 万,同比增长了 79%[①]。爱奇艺也凭借在制作高品质优质内容方面的强大能力,不断改善视频的内容质量,基于拥有高质量的独家内容为保障,截至 2018 年 9 月底,爱奇艺会员数量达到了 8 070 万,同比增长 89%[②],视频付费业务正在向更为稳定和健康的方向发展。

推论 7.11 在 lump-sum 和 per-consumer 两种非对称竞争模式下,当付费媒体平台的内容质量改善较小时,免费媒体平台的均衡广告量随其自身广告定向契合度的提高而增大,当付费媒体平台的内容质量改善较大时,免费媒体平台的均衡广告量随其自身广告定向契合度的提高表现出先增大后减小的趋势。即:

① 当 $0 < v' < \frac{7t}{5}$ 时,$\frac{\partial a^{R*}}{\partial \lambda} > 0$;当 $0 < v' < 2t$ 时,$\frac{\partial a^{e*}}{\partial \lambda} > 0$。

② 当 $v' > \frac{7t}{5}$ 时:

a. 当 $\frac{7t}{5} < v' < 3t$ 和 $0 < \lambda < 1 - \frac{\sqrt{(v'+5t)(v'-t)}+v'-3t}{\alpha r}$ 时,有 $\frac{\partial a^{R*}}{\partial \lambda} > 0$,反之,当 $1 - \frac{\sqrt{(v'+5t)(v'-t)}+v'-3t}{\alpha r} < \lambda < 1$ 时,$\frac{\partial a^{R*}}{\partial \lambda} < 0$。

b. 当 $v' > 3t$ 和 $0 < \lambda < 1 - \frac{\sqrt{(v'+5t)(v'-t)}+v'-3t}{\alpha r}$ 时,$\frac{\partial a^{R*}}{\partial \lambda} > 0$,反之,当 $1 - \frac{\sqrt{(v'+5t)(v'-t)}+v'-3t}{\alpha r} < \lambda < 1 - \frac{v'-3t}{\alpha r}$ 时,$\frac{\partial a^{R*}}{\partial \lambda} < 0$。

c. 当 $2t < v' < 3t$ 和 $0 < \lambda < 1 - \frac{4t\sqrt{t(v'-t)}+4tv'-12t^2}{\alpha r(5t-v')}$ 时,$\frac{\partial a^{e*}}{\partial \lambda} > 0$,反之,当 $1 - \frac{4t\sqrt{t(v'-t)}+4tv'-12t^2}{\alpha r(5t-v')} < \lambda < 1$ 时,$\frac{\partial a^{e*}}{\partial \lambda} < 0$。

d. 当 $3t < v' < 5t$ 和 $0 < \lambda < 1 - \frac{4t\sqrt{t(v'-t)}+4tv'-12t^2}{\alpha r(5t-v')}$ 时,$\frac{\partial a^{e*}}{\partial \lambda} > 0$,反之,当 $1 - \frac{4t\sqrt{t(v'-t)}+4tv'-12t^2}{\alpha r(5t-v')} < \lambda < 1 - \frac{4t(v'-3t)}{\alpha r(5t-v')}$ 时,$\frac{\partial a^{e*}}{\partial \lambda} < 0$。

推论 7.11 说明广告定向契合度在两种非对称竞争模式下对均衡广告量的影响效果是一致的。当付费媒体平台的内容质量改善较小时,随着免费媒体平台的广告定向契合度的提高,广告商在免费媒体平台上投放广告的效果提高,广告商广告投放意愿增强,均衡广告量增加,当付费媒体平台的内容质量改善较大、免费媒体平台的广告定向契合度提高到一定程度时,大量的广告商接入免费媒体平台,虽然定向广告没有产生干扰成本,但过多相似的冗

[①] 内容为王 一些视频网站付费收入已超广告收入[EB/OL]. (2019-01-09)[2019-01-12]. http://www.njdaily.cn/2019/0109/1746878.shtml.

[②] 爱奇艺会员数量达 8 070 万 2018 中国视频付费规模有望超 1.8 亿[EB/OL]. (2018-10-31)[2019-01-12]. https://news.znds.com/article/34482.html.

余信息某种程度上影响了消费者的浏览体验,降低了接入免费平台的效用,此时,付费媒体平台的内容质量改善很大,即使付费,更多的消费者依然会选择加入付费媒体平台,致使加入免费媒体平台的消费者人数减少,广告投放效果降低,进而导致均衡时在免费媒体平台上投放的广告量降低。

推论7.12 (1) 在 lump-sum 和 per-consumer 两种非对称竞争模式下,当付费媒体平台的内容质量改善较小时,免费媒体平台的均衡利润随自身广告定向契合度的提高而增加;当付费媒体平台的内容质量改善较大时,免费媒体平台的均衡利润随自身广告定向契合度的提高表现出先增大后减小的趋势。即:

① 当 $0 < v' < \dfrac{t}{3}$ 时,$\dfrac{\partial \pi_1^{R*}}{\partial \lambda} > 0$;当 $0 < v' < t$ 时,$\dfrac{\partial \pi_1^{e*}}{\partial \lambda} > 0$。

② 当 $v' > \dfrac{t}{3}$ 时:

a. 当 $\dfrac{t}{3} < v' < 3t$ 和 $0 < \lambda < 1 - \dfrac{\sqrt{3(v'+5t)(3v'-t)} + 3v' - t}{2\alpha r}$ 时,$\dfrac{\partial \pi_1^{R*}}{\partial \lambda} > 0$,

反之,当 $1 - \dfrac{\sqrt{3(v'+5t)(3v'-t)} + 3v' - t}{2\alpha r} < \lambda < 1$ 时,$\dfrac{\partial \pi_1^{R*}}{\partial \lambda} < 0$。

b. 当 $v' > 3t$ 和 $0 < \lambda < 1 - \dfrac{\sqrt{3(v'+5t)(3v'-t)} + 3v' - t}{2\alpha r}$ 时,$\dfrac{\partial \pi_1^{R*}}{\partial \lambda} > 0$,

反之,当 $1 - \dfrac{\sqrt{3(v'+5t)(3v'-t)} + 3v' - t}{2\alpha r} < \lambda < 1 - \dfrac{v' - 3t}{\alpha r}$ 时,$\dfrac{\partial \pi_1^{R*}}{\partial \lambda} < 0$。

c. 当 $t < v' < 3t$ 和 $0 < \lambda < 1 - \dfrac{4t\sqrt{t(2v'-t)} + 4tv' - 8t^2}{\alpha r(5t - v')}$ 时,$\dfrac{\partial \pi_1^{e*}}{\partial \lambda} > 0$,

反之,当 $1 - \dfrac{4t\sqrt{t(2v'-t)} + 4tv' - 8t^2}{\alpha r(5t - v')} < \lambda < 1$ 时,$\dfrac{\partial \pi_1^{e*}}{\partial \lambda} < 0$。

d. 当 $3t < v' < 5t$ 和 $0 < \lambda < 1 - \dfrac{4t\sqrt{t(2v'-t)} + 4tv' - 8t^2}{\alpha r(5t - v')}$ 时,$\dfrac{\partial \pi_1^{e*}}{\partial \lambda} > 0$,

反之,当 $1 - \dfrac{4t\sqrt{t(2v'-t)} + 4tv' - 8t^2}{\alpha r(5t - v')} < \lambda < 1 - \dfrac{4t(v' - 3t)}{\alpha r(5t - v')}$ 时,$\dfrac{\partial \pi_1^{e*}}{\partial \lambda} < 0$。

(2) 在 lump-sum 非对称竞争模式下,当付费媒体平台的内容质量改善较小时,付费媒体平台的均衡利润随免费媒体平台广告定向契合度的提高表现出先增大后减小的趋势。当付费媒体平台的内容质量改善较大时,免费媒体平台广告定向契合度的提高将增大付费媒体平台的均衡利润。与之不同的是,在 per-consumer 非对称竞争模式下,无论付费媒体平台的内容质量如何改善,免费媒体平台广告定向契合度的提高都将减少付费媒体平台的均衡利润。即:

① 当 $0 < v' < 3t$ 和 $0 < \lambda < 1 - \dfrac{2t\sqrt{3(v'+5t)(3t-v')} + 6t^2 - 2tv'}{\alpha r(3t + v')}$ 时,$\dfrac{\partial \pi_2^{R*}}{\partial \lambda} > 0$,

反之，当 $1 - \dfrac{2t\sqrt{3(v'+5t)(3t-v')} + 6t^2 - 2tv'}{\alpha r(3t+v')} < \lambda < 1$ 时，$\dfrac{\partial \pi_2^{R*}}{\partial \lambda} < 0$；

当 $v' > 3t$ 和 $0 < \lambda < 1 - \dfrac{v'-3t}{\alpha r}$ 时，$\dfrac{\partial \pi_2^{R*}}{\partial \lambda} > 0$。

② 当 $0 < v' < 3t$ 时或当 $3t < v' < 5t$ 和 $0 < \lambda < 1 - \dfrac{4t(v'-3t)}{\alpha r(5t-v')}$ 时，$\dfrac{\partial \pi_2^{e*}}{\partial \lambda} < 0$。

推论 7.12 说明广告定向契合度在两种非对称竞争模式下对免费媒体平台均衡利润的影响效果是一致的，而对付费媒体平台均衡利润的影响效果却是不一致的。当付费媒体平台的内容质量改善较小时，免费媒体平台的均衡广告量随其自身广告定向契合度的提高而增加，当付费媒体平台的内容质量改善较大时，免费媒体平台的均衡广告量随其自身广告定向契合度的提高表现出先增大后减小的趋势，而免费媒体平台的广告价格随其自身广告定向契合度单调递减。当广告量对平台利润的影响程度大于价格对平台利润的影响程度时，平台利润随广告定向契合度的变化趋势与广告量随广告定向契合度的变化趋势是一致的，即当付费媒体平台的内容质量改善较小时，免费媒体平台的均衡利润随自身广告定向契合度的提高而增加，当付费媒体平台的内容质量改善较大时，免费媒体平台的均衡利润随其自身广告定向契合度的提高表现出先增大后减小的趋势。

由于广告定向契合度在两种非对称竞争模式下对付费媒体平台消费者接入人数的影响效果是不一致的，付费媒体平台的均衡利润依赖于消费者规模，导致广告定向契合度在两种非对称竞争模式下对付费媒体平台均衡利润的影响效果也是不一致的，在 lump-sum 非对称竞争模式下，当付费媒体平台的内容质量改善较小时，付费媒体平台的消费者接入人数随免费媒体平台广告定向契合度的提高表现出先增加后减小的趋势，当付费媒体平台的内容质量改善较大时，付费媒体平台的消费者接入人数随免费媒体平台广告定向契合度的提高而增加，由于付费媒体平台的均衡利润依赖于消费者人数的变化，导致当付费媒体平台的内容质量改善较小时，付费媒体平台的均衡利润也随免费媒体平台广告定向契合度的提高表现出先增加后减小的趋势，当付费媒体平台的内容质量改善较大时，付费媒体平台的均衡利润也随免费媒体平台广告定向契合度的提高而增加。

而在 per-consumer 非对称竞争模式下，当付费媒体平台的内容质量改善较小时，付费媒体平台的消费者接入人数随免费媒体平台广告定向契合度的提高而减少，当付费媒体平台的内容质量改善较大时，付费媒体平台的消费者接入人数随免费媒体平台广告定向契合度的提高而增加。由于付费媒体平台的订阅费随免费媒体平台广告定向契合度的提高而降低，当免费媒体平台的广告定向契合度对付费媒体平台订阅费的影响程度大于其对消费者人数的影响程度时，将导致付费媒体平台的均衡利润随免费媒体平台的广告定向契合度的提高而减少。

7.2.4　消费者隐私信息保护行为对媒体平台竞争均衡的影响分析

分析竞争均衡时消费者隐私信息保护行为对媒体平台的均衡订阅费、均衡广告价格、均衡广告量和均衡利润的影响。

推论 7.13 在 lump-sum 和 per-consumer 两种非对称竞争模式下,竞争均衡时消费者隐私信息保护程度的增强提高了付费媒体平台的订阅费和免费媒体平台的广告价格,即 $\frac{\partial s^{R*}}{\partial \delta}>0$、$\frac{\partial s^{e*}}{\partial \delta}>0$;$\frac{\partial p^{R*}}{\partial \delta}>0$、$\frac{\partial p^{e*}}{\partial \delta}>0$。

由于免费媒体平台的广告定向契合度与消费者隐私信息保护程度呈负相关关系,而付费媒体平台的订阅费和免费媒体平台的广告价格与免费媒体平台的广告定向契合度呈负相关关系,故付费媒体平台的订阅费和免费媒体平台的广告价格与消费者隐私信息保护程度呈正相关关系。随着消费者隐私信息保护程度的增强,媒体平台获取消费者隐私信息的成本相应增加,根据成本加成定价法则,免费媒体平台的广告价格也会增加。为在竞争中获取更多利润,付费媒体平台也会增加其订阅费,即竞争均衡时消费者隐私信息保护程度的增强提高了付费媒体平台的订阅费和免费媒体平台的广告价格。

推论 7.14 在 lump-sum 和 per-consumer 两种非对称竞争模式下,当付费媒体平台的内容质量改善较小时,免费媒体平台的均衡广告量随消费者隐私信息保护程度的增强而减小,当付费媒体平台的内容质量改善较大时,免费媒体平台的均衡广告量随消费者隐私信息保护程度的增强表现出先减小后增大的趋势。即:

① 当 $0<v'<\frac{7t}{5}$ 时,$\frac{\partial a^{R*}}{\partial \delta}<0$;当 $0<v'<2t$ 时,$\frac{\partial a^{e*}}{\partial \delta}<0$。

② 当 $v'>\frac{7t}{5}$ 时:

a. 当 $\frac{7t}{5}<v'<3t$ 和 $0<\lambda<1-\frac{\sqrt{(v'+5t)(v'-t)}+v'-3t}{\alpha r}$ 时,有 $\frac{\partial a^{R*}}{\partial \delta}<0$,反之,当 $1-\frac{\sqrt{(v'+5t)(v'-t)}+v'-3t}{\alpha r}<\lambda<1$ 时,$\frac{\partial a^{R*}}{\partial \delta}>0$。

b. 当 $v'>3t$ 和 $0<\lambda<1-\frac{\sqrt{(v'+5t)(v'-t)}+v'-3t}{\alpha r}$ 时,$\frac{\partial a^{R*}}{\partial \delta}<0$,反之,当 $1-\frac{\sqrt{(v'+5t)(v'-t)}+v'-3t}{\alpha r}<\lambda<1-\frac{v'-3t}{\alpha r}$ 时,$\frac{\partial a^{R*}}{\partial \delta}>0$。

c. 当 $2t<v'<3t$ 和 $0<\lambda<1-\frac{4t\sqrt{t(v'-t)}+4tv'-12t^2}{\alpha r(5t-v')}$ 时,$\frac{\partial a^{e*}}{\partial \delta}<0$,反之,当 $1-\frac{4t\sqrt{t(v'-t)}+4tv'-12t^2}{\alpha r(5t-v')}<\lambda<1$ 时,$\frac{\partial a^{e*}}{\partial \delta}>0$。

d. 当 $3t<v'<5t$ 和 $0<\lambda<1-\frac{4t\sqrt{t(v'-t)}+4tv'-12t^2}{\alpha r(5t-v')}$ 时,$\frac{\partial a^{e*}}{\partial \delta}<0$,反之,当 $1-\frac{4t\sqrt{t(v'-t)}+4tv'-12t^2}{\alpha r(5t-v')}<\lambda<1-\frac{4t(v'-3t)}{\alpha r(5t-v')}$ 时,$\frac{\partial a^{e*}}{\partial \delta}>0$。

推论 7.14 说明消费者隐私信息保护行为在两种非对称竞争模式下对均衡广告量的影

响效果是一致的。由于免费媒体平台的广告定向契合度与消费者隐私信息保护程度呈负相关关系,而当付费媒体平台的内容质量改善较小时,免费媒体平台的均衡广告量随其自身广告定向契合度的提高而增大,当付费媒体平台的内容质量改善较大时,免费媒体平台的均衡广告量随其自身广告定向契合度的提高表现出先增大后减小的趋势。所以,当付费媒体平台的内容质量改善较小时,免费媒体平台的均衡广告量随消费者隐私信息保护程度的增强而减小,当付费媒体平台的内容质量改善较大时,免费媒体平台的均衡广告量随消费者隐私信息保护程度的增强表现出先减小后增大的趋势。

推论 7.15 (1) 在 lump-sum 和 per-consumer 两种非对称竞争模式下,当付费媒体平台的内容质量改善较小时,免费媒体平台的均衡利润随消费者隐私信息保护程度的增强而减小;当付费媒体平台的内容质量改善较大时,免费媒体平台的均衡利润随消费者隐私信息保护程度的增强表现出先减小后增大的趋势。即:

① 当 $0 < v' < \dfrac{t}{3}$ 时,$\dfrac{\partial \pi_1^{R*}}{\partial \delta} < 0$;当 $0 < v' < t$ 时,$\dfrac{\partial \pi_1^{e*}}{\partial \delta} < 0$。

② 当 $v' > \dfrac{t}{3}$ 时:

a. 当 $\dfrac{t}{3} < v' < 3t$ 和 $0 < \lambda < 1 - \dfrac{\sqrt{3(v'+5t)(3v'-t)} + 3v' - t}{2\alpha r}$ 时,$\dfrac{\partial \pi_1^{R*}}{\partial \delta} < 0$,

反之,当 $1 - \dfrac{\sqrt{3(v'+5t)(3v'-t)} + 3v' - t}{2\alpha r} < \lambda < 1$ 时,$\dfrac{\partial \pi_1^{R*}}{\partial \delta} > 0$。

b. 当 $v' > 3t$ 和 $0 < \lambda < 1 - \dfrac{\sqrt{3(v'+5t)(3v'-t)} + 3v' - t}{2\alpha r}$ 时,$\dfrac{\partial \pi_1^{R*}}{\partial \delta} < 0$,

反之,当 $1 - \dfrac{\sqrt{3(v'+5t)(3v'-t)} + 3v' - t}{2\alpha r} < \lambda < 1 - \dfrac{v' - 3t}{\alpha r}$ 时,$\dfrac{\partial \pi_1^{R*}}{\partial \delta} > 0$。

c. 当 $t < v' < 3t$ 和 $0 < \lambda < 1 - \dfrac{4t\sqrt{t(2v'-t)} + 4tv' - 8t^2}{\alpha r(5t - v')}$ 时,$\dfrac{\partial \pi_1^{e*}}{\partial \delta} < 0$,

反之,当 $1 - \dfrac{4t\sqrt{t(2v'-t)} + 4tv' - 8t^2}{\alpha r(5t - v')} < \lambda < 1$ 时,$\dfrac{\partial \pi_1^{e*}}{\partial \delta} > 0$。

d. 当 $3t < v' < 5t$ 和 $0 < \lambda < 1 - \dfrac{4t\sqrt{t(2v'-t)} + 4tv' - 8t^2}{\alpha r(5t - v')}$ 时,$\dfrac{\partial \pi_1^{e*}}{\partial \delta} < 0$,

反之,当 $1 - \dfrac{4t\sqrt{t(2v'-t)} + 4tv' - 8t^2}{\alpha r(5t - v')} < \lambda < 1 - \dfrac{4t(v' - 3t)}{\alpha r(5t - v')}$ 时,$\dfrac{\partial \pi_1^{e*}}{\partial \delta} > 0$。

(2) 在 lump-sum 非对称竞争模式下,当付费媒体平台的内容质量改善较小时,付费媒体平台的均衡利润随消费者隐私信息保护程度的增强表现出先减小后增大的趋势。当付费媒体平台的内容质量改善较大时,消费者隐私信息保护程度的增强将减少付费媒体平台的均衡利润。与之不同的是,在 per-consumer 非对称竞争模式下,无论付费媒体平台的内容质量如何改善,消费者隐私信息保护程度的增强都将提高付费媒体平台的均衡利润。即:

① 当 $0<v'<3t$ 和 $0<\lambda<1-\dfrac{2t\sqrt{3(v'+5t)(3t-v')}+6t^2-2tv'}{\alpha r(3t+v')}$ 时,$\dfrac{\partial \pi_2^{R*}}{\partial \delta}<0$,

反之,当 $1-\dfrac{2t\sqrt{3(v'+5t)(3t-v')}+6t^2-2tv'}{\alpha r(3t+v')}<\lambda<1$ 时,$\dfrac{\partial \pi_2^{R*}}{\partial \delta}>0$;

当 $v'>3t$ 和 $0<\lambda<1-\dfrac{v'-3t}{\alpha r}$ 时,$\dfrac{\partial \pi_2^{R*}}{\partial \delta}<0$。

② 当 $0<v'<3t$ 时或当 $3t<v'<5t$ 和 $0<\lambda<1-\dfrac{4t(v'-3t)}{\alpha r(5t-v')}$ 时,$\dfrac{\partial \pi_2^{e*}}{\partial \delta}>0$。

推论 7.15 说明消费者隐私信息保护行为在两种非对称竞争模式下对免费媒体平台均衡利润的影响效果是一致的,而对付费媒体平台均衡利润的影响效果是不一致的。由于媒体平台的广告定向契合度与消费者隐私信息保护程度呈负相关关系,当付费媒体平台的内容质量改善较小时,免费媒体平台的均衡利润随广告定向契合度的提高而增加,当付费媒体平台的内容质量改善较大时,免费媒体平台的均衡利润随其自身广告定向契合度的提高表现出先增大后减小的趋势,故当付费媒体平台的内容质量改善较小时,免费媒体平台的均衡利润随消费者隐私信息保护程度的增强而减小,当付费媒体平台的内容质量改善较大时,免费媒体平台的均衡利润随消费者隐私信息保护程度的增强表现出先减小后增大的趋势。同理,在 lump-sum 非对称竞争模式下,当付费媒体平台的内容质量改善较小时,其均衡利润随消费者隐私信息保护程度的增强表现出先减小后增大的趋势,当付费媒体平台的内容质量改善较大时,其均衡利润随消费者隐私信息保护程度的增强而减小。在 per-consumer 非对称竞争模式下,付费媒体平台的均衡利润随消费者隐私信息保护程度的增强而增大。

7.3 主要结论和管理启示

7.3.1 主要结论

移动互联网和通信技术的快速发展使得广告投放定向契合度的高低成为广告商选择媒体平台的重要标准,媒体平台的广告定向契合度与其所获取的消费者信息直接相关,消费者隐私信息保护行为影响着媒体平台的广告定向契合度及其利润。支持媒体平台利用定向广告技术,需要厘清消费者隐私信息保护行为对媒体平台定向广告策略和利润的影响。现有研究对媒体平台竞争时的广告和定价策略问题、广告的定向能力和定向技术对整个媒体市场的影响问题等有比较多的关注,但较少从消费者行为角度出发,研究消费者隐私信息保护行为影响下的媒体平台定向广告策略和收益。本章一方面研究了媒体平台对称竞争模式下,消费者隐私信息保护行为、广告定向契合度对媒体平台定向广告策略的影响;另一方面,研究了媒体平台非对称竞争模式下,消费者隐私信息保护行为、广告定向契合度和内容质量改善对媒体平台定向广告策略的影响。研究的主要结论有:

1. 在"免费 vs 免费"媒体平台对称竞争模式下,当广告商单归属时,随着自身广告定向契合度和竞争对手广告定向契合度的提高,媒体平台的均衡广告价格和均衡利润将降低;当媒体平台自身的广告定向契合度大于竞争对手的广告定向契合度时,媒体平台的均衡广告量随消费者隐私信息保护程度的增强而减少,反之,随消费者隐私信息保护程度的增强而增大;当广告商多归属时,消费者隐私信息保护程度对媒体平台均衡广告价格、均衡广告量、均衡利润的影响取决于媒体平台自身广告定向契合度对均衡广告价格、均衡广告量和均衡利润影响的边际效应与其竞争对手的广告定向契合度对三者影响的边际效应的对比。

2. 在 lump-sum 和 per-consumer 非对称竞争模式下,当付费媒体平台的内容质量改善较小时,免费媒体平台的均衡广告量随其自身广告定向契合度的提高而增大,随消费者隐私信息保护程度的增强而减小,当付费媒体平台的内容质量改善较大时,免费媒体平台的均衡广告量随其自身广告定向契合度的提高表现出先增大而后减小的趋势,随消费者隐私信息保护程度的增强表现出先减小后增大的趋势。

3. 在 lump-sum 和 per-consumer 非对称竞争模式下,当付费媒体平台的内容质量改善较小时,免费媒体平台的均衡利润随自身广告定向契合度的提高而增大,随消费者隐私信息保护程度的增强而减小,当付费媒体平台的内容质量改善较大时,免费媒体平台的均衡利润随消费者隐私信息保护程度的增强表现出先减小后增大的趋势。在 lump-sum 非对称竞争模式下,当付费媒体平台的内容质量改善较小时,付费媒体平台的均衡利润随免费媒体平台广告定向契合度的提高表现出先增大后减小的趋势、随消费者隐私信息保护程度的增强表现出先减小后增大的趋势,当付费媒体平台的内容质量改善较大时,付费媒体平台的均衡利润随免费媒体平台广告定向契合度的提高而增大,同时,随消费者隐私信息保护程度的增强而减小,而在 per-consumer 非对称竞争模式下,免费媒体平台广告定向契合度的提高将降低付费媒体平台的均衡利润,而消费者隐私信息保护程度的增强将增加付费媒体平台的均衡利润。

7.3.2 主要管理启示

本章的模型分析和相关结论为媒体平台的运营和管理决策可提供的启示主要有:

1. 垄断媒体平台在不改变定价策略的同时应限制消费者隐私信息保护行为,不断提高其广告投放的定向契合度和信息技术应用能力等以获取更多利润。

2. 在"免费 vs 免费"媒体平台对称竞争模式下,当广告商选择单归属策略时,媒体平台在采取"降价促销"策略的同时应降低广告定向契合度,鼓励消费者隐私信息保护行为以赢得市场竞争;当广告商选择多归属策略时,媒体平台应在提高广告价格的同时提高自身广告定向契合度、限制消费者隐私信息保护行为、提高其信息技术应用能力等以赢得市场竞争。

3. 在"免费 vs 免费"媒体平台对称竞争模式下,媒体平台的定向契合度影响着广告商从每个接入媒体平台的消费者处获取的边际收益。一般情况下,在运营初期,媒体平台的定向契合度相对较弱,广告商从每个接入媒体平台的消费者处获取的边际收益相对较小,当媒体平台发展较为成熟时,广告商从每个接入媒体平台的消费者处获取的边际收益相对较大。

4. 在"免费 vs 免费"媒体平台对称竞争模式下，媒体平台在参与市场竞争过程中，应综合考虑其广告定向契合度等因素，在电商企业成长的不同时期，审慎制定广告价格策略。在运营的起步阶段，由于平台广告定向技术弱，知名度和影响力小，接入媒体平台的用户量小，反而应适当制定较高的广告价格，以维持媒体平台的稳健运营。而当媒体平台发展较为成熟时，随着其挖掘消费者数据信息能力的增强、广告定向技术的日益完善、媒体平台的社会影响力和公众关注度的进一步提高，市场竞争也较发展初期更加激烈时，媒体平台应适当降低其广告价格以获取更大利润。

5. 在"免费 vs 付费"媒体平台非对称竞争模式下，对免费媒体平台而言，应加强对其竞争对手——付费媒体平台内容质量改善程度的调研，当付费媒体平台内容质量改善较小时，其应采取限制消费者隐私信息保护的政策，通过提高会员积分、打折优惠等方法来换取消费者对其个人信息的提供，不断提高自身的消费者信息搜集应用能力和广告定向契合度，吸引更多的广告商接入，以此来提高平台利润。当付费媒体平台的内容质量改善较大时，免费媒体平台应合理优化控制自身广告定向契合度，将广告定向契合度保持在一个适中、合理的水平，采取鼓励消费者隐私信息保护的政策，防止因竞争对手内容质量改善较大和自身定向契合度过大时引起市场竞争激烈而出现自身利润受损的情况。

6. 在"免费 vs 付费"媒体平台非对称竞争模式下，付费媒体平台应不断改善内容质量，提高消费者的浏览体验以吸引更多的消费者接入，在改善内容质量的同时提高媒体产品的订阅价格以增加平台利润。当免费媒体平台选择提高其广告定向契合度、降低广告价格的策略时，为获得市场竞争优势，付费媒体平台在改善内容质量的同时，应采取降低订阅费的策略以吸引更多的消费者接入。

第8章
消费者披露虚假隐私信息时电商企业隐私信息收集和应用策略研究

电子商务企业收集消费者的隐私信息已经成为一种普遍现象,为避免损失,消费者往往会主动采取措施保护个人的隐私信息,例如提供虚假隐私信息、利用技术控制隐私信息的披露量等。而消费者提供的虚假数据不仅会影响企业决策的有效性,而且会影响消费者从企业获得的个性化服务质量。为此,本章研究消费者虚假隐私信息披露行为对企业隐私信息收集策略和个性化服务策略的影响。

8.1 问题的提出

信息技术的快速发展使得电子商务企业可以更方便地收集更加丰富的消费者隐私信息,这些信息不仅包括消费者的个人特征信息,而且包括消费者线上购买全过程活动的痕迹,如产品浏览和搜索记录、各个页面的停留时间、购物车信息、购买记录等。企业基于所收集的消费者隐私信息,可以更准确地分析消费者特征和偏好,更有效地开展精准营销。例如:通信运营商会根据客户近期的话费和流量消费等记录,向客户推荐符合其需要的套餐产品;电子商务网站会根据消费者的浏览和搜索痕迹,向其推送有针对性的关联定向广告。

企业收集、应用消费者隐私信息的行为对消费者的影响是两方面的。一方面,消费者可以从企业的隐私信息应用中获得收益。企业通常会基于对消费者隐私信息的分析,向消费者提供个性化服务、产品价格折扣等[123,205]。例如,Amazon通过收集消费者的历史浏览、购买等数据,向消费者定向推荐有潜在需求的产品。Netflix通过分析用户的历史行为数据(如用户的查看数据、搜索历史记录、评分数据、浏览时间、用户设备信息等用户隐私信息)制定面向用户的个性化体验策略。淘宝网也基于对消费者交易信息的分析向消费者提供个性化推荐或定向广告投放等功能。企业基于消费者隐私信息提供的个性化服务、个性化定价、个性化功能设计等,提升了消费者的购买体验,也降低了消费者的购买成本。

另一方面,因为消费者存在信息隐私关注,企业对隐私信息的收集和应用行为将不可避免地触发消费者对其隐私信息被侵害的担忧[116,206]。Braze在2020年的数据隐私报告中①指

---

① Braze. Data privacy report:2020[EB/OL]. http://www.199it.com/archives/1014651.html.

出,通过对2 000多名美国成年人的调查发现,超4/5的人认为个人数据的保密至关重要。高达84%的人表示因对个人数据共享的不安全感而致使其不愿意披露隐私信息。甚至多达3/4的人因拒绝提供隐私信息而停止与收集数据的企业打交道。2018年"企鹅智酷"对中国网民个人隐私状况调查报告①显示,经常担心自己信息在网上泄露的网民比例占将近四成,完全不担心的网民比例不到10%。研究发现,消费者会通过提供虚假隐私信息降低隐私信息披露的风险[78,207-210]。事实上,在互联网发展早期,就有50%左右的用户有意识地披露虚假隐私信息[72,82]。2018年的一项调研发现,若意识到隐私风险,那么大部分的消费者会选择提供虚假隐私信息[72],而近年来随着互联网用户安全意识的提升,越来越多的用户选择披露虚假隐私信息,消费者虚假隐私信息披露已经成为一种普遍现象。

消费者虚假隐私信息披露行为对企业隐私信息应用策略选择和消费者隐私信息披露策略均会带来较大的影响。对消费者来说,一方面,提供虚假隐私信息能够降低隐私信息披露风险。另一方面,虚假隐私信息的存在也会降低企业个性化服务的质量。因此,对消费者来说,是否披露虚假隐私信息,披露多少虚假隐私信息均是需要综合考虑的问题。对企业来说,一方面,消费者虚假隐私信息的存在将会降低隐私信息的价值,如影响个性化服务投放的精准度。另一方面,虚假隐私信息对消费者隐私信息披露策略和产品购买意愿的影响,会进一步影响企业的产品需求和对消费者隐私信息收集的效果。因此,消费者披露虚假隐私信息的行为对企业隐私信息应用策略的影响主要体现在两个方面。首先,虚假隐私信息的存在促使企业进一步探索对消费者隐私信息的收集策略。这是因为,企业对消费者隐私信息的收集量直接影响着消费者的隐私信息披露风险感知,致使消费者优化隐私信息披露策略。而消费者的隐私信息披露策略又直接影响企业对消费者真实隐私信息的收集,进而影响企业隐私信息应用的效果。其次,虚假隐私信息的存在促使企业调整个性化服务策略。这是因为,企业提供个性化服务需要付出成本,所以企业需对个性化服务的实施效果和成本进行权衡,进而制定最优的个性化服务策略。在虚假信息导致企业收集的隐私信息价值受损的情况下,如何制定个性化服务策略是企业需要进一步思考的问题。

在消费者隐私信息披露策略对企业隐私信息应用策略的影响方面,现有的研究尚存在一定的局限性。大量的研究探讨了消费者匿名披露隐私信息的策略和最优隐私信息量披露策略方面,而对消费者虚假隐私信息披露策略的研究甚少。当前的文献仅仅讨论了消费者虚假隐私信息披露这一现象的存在[74],尚无研究成果深入探讨消费者的虚假隐私信息披露策略及其对企业和消费者自身的影响。

本章研究消费者虚假隐私信息披露策略及其对企业个性化服务和隐私信息收集等隐私信息应用策略的影响,并进一步探讨消费者虚假隐私信息的存在对企业产品定价、消费者剩余和企业利润的影响。具体讨论的问题包括:

---

① 企鹅智酷. 网络隐私重要吗? 中国网民个人隐私状况调查报告[EB/OL]. http://www.199it.com/archives/761423.html.

(1) 消费者基于隐私信息披露的收益与风险决策是否提供虚假隐私信息,而企业的隐私信息收集策略直接决定了消费者隐私信息披露的收益与风险。若消费者提供虚假隐私信息保护个人隐私信息,那么企业应如何制定其隐私信息的收集策略,企业的隐私信息收集策略又将对消费者的虚假隐私信息披露行为产生什么影响。

(2) 提供虚假隐私信息的披露策略与优化隐私信息量的披露策略同时对消费者隐私信息披露的收益和风险产生影响。若消费者同时通过提供虚假隐私信息的披露策略与优化隐私信息量的披露策略来保护个人隐私信息,那么消费者的隐私信息披露策略与虚假隐私信息披露策略间存在什么关系,虚假隐私信息的存在对企业的个性化服务策略和利润会产生什么影响。

(3) 电子商务企业利润包含消费者隐私信息带来的数据收益和产品销售带来的产品收益两个方面。而企业的产品定价直接影响着市场需求,间接影响着数据收益。若消费者仅通过提供虚假隐私信息来保护个人隐私信息,那么企业定价策略会因虚假隐私信息的存在发生什么变化,同时对企业的市场需求和企业利润产生什么影响,对社会福利会产生什么影响。

8.2 虚假隐私信息披露行为对电商企业隐私信息收集策略的影响研究

8.2.1 基本假设与变量描述

本节通过构建三阶段博弈模型来探讨消费者虚假隐私信息披露行为对电商企业定价和隐私信息收集策略的影响。在电商企业与消费者的博弈过程中,电商企业的产品定价受消费者的购买决策和隐私信息披露决策的影响,定价过高会导致消费者流失或促使消费者披露虚假隐私信息,而定价过低又将降低电商企业利润;消费者的虚假隐私信息披露决策受制于电商企业定价和个性化服务策略,即消费者若披露虚假隐私信息,那么其受到的个性化服务会受损,同时电商企业为了保证利润,在数据收益受影响的同时可能会提升产品价格。然而,若不披露虚假隐私信息,消费者承受的隐私风险将加大。此外,消费者披露的虚假隐私信息量将对电商企业的个性化服务提供策略和价格策略产生影响,而消费者虚假隐私信息量的披露决策也是基于对电商企业策略预判的策略反应。

假设市场上存在一家垄断电子商务电商企业,其产品的边际成本为 0,价格为 p。市场中潜在消费者总量标准化为 1,每个消费者最多向该电商企业购买一单位产品。该电商企业在消费者购买产品的同时收集消费者的隐私信息,并通过利用收集到的消费者隐私信息获益。消费者根据隐私信息披露的效益和成本以及购买产品的效用做出产品购买决策。

引入一个外生变量 Y 来描述电商企业收集的消费者隐私信息量。电商企业收集的消费者隐私信息量的多少决定了电商企业数据收益的高低。一般来说,电商企业可通过两种方式从消费者的隐私信息中获利。一方面电商企业利用消费者的隐私信息进行精准营销。例如，电商企业可以分析数据，识别关联产品的潜在需求者，并向这些潜在需求者投放定向广告。另一方面，电商企业可以作为数据供应商向第三方组织或机构销售收集的消费者隐私信息。为了降低隐私风险，一些消费者会在选择或购买商品的过程中提供虚假的隐私信息（下文中简称"虚假隐私信息"）。假设市场中有占比为 q 的"隐私敏感型消费者"。这类消费者在条件允许的情况下，会倾向于提供虚假隐私信息以降低隐私风险。"隐私敏感型消费者"的数量为 n_m，其他消费者的数量为 n_n。值得注意的是，只有消费者真实的隐私信息（下文简称"真实信息"）才能给电商企业带来数据收益。引入外生变量 b 和 α 分别表示电商企业的单位数据收益和消费者提供的虚假隐私信息的比例，电商企业从单个进行虚假隐私信息披露的消费者处获得的数据收益为 $b(1-\alpha)Y$。进一步引入外生变量 c_d 来描述电商企业分析数据的边际成本。假设电商企业无法从消费者提供的信息中识别出虚假隐私信息，因而电商企业对收集的所有信息均会进行处理和分析。所以，电商企业数据分析的总成本为 $c_d Y$。综上可得，电商企业的利润函数为：

$$\pi = [p + b(1-\alpha)Y - c_d Y]n_m + (p + bY - c_d Y)n_n \qquad (8.1)$$

在垄断市场中，假设一旦消费者登录电商企业的电子商务网站，那么消费者就会发生购买行为，并同时会披露隐私信息。而消费者是否登录电商企业网站进行购买（披露隐私信息）同时受隐私信息披露的效用和购买产品的效用两方面因素的影响。依据 Casadesus-Masanell 和 Hervas-Drane[166] 的研究，对于不提供虚假隐私信息的消费者来说，其隐私信息披露的效用为 $vY(1-Y)$，其中外生变量 v 表示隐私信息披露的单位效用，$Y(1-Y)$ 表示消费者的信息质量。对于提供虚假隐私信息的消费者来说，由于虚假隐私信息不会带来隐私风险，其提供的隐私信息的信息质量可表示为 $(1-\alpha)Y[1-(1-\alpha)Y]$。此外，对于消费者来说，虚假隐私信息披露意味着承担披露成本。此处，消费者虚假隐私信息披露的成本主要来自虚假隐私信息披露的机会成本。例如，虚假隐私信息披露可能误导电商企业向消费者提供"无用"的个性化服务，从而给消费者带来负面影响。假设消费者披露的虚假隐私信息量越高，其所带来的虚假隐私信息披露的总成本越高。引入外生变量 c_m 表示消费者虚假隐私信息披露的边际成本，故而消费者须承担的虚假隐私信息披露的总成本可表示为 $c_m(\alpha Y)^2$。另外，在消费者购买产品的效用方面，引入外生变量 θ 表示消费者对产品的感知价值。假设每位消费者对产品的感知价值不一，在区间 $[0,1]$ 上均匀分布。综上可得披露虚假隐私信息的消费者购买产品所获得的效用为：

$$u_m = v(1-\alpha)Y[1-(1-\alpha)Y] - p - c_m(\alpha Y)^2 + \theta \qquad (8.2)$$

不披露虚假隐私信息的消费者购买产品的效用函数为：

$$u_n = vY(1-Y) - p + \theta \qquad (8.3)$$

具体变量及变量描述如表 8-1 所示。

模型的博弈过程共分为三个阶段：

（1）第一阶段，电商企业对产品进行定价。

(2) 第二阶段,消费者决策是否从电商企业购买产品并披露隐私信息。

(3) 第三阶段,消费者决策是否披露虚假隐私信息,若披露,则进一步决策披露的虚假隐私信息量。

为分析消费者提供虚假隐私信息的行为对电商企业隐私信息收集策略和利润的影响,以所有消费者均不提供虚假隐私信息时的情形,即 $\alpha=0$,构建基准模型。用上标 B 和 F 分别标识消费者不提供虚假隐私信息和消费者提供虚假隐私信息时的内生变量。

表 8-1 变量及变量描述

变量	变量描述	变量	变量描述
v	隐私信息披露的价值感知	Y	隐私信息收集量
θ	购买产品的价值感知	c_m	虚假隐私信息披露的边际成本
α	虚假隐私信息的比例	b	消费者隐私信息的单位收益
c_d	数据处理的边际成本	p	产品价格
n	市场需求	g_m	提供虚假隐私信息的消费者占比

8.2.2 消费者虚假隐私信息披露策略

根据模型假设,占比为 g_m 的隐私敏感型消费者有可能提供虚假隐私信息,本小节中,将讨论该类消费者的隐私信息披露策略的营销。运用逆向倒推法对模型进行求解(详见附录K),通过对模型的虚假隐私信息披露量的均衡解进行分析,得到命题 8.1。

命题 8.1 当电商企业收集的消费者隐私信息量较多时($Y > 1/2$),隐私敏感型消费者将披露虚假隐私信息,且披露的虚假隐私信息量为 $\alpha = \dfrac{-v+2vY}{2(v+c_m)Y}$。此时,消费者提供的虚假隐私信息量随电商企业隐私信息收集量的增加而增加,随虚假隐私信息披露的边际成本的提升而减少。当电商企业收集的隐私信息量较少时($Y \leqslant 1/2$),市场上所有的消费者均不会提供虚假隐私信息。

消费者隐私信息披露行为会产生收益和成本。依据"隐私算式模型"的相关研究,消费者披露隐私信息的成本与其被收集到的隐私信息量直接相关[211-213]。当电商企业收集的消费者隐私信息很少时,消费者承受的隐私信息披露风险也较低。此时,消费者不必通过虚假隐私信息披露来降低风险。因为,此时虚假隐私信息披露不但对消费者隐私风险的影响甚微,还会降低隐私信息披露的收益。而当电商企业收集的消费者隐私信息量很大时,消费者承受的隐私信息披露风险也很高。为了降低隐私信息的风险成本,消费者会选择提供虚假隐私信息。同时,电商企业收集的消费者隐私信息越多,消费者的隐私风险越高,消费者提供的虚假隐私信息也就越多。此外,随着虚假隐私信息披露边际成本的增加,虚假隐私信息披露的高成本会降低消费者虚假隐私信息披露的效用,进而迫使消费者降低虚假隐私信息披露量。

8.2.3 消费者虚假隐私信息披露行为对电商企业隐私信息收集策略的影响

根据上文的分析可以看出,若电商企业收集的隐私信息量低到一定程度($Y \leqslant 1/2$)时,消费者便不会提供虚假隐私信息。否则,一定会有部分消费者提供虚假隐私信息。此时,电商企业有两种隐私信息收集策略可供选择。策略1:保持较低的隐私信息收集量,避免消费者提供虚假隐私信息;策略2:增加隐私信息收集量并接受消费者提供虚假隐私信息。

当电商企业采取隐私信息收集策略1($Y \leqslant 1/2$)时,电商企业的利润π_L为:

$$\pi_L = \frac{1}{4}[1+vY_L(1-Y_L)+bY_L-c_dY_L]^2 \tag{8.4}$$

其中,Y_L表示策略1中电商企业收集的隐私信息量。

分析式(8.4)可知,当$Y_L = 1/2$时电商企业利润达到最高。因此,均衡时电商企业收集的隐私信息量为$Y_L^* = 1/2$,电商企业的均衡利润π_L^*为:

$$\pi_L^* = \frac{1}{4}\left(1+\frac{v}{4}+\frac{b-c_d}{2}\right)^2 \tag{8.5}$$

当电商企业采取隐私信息收集策略2($Y > 1/2$)时,电商企业会收集到一定量的虚假隐私信息,但同时收集到的真实信息量也将提升。此时,电商企业的利润π_H为:

$$\pi_H = \frac{1}{4}\left\{1+vY_H(1-Y_H)-c_dY_H+bY_H+g_m\left[\frac{v^2(1-2Y_H)^2}{4(v+c_m)}-b\frac{v(2Y_H-1)}{2v+2c_m}\right]\right\}^2 - \\ g_m(1-g_m)\frac{bv^3(1-2Y_H)^3}{8(v+c_m)^2} \tag{8.6}$$

其中,Y_H表示策略2中电商企业收集的隐私信息量。

首先,分析所有消费者均进行虚假隐私信息披露的情形,即$g_m = 1$。此时,电商企业利润为:

$$\pi_H = \frac{1}{4}\left\{1+vY_H(1-Y_H)-c_dY_H+bY_H+\left[\frac{v^2(1-2Y_H)^2}{4(v+c_m)}-b\frac{v(2Y_H-1)}{2v+2c_m}\right]\right\}^2 \tag{8.7}$$

若$\pi_H > \pi_L^*$,那么接受消费者提供虚假隐私信息并加大对隐私信息的收集力度将是电商企业的最优选择。据此,可得到推论8.1。

推论8.1 若市场上均为隐私敏感型消费者,那么电商企业可采取如下隐私信息收集策略:

(1) 当虚假隐私信息披露的边际成本较低$\left(c_m \leqslant \frac{vb}{b-c_d}-v\right)$时,电商企业收集的隐私信息量为$1/2$。此时,消费者不会进行虚假隐私信息披露。

(2) 当虚假隐私信息披露的边际成本较高$\left(c_m > \frac{vb}{b-c_d}-v\right)$时,只要电商企业收集的隐私信息量适度$[1/2 < Y < 1/2+(b-c_d)/v-c_d/c_m]$,可保证即使存在虚假隐私信息,电商

企业仍然能够通过收集隐私信息获取更高的利润。

推论 8.1 的证明过程见附录 L。

接着,分析部分消费者进行虚假隐私信息披露的情形,即 $g_m<1$。通过算例,描绘了当虚假隐私信息披露的边际成本较低 $\left(c_m \leqslant \dfrac{vb}{b-c_d}-v\right)$ 时,不同比例的消费者进行虚假隐私信息披露($g_m=0.25$,$g_m=0.5$ 和 $g_m=0.75$)时,电商企业利润随隐私信息收集量变化而变化的趋势。取 $v=0.6$,$b=0.5$,$c_d=0.2$,仿真示例见图 8-1a 所示。同理,描绘了当虚假隐私信息披露的边际成本较高 $\left(c_m>\dfrac{vb}{b-c_d}-v\right)$ 时,不同比例的消费者进行虚假隐私信息披露($g_m=0.25$,$g_m=0.5$ 和 $g_m=0.75$)时,电商企业利润随隐私信息收集量变化而变化的趋势,见图 8-1b 所示。

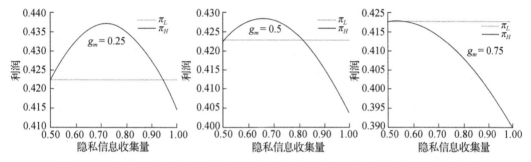

图 8-1a　虚假隐私信息披露成本较低时电商企业利润随隐私信息收集量变化的趋势

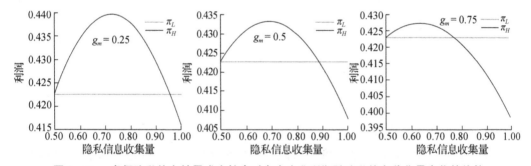

图 8-1b　虚假隐私信息披露成本较高时电商企业利润随隐私信息收集量变化的趋势

推论 8.2　相比于收集尽量少的隐私信息以避免消费者披露虚假隐私信息的情形,电商企业若适当提升隐私信息收集量至特定阈值以内,即便消费者进行虚假隐私信息披露,电商企业仍能获取更高的利润。同时,该特定阈值随市场中披露虚假隐私信息的消费者占比的增大而降低,随虚假隐私信息披露的边际成本的增大而提高。

8.2.4　消费者虚假隐私信息披露行为对产品市场需求和价格的影响

运用逆向倒推法求得消费者不披露虚假隐私信息和披露虚假隐私信息情境下的电商企业产品均衡价格分别为:

$$p^B = \frac{1}{2}[1 + vY(1-y) - bY + c_d Y] \tag{8.8}$$

$$p^F = \frac{1}{2}\left\{1 + vY(1-Y) + c_d Y - bY + g_m\left[\frac{v^2(1-2Y)^2}{4(v+c_m)} + b\frac{v(2Y-1)}{2v+2c_m}\right]\right\} \tag{8.9}$$

分析式(8.8)和式(8.9)可得引理8.1。

引理 8.1 当消费者披露虚假隐私信息时,产品的均衡价格随电商企业数据处理边际成本(c_d)的增大而提高,随虚假隐私信息披露的边际成本(c_m)和电商企业单位数据收益(b)的增大而降低。电商企业隐私信息的收集量(Y)对产品均衡价格的影响表现为:

(1) 当电商企业单位数据收益较高$\left(b \geqslant \frac{(v+c_d)(v+c_m)}{(1-g_m)v+c_m}\right)$时,电商企业增加消费者隐私信息收集量将导致电商企业产品均衡价格降低。

(2) 当电商企业单位数据收益较低$\left(b < \frac{(v+c_d)(v+c_m)}{(1-g_m)v+c_m}\right)$时,产品均衡价格随电商企业隐私信息收集量的增加呈先上升后下降的趋势。同时,产品均衡价格在电商企业隐私信息收集量 $Y = \frac{(v+c_d)(v+c_m)}{2v[(1-g_m)v+c_m]} - \frac{b}{2v}$ 时达到最高。

当不考虑消费者虚假隐私信息披露行为时,产品的均衡价格随电商企业数据处理边际成本(c_d)的增大而提高,随电商企业单位数据收益(b)的增大而降低。电商企业隐私信息的收集量(Y)对产品均衡价格的影响表现为:

(1) 当电商企业单位数据收益较高($b \geqslant v+c_d$)时,电商企业对消费者隐私信息收集量的增加将降低产品均衡价格。

(2) 当电商企业单位数据收益较低($b < v+c_d$)时,产品均衡价格随电商企业隐私信息收集量的增加呈先上升后下降的趋势。同时,产品均衡价格在电商企业隐私信息收集量 $Y = \frac{v+c_d-b}{2v}$ 时达到最高。

引理8.1具体的分析过程见附录M。

电商企业的利润由产品销售利润和数据利润两部分构成,电商企业收集的隐私信息量、单位数据收益、数据处理的边际成本以及消费者虚假隐私信息披露行为均会影响电商企业的数据利润和市场需求,追逐数据利润和扩大市场需求均会影响电商企业均衡状态下的产品定价。

当电商企业数据处理的边际成本较高或单位数据收益较低时,电商企业的数据利润较低。当消费者虚假隐私信息披露的边际成本较低时,消费者会披露更多的虚假隐私信息,电商企业的数据利润也将降低。此时,为了提升利润,电商企业必须提高产品价格。电商企业的隐私信息收集量同时影响着市场需求和电商企业的数据利润,即若产品价格不变,那么随着隐私信息收集量的增加,市场需求呈先上升后下降的趋势。隐私信息收集量越大,电商企业的数据利润也越大。当单位数据收益较低时,数据利润较低。随着隐私信息收集量的加大,电商企业的市场需求也减少。较低的数据利润和市场需求促使电商企业只能通过提升价格以增加产品销售利润。然而,过高的价格又将诱使更多的消费者选择退出市场。故而,为了保留消费者,当产品价格高到一定水平时,电商企业又不得不开始降低价格。当单位数据收益较高时,数据利润较高。此时,降低价格对公司收入的负面影响较小。而低价又能提升市场需求。故而,随着电商企业隐私信息收集量的提升,电商企业更倾向于降低产品价格。

在消费者进行虚假隐私信息披露的情境中,虚假隐私信息披露的边际成本也是影响电商企业价格策略的重要因素。随着虚假隐私信息披露的边际成本增加,电商企业预期可收集的消费者真实信息增加,进而提升电商企业数据利润。若电商企业能进一步吸收更多的消费者加入市场,电商企业就能实现利润总额的最大化。而降价便是吸引消费者的有效途径。

比较消费者不披露虚假隐私信息和披露虚假隐私信息情境下的产品定价策略,可得:

$$p^F - p^B = \frac{g_m v(2Y-1)}{4(v+c_m)}\left[\frac{v(2Y-1)}{2}+b\right] \tag{8.10}$$

分析式(8.10)可得 $p^F > p^B$,进一步总结可得命题 8.2。

命题 8.2 消费者的虚假隐私信息披露行为会促使电商企业提高产品价格。

根据命题 8.2,在消费者进行虚假隐私信息披露情境下,当电商企业要求消费者提供大量的隐私信息时,消费者很可能会提供虚假隐私信息以降低隐私风险。显然,虚假隐私信息的存在降低了电商企业的数据收益。而因电商企业无法识别虚假隐私信息,其仍需付出较高的成本处理消费者提供的所有信息。因此,虚假隐私信息的存在降低了电商企业从数据分析中获得的利润。为实现利润最大化,电商企业更倾向于设定较高的产品价格以增加产品销售的利润。此外,消费者通过提供虚假隐私信息的行为降低了消费者在购买产品过程中伴随的隐私信息披露带来的感知隐私风险,进而会提升消费者的购买意愿,从而减少高价对需求的负面影响。

进一步讨论消费者虚假隐私信息披露行为对电商企业市场需求的影响。消费者根据效用决策是否购买产品及披露隐私信息。当消费者获得的效用为正时,消费者购买产品并向电商企业披露隐私信息。运用逆向倒推法,求得消费者效用为正时的产品感知价值为 $\theta \geqslant \frac{1}{2}[1-vY(1-Y)-bY+c_d Y]$,由此可进一步获得产品的需求量。

当消费者不存在虚假隐私信息披露行为时,电商企业的市场需求 n^B 为:

$$n^B = \frac{1}{2}[1+vY(1-Y)+bY-c_d Y] \tag{8.11}$$

当消费者存在虚假隐私信息披露行为时,电商企业的市场需求 n^F 为:

$$n^F = \frac{1}{2}\left\{1+vY(1-Y)-c_d Y+bY-g_m\left[\frac{v^2(1-2Y)^2}{4(v+c_m)}+b\frac{v(2Y-1)}{2v+2c_m}\right]\right\}+\frac{g_m v^2(1-2Y)^2}{4(v+c_m)} \tag{8.12}$$

分析电商企业市场需求的均衡解,得到影响市场需求的影响因素如引理 8.2 所示:

引理 8.2 在均衡状态下,无论消费者是否存在虚假隐私信息披露行为,电商企业的市场需求均随数据处理的边际成本(c_d)的增加而降低,随电商企业的单位数据收益(b)的增加而上升。此外,当消费者不存在虚假隐私信息披露时,电商企业的市场需求随电商企业隐私信息收集量(Y)的提升呈先上升后降低的趋势;当消费者存在虚假隐私信息披露时,电商企业的市场需求受电商企业隐私信息收集量(Y)的影响表现为:

(1) 当电商企业单位数据收益较低$\left(b \leqslant \dfrac{c_d(v+c_m)}{(1-q)v+c_m} - v\right)$时,隐私信息收集量的提升将降低电商企业的市场需求。

(2) 当电商企业单位数据收益较高$\left(b > \dfrac{c_d(v+c_m)}{(1-q)v+c_m} - v\right)$时,电商企业的市场需求随隐私信息收集量的提升呈先上升后降低的趋势,且在$Y = \dfrac{1}{2} - \dfrac{c_d(v+c_m)}{2v[(1-g_m)v+c_m]} + \dfrac{b}{2v}$时达到最高。

同时,电商企业的市场需求受虚假隐私信息披露的边际成本(c_m)的影响表现为:

(1) 当隐私信息收集量满足$Y > 1/2 + b/v$时,虚假隐私信息披露边际成本(c_m)的提升将降低电商企业的市场需求。

(2) 当隐私信息收集量满足$1/2 < Y < 1/2 + b/v$时,虚假隐私信息披露边际成本(c_m)的提升将提高电商企业的市场需求。

引理8.2的具体分析过程见附录N。

由引理8.1可知,当数据处理的边际成本增加时,产品价格会随之上升,从而降低了消费者购买产品的效用。同样,随着单位数据收益的增加,产品价格会随之下降,从而增加了消费者购买产品的效用。效用的增加致使更多的消费者进入市场。

电商企业隐私信息收集量对消费者购买意愿的影响程度与消费者的隐私信息为电商企业带来的单位数据收益相关。当单位数据收益较低时,电商企业提升隐私信息收集量对电商企业的数据收益影响并不显著。这使得电商企业倾向于提升价格来保证高利润。较高的产品价格无疑增加了消费者的购买成本。此外,随着电商企业隐私信息收集量的增加,即便进行了虚假隐私信息披露,消费者仍然承受着越来越高的隐私风险。高价格和高隐私风险均促使消费者不愿购买。当单位数据收益较高时,即便存在虚假隐私信息,电商企业仍然能够通过提升隐私信息收集量显著提升电商企业的数据收益。较高的数据收益使得电商企业无须再通过提升价格来保证利润。此时,若电商企业的隐私信息收集量较低,低价格和低隐私风险降低了消费者的购买成本,故而消费者倾向于购买产品。若电商企业的隐私信息收集量较高,高隐私风险迫使一些消费者退出市场。

虚假隐私信息披露的边际成本对消费者购买意愿的影响程度与电商企业的隐私信息收集量相关。随着虚假隐私信息披露边际成本的提升,消费者从虚假隐私信息披露行为中获得的效用降低,产品价格下降。当电商企业的隐私信息收集量较大时,消费者承受的隐私风险带来的负向效用比低价带来的正向效用更为显著,此时,消费者购买意愿下降。当电商企业的隐私信息收集量不高时,消费者承受的隐私风险较低,产品价格对消费者购买意愿的影响更甚。此时,随着虚假隐私信息披露的边际成本的上升,产品价格下降,消费者的购买意愿也将提升。

最后,电商企业的市场需求影响其收集的隐私信息量。当消费者不存在虚假隐私信息披露时,市场需求随电商企业隐私信息收集量的增加呈先上升后下降的趋势。这是因为,消费者的隐私信息披露带来收益的同时会产生成本。而进行虚假隐私信息披露时,因为虚假隐私信息的存在,电商企业会提升产品价格以保证利润。尤其在电商企业的单位数据收益较低时,随着电商企业隐私信息收集量的增加,产品价格的提升幅度更高。此时,过高的价格会削弱虚假隐私信息的正面影响,进而降低消费者的购买意愿。

通过比较式(8.11)和式(8.12),可得消费者虚假隐私信息披露行为对市场需求的影响。

命题 8.3 消费者虚假隐私信息披露行为对市场需求的影响与电商企业隐私信息收集量相关。当电商企业隐私信息收集量较高时($Y>1/2+b/v$),虚假隐私信息披露行为将提高电商企业的市场需求;当电商企业隐私信息收集量较低时($1/2<Y<b/v+1/2$),虚假隐私信息披露将降低电商企业的市场需求。

命题 8.3 的分析过程详见附录 O。

由命题 8.3 可知,虚假隐私信息披露对消费者购买意愿的影响取决于数据收集的数量。当电商企业收集的隐私信息量较大时,虚假隐私信息披露能够激励消费者购买。相反,当电商企业收集的隐私信息量较小时,虚假隐私信息披露反而会制约消费者购买。

8.2.5 消费者虚假隐私信息披露行为对社会福利的影响

在讨论消费者虚假隐私信息披露行为对电商企业定价策略和消费者隐私信息披露策略的影响的基础上,本节进一步分析消费者虚假隐私信息披露行为对电商企业利润、消费者剩余和社会福利的影响。

当消费者不存在虚假隐私信息披露行为和消费者存在虚假隐私信息披露行为时,消费者剩余分别为:

$$\mathrm{CS}^B = \frac{1}{2}[vY(1-Y)+bY-c_dY] \tag{8.13}$$

$$\mathrm{CS}^F = \frac{g_m v^2(1-2Y)^2}{4(v+c_m)} + \frac{1}{2}\left\{vY(1-Y)-c_dY+bY-g_m\left[\frac{v^2(1-2Y)^2}{4(v+c_m)}+b\frac{v(2Y-1)}{2v+2c_m}\right]\right\} \tag{8.14}$$

同理,可得两种情境下的电商企业利润分别为:

$$\pi^B = \frac{1}{4}[1+vY(1-Y)+bY-c_dY]^2 \tag{8.15}$$

$$\pi^F = \frac{1}{4}\left\{1+vY(1-Y)-c_dY+bY+g_m\left[\frac{v^2(1-2Y)^2}{4(v+c_m)}-b\frac{v(2Y-1)}{2v+2c_m}\right]\right\}^2 -$$

$$g_m(1-g_m)\frac{bv^3(1-2Y)^3}{8(v+c_m)^2} \tag{8.16}$$

结合均衡状态下的消费者剩余和电商企业利润,可求得消费者不存在虚假隐私信息披露行为和消费者存在虚假隐私信息披露行为两种情境下,社会福利分别为:

$$SW^B = \frac{1}{4}[1+vY(1-Y)+bY-c_dY]^2 + \frac{1}{2}[v(1-Y)+b-c_d]Y \quad (8.17)$$

$$SW^F = \frac{1}{4}\left\{1+vY(1-Y)-c_dY+bY+g_m\left[\frac{v^2(1-2Y)^2}{4(v+c_m)}-b\frac{v(2Y-1)}{2v+2c_m}\right]\right\}^2 - $$
$$g_m(1-g_m)\frac{bv^3(1-2y)^3}{8(v+c_m)^2}+\frac{g_mv^2(1-2y)^2}{4(v+c_m)}+$$
$$\frac{1}{2}\left\{vY(1-Y)-c_dY+bY-g_m\left[\frac{v^2(1-2Y)^2}{4(v+c_m)}+b\frac{v(2Y-1)}{2v+2c_m}\right]\right\} \quad (8.18)$$

命题 8.4 当满足以下条件:① 当电商企业的隐私信息收集量较高($Y>1/2+b/v$)或者② 当电商企业的隐私信息收集量($1/2<Y<b/v+1/2$)和虚假隐私信息披露的边际成本均较低,此时,消费者的虚假隐私信息披露行为将提高社会福利水平。此外,消费者虚假隐私信息披露行为并不一定能够提升消费者剩余。当电商企业的隐私信息收集量很高($Y>1/2+b/v$)时,虚假隐私信息披露能够提升消费者剩余;而当电商企业的隐私信息收集量不是很高($1/2<Y<b/v+1/2$)时,虚假隐私信息披露反而会降低消费者剩余。此外,消费者虚假隐私信息披露行为在一定条件下会提高电商企业利润。当电商企业的隐私信息收集较高($Y>1/2+b/v$)时,虚假隐私信息披露能够提高电商企业利润;而当电商企业的隐私信息收集量($1/2<Y<b/v+1/2$)和虚假隐私信息披露的边际成本都较低时,虚假隐私信息披露也能够提高电商企业的利润。

命题 8.4 的证明过程详见附录 P。

从命题 8.4 可以看出,若电商企业收集的隐私信息量较大,消费者的虚假隐私信息披露行为同时增加了消费者剩余和电商企业利润,进而提高社会福利水平。若电商企业收集消费者隐私信息量较小且虚假隐私信息披露的单位成本较低时,虚假隐私信息披露行为也会提高社会福利水平。原因在于在这种情况下,虚假隐私信息披露行为虽然损害了消费者的利益,却提高了电商企业的利润,当提高的电商企业利润大于损害的消费者利益时,消费者虚假隐私信息披露行为将提高社会福利水平。

当前文献普遍认为披露虚假隐私信息是消费者隐私保护的一种手段[71-72]。与以往研究不同的是,本节的研究发现:① 消费者的虚假隐私信息披露行为确实降低了消费者的隐私风险,但是只有当电商企业收集的隐私信息量较大时,虚假隐私信息披露对消费者可起到保护作用;若电商企业收集的信息量较小时,虚假隐私信息披露反而会损害消费者利益。② 当电商企业收集的隐私信息量较大时,针对电商企业对消费者隐私信息的使用行为,可以发现虚假隐私信息的存在致使电商企业的数据利润下降,但因为虚假披露能够使更多的消费者愿意进入市场,电商企业反而通过更高的产品销量获得利润补偿。③ 当电商企业收集的隐私量较小时,电商企业只有降低披露虚假信息的机会成本(如提升定向广告的技术水平,识别虚假隐私信息),才不会因为消费者虚假隐私信息披露而使利润受损。在此情况下,消费者自身利益会因其虚假隐私信息披露行为受到损害,但是对整个社会而言,总福利水平反而会提升。

8.3 虚假隐私信息披露行为对电商企业个性化服务提供策略的影响研究

8.3.1 基本假设与变量描述

本节讨论电子商务环境下,消费者虚假隐私信息披露策略的选择及其对电商企业个性化服务策略的影响问题。不失一般性,研究中不考虑市场的竞争性因素影响,也就是不考虑市场竞争性对电商企业的个性化服务提供以及对消费者的虚假隐私信息披露策略等的影响。

以电子商务中生产电商企业及其潜在消费者为研究对象。对于电商企业来说,电商企业向潜在消费者销售产品(每位消费者仅会购买一件产品),同时收集消费者的隐私信息以应用于精准营销。而消费者在交易过程中向电商企业提供隐私信息,可享受电商企业提供的个性化服务,同时获得电商企业的价格折扣。假定电商企业提供的个性化服务水平 s 为内生变量,是对消费者个人信息披露策略的反应行为。

假定电商企业为每位消费者提供同等水平的个性化服务,在电商企业服务的边际成本为 c 的情况下,电商企业为进入市场的每位消费者投入的服务成本为 cs。此外,假定消费者对电商企业的个性化服务存在相同的感知系数 v,电商企业个性化服务为消费者带来的效用为 vs。由此可得,电商企业个性化服务回报率为 v/c。

同时,电商企业根据消费者提供的隐私信息量的大小,确定给予消费者的价格折扣。电商企业为消费者提供价格优惠的方式多样。比如,通过给会员提供折扣优惠,使消费者注册成会员,尽可能地获取其个人信息;或者电商企业可以通过提供优惠券或价格折扣换取消费者开放 cookies 收集权限等。为保护隐私信息,消费者可能会向电商企业提供虚假隐私信息。假定电商企业无法识别虚假隐私信息,电商企业提供的价格优惠幅度与消费者提供的隐私信息量,包括消费者真实的隐私信息(以下简称"真实信息")和虚假隐私信息,呈正向线性相关关系。引入 $a(a<1)$ 作为电商企业的价格折扣系数,故而,在给定电商企业产品价格 p 的情况下,消费者获得的价格优惠为 $a(y_t+y_f)p$。其中,y_t 表示消费者披露的真实信息量,y_f 表示消费者提供的虚假隐私信息量。

电商企业针对关联产品向潜在消费者提供精准营销,比如定向广告、个性化推荐等。从以往的研究可知,电商企业的精准营销策略存在一定的精准度 t_a,营销精准度的大小取决于电商企业收集到的消费者真实信息量[214]。假定电商企业能获得的真实信息越多,电商企业营销的精准度越高,营销效果越好,不妨设 $t_a=y_t$(y_t 表示消费者 i 提供的真实信息量)。电商企业因定向广告获得的期望利润为 by_t（b 为关联产品精准营销的边际利润）。

对于消费者来说，其在享受因隐私信息提供而带来的好处的同时，也会承受隐私信息披露带来的风险。根据 Casadesus-Masanell 和 Hervas-Drane[166] 的研究，隐私信息披露风险是真实信息披露量的凸函数。基于此，本模型假定隐私信息披露风险 r 与真实信息披露量的函数关系为 $r=y_t^2$。对于消费者来说，假设其信息隐私关注程度为 β 且消费者的信息隐私关注程度各异，在区间 $[d^-,d^+]$ 上均匀分布。其中，$d^->0$。当消费者的信息隐私关注程度越高，其隐私信息披露的风险意识也越强[7]。因此隐私信息披露风险带给消费者的效用为 $-\beta y_t^2$。若消费者披露虚假隐私信息，则不存在隐私信息披露风险。但当消费者披露虚假隐私信息时，消费者需要花费一定的时间和精力去对个人信息进行造假或修饰，披露虚假隐私信息显然会付出一定的成本，为此引入参数 c_m 表示消费者披露虚假隐私信息的边际成本，消费者披露的虚假隐私信息越多，消费者需承担的成本越高，假定消费者虚假隐私信息披露成本为 $c_m y_f^2$。具体模型变量及描述如表 8-2 所示。

表 8-2 模型变量及描述

参数（变量）	描述	参数（变量）	描述
v	消费者的服务感知系数	β	消费者的信息隐私关注系数
s	电商企业提供的个性化服务水平	p	电商企业的产品价格
a	产品价格折扣系数	c	电商企业投入个性化服务的边际成本
β_0	处于进入市场临界点的消费者的隐私感知系数	b	电商企业精准营销的边际利润
y_t	消费者披露的真实信息量	y_f	消费者披露的虚假隐私信息量
t_a	电商企业精准营销精准度	v/c	电商企业个性化服务投入回报率
r	隐私信息披露风险	c_m	消费者披露虚假隐私信息的边际成本

8.3.2 模型构建

1. 消费者不披露虚假隐私信息时的博弈模型构建

首先研究潜在消费者不披露虚假隐私信息情形下消费者的隐私信息披露策略和电商企业个性化服务策略。

消费者为电商企业带来的收益来自两个方面：产品销售的收入 $(1-ay^B)p$ 及电商企业实施精准营销的期望收益 by^B。电商企业的成本主要来自电商企业的个性化服务投入 cs。所以，电商企业的利润 π^B 为：

$$\pi^B = \int_{d^-}^{\beta_0} [(1-ay^B)p + by^B - cs] \mathrm{d}\beta \tag{8.19}$$

消费者的效用取决于三个方面:电商企业提供的个性化服务带来的效用、消费者隐私信息披露风险及消费者为购买产品而支付的费用。即消费者的效用函数 u^B 为:

$$u^B = vs - \beta(y^B)^2 - (1-ay^B)p \tag{8.20}$$

2. 消费者披露虚假隐私信息时的博弈模型构建

消费者提供虚假隐私信息的情况下,由模型假设可知,电商企业提供的价格优惠与消费者提供的隐私信息总量(包括真实信息和虚假隐私信息)有关,电商企业的精准营销期望收益与消费者提供的隐私信息有关。故电商企业利润 π^F 为:

$$\pi^F = \int_{d^-}^{\beta_0} \{[1-a(y_f^F + y_t^F)]p + by_t^F - cs\} d\beta \tag{8.21}$$

消费者的效用 u^F (不考虑消费者购买成本)为:

$$u^F = vs - \beta(y_t^F)^2 - [1-a(y_f^F + y_t^F)]p - c_m(y_f^F)^2 \tag{8.22}$$

具体博弈过程为:第一阶段,电商企业确定个性化投入水平;第二阶段,消费者决定是否进入市场;第三阶段,消费者决定是否提供虚假隐私信息和虚假隐私信息披露的量。

假设当所有的消费者均向电商企业购买产品时市场被完全覆盖,市场被完全覆盖的条件是消费者进入市场的临界点 $\beta_0 \leqslant d^-$;当部分消费者不向电商企业购买产品时,市场不完全覆盖,市场不完全覆盖的条件是,消费者进入市场的临界点 $\omega_0 > d^-$。在以往的研究中,提供和披露虚假隐私信息被视为消费者保护个人隐私的方式之一[74]。消费者提供虚假隐私信息可以"骗取"电商企业的价格优惠的同时也会由于虚假隐私信息的存在,导致电商企业为其提供的个性化服务受到影响,进而也会影响电商企业利润。因此,提供和披露虚假隐私信息对于消费者来说未必是最优选择。

本节旨在分析并讨论市场完全覆盖及市场不完全覆盖情境下消费者虚假隐私信息披露与否的策略选择及虚假隐私信息披露对电商企业个性化服务策略和电商企业利润的影响。

8.3.3 市场完全覆盖情境下消费者虚假隐私信息披露策略及影响

1. 消费者虚假隐私信息披露的策略选择

运用逆向倒推法对模型的均衡解求解(具体求解过程见附录 Q),求得在市场完全覆盖情境下,若消费者选择披露虚假隐私信息,其效用 u_c^F 为:

$$u_c^F = \frac{a^2 p^2}{4}\left(\frac{1}{\beta} - \frac{1}{d^+}\right) \tag{8.23}$$

若消费者选择不披露虚假隐私信息,其效用 u_c^B 为:

$$u_c^B = \frac{a^2 p^2}{4}\left(\frac{1}{\beta} - \frac{1}{d^+}\right) \tag{8.24}$$

由此得到命题 8.5。

命题 8.5 在市场完全覆盖情境下,披露虚假隐私信息为消费者带来的效用与仅提供真实信息为消费者带来的效用相等,即消费者披露虚假隐私信息与否对其效用提升并无差别。

在市场完全覆盖情境下,若消费者披露虚假隐私信息,需付出一定的成本,相较于消费者不披露虚假隐私信息而言,消费者虽然享受到的电商企业个性化服务减少,但能够获取更高的价格优惠。为保证市场全覆盖,即使消费者披露虚假隐私信息,电商企业仍会提供较多的个性化服务。此时,消费者获取价格优惠带来的效用增加,一定程度上能够弥补享受电商企业个性化服务减少所带来的效用减少。此外,因为消费者提供的真实信息量不变,消费者承担的隐私信息披露风险亦不变。基于以上,当市场全覆盖时,消费者披露虚假隐私信息对个人效用的提升并无影响。

在市场完全覆盖情境下,博弈均衡时披露虚假隐私信息的消费者披露的虚假隐私信息量为 $ap/(2c_m)$,提供的真实信息量为 $ap/(2\beta)$;不披露虚假隐私信息的消费者提供的真实信息量为 $ap/(2\beta)$。由此得到命题 8.6。

命题 8.6 在市场完全覆盖情境下,消费者虚假隐私信息披露量(y_f)与虚假隐私信息披露成本(c_m)呈负相关关系;消费者提供的真实信息(y_t)与消费者的信息隐私关注系数(β)呈负相关关系,与消费者披露虚假隐私信息的成本无关,相较于不披露虚假隐私信息的消费者,披露虚假隐私信息的消费者会提供等量的真实信息。

一般情形下,披露虚假隐私信息的成本越低,消费者通过披露虚假隐私信息获得的净效用越高,从电商企业处获取的价格优惠幅度也越大,消费者愿意披露更多的虚假隐私信息,而电商企业为更好地吸引客户、做好精准营销以及提高利润,通常会通过提升虚假隐私信息成本来降低消费者提供的虚假隐私信息的量。例如较多选择追踪消费者的浏览、购物等信息的隐私信息收集方式,而非选择收集消费者主动填写的信息(如注册会员、提供会员信息)来获取消费者隐私信息,从而致使消费者虚假隐私信息的披露量降低。

命题 8.6 同样表明,在市场完全覆盖情境下,提供虚假隐私信息并未降低消费者真实信息的提供量。这也验证了以往实证研究的结论,即消费者真实信息的提供与消费者对隐私的控制并不存在显著的相关关系[215],而披露虚假隐私信息被视为消费者进行隐私控制的方式之一[74]。所以,消费者披露虚假隐私信息与否不影响其真实信息披露水平。

2. 消费者虚假隐私信息披露决策对电商企业个性化服务和利润的影响

在市场完全覆盖情境下,电商企业为披露虚假隐私信息的消费者提供的个性化服务 s_c^{F*} 为:

$$s_c^{F*} = \frac{p}{v} - \frac{a^2 p^2}{4v}\left(\frac{1}{d^+} + \frac{1}{c_m}\right) \tag{8.25}$$

电商企业为仅提供真实信息的消费者提供的个性化服务 s_c^{B*} 为:

$$s_c^{B*} = \frac{p}{v} - \frac{a^2 p^2}{4d^+ v} \tag{8.26}$$

比较式(8.25)和式(8.26),显然 $s_c^{F*} - s_c^{B*} = \frac{a^2 p^2}{4vc_m} < 0$,可得到命题 8.7。

命题 8.7 在市场完全覆盖情境下,相较于不披露虚假隐私信息的消费者,电商企业为披露虚假隐私信息的消费者提供更少的个性化服务,且随虚假隐私信息披露量的增多而减少。

在市场完全覆盖情境下,所有消费者均会参与到市场中。这意味着电商企业提供个性化服务的多少不能影响消费者的数量。此时,若消费者提供虚假隐私信息,意味着电商企业在精准营销收益不变的情况下(精准营销收益受消费者提供的真实信息和消费者数量的影响),将要提供更多的产品价格优惠。为进一步增加电商企业利润,电商企业将会选择降低个性化服务水平以降低成本。随着消费者披露的虚假隐私信息增多,电商企业为消费者提供的价格优惠也将越高,为实现电商企业利润最大化,电商企业提供的个性化服务也将越少。由此可知,虚假隐私信息的存在抑制了电商企业个性化服务的投入。在难以识别消费者提供的隐私信息中具体哪些为虚假隐私信息情形下,电商企业应通过价格折扣系数及虚假隐私信息披露的成本推测消费者虚假隐私信息提供量,以进一步决策个性化服务的投入水平。

在分析消费者虚假隐私信息披露决策对电商企业个性化投入的基础上,进一步分析消费者披露虚假隐私信息决策对电商企业利润的影响。

若消费者提供虚假隐私信息,则其为电商企业带来的利润 π_c^F 为:

$$\pi_c^F = (d^+ - d^-)\left[p - \frac{a^2 p^2}{2c_m} - \frac{cp}{v} + \frac{ca^2 p^2}{4v}\left(\frac{1}{d^+} + \frac{1}{c_m}\right)\right] + \frac{1}{2}ap(b - ap)(\ln d^+ - \ln d^-) \tag{8.27}$$

令消费者提供的虚假隐私信息量 $y_f = \frac{ap}{2c_m}$,那么分析式(8.27),可得 $\frac{\partial \pi_c^F}{\partial y_f} = (d^+ - d^-)ap\left(\frac{c}{2v} - 1\right)$。

若消费者不提供虚假隐私信息,则其为电商企业带来的利润 π_c^B 为:

$$\pi_c^B = (d^+ - d^-)\left(p - \frac{cp}{v} + \frac{ca^2 p^2}{4vd^+}\right) + \frac{1}{2}ap(b - ap)(\ln d^+ - \ln d^-) \tag{8.28}$$

比较式(8.27)和式(8.28),可得 $\pi_c^F - \pi_c^B = (d^+ - d^-)\frac{a^2 p^2}{2c_m}\left(-1 + \frac{c}{2v}\right)$。显然,当 $\frac{v}{c} < \frac{1}{2}$ 时,$\pi_c^F > \pi_c^B$,$\frac{\partial \pi_c^F}{\partial y_f} > 0$;当 $\frac{v}{c} \geqslant \frac{1}{2}$ 时,$\pi_c^F \leqslant \pi_c^B$,$\frac{\partial \pi_c^F}{\partial y_f} \leqslant 0$。因此,得到推论 8.3。

推论 8.3 在市场完全覆盖情境下,若电商企业个性化服务回报率较高($v/c \geqslant 1/2$),与不披露虚假隐私信息的情况相比,消费者披露虚假隐私信息将降低电商企业利润且电商企业利润随虚假隐私信息披露量的增多而降低。若电商企业个性化服务回报率较低($v/c < 1/2$),消费者披露虚假隐私信息将提高电商企业利润且随虚假隐私信息披露量的增多而提升。

进一步通过算例验证在市场完全覆盖情境下,消费者披露虚假隐私信息的行为以及虚假隐私信息披露量对电商企业利润的影响。取 $d^-=0.1, d^+=1, a=0.8, p=1, c_m=0.8, b=8, v/c$ 在 $[0,1]$ 上变化,得到消费者披露虚假隐私信息及不披露虚假隐私信息时电商企业利润随个性化服务回报率的变化趋势图,见图 8-2 所示。取 $d^-=0.1, d^+=1, a=0.8, p=1, b=4, v/c=0.2, y_f$ 在 $[0,1]$ 上变化,得到个性化服务回报率较低时电商企业利润随虚假隐私信息披露量的变化趋势图,见图 8-3a 所示;取 $d^-=0.1, d^+=1, a=0.8, p=1, b=4, v/c=0.7, y_f$ 在 $[0,1]$ 上变化,得到个性化服务回报率较高时电商企业利润随虚假隐私信息披露量的变化趋势图,见图 8-3b 所示。

电商企业的利润取决于消费者数量、电商企业出售产品的收益、精准营销带来的期望收益及电商企业投入的个性化服务。当市场完全覆盖时,进入市场的消费者数量不变,基于隐私信息开展精准营销为电商企业带来的期望收益不变。相较于不披露虚假隐私信息,消费者披露虚假隐私信息时电商企业出售产品的价格优惠更高,相应的收益更低,消费者披露隐私信息对电商企业利润的提升存在负向效应;消费者提供披露虚假隐私信息时电商企业投入的个性化服务成本降低,此时,消费者披露隐私信息对电商企业利润的提升存在正向效应。若电商企业个性化服务回报率较高($v/c \geqslant 1/2$),披露虚假隐私信息的消费者为电商企业带来的产品销售收入净增值(负向效应)高于电商企业服务投入成本的净增值(正向效应)时,电商企业利润将降低。反之,若电商企业个性化服务回报率较低($v/c < 1/2$),披露虚假隐私信息的消费者为电商企业带来的产品销售收入净增值低于电商企业服务投入成本的净增值时,电商企业的利润将提高。

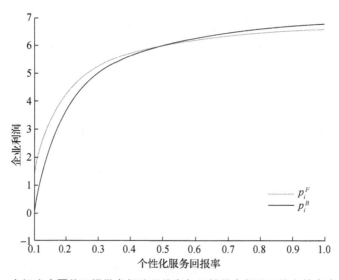

图 8-2 市场完全覆盖下提供虚假隐私信息与不提供虚假隐私信息的电商企业利润

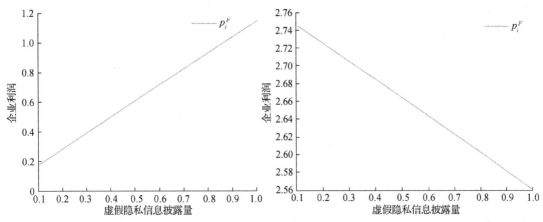

a. 个性化服务回报率低时,企业利润随虚假信息量的变化趋势

b. 个性化服务回报率高时,企业利润随虚假信息量的变化趋势

图 8-3　市场完全覆盖下当消费者提供虚假隐私信息时电商企业利润的变化趋势

8.3.4　市场不完全覆盖情境下消费者虚假隐私信息披露策略及影响

1. 消费者虚假隐私信息披露的策略选择

在市场不完全覆盖情境下,若消费者选择披露虚假隐私信息,其效用 u_u^F 为:

$$u_u^F = \frac{a^2p^2}{4}\left(\frac{1}{\beta}+\frac{1}{c_m}\right)+\frac{apv(b-ap)-ap\sqrt{v^2(b-ap)^2-4cd^-p(v-c)-\frac{cd^-a^2p^2(c-2v)}{c_m}}}{4cd^-} \tag{8.29}$$

若消费者选择不披露虚假隐私信息,其效用 u_u^B 为:

$$u_u^B = \frac{a^2p^2}{4\beta}+\frac{apv(b-ap)-ap\sqrt{v^2(b-ap)^2-4cd^-p(v-c)}}{4cd^-} \tag{8.30}$$

比较分析式(8.29)和式(8.30)发现:当市场不完全覆盖时,若电商企业个性化服务回报率满足 $2\sqrt{(v/c)^2(b-ap)^2-4d^-p(v/c-1)}+ap(1-2v/c) \geqslant 0$,则消费者披露虚假隐私信息的效用高于不披露虚假隐私信息时的效用;若电商企业个性化服务回报率满足 $2\sqrt{(v/c)^2(b-ap)^2-4d^-p(v/c-1)}+ap(1-2v/c) < 0$,则当 $c_m < cd^-ap/[ap(2v-c)-2\sqrt{v^2(b-ap)^2-4cd^-p(v-c)}]$ 时,消费者披露虚假隐私信息获取的效用高于不披露虚假隐私信息获取的效用。

进一步分析不等式 $2\sqrt{(v/c)^2(b-ap)^2-4d^-p(v/c-1)}+ap(1-2v/c) \geqslant 0$ 可知,当电商企业个性化服务回报率 v/c 较小时,不等式成立。当电商企业个性化服务回报率 v/c 增大到一定程度时,不等式 $2\sqrt{(v/c)^2(b-ap)^2-4d^-p(v/c-1)}+ap(1-2v/c)<0$ 成立。由此得到命题 8.8。

命题 8.8　在市场不完全覆盖情境下,若电商企业个性化服务回报率 v/c 较低,消费者会选择披露虚假隐私信息；若电商企业个性化服务回报率较高且当披露虚假隐私信息成本较低时，消费者同样会选择披露虚假隐私信息。

在市场不完全覆盖情境下，若电商企业个性化服务回报率较低，电商企业个性化服务水平对消费者效用提升的影响较小。此时，无论电商企业个性化服务水平如何，消费者均能够因为价格优惠而获益，消费者更愿披露虚假隐私信息。若电商企业个性化服务回报率较高，电商企业个性化服务水平对消费者效用提升的影响较大，消费者披露虚假隐私信息将导致个性化服务为其带来的效用显著降低。故而，只有当披露虚假隐私信息的成本下降到一定程度后，消费者才会考虑披露虚假隐私信息。这就要求电商企业应提供高质量的个性化服务以提升消费者对服务的感知，同时采取措施提升消费者披露虚假隐私信息的成本（如加入信息审核机制等），以此来规避消费者披露虚假隐私信息的行为，提高电商企业利润。

电子商务环境下，消费者完成商品和服务的购买或多或少都会涉及隐私信息的披露。例如，在电商平台上购买某个产品必须在网站上注册个人信息、留存个人的收货地址和联系方式。因此，对消费者来说，进入市场便意味着披露隐私信息。基于此，通过分析消费者进入市场的临界点来探讨消费者隐私信息披露的意愿。

由式(8.20)和式(8.22)可知，在均衡状态下，当消费者享受的服务及产品价格一定时，消费者的隐私感知系数越高，消费者效用越低。

在市场不完全覆盖情境下，当消费者选择是否需要披露虚假隐私信息时，消费者进入市场的临界点 ω_0^F 为：

$$\beta_0^F = \frac{ap}{\left\{\left[\sqrt{v^2(b-ap)^2 - 4cd^- p(v-c)} - \frac{cd^- a^2p^2(c-2v)}{c_m} - v(b-ap)\right]/cd^- - ap/c_m\right\}} \tag{8.31}$$

此时，位于临界点的消费者效用为 0。当消费者的效用大于 0 时，消费者将会进入市场，即在市场不完全覆盖情境下，若消费者的信息隐私关注系数 ω 低于消费者进入市场的临界点 β_0^F，则消费者将会选择进入市场。基于以上分析得到命题 8.9。

命题 8.9 若电商企业个性化服务回报率较高 ($v/c \geqslant 1/2$)，则消费者进入市场的临界点 ω_0^F 是提供虚假隐私信息的边际成本的凸函数，且当

$$c_m = \frac{cd^- a^2p^2(2v-c)}{\frac{a^2p^2(c-2v)^2}{4} - v^2(b-ap)^2 + 4cd^- p(v-c)}$$ 时，

消费者进入市场的临界点最低，即市场中的消费者数量最少；若电商企业个性化服务回报率 $v/c < 1/2$，消费者进入市场的临界点 ω_0^F 随披露虚假隐私信息边际成本 c' 的增加而降低。

证明见附录 R。

分析消费者的效用函数可知，当披露虚假隐私信息的边际成本增加且电商企业提供的个性化服务水平不变时，消费者的效用将会降低。而若电商企业个性化服务回报率 $v/c \geqslant 1/2$，电商企业提供的个性化服务对消费者效用水平的提升影响较大。根据下文中对电商企

业个性化服务的均衡分析可知,此时电商企业提供的服务水平将随着提供虚假隐私信息的边际成本增加而提升。结合因提供虚假隐私信息的边际成本增加而导致的消费者虚假隐私信息提供成本和消费者服务感知效用的变化来看,在不考虑隐私风险时,消费者的总体效用呈先降低后上升的趋势。故而,为了保证消费者的效用最大化,临界点的隐私风险感知系数也呈先降低后上升的趋势。同理,若电商企业个性化服务回报率 $v/c<1/2$,此时电商企业提供的服务水平将随着提供虚假隐私信息的边际成本增加而降低。结合因提供虚假隐私信息的边际成本增加而导致的消费者虚假隐私信息提供成本和消费者服务感知效用的变化来看,在不考虑信息隐私风险时,消费者的总体效用呈下降的趋势。故而,为保证消费者的效用最大化,临界点的信息隐私风险感知系数也呈下降趋势。

进一步分析与消费者不披露虚假隐私信息的情况相比,消费者披露虚假隐私信息带来的参与市场的临界点的变化。当消费者不披露虚假隐私信息时,消费者进入市场的临界点 β_0^B 为:

$$\beta_0^B = \frac{apcd^-}{\sqrt{v^2(b-ap)^2 - 4cd^- p(v-c)} - v(b-ap)} \tag{8.32}$$

比较式(8.31)和式(8.32)可知:当满足

$$ap/c_m > \left[\sqrt{v^2(b-ap)^2 - 4cd^- p(v-c) - \frac{cd^- a^2 p^2(c-2v)}{c_m}} - \sqrt{v^2(b-ap)^2 - 4cd^- p(v-c)}\right]/cd^-,$$

即 $u_u^F > u_u^B$ 时,$\beta_0^B < \beta_0^F$。

推论 8.4 若消费者选择披露虚假隐私信息,则市场中消费者的数量将增加。

证明见附录 S。

推论 8.4 表明,若消费者选择披露虚假隐私信息,其可以获取更高的效用,允许消费者提供虚假隐私信息激励了更多的消费者参与到市场中。

2. 消费者虚假隐私信息披露决策对电商企业的影响

在市场不完全覆盖情境下,若消费者披露虚假隐私信息,电商企业为披露虚假隐私信息的消费者提供的个性化服务 s_u^{F*} 为:

$$s_u^{F*} = \frac{p}{v} + \frac{ap(b-ap)}{4cd^-} - \frac{ap\sqrt{v^2(b-ap)^2 - 4cd^- p(v-c) - \frac{cd^- a^2 p^2(c-2v)}{c_m}}}{4cd^- v} \tag{8.33}$$

若消费者不披露虚假隐私信息,电商企业提供的个性化服务 s_u^{B*} 为:

$$s_u^{B*} = \frac{p}{v} + \frac{ap(b-ap)}{4cd^-} - \frac{ap\sqrt{v^2(b-ap)^2 - 4cd^- p(v-c)}}{4cd^- v} \tag{8.34}$$

比较式(8.33)和式(8.34),可知:当 $v/c<1/2$ 时,$s_u^{F*}>s_u^{B*}$;当 $v/c \geqslant 1/2$ 时,$s_u^{F*}<s_u^{B*}$。由此得到命题 8.10。

命题 8.10 在市场不完全覆盖情形下,若电商企业个性化服务回报率较低($v/c<1/2$),虚假隐私信息的存在将使得电商企业提升其个性化服务投入水平且随消费者虚假隐私信息披露量的增多而提高;若电商企业个性化服务回报率较高($v/c \geqslant 1/2$),虚假隐私信息的存在将使

得电商企业降低其个性化服务投入水平且随消费者虚假隐私信息披露量的增多而降低。

在市场不完全覆盖情境下,电商企业个性化服务投入的主要作用是吸引更多的消费者进入市场。在电商企业个性化服务回报率较低($v/c<1/2$)时,电商企业个性化服务投入水平对消费者效用提升的影响较小,电商企业必须进一步加大服务投入水平才能使个性化服务投入发挥更大作用。同时,消费者披露的虚假隐私信息量越大,消费者提供虚假隐私信息的成本也将越高,此时电商企业也需进一步增加服务投入,才能保证消费者不脱离市场。在电商企业个性化服务投入回报率较高时,因为电商企业个性化服务投入水平对消费者效用提升的影响较大,即使电商企业投入较少的服务也能对消费者效用提升产生较大的正面影响,进而导致消费者不选择脱离市场。此时,若消费者披露的虚假隐私信息量越多,意味着电商企业需付出更多的价格优惠,这在一定程度上降低了电商企业的收益。因此,为了实现利润最大化,电商企业在消费者虚假隐私信息披露量增加的情况下,会选择降低个性化服务的投入水平。

进一步分析消费者披露虚假隐私信息对电商企业利润的影响。当消费者披露虚假隐私信息时电商企业利润 π_u^F 为:

$$\pi_u^F = (\beta_0^F - d^-)\left(p - \frac{a^2 p^2}{2c_m} - cs_u^{F*}\right) + \frac{1}{2}ap(b-ap)(\ln\beta_0^F - \ln d^-) \tag{8.35}$$

当消费者不披露虚假隐私信息时电商企业利润 π_u^B 为:

$$\pi_u^B = (\beta_0^B - d^-)(p - cs_u^{B*}) + \frac{1}{2}ap(b-ap)(\ln\beta_0^B - \ln d^-) \tag{8.36}$$

对比式(8.35)和式(8.36)并结合算例仿真发现,电商企业利润随消费者披露虚假隐私信息的边际成本的增加而增加。若 $v/c \geqslant 1/2$,电商企业可获取的总利润低于消费者不披露虚假隐私信息时的情况(图 8-4a)。若 $v/c<1/2$,消费者提供虚假隐私信息时,电商企业可获取的总利润在消费者提供虚假隐私信息的边际成本较高时高于消费者不提供虚假隐私信息时的情况(图 8-4b)。

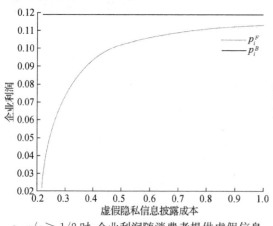
a. $v/c \geqslant 1/2$ 时,企业利润随消费者提供虚假信息的边际成本变化情况

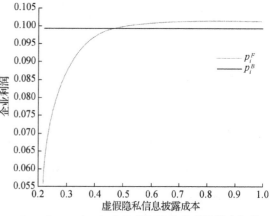
b. $v/c<1/2$ 时,企业利润随消费者提供虚假信息的边际成本变化情况

图 8-4 市场不完全覆盖下提供和不提供虚假隐私信息时的电商企业利润

推论 8.5 在市场不完全覆盖情境下,若电商企业个性化服务回报率满足 $v/c < 1/2$,相较于消费者不披露虚假隐私信息,消费者披露虚假隐私信息时电商企业从单个消费者处获取的利润更低,但在消费者披露虚假隐私信息的边际成本较高时,获取的利润总量更高。若电商企业个性化服务回报率满足 $v/c \geqslant 1/2$,电商企业在消费者披露虚假隐私信息时获取的总利润低于消费者不披露虚假隐私信息时获取的总利润。

在市场不完全覆盖情境下,若 $v/c < 1/2$,因为电商企业的个性化服务投入大大提升了该消费者的产品价格优惠,故而电商企业从单个消费者获得的利润降低。此时,相较于消费者不披露虚假隐私信息的情况而言,市场中消费者的数量一定增加。对电商企业来说,从市场获取的利润总量并不一定会降低。当消费者披露虚假隐私信息的边际成本较大时,消费者提供的虚假隐私信息量较少,电商企业将降低服务投入水平,进而导致电商企业服务投入成本进一步降低,此时电商企业在市场上获取的总利润将提升。若 $v/c \geqslant 1/2$,电商企业个性化服务的边际成本较低,相较于消费者不披露虚假隐私信息而言,消费者披露虚假隐私信息使得电商企业承担更多的让利,同时由于电商企业提供个性化服务的边际成本较低,其提供个性化服务的成本并未减少太多,此时电商企业在市场上获取的总利润将降低。

由此我们看出,在市场不完全覆盖情境下,若电商企业个性化服务回报率 $v/c < 1/2$,在消费者披露虚假隐私信息时,电商企业可通过提升消费者提供虚假隐私信息的边际成本来提升自身利润。若电商企业个性化服务回报率满足 $v/c \geqslant 1/2$,在消费者提供虚假隐私信息时,无论电商企业采取什么措施,电商企业的利润均会因虚假隐私信息的存在而受损,此时电商企业应采取相关措施防范消费者披露虚假隐私信息。

8.4 主要结论和管理启示

电子商务电商企业收集消费者隐私信息,进而为消费者提供精准营销等个性化服务已是普遍现象。而消费者隐私信息的收集和利用不可避免地触发消费者对于隐私信息侵害的担忧。消费者为了在规避隐私信息侵害风险的同时获取隐私信息披露带来的可能收益而选择披露虚假隐私信息。针对消费者虚假隐私信息披露,有学者从实证角度证实了消费者虚假隐私信息披露行为的存在,也有学者研究了影响消费者虚假隐私信息披露行为的因素[72-74]。但对消费者虚假隐私信息披露行为下电商企业的隐私信息收集策略和个性化服务策略的影响等问题的研究还较少。本章建立博弈模型,一方面研究消费者披露虚假隐私信息对电商企业信息收集的影响,另一方面讨论其对电商企业个性化服务策略的影响。

8.4.1 主要结论

本章考虑消费者披露虚假隐私信息的行为,研究其对电商企业的隐私信息收集策略和个性化服务策略的影响。模型分析的主要结论有:

1. 市场上消费者隐私信息敏感性和披露虚假隐私信息的成本影响着电商企业的隐私信息收集策略。若市场上均为隐私敏感型消费者,当消费者披露虚假隐私信息的边际成本较低$\left(c_m \leqslant \frac{vb}{b-c_d} - v\right)$时,电商企业收集的隐私信息量为$1/2$,此时消费者不会披露虚假隐私信息;而当虚假隐私信息披露的边际成本较高$\left(c_m > \frac{vb}{b-c_d} - v\right)$时,只要电商企业收集的隐私信息量适度$[1/2 < Y < 1/2 + (b-c_d)/v - c_d/c_m]$,即使存在虚假隐私信息,电商企业仍然能够通过收集隐私信息获取更高的利润。若市场上仅有部分隐私敏感型消费者,电商企业的隐私信息收集量为高于$1/2$且低于一定阈值的范围内,该阈值随市场中隐私敏感型消费者占比的提升而降低,随披露虚假隐私信息的边际成本的增大而提升。

2. 电商企业收集隐私信息的量影响消费者隐私信息披露策略和市场需求,进一步影响社会总福利。当电商企业收集较多消费者隐私信息量时($Y > 1/2$),隐私敏感型消费者将披露虚假隐私信息,且披露的虚假隐私信息量随电商企业隐私信息收集量的增加而增加,随虚假隐私信息披露边际成本的提升而减少。当电商企业收集的隐私信息量较少时($Y \leqslant 1/2$),市场上所有的消费者均不会提供虚假隐私信息。但同时,当电商企业隐私信息收集量较高时($Y > 1/2 + b/v$),虚假隐私信息披露行为将提高电商企业的市场需求、电商企业利润、消费者剩余和社会总福利;当电商企业隐私信息收集量较低时($1/2 < Y < b/v + 1/2$),虚假隐私信息披露将降低电商企业的市场需求,但此时若虚假隐私信息披露的边际成本较低,虚假隐私信息披露也能够提高电商企业的利润和社会总福利,但是会降低消费者剩余。

3. 电商企业基于消费者隐私信息的个性化服务投入水平受到消费者虚假隐私信息披露量及其自身回报率的影响。在市场完全覆盖情境下,相较于不披露虚假隐私信息的消费者,电商企业为披露虚假隐私信息的消费者提供更少的个性化服务,且随虚假隐私信息披露量的增多而减少。在市场不完全覆盖情境下,若电商企业个性化服务回报率较低($v/c < 1/2$),虚假隐私信息的存在将使得电商企业提升其个性化服务投入水平,且随消费者虚假隐私信息披露量的增多而提高;若电商企业个性化服务回报率较高($v/c \geqslant 1/2$),虚假隐私信息的存在将使得电商企业降低其个性化服务投入水平,且随消费者虚假隐私信息披露量的增多而降低。

4. 消费者虚假隐私信息披露行为影响着电商企业利润。在市场完全覆盖情境下,若电商企业个性化服务回报率较高($v/c \geqslant 1/2$),与不披露虚假隐私信息的情况相比,消费者披露虚假隐私信息将降低电商企业利润且电商企业利润随虚假隐私信息披露量的增多而降低。若电商企业个性化服务回报率较低($v/c < 1/2$),消费者披露虚假隐私信息将提高电商企业利润且随虚假隐私信息披露量的增多而提升。在市场不完全覆盖情境下,若电商企业个性化服务回报率满足$v/c < 1/2$,相较于消费者不披露虚假隐私信息,消费者披露虚假隐私信息时电商企业从单个消费者处获取的利润更低,但在消费者披露虚假隐私信息的边际成本较高时,电商企业可获取的利润总量更高。若电商企业个性化服务回报率满足$v/c \geqslant 1/2$,电商

企业在消费者披露虚假隐私信息时获取的总利润低于消费者不披露虚假隐私信息时获取的总利润。

5. 不同市场条件下,影响消费者披露虚假隐私信息行为的因素存在差别。在市场完全覆盖情境下,披露虚假隐私信息不影响消费者的效用。同时,消费者虚假隐私信息披露量(y_f)与虚假隐私信息披露成本(c_m)呈负相关关系;消费者提供的真实信息(y_t)只与消费者的信息隐私关注系数(β)呈负相关关系,而与消费者披露虚假隐私信息的成本无关,且披露和不披露虚假隐私信息的两类消费者会提供等量的真实信息。在市场不完全覆盖情境下,若电商企业个性化服务回报率 v/c 较低,消费者会选择披露虚假隐私信息;若电商企业个性化服务回报率较高,但当披露虚假隐私信息成本较低时,消费者同样会选择披露虚假隐私信息。

8.4.2 主要管理启示

消费者披露虚假隐私信息不仅影响电商企业隐私信息的收集,而且影响电商企业的个性化服务等隐私信息的应用策略。本章模型分析结论给电商企业的管理启示主要有:

1. 电商企业可以将消费者隐私信息收集量限制在较低的水平,可以规避消费者虚假隐私信息披露行为。

2. 在一定条件下,消费者披露虚假隐私信息的行为不一定会降低电商企业利益。电商企业可以收集足够量的信息总量,以保证即使存在虚假隐私信息,电商企业仍可以从增长的产品销量和足够多的隐私信息中获取较高的利润。电商企业提升隐私信息收集量情况下的利润甚至高于电商企业通过降低信息获取量来规避消费者虚假隐私信息披露行为时的利润。电商企业也可以将隐私信息披露的决策权交给消费者,此时电商企业可以通过降低个性化服务投入回报率或者提高消费者披露虚假隐私信息成本的方式来提升利润。

3. 电商企业可以综合考虑市场上消费者的信息隐私关注程度和消费者披露虚假隐私信息的成本,制定合理的消费者信息收集策略。如果市场上全部为隐私敏感型消费者,那么当虚假隐私信息披露的边际成本较低时,电商企业可以控制信息收集量为 1/2;当虚假隐私信息披露的边际成本较高时,电商企业可以通过控制信息收集量远远高于 1/2 来保证利润最大化。如果市场上只有部分消费者为隐私敏感型消费者,电商企业可以通过将信息收集量控制在远远高于 1/2 的区间内以获取最高利润。

4. 电商企业制定个性化服务策略,不仅需要考虑个性化服务回报率,而且需要考虑消费者披露的虚假隐私信息的量。若个性化服务回报率较高,电商企业可降低服务投入水平;反之,电商企业则需加大服务投入以激励消费者进入市场。同时,若消费者披露的虚假隐私信息较少,电商企业可提供较少的个性化服务;反之,电商企业必须加大服务投入以吸引更多的消费者进入市场。

第 4 部分
我国电子商务环境中消费者隐私信息行为影响因素的实证研究

第 9 章
理论基础和研究模型构建

从前两部分理论研究可看出,电子商务中企业隐私信息的应用策略与消费者的隐私信息披露策略之间相互影响,隐私信息的保护和应用相互作用。消费者和企业从隐私信息中获利都与消费者的隐私信息披露行为直接相关。为此,本章基于相关理论和基础模型,针对我国电子商务环境,构建消费者隐私信息披露行为影响因素实证分析的研究模型。

9.1 实证模型构建基础

在消费者自身和外部环境因素的作用下,电子商务中消费者有多种行为策略。本节界定实证研究中的概念,阐述相关基础理论和模型。

9.1.1 概念界定

1. 大五人格特征

大五人格又被称作是人格的海洋,是学者们在人格描述模式上达成共识后提出的,Goldberg 称之为人格心理学中的一场革命[216]。人格也称个性,其概念来源于希腊,指的是个体独有的稳定的思维方式与行为风格,是个体心理特征的总和,是个体各方面属性的整体表现。大五人格包括五大因素,分别是经验开放性、尽责性、外向性、随和性、神经质(情绪不稳定性)。其中经验开放性在一些研究中也被称为智力,具体表现为具有想象力、创造力、好奇心、开放的头脑和艺术感知等特质,具有经验开放性特征的个体倾向于利用丰富的想象力和创造力、严谨的逻辑和理性去分析问题,而没有经验开放性特征或者经验开放程度较低的个体更加容易随大流,习惯用传统和通用的方式处理问题;尽责性是反映个体决心、意愿和意志力的一种特征,具体体现为组织性、可靠性、尽职和严格等,此类人群更加注重细节,以行动为导向,做决定时往往考虑到后果[217];外向性则表现为健谈、大胆、自信、善于社交[216],具有外向性特征的个体更加喜欢社交活动,他们喜欢与人交流,总是充满着活力,给身边的人带来积极影响,在人群中具有一定的示范性;随和性是一种与个体的相亲性与社会性整合有关的特质,具体表现为热情、善良、信任、慷慨、体贴、和蔼可亲以及乐于与他人合作等[216],此类人群更加愿意相信他人,更易与他人合作,同时也愿意为他人利益而损失部分自身利益;

神经质又叫作情绪不稳定性,通常与焦虑、抑郁、压力、情绪不稳定、恐惧等负面情绪相关联[216],通常此类人群的心理压力较大,更容易产生愤怒、焦虑等负面情绪,并且情绪的调控能力较差。大五人格中的五种特质基本概括了人格描述的所有方面,并且不随文化以及种族的变化而变化,是普遍存在的。

综上所述,本项目将大五人格特征定义为对个体所表现出的所有思维方式和行为风格的五种不同的分类,具体包括经验开放性、尽责性、外向性、随和性与神经质。

2. 感知隐私信息风险

风险通常被定义为由于潜在的负面结果而产生的不确定性或是他人的投机行为给自己造成损失的可能性[218],感知风险(perceived risk)则指的是人们在进行决策时对决策所带来的结果的不确定性的感知与认识。最初感知风险是Bauer从心理学中延伸而来的,大多被运用于消费者的购买行为研究之中。随后又有许多学者对其构成因素进行了研究,Stone等人在前人研究的基础上将感知风险的构成因素分为财务风险、功能风险、人身风险、心理风险、社会风险以及时间风险。财务风险指的是经济上的损失所产生的风险,功能风险指的是购买产品功能未达到预期或低于其他产品所导致的风险,人身风险指的是对个体健康与安全产生危害的风险,心理风险指的是个体情感受到伤害的风险,社会风险则是与社交友谊和个人形象受损相关的风险,时间风险指的是在购买产品过程中由于时间浪费所带来的风险[219]。

感知隐私信息风险则是与隐私信息相关的感知风险,是学者们在研究隐私信息时提出的概念,众多学者对感知隐私信息风险的定义几近相同。因此本项目结合前人研究,将感知隐私信息风险定义为个体在披露个人信息数据的过程中所感知到的风险,具体包含上述六大要素中的财务风险、人身风险、心理风险以及社会风险。

3. 感知隐私信息控制

控制的概念来源于心理学,是影响个体行为的主要驱动因素之一,主要指的是为了保证活动按照计划完成而进行的过程。控制可以分为实际控制和感知控制,其中感知控制是个体的主观感受,是个体的心理状态的体现。感知控制可以被分为行为控制、认知控制以及决策控制三大类,其中行为控制指的是通过对个体行为的限制与调整来控制引起其情绪变化的刺激物,认知控制指的是个体将自己所掌握的相关知识转化为对自己有利的信息的能力,决策控制指的是个体在多种方案中进行最优选择的过程[220]。Langer提出个体的感知控制水平受到行为控制、认知控制和决策控制的共同影响,并且这种影响将会导致其心理状态以及生理状态的改变[221]。

控制这一因素很早就出现在信息隐私相关的研究之中,但很少有研究对其在隐私环境中的本质进行定义,直到2004年,Xu和Teo首次通过心理学的视角对隐私环境中控制的本质进行了研究,他们将控制定义为一种以个人信息为控制目标的感知结构[222],将其概念化为与隐私相关的独立变量。Xu和Dinev等人在前人研究的基础上将感知隐私控制定义为一种知觉结构,反映个体对信息发布和传播的管理能力的信念[218]。

综上,本项目将感知隐私信息控制定义为个体在进行隐私信息披露以及传递的过程中主观感受到的对信息隐私的控制程度。

4. 隐私信息披露意愿和披露行为

意愿的概念同样来自心理学,是个体对某种将要进行的行为的主观感受,也是个体对是否进行该行为的态度的体现。Ajzen等人在1975年和1985年分别提出的理性行为理论和计划行为理论中均对意愿进行了讨论。在理性行为理论中,个体的行为意愿是由个体的行为态度和主观规范决定的[223],而在计划行为理论中,Ajzen又加入了感知行为控制作为影响个体行为意愿的第三个因素[224]。其中行为态度是个体对行为的总体评价,主观规范是个体所感受到的来自社会规范的压力,感知行为控制则是个体对该行为的预期控制能力。

基于理性行为理论和计划行为理论,行为意愿是由行为态度等三个因素共同决定,而个体行为是由个体的行为意愿决定的外在活动表现,受个体意愿的直接影响。因此,本项目将隐私信息披露意愿定义为个体对隐私信息披露行为的主观感受,是个体在进行隐私信息披露前的个人态度和来自社会外界的压力以及对自身的隐私信息行为控制能力的综合体现。而隐私信息披露行为定义为个体在自身行为意愿的影响下所进行的与个人隐私信息披露相关的一系列活动。

5. 虚假隐私信息披露行为

由于电子商务环境中,消费者对信息隐私的关注程度不断提升,面临信息隐私披露情境时可能采取行动保护个人信息隐私。个人采取的隐私信息保护行为有多种,Wirtz等人对隐私信息保护行为进行讨论,认为在线上保护信息隐私的情境中,消费者有三种权力,即编造的权力、寻求技术保护的权力和拒绝的权力[225]。随后,Son等人提出隐私信息保护反应(Information Privacy Protection Response,IPPR)的分类,即用户应对隐私威胁时的六种行为反应——拒绝、虚假披露、删除、负面口碑、直接向在线公司投诉以及间接向第三方组织投诉[74]。其中拒绝和虚假披露行为是隐私信息保护反应行为中最主要的两类。虽然当前对于虚假隐私信息披露行为的研究还比较少,但是学术界大多将其归类为隐私信息保护行为的一种。事实上,虚假隐私信息披露行为在现实生活中广泛存在,Hodder等针对1 615名网络用户的信息隐私披露情况调查显示,34%的用户曾提供虚假的电话信息,33%的用户曾提供过虚假的邮箱信息,31%的用户曾提供虚假的姓名信息,15%的用户曾提供虚假的偏好信息,13%的用户曾提供虚假的职业信息[226]。这项调查证明虚假隐私信息披露行为在现实中的存在并非个例。

通过以上分析,本项目认为电子商务环境中的虚假隐私信息披露行为指"个人通过编造与自身相关的虚假隐私信息,提供给电子商务平台,以获取电子商务平台服务的行为"。

9.1.2 相关理论基础

对个体行为研究的基础理论主要有理性行为理论、计划行为理论等。同时本项目研究涉及隐私信息问题,涉及隐私计算理论、程序公平理论等。此外,考虑到影响因素中包括人格特征,本项目也将对人格理论进行阐述。

1. 理性行为理论(Theory of Reasoned Action,TRA)

理性行为理论是由美国学者Fishbein和Ajzen于1975年提出,该理论源于社会心理学,主张个人行为由意愿预测,而意愿则由个人态度和主观规范决定[223]。其中态度指个体对行为的总体评价,它受个体对行为结果的信念和结果的评价的影响,主观规范是指个体在采取某种行为时所感受到的来自社会规范的压力。理性行为理论指出个体的行为态度越坚定、主观规范越大,其完成行为的意愿就越强,进而导致其越可能执行该行为,该理论的模型图如图9-1所示。虽然理性行为理论被应用于很多领域中,但是它仍有不完善的地方,该理论的基本前提是个体作为一个近乎理性的人,而实际中个体并不是完全理性的,为了完善这个不足之处,计划行为理论应运而生。

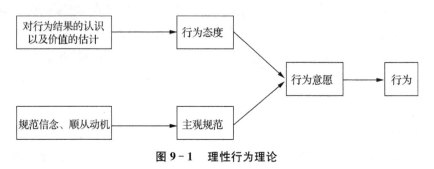

图9-1 理性行为理论

2. 计划行为理论(Theory of Planned Behavior,TPB)

计划行为理论是由Ajzen在理性行为理论的基础上改进得来的,其理论模型如图9-2所示,该理论降低了对个体的作为理性人的要求,在行为态度和主观规范的基础上加入了感知行为控制,表明一个人的动机依赖于意愿和能力,而意愿由行为态度、主观规范和感知行为控制决定[224]。感知行为控制指的是个体基于过去的经验所感知到的行为可控性和实施该行为的预期能力。计划行为理论已被应用于预测多种不同行为,并已被证明其预测个体意图和

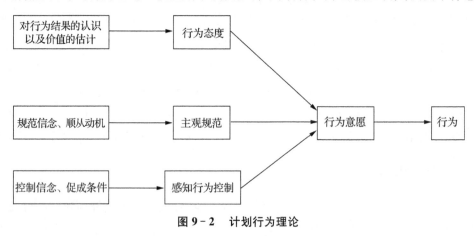

图9-2 计划行为理论

行为的有效性[227-229]。基于理性行为理论和计划行为理论的研究集中在"信念—动机—行为"链和"前因—信息隐私关注—结果"模型(APCO)[230]。

3. 程序公平理论(Procedural Fairness Theory)

程序公平也被称为程序正义,指个体认为他们所参与的某一特定活动是公平的[231]。在信息披露方面,该理论研究认为,在得知个人隐私信息能够受到保护的情况下,用户愿意披露个人信息,甚至允许信息收集方使用这些信息[232]。该理论相关的研究指出,即使潜在结果对用户不利,但只要他们认为基本程序是公平的,他们也不会表现出不满意[233]。此外,有学者指出,在商务环境下,用户观察到企业的程序越公平,其披露个人信息的意愿越强,甚至愿意提供个人信息以供企业发展未来市场[232]。程序公平的关键在于个体对相关活动以及相关知识的了解程度,如果个体对相关活动的内在本质足够了解并且拥有充分的知识储备,则其更有可能参与到相关活动中,对相关活动的介绍以及相关知识的普及可以通过政府法律法规宣传、行业自律、相关隐私政策制定和其他干预措施来实现。

4. 人格理论(Personality Theories)

人格理论表明,人格特征指的是个体的稳定的心理属性,会对个体的隐私感知和行为产生潜在影响。人格与行为的关系在行为学研究中被广泛讨论,在网络信息隐私方面,极度不信任、偏执和社会批评[7]、社会感知[234]、大五人格特征(经验开放性、尽责性、外向性、随和性、情绪不稳定性)[15,217,235]和隐私心理倾向等特征均被研究[236]。虽然并不是所有特征都对隐私行为有显著的影响,但在隐私研究中,特别是在隐私倾向方面有一些重要影响[237]。与从其他理论角度研究的因素相比,人格特征具有先导作用。

5. 期望理论(Expectancy Theory)

除了理性行为理论和计划行为理论,另一个对隐私计算理论影响深刻的理论是期望理论。该理论由 Vroom 于 1964 年在《工作与激励》一书中提出,目前已成为组织行为学的经典理论[238]。该理论主要为了研究如何激励组织中的成员行为,以获得更高的组织效率。该假设的基本前提是人们对于每个事件后果的期望值可能并不相同,且各有偏好,偏好越高,个人收益就越高,根据收益和风险的衡量结果产生行为。例如公司设立奖项为免费旅游套餐,则不同员工对于该套餐的估值各不相同,其所激发的力量也不一样。Vroom 使用了一个简单的公式对期望理论进行描述:

$$M = \sum v \times E$$

公式中的 M 代表激发力量,即某事件对于促进个体行为动机的有效强度;v 代表效价,即事件达成后的反馈对于个人的感知价值;E 代表期望值,即个体对于可能能够达到目标的主观概率。该理论指出,效价受个人价值取向、主观态度、优势需要及个性特征的影响。正如在隐私计算理论中,每个人对于不同情况的感知风险和感知收益是有区别的。

6. 隐私计算理论(Privacy Calculus Theory)

隐私计算理论是研究隐私感知和隐私行为最常用的理论之一,该理论认为,个体披露信息的意愿基于隐私演算,根据演算结果来判定是否进行信息披露行为[239,240],具体就是进行风险—收益分析,其中感知风险和感知收益是隐私计算理论的核心,当感知风险大于感知收益时个体不进行信息披露,反之则进行信息披露[241]。Li提到加强信息隐私关注和阻碍信息披露的因素还包括感知脆弱性、隐私侵犯经历等,而减轻信息隐私关注和促进信息披露的因素也包括网站声誉、商家的隐私政策以及信息敏感性等,因此隐私计算是一个复杂的心理过程,涉及多方面的考虑,这意味着在结合其他理论对其进行更加深入的了解是十分必要的[230]。

9.1.3 已有主要研究模型

1. 消费者隐私信息披露影响因素的相关研究模型

信息隐私披露行为是用户的个人意识、信息隐私关注、信息隐私控制能力的直接体现[242],迄今为止对信息隐私披露行为的研究已经涉及多个领域,其中研究较多的包括社交网络领域、在线医疗领域以及电子商务领域。研究重点主要在信息隐私披露行为的影响因素上,具体涉及人口统计学因素如年龄、性别、学历等,以及人格特征、个体感知和信任等方面。Smith等学者对前人研究进行了概括和总结,并且结合理性行为理论和计划行为理论提出了APCO(Antecedents-Privacy Concerns-Outcomes)模型[243],该模型如图9-3所示。APCO模型分为三个部分,前因(Antecedents)、隐私关注(Privacy Concerns)(本项目中特指"信息隐私关注")和结果(Outcomes),其中前因是影响信息隐私关注的一些因素,如隐私经历、隐私感知、人格差异、人口差异等,既包括积极因素也包括消极因素;信息隐私关注作为前因变量和结果变量间的中介变量;结果部分主要包括行为反应,例如披露行为等。此外,信任也作为一个影响因素出现在模型中,对信息隐私关注和结果均产生一定的影响,同时也调节了信息

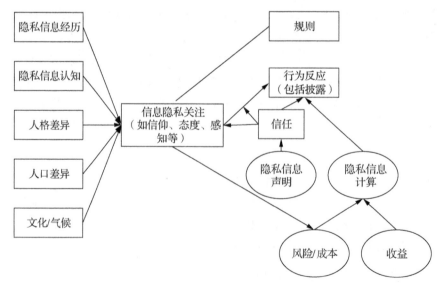

图9-3 Smith等人的APCO模型

隐私关注对结果的影响。另外,模型中还列举了规则和隐私计算等因素。Smith 指出,APCO 模型是一个综合模型,不同的情况会对模型结构造成一定的影响。在 Smith 提出的 APCO 模型的基础上,Alashoor 等人基于保护动机理论和计划行为理论的相关研究,建立了包含反映用户对大数据熟悉程度的新因素的 APCO 模型,以验证前因对信息隐私关注的影响进而影响最终结果,同时将信任作为调节变量用于调整信息隐私关注与结果之间的关系[244]。

Chen 从期望价值理论出发,对社交网站中的自我披露现象进行了研究,他将外向性、感知临界质量和感知互联网风险作为前因变量,披露态度作为中介变量,隐私自我披露行为作为结果,同时将隐私价值作为调节变量建立如图 9-4 所示模型,该研究通过问卷调查的方法收集了 222 个社交网络用户数据来验证假设模型,其中外向性和感知临界质量对披露态度有正向影响,感知互联网风险对披露态度有负向影响,披露态度正向影响隐私自我披露行为,而隐私价值则反向调节披露态度对隐私自我披露行为的影响[245]。

巫月娥从成本—利益理论和感知信息公平理论出发,对社交电子商务用户的信息隐私披露意愿进行了研究,建立了如图 9-5 所示的理论框架,研究感知隐私披露风险、感知利益、

图 9-4 Chen 的模型

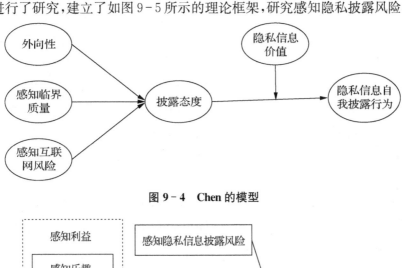

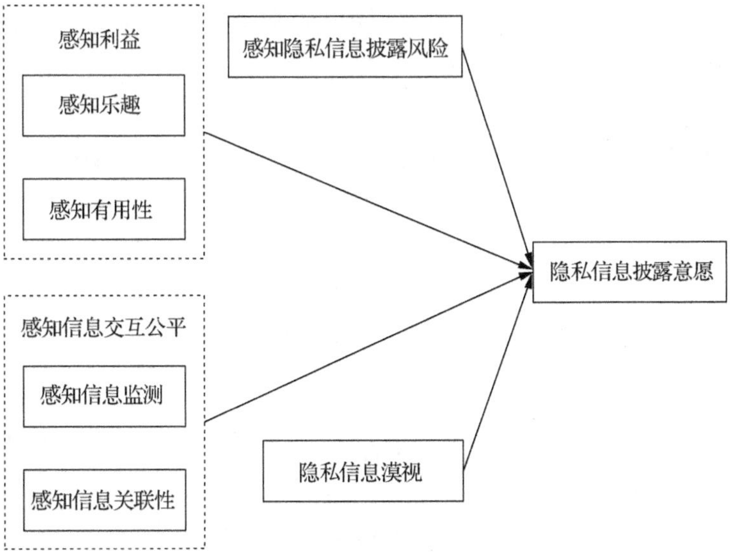

图 9-5 巫月娥的理论框架

感知信息交互公平和隐私漠视对隐私披露意愿的影响，通过在线调查的方法收集了312份有效问卷，验证了以上四个影响因素对隐私披露意愿的显著影响，其中感知隐私披露风险对隐私披露意愿的影响最大，说明了用户感知到的隐私风险会大大降低其隐私披露的意愿，其次感知利益、感知信息交互公平以及隐私漠视均会提高用户的隐私披露意愿[246]。

Zlatolas等人为了更好地理解信息隐私关注与自我披露之间的复杂关系，建立了包括隐私意识、隐私价值、隐私政策、隐私控制、隐私社会规范、信息隐私关注和自我披露等众多因素的理论模型，并且基于661份在线调查数据验证了各因素之间的相关关系[247]。而Li等人则采用一般线性模型探讨了人口统计学因素、社交网站经历、个人社交网站规模和博客生产力对隐私披露行为的影响，最终发现性别和年龄对披露行为有显著的影响，而社交网站经历和个人社交网站规模对披露行为没有显著影响[248]。

Bansal等人于2016年又基于理性行为理论以及前景理论（prospect theory）提出一个理论模型，用于研究语境以及用户个性对个人信息披露意愿的影响，具体模型如图9-6所示。Bansal等人强调了信任在网络交互中的重要地位，同时认为人格对信息隐私关注和信任都会产生影响，并且这种影响在不同的语境中存在一定的差异，他们将大五人格因素作为信息隐私关注和信任的影响因素进行研究，同时加入了用户先前的隐私侵害经历以及在网站中的积极经历作为影响因素，分别在高敏感度和低敏感度的环境下进行实验，最终结果表明，在网上披露隐私信息时，一些人格特征会影响隐私关注和信任，同时在高敏感度的环境下隐私关注对信任的影响更大，个人经历对披露意愿的影响与语境有关，在高敏感度的环境下，个人经历所造成的影响更大[249]。Yeh等人也研究了在电子商务环境下的大五人格特征对隐私关注的影响，同时加入了隐私侵犯经历、冒险倾向以及外部奖励因素，其理论模型与Bansal等人类似。研究表明大五人格特征中的随和性人格、冒险倾向以及隐私侵犯经历是影响个人信息隐私关注的三个主要因素，外部奖励虽然对隐私披露意愿有直接影响，但是不会缓和用户因素关注与个人信息披露意愿之间的关系[250]。

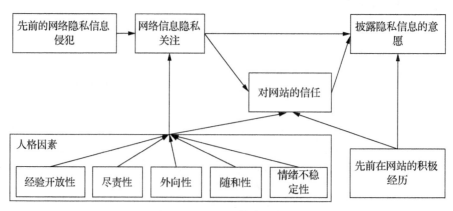

图9-6 Bansal等人的模型

Benamati等人基于APCO模型进行了扩展性研究，基于个体层面探索了隐私意识、年

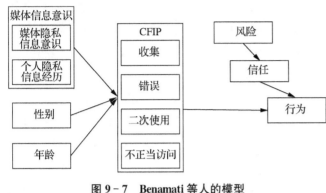

图 9-7 Benamati 等人的模型

龄、性别对信息隐私关注的影响以及信息隐私关注与隐私保护行为的关系,具体模型如图 9-7 所示,其中,隐私意识、性别和年龄作为前因,CFIP(信息隐私关注)作为中介变量,行为作为结果,此外,风险和信任也作为隐私行为的影响因素被纳入了模型中。Benamati 等人利用普通人群样本而非学生样本进行网上调查,避免因调查对象单一化而对结果造成影响。通过对回收数据的分析,结果显示隐私意识对信息隐私关注有显著的正向影响,性别方面女性受访者相对于男性受访者具有更高的信息隐私关注程度,而年龄的影响则不是很显著;信息隐私关注同样显著影响个体的隐私保护行为,风险如预期所想显著负向影响信任,而信任的增加则会减少用户的保护行为[251]。Benamati 等人的研究运用了 Smith 提出的 APCO 模型结构,扩大了样本选取范围,弥补了先前研究中的结构单一、样本单一等缺陷,验证了 APCO 模型的可行性和有效性,但该研究中的模型结构仍不完整,有待进一步改进。

此外,对隐私披露行为影响因素的研究除了以上所提到的人口差异、人格特征、个体感知、信任、隐私经历、隐私认知和个人经历等因素外,还涉及了隐私政策、网站声誉等因素。在隐私政策方面,Stutzman 等人证明了网站可以通过提供透明的隐私政策来减轻用户进行信息披露的担忧[252],Zlatolas 等人的研究也表明隐私政策与隐私价值、信息隐私关注、自我披露之间有显著的关系[33];而在网站声誉方面,杨姝等人、卢叶微等人和王洪伟等人均进行了相关研究,并且一致认为网站声誉能够正向影响用户个人信息提供意愿[253-255]。

石硕基于计划行为理论和隐私计算理论,对社交网络情境下的信息隐私披露行为开展研究,他将信息敏感、感知风险、信息控制、主观规范作为前因变量,以隐私关注、感知收益作为中介变量,信息隐私披露行为作为结果,提出了如图 9-8 所示的理论模型。通过问卷发放与采集,他基于回收的 171 份有效数据进行数据分析。结果显示,感知收益正向影响信息隐

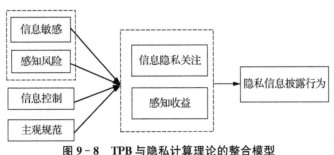

图 9-8 TPB 与隐私计算理论的整合模型

私披露行为,并随之提出增加应用的有趣性和吸引力可以正向影响社交网站用户信息隐私披露行为。同时,结果还显示隐私关注会对社交网站用户的信息隐私披露行为造成负面影响。在前因变量上,信息隐私关注又受感知风险和信息控制能力的影响,但与信息敏感性和主观规范的关系并不显著[256]。

还有学者从技术特征的角度出发,对隐私信息披露意愿的影响因素开展研究。刘百灵等人认为信息管理、许可声明管理和交互管理等技术特征可能对移动商务环境下的用户隐私信息披露意愿产生影响,并基于沟通隐私管理理论设计了如图9-9所示的模型,从用户需求视角探究隐私信息管理的技术特征对移动用户披露信息意愿的影响作用。在分析收集的283份有效数据后,他们发现隐私信息管理的技术特征将通过感知控制的中介作用,促进用户的隐私信息披露意愿,且信息管理和交互管理对移动用户的信息披露意愿有直接的正向影响[257]。

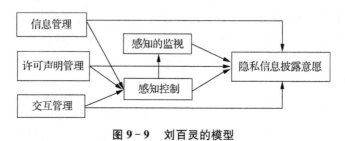

图9-9 刘百灵的模型

2. 消费者隐私信息保护行为的影响因素研究模型

由于直接针对隐私信息编造行为的相关研究还比较少,本项目梳理了隐私信息保护行为的影响因素研究,试图从中获得理论支持。Malheiros等人对网页环境下影响用户披露隐私以及编造隐私信息的因素进行了研究,根据一个规模为1851人的实地调查结果显示,感知的努力程度、感知公平性和敏感性对用户隐私信息披露意愿具有显著影响[258]。其中感知公平性对用户隐私信息披露的真实性具有显著正面影响,感知敏感性对用户隐私信息披露的真实性具有显著负面影响。Wirtz等人研究了电子商务环境下商业政策和法规如何影响消费者的在线信息隐私关注,调查发现人们普遍认为缺乏商业政策或政府监管将导致更高的权利增强反应,其中就包括隐私信息保护行为[259]。Keith等人从隐私计算的视角重新审视了隐私计算的过程,发现在隐私信息披露意愿和实际披露行为之间并非完全一致,隐私信息披露意愿转化为虚假隐私信息披露行为的可能性并不高,而提供虚假隐私信息为消费者提供了一个缓冲选项,提供虚假隐私信息的可能性在很大程度上缓和了这种关系[260]。

为了研究促使人们产生隐私信息保护行为的影响因素,Miltgen等人建立了如图9-10所示的模型,并设计了一个真实情境的在线实验来测试这个模型。来自法国的168名网络用户参与了这项研究。研究结果显示,感知相关性对于感知收益、感知风险、信任都有直接的影响。而降低感知风险最有可能减少隐瞒行为,增加信任和感知收益在这个过程中影响力较小。他们还发现,信任对编造行为的影响起到了关键作用。当人们信任公司处理数据的方式时,无论他们在交换数据时获得多大的利益,都会大大减少他们提供虚假信息的可能性[261]。

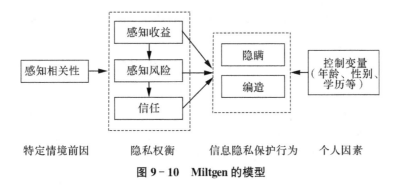

图 9-10 Miltgen 的模型

在信息隐私侵犯经历对社交网络隐私信息保护行为的影响作用的研究中,Adhikari 基于社会认知理论和保护动机理论,建立了如图 9-11 所示的模型,并采用结构方程模型对研究模型进行分析[262]。他们收集了来自印度一所大学的 306 个有效样本进行数据分析。实验结果表明,感知脆弱性、感知严重性、自我效能感对隐私关注有显著影响。然而,奖励和反应效率对隐私关注没有显著影响。同时,他们还发现了隐私关注对隐私信息保护行为具有显著影响。

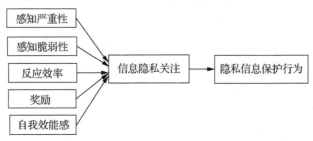

图 9-11 Adhikari 的模型

与此同时,还有学者从跨文化比较角度对隐私信息保护开展研究。James 等人通过对韩国和美国用户的调查,研究了在社交网络平台(Facebook)情景下,个人用户在公开多人信息时(例如在社交平台分享群体照片),对暴露他人信息的"感知共享风险"[263]。结果显示,文化、对个人信息的关注以及信息披露的自我效能感都会影响感知共享风险。Liu 等人讨论了社交网络情景下中美两国社交网站用户的隐私信息保护行为,探讨了隐私边界协调以及边界扰动是如何影响个体的信息隐私披露决策的[264]。结果发现:在高集体主义文化背景下,社交网络平台更需要帮助加强用户在对待他人隐私信息披露行为方面的规范;在低集体主义文化背景下,社交网络平台需要提供更有效的隐私设置来帮助用户处理披露的信息。

9.2 电子商务中消费者隐私信息披露行为影响因素研究模型构建

9.2.1 研究模型构建

本项目从电子商务企业角度出发,研究消费者信息隐私披露行为的影响因素,基于已有文献进行梳理,发现隐私信息披露行为的影响因素可以分为消费者自身因素和外部环境因素两大类,本项目结合我国电子商务环境特点,分别考虑上述两大类因素,进行理论模型构建。

一方面,通过对前人研究的总结,消费者自身因素包括人口统计学因素、大五人格特征、自我感知因素等。基于 Smith 提出的 APCO 模型以及理性行为理论、计划行为理论,消费者自身因素主要通过影响消费者的信息隐私关注程度进而影响其信息隐私披露意愿和行为。另一方面,外部环境因素主要为与电子商务网站相关的因素,包括隐私信息声明、电子商务网站声誉等。结合前人研究基础,外部环境因素主要通过个体的信任程度影响其行为意愿进而影响信息隐私披露行为。此外,消费者亲身经历的或者听闻的他人的信息隐私侵害经历不仅会对自身的信息隐私关注产生影响,也会影响其对电子商务网站的信任程度。

根据我国电子商务环境特点、前人研究结论以及人格理论、隐私计算理论、程序公平理论等理论基础,本项目研究模型构建中,消费者自身因素包括人口统计学因素、大五人格特征、感知信息隐私风险、信息敏感度、隐私信息保护知识以及自身信息隐私侵害经历,外部环境因素包括他人信息隐私侵害经历、电子商务隐私信息声明以及电子商务网站声誉。此外,考虑到我国电子商务促销活动期间商品交易量大量增加的现象,结合隐私计算理论,模型中引入电子商务优惠活动作为隐私信息披露意愿的影响因素,同时作为调节变量,调节信息隐私关注对隐私信息披露意愿的影响。综合分析,本项目构建的理论模型如图 9-12 所示。

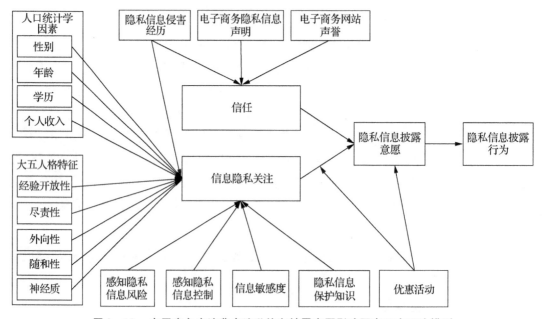

图 9-12 电子商务中消费者隐私信息披露意愿影响因素研究理论模型

9.2.2 研究假设

1. 人口统计学因素

人口统计学因素通常指的是个体的性别、年龄、学历以及收入等。诸多信息隐私研究相关的文献均对人口统计学因素进行了探索。在性别方面，Zukowski和刁塑等人的研究均表明性别对信息隐私关注和行为没有显著影响[22,265]，而Chen和Youn等人经过研究发现女性相对于男性具有更高的信息隐私关注程度[266-267]，但我国参与网购的人群中女性占比较大[268]，表明女性披露信息隐私的可能性更大，其信息隐私关注程度更低，因此本项目认为我国电子商务环境下女性具有更低的信息隐私关注程度；年龄方面，随着年龄的增长，个体的知识和人生阅历也会不断积累，对未知事物的担忧和关注也将不断增加，因此本项目认为个体的年龄越大，其信息隐私关注程度将会越高，Zukowski等人的研究也得出了相同的结论[22]；学历方面，个体的学历是其知识储备的体现，随着知识不断积累，个体将会更加关注自身的隐私问题，即学历越高其信息隐私关注程度将会越高，国内相关研究也得出了相同的结论；收入方面，低收入人群由于可支配资金较少，所从事的电子商务活动涉及的金额也较少，其面临的风险也较小，因此其对隐私信息泄漏的关注程度可能较低，而高收入人群则相反。同时，结合我国电子商务环境，我国参与网购的人群中女性占比较大、青年人占比较大、低学历人群占比较大[268]，因此可以推测，以上人群更加愿意进行网上购物。综上所述，本项目提出以下假设：

HA1a：女性相对于男性具有更低的信息隐私关注程度

HA1b：年龄越大信息隐私关注程度越高

HA1c：学历越高信息隐私关注程度越高

HA1d：收入越高信息隐私关注程度越高

2. 大五人格特征因素

大五人格指的是个体思维方式与行为风格的五种不同特质，分别是经验开放性、尽责性、外向性、随和性以及神经质（情绪不稳定性）。经验开放性具体表现为具有想象力、创造力等智力特征，具有经验开放性特质的人群在分析事物时理性和逻辑性较强，能够正确认识到事物的正面和负面影响，因此此类人群对隐私信息泄漏造成危害的认识更深，即对信息隐私关注程度可能会更高；尽责性是反映个体决心、意愿和意志力的一种特质，具有该特质的人群更加注重细节，在进行某项决定时会更多地考虑该决定带来的后果，因此该类人群在认识到自身信息隐私重要性时将对自身信息隐私具有更高的关注程度；外向性表现为健谈、自信、乐于社交，具有该特质的人群更加喜欢社交活动，喜欢与他人交流信息、分享信息，该类人群具有较低的信息敏感度，在日常交流中可能会经常发生隐私信息泄漏行为，因此此类人群应具有较低的隐私关注程度；随和性指的是个体同时具有相亲性和社会性，该类人群更加愿意与他人合作，表现出和蔼可亲、善良以及信任等特质，他们愿意为别人承担一定的风险，会为了合群而放弃自身权利的争取,该类人群在交易过程中可能更加在意交易是否成功而忽视自身利益损失,因此本项目认为随和性人群具有较低的信息隐私关注程度;神经质又被称为情绪不稳定性,该类人群通常较为消极,容易产生负面情绪,当面临未知风险时,他们会产生更强烈的抵触,因此此类人群在被要求填写个人信息时可能具有较高的担忧程度。综上所述,本项目提出以下假设:

HA2a:经验开放性对信息隐私关注有正向影响

HA2b:尽责性对信息隐私关注有正向影响

HA2c:外向性对信息隐私关注有负向影响

HA2d:随和性对信息隐私关注有负向影响

HA2e:神经质(情绪不稳定性)对信息隐私关注有正向影响

3. 自我感知因素

本项目中自我感知因素包括了感知信息隐私风险、感知信息隐私控制以及信息敏感度。根据隐私计算理论,个体的感知风险和感知收益决定着个体的隐私感知与行为。本项目中感知信息隐私风险指的是个体在披露个人信息隐私给电子商务网站的过程中所感知到的风险。当个体具有较高感知信息隐私风险时,其对自身信息隐私的关注程度会更高,并且可能会采取一系列行为从而保护自身信息隐私不被侵害。相反,具有较低感知信息隐私风险的个体对信息隐私的关注程度也会较低,大量与隐私研究相关的文献中均对感知信息隐私风险进行了讨论,Youn等人[267]、Liao等人[269]以及Xu等人[218]均从不同角度验证了感知信息隐私风险对信息隐私关注的正面影响。综上,本项目提出以下假设:

HA3:消费者的感知信息隐私风险正向影响信息隐私关注

感知信息隐私控制指的是个体在电子商务网站进行隐私信息披露过程中主观感受到的对个人隐私信息的控制程度,具有较高感知信息隐私控制的个体对自身更加自信,认为自己能够很好地控制信息隐私不被他人侵害,因此该类群体可能具有更低的信息隐私关注程度。而感知信息隐私控制程度较低的个体可能会因对自身控制能力不够自信而具有较高的担忧。因此,本项目提出以下假设:

HA4:消费者的感知信息隐私控制负向影响信息隐私关注

本项目中信息敏感度指的是个体对于在电子商务网站中披露的隐私信息的在意程度,即对披露信息的重视程度,一旦信息被泄露,敏感度较高人群将会出现更大的反应。当消费者认为自身的隐私信息十分重要或不愿被他人得知时,其信息敏感度将会很高,将会更加担心自身隐私信息被泄漏,从而具有更高的信息隐私关注程度,而信息敏感度较低的人群对该隐私信息并不重视,也不会关注该类信息泄漏后造成的负面影响,从而具有较低的信息隐私关注程度。因此,本项目提出以下假设:

HA5:消费者的信息敏感度正向影响信息隐私关注

4. 隐私信息保护知识与侵害经历

隐私信息保护知识指的是个体对隐私信息保护的方法、途径以及相关法律法规等知识的了解程度。消费者在电子商务网站进行隐私信息披露时，如果他们知道通过什么方法和途径保护自己的信息隐私，以及在得知隐私信息被泄漏后如何通过相关法律途径来及时制止时，他们将不会过于担忧自身的隐私信息被泄漏，可能具有较低的信息隐私关注程度；相反，当消费者对隐私信息保护的方法和途径毫不了解时，他们不知道隐私信息泄漏将给他们带来多少危害，并且无法阻止这种危害的持续，这将引起他们对隐私信息泄漏的高度担忧，从而呈现出较高的信息隐私关注程度。综上，本项目提出以下假设：

HA6：隐私信息保护知识负向影响消费者的信息隐私关注程度

信息隐私侵害经历指的是个体亲身经历过的或见过的由于隐私信息泄漏所造成的负面事件。具有较多信息隐私侵害经历的人群受到了因隐私信息被泄漏而造成的一系列人身伤害或者经济损失，他们深知隐私信息泄漏所带来的严重后果，因此在进行隐私信息披露时，他们将对自身的信息隐私更加担忧，具有更高的信息隐私关注程度；而未经历过或极少经历信息隐私侵害事件的人群则会认为信息隐私侵害事件是小概率事件，自身信息隐私得到了很好的保护，因而不需要对其有过多的担忧，所以该类人群应具有较低的信息隐私关注程度。Bansal 等人在对网络交互中信息隐私行为的研究中证明了信息隐私侵害经历对网络信息隐私关注有显著的正向影响[249]，Yeh 等人在对电子商务中信息隐私行为的研究中也得出了相同的结论[250]。此外，当个体经历了较多的信息隐私侵害事件时，他们将不再相信信息收集方能够有效保护自身的信息隐私，进而对信息收集方的信任程度会降低，而未经历过或极少经历隐私信息泄漏事件的人群则认为信息收集方有效保护了自身的隐私信息，因而会更加信任信息收集方。综上所述，本项目提出以下假设：

HA7a：消费者的信息隐私侵害经历正向影响其信息隐私关注程度

HA7b：消费者的信息隐私侵害经历负向影响其对电子商务网站的信任程度

5. 电子商务网站相关因素

电子商务网站相关因素主要影响的是消费者对电子商务网站的信任，除去前文中消费者的信息隐私侵害经历外，与电子商务网站相关的因素包括电子商务隐私信息声明和电子商务网站的声誉。电子商务网站中的隐私信息声明是电子商务网站所制定的对于消费者个人隐私信息的收集、使用以及保护的相关条例说明，该声明详细描述了电子商务网站将如何使用以及保护消费者的个人信息。根据程序公平理论，当个体明确得知自身隐私信息将被如何使用以及保护时，他们将更加信任信息收集方，从而更加愿意与其进行合作，因此，当消费者详细阅读并理解了电子商务网站提供的隐私信息声明时，其对电子商务网站的信任程度将会提高，反之则会对电子商务网站具有较低的信任程度，Smith 等人在提出 APCO 模型时也提到了隐私信息声明对信任的正向影响。

声誉又被称为口碑，是人们口口相传的对于某种事物的看法，电子商务网站的声誉指的是消费者群体及大众对其服务或商品的综合评价，声誉较好的网站将会吸引更多的消费者，他们在公众中良好的口碑和信誉将会有效提高消费者对其的信任，而声誉较差的网站则无法获取消费者足够的信任。综上所述，本项目提出以下假设：

　　HA8：电子商务网站有效的隐私信息声明正向影响消费者对网站的信任程度

　　HA9：电子商务网站的声誉正向影响消费者对网站的信任程度

　6. 信息隐私关注与信任

　　本项目将信息隐私关注和信任作为中介变量，其中信息隐私关注主要与消费者个人有关，而信任则与消费者和电子商务网站双方有关。根据 Smith 等人提出的 APCO 模型，信息隐私关注作为连接前因变量和消费者行为反应的中介变量，影响着消费者的具体行为，同时理性行为理论和计划行为理论中均提到，个体的具体行为主要受到行为意愿的影响。信息隐私关注指的是个体对于信息隐私被他人收集、使用、传播等情况的关注程度，当个体具有较高的信息隐私关注程度时，主要表现为对自身的信息隐私十分关心，担心自身隐私被他人侵犯，而具有较低信息隐私关注程度的人群则较少担忧自身隐私信息的泄漏。因而，当消费者具有较高的信息隐私关注度时，将会为了减少信息隐私被侵害而降低其隐私信息披露的意愿，而信息隐私关注度较低时，则会增加隐私信息披露行为的发生。

　　本项目中信任指的是消费者对电子商务网站的相信程度，主要受到消费者自身的经历和网站相关因素如声誉的影响，当消费者对电子商务网站充分信任时，他们会认为电子商务网站能够有效保护他们的隐私信息不被泄漏，从而更加放心地进行隐私信息披露，而当消费者对于电子商务网站不够信任时，则会因为对电子商务网站的隐私保护能力的怀疑而拒绝披露个人信息。综上，本项目提出以下假设：

　　HA10：消费者的信息隐私关注负向影响其隐私信息披露意愿

　　HA11：信任正向影响消费者的隐私信息披露意愿

　7. 电子商务优惠活动

　　电子商务优惠活动是本项目基于我国具体电子商务环境提出的一个影响因素，指的是电子商务网站推出的一系列优惠促销活动，如"双11"购物狂欢节和"618"年中大促等。极光大数据发布的《2018年"双11"数据研究报告》显示，2018年"双11"期间国内某知名购物商城 App 日新增用户达306万人次，远高于非活动期间，该数据说明大量消费者为了参与优惠活动愿意进行注册活动，而注册活动会导致个人信息的披露，因此，电子商务网站推出的优惠活动能够提高消费者的隐私信息披露意愿。另外，根据隐私计算理论，当感知收益大于感知风险时，个体将更加倾向于进行隐私信息披露，虽然个体具有较高的信息隐私关注程度，但因为优惠活动的存在，有些人可能会为了获取优惠而忽略自身较高的信息隐私关注程度，因此，本项目认为电子商务优惠活动可能会调节信息隐私关注对隐私信息披露行为的影响。综上所述，本项目提出以下假设：

　　HA12：电子商务优惠活动正向影响消费者的隐私信息披露意愿

　　HA13：电子商务优惠活动在信息隐私关注对隐私信息披露意愿的影响中起调节作用

8. 隐私信息披露意愿和行为

本项目中的隐私信息披露意愿是个体对于隐私信息披露所表现出的主观感受、态度以及自我认知的综合体现,隐私信息披露行为指的是个体在自身行为意愿的影响下所进行的与隐私信息披露相关的一系列活动。根据理性行为理论和计划行为理论,个体的具体行为依赖于其进行该行为的意愿,在本项目中即表现为隐私信息披露意愿决定了隐私信息披露行为,据此,本项目提出以下假设:

HA14:消费者的隐私信息披露意愿正向影响其隐私信息披露行为

9.2.3 测量项设计

图 9-12 模型中涉及的变量包括人口统计学变量、人格特征变量、感知信息隐私风险、感知信息隐私控制、信息敏感度、隐私信息保护知识、信息隐私侵害经历、电子商务隐私信息声明、电子商务网站的声誉、信息隐私关注、信任、电子商务优惠活动、隐私信息披露意愿以及隐私信息披露行为。为提高量表的信度和效度,本研究在进行测量项设计时参考了前人提出的成熟量表,并结合我国电子商务环境特点进行了适当调整,人口统计学变量包括性别、年龄、学历以及月可支配收入,其他变量的测量项设计如下:

(1)人格特征。人格特征指的是大五人格特征,包括了经验开放性、尽责性、外向性、随和性以及神经质(情绪不稳定性)五种。对人格特征的研究已经较为成熟,形成了具有代表性的量表,由于人格特征不受具体环境的影响,本项目将直接选取 John 等人和 Bansal 等人的成熟量表对被访者的人格特征进行测量,具体问题项设计如表 9-1 所示,其中 EXT3 和 AGR4 设置为逆向题,用以筛选无效问卷。

表 9-1 人格特征的测量项

构念	题项	测量项内容	参考文献
经验开放性 (OPE)	OPE1	我很有创意,总是能想出新点子	John 等人[270]
	OPE2	我的理解能力很强	
	OPE3	我很聪明,是个深谋远虑的人	
	OPE4	我喜欢思考,富有想象力	
尽责性 (CON)	CON1	我是一个注重细节的人	Bansal 等人[249]
	CON2	我总是及时处理好自己的生活事务	
	CON3	我喜欢有秩序有规律的生活	
	CON4	我喜欢按照计划表安排完成事务	
外向性 (EXT)	EXT1	我是一个性格外向、善于交际的人	John 等人[270]
	EXT2	我是一个很自信的人	
	EXT3	我是一个容易害羞拘谨的人	
	EXT4	我是一个对生活充满激情的人	

(续表)

构念	题项	测量项内容	参考文献
随和性 (AGR)	AGR1	我对几乎所有人都很体贴亲切	John 等人[270]
	AGR2	我喜欢与他人合作	
	AGR3	我是个乐于助人、无私待人的人	
	AGR4	我对他人不是很友好	
神经质 (NEU)	NEU1	我容易感受到压力	Bansal 等人[249]
	NEU2	我很容易受到干扰	
	NEU3	我很容易心烦意乱	
	NEU4	我的情绪容易改变	
	NEU5	我很容易发怒	

(2) 感知信息隐私风险。感知信息隐私风险指的是个体在披露个人信息给电子商务网站的过程中所感知到的风险。在披露过程中,消费者感知到的风险可能来自未来的无法预测的麻烦,或是个人信息被他人不正当地使用,也可能是因信息泄漏而造成的经济损失等。因此,本项目主要参考了 Xu 等人对个人感知因素的研究量表中的感知信息隐私风险部分,结合上述分析,共设计四个问题项如表 9-2 所示。

(3) 感知信息隐私控制。感知信息隐私控制指的是个体在电子商务网站进行隐私信息披露过程中主观感受到的对个人信息隐私的控制程度。该控制程度包括了三个方面,分别是个人信息的被获取程度、被使用范围和被扩散范围,在此基础上,本项目结合了 Xu 等人对感知隐私控制的研究量表,基于我国具体电子商务环境设计了如表 9-3 所示的三个问题项。

表 9-2 感知信息隐私风险的测量项

构念	题项	测量项内容	参考文献
感知信息 隐私风险 (PR)	PR1	我认为在电子商务网站上填写个人信息是有风险的	Xu 等人[218]
	PR2	我认为向电子商务网站提供个人信息会给我带来不可预测的麻烦	
	PR3	我认为在电子商务交易中提供的个人信息可能被不正当使用	
	PR4	如果我在电子商务网站提供个人信息,很有可能会给我带来经济损失	

表9-3 感知信息隐私控制的测量项

构念	题项	测量项内容	参考文献
感知信息隐私控制（PCO）	PCO1	我能控制我在电子商务网站上填写的个人信息的扩散范围	Xu 等人[218]
	PCO2	我能控制我在电子商务网站上填写的个人信息的使用范围	
	PCO3	我能控制电子商务网站获取我的哪些个人信息	

（4）信息敏感度。信息敏感度主要指个体对隐私信息的敏感程度。若个体的敏感程度较高，说明其不愿意将隐私信息泄漏给他人，而从产生的后果方面来看，个体较为敏感的信息被泄漏则会给其带来很大的危害。Alberto 等人在研究互联网信息隐私关注对消费者行为的影响时也对信息敏感度进行了探讨，提出了信息敏感度的成熟量表，因此本项目结合前人成熟的量表，就我国具体电子商务环境设计如表9-4所示的三个问题项。

表9-4 信息敏感度的测量项

构念	题项	测量项内容	参考文献
信息敏感度（IS）	IS1	我认为电子商务网站上需要填写的个人信息是十分敏感的	Alberto 等人[271]
	IS2	如果电子商务网站上的个人信息被泄漏将会对我造成很大危害	
	IS3	我会为了避免信息泄漏造成危害而在电子商务网站上填写虚假信息	

（5）隐私信息保护知识。隐私信息保护知识包括国家制定与隐私收集、使用以及保护相关的法律、法规政策等，此外，还包括个人信息隐私的保护方法以及隐私泄漏后的维权途径等的相关知识。据此，本项目设计了如表9-5所示的三个问题项来衡量个体的隐私保护知识。

表9-5 隐私信息保护知识的测量项

构念	题项	测量项内容	参考文献
隐私信息保护知识（PPK）	PPK1	我对国家制定发布的隐私保护相关法律法规很了解	自拟
	PPK2	我知道如何保护我的个人隐私信息不被侵犯	
	PPK3	发现个人信息被泄漏后，我知道如何进行维权	

（6）信息隐私侵害经历。信息隐私侵害经历指的是个体所经历的或见过的由于隐私信息泄漏所造成的负面事件。此类经历包括了由于隐私信息隐私泄漏而造成的经济损失或其他伤害，各种骚扰诈骗电话以及新闻媒体报道的其他人的隐私信息泄漏相关事件。据此，本项目设计了如表9-6所示的四个问题项来测量个体的信息隐私侵害经历。

表9-6　信息隐私侵害经历的测量项

构念	题项	测量项内容	
信息隐私侵害经历（PVE）	PVE1	我曾经因为隐私信息被盗用而受到伤害	自拟
	PVE2	我曾经因为隐私信息被盗用而造成经济损失	
	PVE3	我经常接到各种诈骗和骚扰电话	
	PVE4	我经常看到新闻报道消费者隐私信息泄漏事件	

（7）电子商务隐私信息声明。电子商务隐私信息声明指的是电子商务网站所制定的与隐私信息的收集、使用以及保护相关的条例声明。目前我国电子商务相关网站均制定了相关的隐私信息声明，但是隐私信息声明的可见程度、有效程度以及完整程度不一，导致电子商务隐私信息声明的效果未达到预期水平。因此本项目设计了相关量表对以上几个方面进行测量，用以测量隐私信息声明对消费者信息隐私关注的影响。具体问题项如表9-7所示。

表9-7　电子商务隐私信息声明的测量项

构念	题项	测量项内容	
电子商务隐私信息声明（IPN）	IPN1	我注意到了电子商务网站隐私信息声明	自拟
	IPN2	我仔细阅读了电子商务网站隐私信息声明	
	IPN3	电子商务网站隐私信息声明明确说明了个人信息的用途	
	IPN4	电子商务网站隐私信息声明明确说明了个人信息的保护措施	
	IPN5	我认为电子商务网站的隐私信息声明能够保护我的个人信息	

（8）电子商务网站声誉。电子商务网站声誉即电子商务网站的口碑和信誉，前文中已经阐述了声誉对消费者信息隐私关注的影响，本项目主要参考了Koufaris等人在对线上公司的信任发展研究中设计的成熟量表，结合我国电子商务环境特点，设计了如表9-8所示的三个问题项，用以测量电子商务网站的声誉。

表9-8　电子商务网站声誉的测量项

构念	题项	测量项内容	参考文献
电子商务网站声誉（RPU）	RPU1	我经常访问的电子商务网站很有名	Koufaris等人[272]
	RPU2	我经常访问的电子商务网站在业界好评率较高	
	RPU3	我经常访问的电子商务网站在周边人群中具有名气高、声誉好的评价	

（9）信息隐私关注。为了衡量个体的信息隐私关注水平，学者们设计开发出了一系列的量表，其中使用较普遍的是CFIP量表和IUIPC量表，并且这两种量表被证实更加适合我国

国情,其中IUIPC量表具有更好的收敛性和更高的可靠度[77]。因此本项目在IUIPC量表的基础上设计了信息隐私关注量表,具体问题项如表9-9所示,其中PC3为逆向题。

表9-9 信息隐私关注的测量项

构念	题项	测量项内容	参考文献
信息隐私关注（PC）	PC1	我认为在当今社会信息隐私是十分重要的	Malhotra 等人[10]
	PC2	我认为电子商务网站已经收集了太多关于我的个人信息	
	PC3	我认为网络信息隐私问题被过分放大	
	PC4	我认为在互联网时代隐私信息泄漏很严重	

（10）信任。消费者对电子商务网站的信任主要体现在相信电子商务网站能够有效保护自身的隐私信息、能够按照隐私信息声明履行相关政策法规等。基于此,本项目设计了四个问题项来衡量消费者对电子商务网站的信任程度,具体问题项如表9-10所示。

表9-10 信任的测量项

构念	题项	测量项内容	参考文献
信任（TR）	TR1	我很信任我经常访问的电子商务网站	自拟
	TR2	我认为我经常访问的电子商务网站可以很好地保护我的个人信息	
	TR3	我认为我经常访问的电子商务网站会遵守隐私信息声明中的相关条例	
	TR4	我相信电子商务网站不会滥用我的个人信息	

（11）电子商务优惠活动。本项目中将电子商务网站推出相关优惠活动作为隐私信息披露意愿的影响因素,以及信息隐私关注到隐私信息披露意愿路径的调节因素,该变量的衡量主要根据用户的接受程度、使用程度以及优惠活动本身的规模等,据此本项目设计了三个问题项来衡量电子商务网站的优惠活动,具体问题项如表9-11所示。

表9-11 电子商务优惠活动的测量项

构念	题项	测量项内容	参考文献
电子商务优惠活动（PRP）	PRP1	我经常享受电子商务网站提供的优惠活动	自拟
	PRP2	我经常访问的电子商务网站推出的优惠活动次数很多、力度很大	
	PRP3	我很乐意接受电子商务网站的优惠活动	

（12）隐私信息披露意愿。意愿是个体的主观判断,只能根据个体的主观态度去衡量,本项目参考了IUIPC量表中对披露意愿的衡量方法,设计了相关问题项,并且设计了一个逆向

题确保被调查对象在填写问卷时是依据真实情况进行填写的,具体问题项如表9-12所示,其中WDP2为逆向题。

表9-12 隐私信息披露意愿的测量项

构念	题项	测量项内容	参考文献
隐私信息披露意愿（WDP）	WDP1	我愿意在电子商务网站上填写个人信息	Malhotra 等人[10]
	WDP2	我不太可能会在电子商务网站上填写个人信息	
	WDP3	我愿意在电子商务网站上填写真实的个人信息	

（13）隐私信息披露行为。电子商务网站上的隐私披露行为包括了注册账号、填写个人信息、实名评论以及其他需要填写个人信息的行为,本项目使用这些披露行为的频次来衡量个体披露行为。据此,本项目设计了四个问题项来衡量消费者的隐私信息披露行为,具体问题项如表9-13所示。

表9-13 隐私信息披露行为的测量项

构念	题项	测量项内容	参考文献
隐私信息披露行为（PDB）	PDB1	我注册了不止一家电子商务网站的账号	自拟
	PDB2	我在电子商务网站上填写的都是我的真实信息	
	PDB3	我在购买商品和填写评论时都是使用真实身份信息	
	PDB4	我经常在电子商务网站上填写个人信息(包括注册账号、填写问卷以及讨论评论等)	

9.3 电子商务中消费者虚假隐私信息披露影响因素研究模型构建

9.3.1 研究模型构建

在隐私计算理论模型的基础上,增加个人因素、平台因素和虚假隐私信息披露风险,探讨电子商务环境下消费者虚假隐私信息披露行为的影响因素及其作用机理。构建模型的主要思路如下：

在模型构建之初,考虑了多种理论模型,发现隐私计算理论与本项目研究问题是最匹配的。原因在于,本研究认为,在电子商务情境中,由于消费者扮演的是交易者的身份,当面临是否向电子商务平台提供隐私信息的决策时,将自然地进行价值权衡。这与隐私计算理论的"感知风险和感知收益的价值权衡"的思想是相吻合的,因此隐私计算理论可以作为本模型最核心的框架。本项目确定了感知价值(包含感知风险和感知收益)和隐私信息披露意愿的相关路径,即"感知风险 → 隐私信息披露意愿"和"感知利益 → 隐私信息披露意愿"。

在确定隐私计算理论的基础上,本项目拟对电子商务情境下的消费者虚假隐私信息披露行为开展研究。因此,在隐私计算理论模型的基础上,增加了"虚假隐私信息披露行为"变量。理性行为理论认为,个体行为需由态度和主观准则产生。隐私信息披露意愿是电子商务环境下消费者信息隐私相关行为的"态度",也就是说,虚假隐私信息披露行为由隐私信息披露意愿产生。

在考虑虚假隐私信息披露行为的直接影响因素时,本项目认为消费者产生隐私信息披露意愿后,由于普遍较高的隐私关注的存在,消费者将试图寻求最安全且能获得最大收益的方式来应对当前的隐私信息披露决策,其中披露虚假隐私信息就是一种非常安全且能获利的披露方式。如果披露虚假隐私信息没有任何成本,那么虚假披露行为将极大可能实施。但是对于虚假披露可能产生的不良后果的担忧一定程度上会影响消费者虚假隐私信息披露行为的产生。本项目将这种"对虚假披露行为的不良后果的担忧"定义为"虚假隐私信息披露风险"。而虚假隐私信息披露风险在直接作用于虚假隐私信息披露行为的同时,也可能在隐私信息披露意愿与虚假隐私信息披露行为之间发挥作用。

在已有的研究成果中,隐私计算理论的前因变量很多,诸如信任、信息隐私关注、技术保护机制、隐私信息声明等等。本项目结合电子商务情境中的要素分析,将这些变量划分为两类,即个人因素与平台因素,并将其作为本模型的前因变量。

综合上述分析,本项目在隐私计算理论模型的基础上进行研究模型的框架构建,本项目认为电子商务环境下消费者虚假隐私信息披露行为的主要影响因素及其作用过程如图9-13所示。

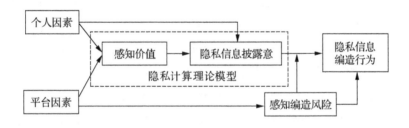

图9-13 电子商务环境下消费者虚假隐私信息披露行为的主要影响因素及其作用

9.3.2 研究假设

1. 感知价值与隐私信息披露意愿

在电子商务环境的隐私信息披露情境中,消费者的感知价值指的是消费者对于感知收益和感知风险的综合衡量。一方面,电子商务平台在页面设置的诱导性奖励、提供的个性化服务等可能促进消费者的感知收益。另一方面,自身或亲友遭受的信息隐私侵犯经历等因素可能促使消费者感知风险提升。通过这二者的综合比较,消费者的感知价值将直接影响隐私信息披露意愿。

Wang等收集吸引消费者披露信息隐私的因素,并将其分为两类。一类是有形收益,包括折扣、优惠券和货币奖励,另一类是无形收益,包括个性化产品和服务及社交福利[273]。Awad 等人提出的拓展隐私计算理论模型认为,当消费者决定是否允许产品或服务提供商访问他们的个人信息时,他们将执行风险—收益分析,以接受或拒绝信息披露[124]。如果消费者认为他们可以从披露个人信息中获得便利,定制个性化服务、娱乐、个人形象和金钱奖励,那么他们在使用电子商务平台时,可能会为了潜在的利益而放弃一些信息隐私[274]。根据以上研究,本项目假设:

HB1:感知收益与隐私信息披露意愿呈正相关

Malhotra 等人认为消费者的感知风险与平台是否会依照约定使用其个人信息有关。消费者担心企业可能会访问他们职权范围外的其他隐私信息[275]。Xu 等人发现消费者还担心他们的隐私信息可能会在没有事先通知或同意的情况下被出售给第三方[218]。Norberg 等人对电子商务网站的实证研究证明,感知风险对交易的完成产生了负面影响[276]。结合隐私计算理论的基础模型,本项目认为,电子商务环境中,消费者信息披露的风险感知可能会对消费者隐私信息披露意愿产生负面影响。因此,本项目假设:

HB2:感知风险与隐私信息披露意愿呈负相关

2. 平台因素的影响作用

电子商务平台在消费者隐私信息保护方面主要采用两类策略。一是发布隐私信息声明,通过平台注册页面或者信息收集页面的展示,向消费者传递电子商务平台的信息隐私政策。二是建立技术保护机制,如加密、匿名、防火墙等,为消费者提供保护隐私信息的技术支持。电子商务平台希望通过采用这两类策略,提升消费者所披露隐私信息的质量和数量。对于这两类平台因素影响消费者隐私信息披露行为的影响路径的相关研究也比较丰富。

电子商务中的隐私信息声明指的是电子商务网站平台所制定的与隐私信息的收集、使用以及保护相关的政策和条例声明。在电子商务平台网站上展示隐私政策,实际上是平台对消费者的一次关于信息隐私问题的沟通尝试。通过权利与责任的划定和声明,消费者能够更加清楚自己的隐私信息作何用途,尽管消费者不清楚这些政策声明是否会得到坚定的执行,但是这起码代表了平台重视隐私信息的态度。Pan 发现消费者对那些发布明确隐私政策声明的网站更青睐,感知收益更高,尽管大多数消费者可能对这些政策知之甚少,消费者仍然倾向于在那些隐私政策良好、发布了充分隐私信息保护措施的网站上提供个人信息[277]。Hoffman 等人调查显示,如果网站能够清楚地解释如何收集和使用信息,92%的消费者愿意提供他们的基本信息[31]。Meinert 等人指出隐私信息声明可以减少用户的信息隐私感知风险。明确的隐私信息声明将直接影响用户对隐私信息披露风险的感知,这可能进而鼓励他们提供隐私信息[278]。由于隐私信息声明条例的形式更趋近于法律条文,且隐私信息声明的内容规定了消费者隐私信息披露的相关责任与义务,这可能会给存在虚假隐私信息披露想法的消费者传递信用风险和道德风险,也就是隐私信息声明可能对虚假隐私信息披露风险造成正向影响。综上,本项目假设:

HB3a：隐私信息声明与感知风险呈负相关

HB3b：隐私信息声明与感知收益呈正相关

HB3c：隐私信息声明与虚假隐私信息披露风险呈正相关

此外，Jutla 等发现在电子商务环境中隐私信息的技术保护机制可能对感知价值造成影响。他通过问卷调查的方式，分析了使用隐私信息保护技术（P3P，Cookie Crushers，加密，匿名和假名等工具）对消费者的感知价值的影响，数据分析结果显示，隐私信息技术保护手段对消费者的感知收益造成了正向影响。同时，他还发现通过技术保护机制还可以给消费者传达电子商务平台积极的隐私信息保护态度，这可能降低消费者的感知风险。研究认为在现实的应用场景中，有些消费者对这些隐私信息保护技术的兴致不高，其原因主要包括消费者自身教育水平较低、隐私信息保护技术使用方式过于复杂等。因此他建议开发更简单易用的隐私信息保护工具[279]。此外，电子商务平台的技术保护机制可能向消费者传递企业用于隐私信息保护方面的重视态度，隐私保护技术手段本身也是电子商务平台技术实力的体现，这可能使消费者在隐私信息披露过程中虚假隐私信息披露风险提高。综上可提出以下三个假设：

HB4a：技术保护机制与感知收益呈正相关

HB4b：技术保护机制与感知风险呈负相关

HB4c：技术保护机制与虚假隐私信息披露风险呈正相关

3. 个人因素的影响作用

电子商务环境中的消费者自身因素可能对隐私信息披露过程产生影响的因素很多，本项目结合电子商务情境的特征，认为最重要的个人因素是信息隐私关注和信任。一是消费者对于信息隐私的关注程度，不同的消费者对于信息隐私的关注程度不一样，曾经遭受隐私侵犯的消费者，尤其重视信息隐私。二是消费者对平台的信任水平，电子商务平台的规模、企业信誉、曾经发生的公关事件都有可能影响消费者对平台的信任。

部分学者对电子商务环境下的信息隐私关注的特点进行了研究。Campbell 认为信息隐私关注会引发"个人在相应的隐私信息披露情境中主观感受到的公平程度"[280]。Dinev 等人提出信息隐私关注代表了"消费者自愿或非自愿向 B2C 商务网站透露个人信息"后所引发的感知风险[281]。Castañeda 和 Montoro 认为信息隐私关注会致使"消费者对交易过程中自己信息被他人获取和后续使用等问题"产生感知风险[282]。电子商务环境中消费者的信息隐私关注更多的是对于信息隐私一旦遭到泄露后可能造成的风险的关注。如身份泄露、财务损失、网络跟踪与网络暴力等。尤其是在电子商务平台，消费者对于商家的了解局限于网络上，对商家的资质和合法性的担忧难以避免。Nam 等人和 Bansal 等人的研究表明，在购买药品、性生活用品等隐私程度较高的商品时，消费者的感知风险会明显增高，且信息隐私关注将对隐私信息披露意愿起到反向作用，线上用户的信息隐私关注程度越高，就越重视隐私信息披露可能带来的问题，隐私信息披露意愿越低[217,283]。因此，本研究假设：

HB5a：信息隐私关注与感知风险呈正相关

HB5b：信息隐私关注与隐私信息披露意愿呈负相关

信任是心理学领域中的研究变量，其针对的主体可以是现实中存在的，例如某某公司，也可以是没有实体的存在，比如说公司的信誉或公司既往发生的事件。电子商务环境中信任代表消费者对于平台的直接观感。电子商务平台中的平台规模、网站页面的内容设计、商品质量、口碑等都可能影响消费者对平台的信任水平。

信任可能跟感知风险和感知收益密切相关。Zimmer在社交网络中的隐私信息保护研究中发现，信任会影响感知风险，他们认为，"交易方使用信息的可预测性越强，用户的信任越高，消费者的感知风险越低"[284]。Bansal在基于期望理论的隐私信息披露意愿研究中发现，信任增加了个人在披露信息时的感知效用[285]。此外，信任还被广泛认为是隐私信息披露意愿的重要依据。Ozdemir等人在研究保护隐私信息的数据聚合技术时，通过对"委托人—受托人"关系的研究，证实了信任对隐私信息披露意愿呈正向作用的假设，他们发现"当个人对实体比较信任时，他们不太可能保留个人数据"[286]。因此，本项目提出以下假设：

HB6a：信任与感知风险呈负相关

HB6b：信任与感知收益呈正相关

HB6c：信任与隐私信息披露意愿呈正相关

4. 隐私信息披露意愿与虚假隐私信息披露行为

根据理性行为理论，行为的产生需要态度作为中介。在电子商务环境中，消费者的隐私信息披露意愿将直接影响到隐私信息披露行为。在一些学术研究中，将隐私信息披露意愿可能导致的隐私信息披露行为只分为拒绝披露和披露这两类。然而，已有研究证明消费者的隐私信息披露意愿并不一定只会引发以上两种隐私信息披露行为，消费者还有可能产生其他的隐私信息保护反应，其中就包括虚假隐私信息披露行为。电子商务中消费者虚假隐私信息披露行为指的是个人通过编造自身有关的信息隐私提供给电子商务平台，以获取平台服务的行为。Miltgen等人对网络环境下的消费者披露行为开展了实证研究，主要采用了面板数据和结构方程模型进行研究，发现消费者可能在平台上采取虚假隐私信息披露行为，其主要的影响因素为隐私信息披露意愿[261]。结合隐私计算理论的基础模型中隐私信息披露意愿对行为的影响，本项目采取以下假设：

HB7：隐私信息披露意愿与虚假隐私信息披露行为呈负相关

5. 虚假隐私信息披露风险的影响作用

在模型构建思路中，本项目提出了虚假隐私信息披露风险变量。当消费者产生隐私信息披露意愿后，由于普遍较高的信息隐私关注的存在，消费者将试图寻求最安全且能获得最大收益的方式来应对当前的隐私信息披露决策，其中编造就是一种非常安全且能获利的披露方式。如果编造没有任何成本，那么编造行为将极大可能实施。但是对于编造可能产生的不良后果的担忧可能影响编造行为的产生。本项目将这种对编造行为的不良后果的担忧定义为虚假隐私信息披露风险。

虚假隐私信息披露风险和感知风险的相似之处在于：二者都是消费者在电子商务环境下进行隐私信息披露决策时的心理感知过程，并非客观的风险指标。而二者的区别在于：感知风险产生的主要原因是消费者担心自己的真实信息隐私被平台有意或者无意泄露，或者存在被非法滥用的风险。而虚假隐私信息披露风险是只针对编造行为的不良后果的担忧。虚假隐私信息披露风险主要由两个部分组成：一是消费者感觉可能被发现编造的概率的风险，二是被发现的后果的严重程度。后果又可以分为信用方面的后果感知与道德方面的后果感知。其中信用风险是由虚假披露行为在一定程度上与电子商务平台的隐私政策所规定的消费者隐私权利不一致导致的，道德风险则是由虚假隐私信息披露行为与社会规范不一致导致的。

Keith 从隐私计算理论的视角重新审视了消费者进行隐私价值权衡的过程，消费者产生的隐私信息披露意愿在转化为行为的过程中，隐私信息披露意愿与实际的披露行为之间存在一种微弱而重要的关系，这种关系可能受到消费者信息隐私感知风险的调节作用[260]。基于虚假隐私信息披露风险变量提出的背景和相似变量的已有研究成果，本研究假设：

HB8a：虚假隐私信息披露风险与虚假隐私信息披露行为呈负相关

HB8b：虚假隐私信息披露风险对假设 HB7 起到调节作用

综合以上假设，电子商务环境下消费者虚假隐私信息披露行为影响因素的研究模型如图 9-14 所示。

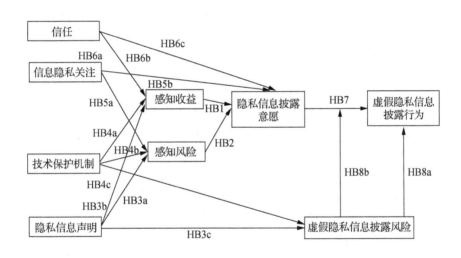

图 9-14　电子商务环境下消费者虚假隐私信息披露行为影响因素研究模型

9.3.3　测量项设计

图 9-14 提出的理论模型中共涉及 9 个变量，分别为技术保护机制（TPM）、信息隐私关注（UIPC）、感知收益（BE）、感知风险（RI）、隐私信息声明（IPS）、信任（TR）、隐私信息披露意愿（WDP）、虚假隐私信息披露风险（FR）、虚假隐私信息披露行为（PFB）。为提高量表的信度和效度，本项目在进行测量项设计时参考了前人提出的成熟量表，并结合我国电子商务环

境特点进行了适当调整,对于虚假隐私信息披露风险这一新生构念,本项目采用了征询专家意见、参考类似测量项等方式进行问题设计,具体的测量项设计如下:

(1) 感知收益。感知收益是指个体在披露隐私信息给电子商务网站的过程中所感知到的可能获得的收益。在电子商务环境中,这种收益主要表现为电子商务平台为消费者提供的精准推送和个性化服务等。消费者在披露隐私信息时将会考虑平台能否据此提供更有用、更加精准的个性化服务。根据以上分析,本项目基于 Kehr 等人在测量感知收益时采用的四个维度,设计了表 9-14 中的四个测量项测量电子商务环境下消费者隐私信息披露过程中的感知收益。

表 9-14　感知收益的测量项

构念	题项	测量项内容	参考文献
感知收益（BE）	BE1	在电子商务平台上提供我的个人信息,我可以获得更多有用的商品信息	Kehr 等人[287]
	BE2	用个人信息换取平台为我提供的个性化推送商品信息,我觉得是值得的	
	BE3	电商平台会在我提供信息隐私后给我提供更优质的服务	
	BE4	总的来说,在电子商务平台上提供个人信息对我是有益的	

(2) 感知风险。感知风险是指个体在披露隐私信息给电子商务网站的过程中所感知到的风险。在披露过程中,用户主要可能遭遇的风险包括隐私信息的不恰当使用、被泄露、造成精神或物质上的损失等。因此,本项目主要参考了 Kehr 等人对个人感知因素的研究量表中的感知风险部分,结合上述分析,共设计四个测量项如表 9-15 所示。

表 9-15　感知风险的测量项

构念	题项	测量项内容	参考文献
感知风险（RI）	RI1	在电子商务网站上个人信息可能会被不恰当利用	Kehr 等人[51]
	RI2	在电子商务网站上提供的信息可能被泄露	
	RI3	在电子商务网站上提供个人信息可能会带来很多意想不到的问题	
	RI4	在电子商务网站上提供个人信息是有风险的	

(3) 信息隐私关注。个体在电子商务网站上披露隐私信息时可能存在信息隐私被未知的第三方获取的信息隐私关注,这可能影响个体的隐私信息披露决策。同时,网站收集隐私信息的数量多少和紧要程度也将影响个体的信息隐私关注。由此,本项目参考了郝森森等人对信息隐私关注的研究量表中提出的四个维度,并设计了表 9-16 所示的本项目电子商务环境下信息隐私关注的测量项。

(4) 信任。信任是指个体对电子商务网站的相信程度。朱侯和刘嘉颖在利用隐私计算模型开展研究时提出，个体对平台的信任主要和平台在处理个人信息有关的事情时所表现出的态度、平台做出的承诺、个人的隐私理念能否得到有效执行、平台自身表现出的科技水平和处理好信息的能力、平台是否足够重视个人信息隐私的保护等密切相关。本项目就以上五个方面，提出了如表 9-17 所示的关于信任的五个测量项。

表 9-16 信息隐私关注的测量项

构念	题项	测量项内容	参考文献
隐私关注（UIPC）	UIPC1	我担心我在电商平台中的个人信息可能会被未知方访问	郝森森等人[288]
	UIPC2	在电商平台中提供个人信息之前，我通常会三思而后行	
	UIPC3	我觉得电商平台正在收集过多的个人信息	
	UIPC4	我会由于担心信息泄露，不提供个人信息	

表 9-17 信任的测量项

构念	题项	测量项内容	参考文献
信任（TR）	TR1	我认为平台在处理与个人信息有关的事情时会做出对我最有利的行为	朱侯和刘嘉颖[289]
	TR2	平台会遵守它在保护和利用我个人信息上所做的承诺	
	TR3	平台会根据我的隐私设置管理我的个人信息	
	TR4	平台有能力保护、处理好我的个人信息	
	TR5	电商平台已采取足够的措施来保护消费者的信息安全	

(5) 技术保护机制。技术保护机制是指电子商务网站所建立的用于保护隐私信息的技术机制。有的企业在设计电子商务平台网站时，会投资开发隐私信息保护功能技术，例如提供匿名购买、保密电话、禁用 Cookies 等技术保护手段。电子商务平台通过这些手段，有可能影响到消费者的隐私信息披露决策。因此，本项目参考了 Malhotra 在研究隐私关注时设计的技术保护机制部分的测量项，并进行了语境的修改，具体如表 9-18 所示。

表 9-18 技术保护机制的测量项

构念	题项	测量项内容	参考文献
技术保护机制（TPM）	TPM1	在电商平台中，启用隐私保护功能（匿名购买，匿名电话等）可以保护我免受信息泄露伤害	Malhotra[275]
	TPM2	如果我在电商平台中使用隐私保护功能，我的个人信息可以得到保护	
	TPM3	使用电商平台中的隐私保护功能可以有效地控制我的信息隐私	
	TPM4	我更倾向于在提供隐私保护功能的平台上提供个人信息	

(6) 隐私信息声明。隐私信息声明是指电子商务网站所制定的与隐私信息的收集、使用和保护相关的条例声明。不同电子商务平台提供的隐私信息声明存在差异，位置的显眼与否，隐私信息声明内容的可读性、严肃性等都将产生不同的效能。本项目参考了 Metzger 在研究隐私信息披露与信任关系中的隐私信息声明部分的内容，并设计了表 9-19 所示的电子商务环境下隐私信息声明的测量项。

表 9-19　隐私信息声明的测量项

构念	题项	测量项内容	参考文献
隐私信息声明（IPS）	IPS1	电商平台的隐私信息声明对注册需提供的信息的使用做出了明确声明	Metzger[290]
	IPS2	我更倾向于在提供隐私信息声明的平台上提供个人信息	
	IPS3	电商平台的隐私信息声明明确了平台对隐私信息保护的责任和义务	
	IPS4	电商平台会依照隐私信息声明所规定的方式处理我的信息隐私	

(7) 隐私信息披露意愿。隐私信息披露意愿是指个体对于隐私信息披露所表现出的主观感受、态度以及自我认知的综合体现。在电子商务环境下隐私信息披露的决策过程中，隐私信息披露意愿在很大程度上决定了最终的隐私信息披露行为，可以说，隐私信息披露意愿是隐私信息披露行为发生的前提。在测量时，Wang 等人指出，在文字的描述上，应该突出意愿的特殊性，即意愿并非最终的现实行为，而是一种基于场景的想法描述。据此，本项目参照 Wang 等人对隐私信息披露意愿的测量项，设计了表 9-20 所示的电子商务环境下消费者隐私信息披露意愿的测量项。

表 9-20　隐私信息披露意愿的测量项

构念	题项	测量项内容	参考文献
隐私信息披露意愿（WDP）	WDP1	我愿意将我的个人信息透露给电商平台以获取其产品和服务	Wang 等人[213]
	WDP2	为了完成购物，我有可能在电商平台中提供个人信息	
	WDP3	总的来说，我愿意在平台上透露我的个人信息	

(8) 虚假隐私信息披露风险。虚假隐私信息披露风险是指个体在披露个人信息隐私给电子商务网站过程中，对于虚假隐私信息披露行为可能带来的负面影响的感知。在产生初步的隐私信息披露意愿之后，消费者面临将意愿转化为行为的过程选择，在这个过程中，消费者将产生虚假隐私信息披露风险。虚假隐私信息披露风险主要包括编造行为被发现的可能性评估、被发现后可能带来的信用风险和道德风险。因此，本项目提出虚假隐私信息披露风险的四个测量项如表 9-21 所示。

表 9-21 虚假隐私信息披露风险的测量项

构念	题项	测量项内容	参考文献
虚假隐私信息披露风险（FR）	FR1	如果我提供不真实信息，很可能被电商平台发现	自拟
	FR2	提供不真实信息，可能对我的个人信用产生影响	
	FR3	提供不真实的信息，会让我感到不自在	
	FR4	总体来说，我感觉提供不实信息存在风险	

（9）虚假隐私信息披露行为。虚假隐私信息披露行为是指个人虚构隐私信息提供给电子商务平台以获取电子商务平台服务的行为。Malhotra 认为虚假隐私信息披露行为与隐私信息的重要程度相关，他提出的虚假隐私信息披露行为量表中，对消费者可能采取的虚假隐私信息披露行为进行了测量项的设计。本项目参照他们的设计思路，设计了表 9-22 中的四个测量项。其中 PFB4 为逆向问题，以对问卷数据的真实性进行筛选。

表 9-22 虚假隐私信息披露行为的测量项

构念	题项	测量项内容	参考文献
虚假隐私信息披露行为（PFB）	PFB1	为了完成购物，我会在电商平台中提供不真实的个人信息以避免风险	Malhotra[275]
	PFB2	为避免风险，我一般会披露虚假的姓名、性别等重要性较低的信息	
	PFB3	为避免风险，我一般会披露虚假的身份证号、银行卡号等重要信息	
	PFB4	为了完成购物或获取相关服务，我在电商平台上总是提供真实而准确的信息（逆向）	

第 10 章
电子商务中消费者隐私信息披露行为影响因素的实证研究

本章基于 9.2 节所构建的实证分析模型，研究我国电子商务环境下消费者隐私信息披露意愿和行为的主要影响因素和作用机理。首先基于 9.2.3 节设计的测量项，形成调查问卷，对样本数据进行统计分析。其次，针对人口统计变量和其他变量分别采用不同分析方法完成了模型的假设检验。最后，给出模型的分析结果和管理启示。

10.1 问卷设计和样本统计分析

10.1.1 问卷设计和数据获取

基于 9.2.1 的研究模型探讨我国电子商务环境下消费者隐私信息披露意愿的影响因素，研究的对象主体是电子商务中的消费者，因而采用问卷调查法对变量和变量间的关系进行测量分析。该模型研究的调研问卷共分为三个部分：第一部分为被调查对象的个人基本特征，包括性别、年龄、学历和月可支配收入，用以进行描述性统计分析以及人口统计学因素分析；第二部分为人格测试部分，用以衡量调查对象的人格特征；第三部分为问卷主体部分，用以测量 9.2.3 提出的各个变量。为避免被调查者对选项产生混淆，本项目采用较为容易区分的五级李克特（Likert）量表对相关变量进行测量，共包含五个选项，其中选项 1 表示完全不同意，选项 2 表示不同意，选项 3 表示有点同意，选项 4 表示同意，选项 5 表示完全同意。同时，问卷中设置了逆向选择题，用以筛选回收问卷中的无效问卷。

在进行正式调研之前，先通过预调研验证测量量表的合理性和有效性。研究中先使用线上渠道和线下发放的方法在小范围内进行调研，共发放问卷 156 份，回收有效问卷 135 份，满足预调研要求。本项目使用 SPSS24.0 软件对预调研数据进行信度和效度分析，进而验证测量量表的合理性与有效性。

1. 信度分析

信度指的是问卷的可信程度，用以衡量问卷结果可靠性。目前常用的信度衡量指标有折半信度、重测信度以及 Cronbach's alpha 等，其中最常用于测量 Likert 量表的信度评估方法为 Cronbach's alpha。Cronbach's alpha 是一个统计量,最先由美国教育学家 Lee Cronbach 在 1951 年提出,该方法通过计算同一纬度下各题项之间的稳定性和一致性来衡量问卷结果的可信程度,其系数范围在 0 到 1 之间,越接近 1 表示可信程度越高,反之越接近 0 表示可信程度越低。学者吴明隆在《问卷统计分析实务》一书中指出,当测量变量的 Cronbach's alpha 大于 0.7 时,表示测量结果具有较高的可信度[291]。此外,为了避免由于部分无效数据而导致的信度过高的现象发生,在进行信度分析之前剔除了答案全部一致的无效问卷。

本项目使用 SPSS24.0 软件测量各个变量的 Cronbach's alpha 值,测量前先将 EXT3、AGR4、PC3 和 WDP2 四个逆向题进行转换,剔除回答不一致的无效问卷,对剩余的 135 份有效问卷进行测量,结果如表 10-1 所示。本项目设计的总体量表信度达到了 0.925,各变量的 Cronbach's alpha 值均大于 0.7,满足信度要求,说明本项目设计的量表总体和各变量纬度均具有良好的稳定性和一致性,问卷可信程度较高。

表 10-1 预调研问卷信度

变量	项数	Cronbach's alpha	变量	项数	Cronbach's alpha
经验开放性	4	0.857	信息隐私侵害经历	4	0.827
尽责性	4	0.806	电子商务隐私信息声明	5	0.888
外向性	4	0.856	电子商务网站声誉	3	0.878
随和性	4	0.757	信息隐私关注	4	0.904
神经质	5	0.874	信任	4	0.850
感知信息隐私风险	4	0.850	电子商务优惠活动	3	0.821
感知信息隐私控制	3	0.870	隐私信息披露意愿	3	0.830
信息敏感度	3	0.825	隐私信息披露行为	4	0.804
隐私信息保护知识	3	0.788	总体	64	0.900

2. 效度分析

效度指的是问卷的有效程度,用以衡量问卷结果与真实情况的吻合程度,常见的效度类型包括内容效度、结构效度以及准则效度,其中准则效度在进行分析的过程中很难选择一个合适的标准导致其具有一定的局限性,因此学者们通常只考虑内容效度和结构效度。

内容效度指的是量表中各题项设置的合理性,即能否通过各题项获取所需信息,同时题项设置是否具有代表性和普遍性等。内容效度主要通过专家判断法来评估。本项目设计的量表大多基于前人成熟量表,结合我国电子商务环境特点设计,并且经过专家指正,形成了初始量表,因此可以认为本项目设计的量表具有较好的内容效度。

结构效度指的是各变量与测量题项之间的对应程度,主要通过因子分析法提取公因子与量表中变量进行对比,若对应程度较高,则表明量表具有较高的结构效度,反之则具有较低的结构效度。在因子分析过程中,主要评价指标有累积方差解释率、因子载荷以及共同度。其中累积方差解释率反映的是公因子对量表的累积有效程度,一般认为该值应大于70%。因子载荷反映的是各题项与对应公因子的相关程度,一般应大于0.5。共同度反映的是由公因子解释各题项的有效程度,一般应大于0.4。在进行因子分析前,首先要对量表进行KMO检验和Bartlett球形检验以保证量表可以进行因子分析,吴明隆指出样本数据的KMO值越接近1表明越适合进行因子分析,最低不能低于0.6,同时Bartlett球形检验必须显著[291]。本项目使用SPSS24.0软件对整体量表以及各分量表进行KMO检验和Bartlett球形检验结果如表10-2所示,各分量表和总量表的Bartlett球形检验均显著,KMO值均大于0.6,即可进行因子分析。

表10-2 KMO检验和Bartlett球形检验

变量	Bartlett球形检验			KMO
	近似卡方	自由度	显著性	
经验开放性	238.834	6	0.000	0.782
尽责性	174.231	6	0.000	0.762
外向性	242.975	6	0.000	0.806
随和性	123.010	6	0.000	0.760
神经质	322.098	10	0.000	0.859
感知信息隐私风险	234.829	6	0.000	0.742
感知信息隐私控制	210.286	3	0.000	0.704
信息敏感度	145.805	3	0.000	0.717
隐私信息保护知识	120.806	3	0.000	0.686
信息隐私侵害经历	272.801	6	0.000	0.674
电子商务隐私信息声明	376.289	10	0.000	0.829
电子商务网站声誉	209.614	3	0.000	0.738
信息隐私关注	341.241	6	0.000	0.829
信任	224.731	6	0.000	0.813
电子商务优惠活动	144.920	3	0.000	0.705

(续表)

变量	Bartlett 球形检验			KMO
	近似卡方	自由度	显著性	
隐私信息披露意愿	170.766	3	0.000	0.676
隐私信息披露行为	181.208	6	0.000	0.703
总体	6 061.358	2 016	0.000	0.703

本项目使用主成分分析方法对全部题项进行因子分析，并且通过最大方差法进行因子旋转，最终得到17个公因子，累积方差解释率达到76.649%，所有题项的共同度均大于0.4，同时各题项的因子载荷也均大于0.5，满足基本要求，表明本项目设计的量表具有良好的结构效度。综上所述，本项目量表具有良好的信度和效度，所有题项均达到正式调研所需标准，无须调整，可以用于正式调研。

在预调研的基础上，本项目结合老师和同学的反馈修改了一些问题项的语言表达，形成了正式问卷，正式问卷见附录T。为了提高样本的代表性，本项目在发放正式问卷时使用了问卷星网站的样本服务功能，该功能具有高效率、高质量等特点，能够针对特定人群发放问卷，包括系统筛选和人工筛选两个筛选流程，保证回收问卷的有效性。本项目通过问卷星的样本服务功能共发放问卷452份，回收有效问卷320份，同时通过其线上线下渠道发放问卷160份，回收有效问卷129份，有效问卷总计449份。

10.1.2 样本的描述性统计分析

正式问卷中共包括4个描述被调查对象基本特征信息的问题项，分别是性别、年龄、学历、月可支配收入，各特征的统计情况如表10-3所示。其中男性共197人，占比43.9%，女性共252人，占比56.1%，符合当前网购人群性别分布；年龄方面主要分布在18岁到45岁之间，其中25岁到34岁之间人数最多，符合网民人群分布情况；学历方面主要以大专或本科学历为主，其次是研究生及以上学历，整体呈现出较高学历的特征，其主要原因在于当前我国教育水平的不断提升，其次，本项目线上线下问卷的发放群体为拥有网购经验人群，进行网购需具备一定的知识水平，因此受访人群学历主要在大专及本科以上可以得到合理解释；月可支配收入除少数人外均高于1 000元，数量最多的为5 000元以上群体，占比41.4%，主要因为被调查人群大多为已工作人群，并且学历较高，具有稳定的经济收入。总体来看，被调查人群男女比例适中，主要以中青年人群为主，学历大都在高中以上，拥有一定的可支配收入，说明被调查人群能够独立思考，具备完全民事行为能力，能够自行进行网络购物行为，因此样本特征能够反映我国电子商务消费者群体的基本情况，具有一定的普遍性和代表性，能够被用于进一步分析。

表 10-3 基本特征描述性统计表

项目	类别	个数	百分比
性别	男	197	43.9%
	女	252	56.1%
年龄	18 岁以下	3	0.7%
	18—24 岁	155	34.5%
	25—34 岁	204	45.4%
	35—45 岁	67	14.9%
	45 岁以上	20	4.5%
学历	小学或初中	7	1.6%
	高中或中专	26	5.8%
	大专或本科	331	73.7%
	研究生及以上	84	18.7%
	其他	1	0.2%
月可支配收入	1 000 元以下	14	3.1%
	1 000 到 3 000 元	121	26.9%
	3 001 到 5 000 元	128	28.5%
	5 000 元以上	186	41.4%

10.1.3 数据的信度和效度检验

1. 信度检验

本项目使用 Cronbach's alpha 和 CR 值(组合信度)来衡量正式问卷的信度,其中 CR 值指的是由多个变量的总和组成的新变量的信度,对应问卷中多个问题项组成的变量的信度。CR 值由各个问题项的相关指标计算得来,具体的计算公式为 $CR = \frac{(\sum \lambda_k)^2}{(\sum \lambda_k)^2 + \sum \varepsilon_k}$,其中 λ_k 为各问题项的因子载荷,ε_k 为各问题项的测量误差。一般认为当变量的 CR 值大于 0.6 时,表明其具有较好的组合信度。本项目使用 SmartPLS 软件测量正式问卷的 Cronbach's alpha 和 CR 值如表 10-4 所示。由表 10-4 可知,正式问卷中各变量的 Cronbach's alpha 值均大于 0.7,CR 值均大于 0.8,总体问卷的 Cronbach's alpha 大于 0.8,表明正式问卷具有良好的信度,可以用于进一步的分析。

表 10 - 4　正式问卷的信度分析

名称	Cronbach's alpha	CR 值	名称	Cronbach's alpha	CR 值
经验开放性	0.819 4	0.875 7	感知信息隐私控制	0.869 1	0.918 6
尽责性	0.778 3	0.851 0	隐私信息保护知识	0.817 3	0.886 0
外向性	0.862 5	0.892 3	信息隐私侵害经历	0.918 6	0.940 3
随和性	0.762 3	0.846 1	信息隐私关注	0.857 2	0.902 7
神经质	0.892 7	0.914 0	电子商务隐私信息声明	0.870 6	0.905 9
感知信息隐私风险	0.838 0	0.891 6	电子商务网站声誉	0.858 2	0.912 3
信息敏感度	0.826 5	0.895 0	信任	0.855 3	0.902 3
隐私信息披露意愿	0.873 9	0.922 2	隐私信息披露行为	0.877 4	0.915 7
电子商务优惠活动	0.870 2	0.920 2	总体	0.869 0	—

2. 效度检验

正式问卷的效度检验主要以收敛效度和区别效度为主。其中收敛效度又称为聚合效度，描述的是多个测量指标是否反映同一个构念，一般认为当各测量项的因子载荷大于 0.5 并且各变量的 AVE 值也大于 0.5 时，表明问卷具有良好的收敛效度。其中 AVE 表示平均提取方差值，其计算公式为 $AVE = \dfrac{\sum \lambda_k^2}{\sum \lambda_k^2 + \sum \varepsilon_k}$，其中 λ_k 为各问题项的因子载荷，ε_k 为各问题项的测量误差。正式问卷各项指标的主要结果如表 10-5 所示。从表中可以看出，各问题项的因子载荷均大于或等于 0.5，各变量的 AVE 值也均大于 0.5，表明本项目正式问卷具有良好的收敛效度。

区分效度指的是不同变量所代表的潜在特质之间存在明显的差异，其判定标准以 Fornell-Larcker 准则为主，该准则表示当各变量与其他变量的相关系数的平方值小于变量本身的 AVE 值时，表明各变量之间具有良好的区分效度[292]。本项目正式问卷的区别效度检验结果如表 10-6 所示，从表中可以看出每个变量的 AVE 值均大于该变量与其他变量相关系数的平方，表明正式问卷具有良好的区分效度。

综合信度和效度的检验结果，可以看出正式问卷的测量题项具有良好的信度和效度。可以进行进一步的假设检验分析。

表 10-5 因子载荷及 AVE 值

变量	问题项	因子载荷	AVE 值	变量	问题项	因子载荷	AVE 值
经验开放性	OPE1	0.585 3	0.638 3	信息敏感度	IS1	0.750 6	0.739 9
	OPE2	0.746 5			IS2	0.797 7	
	OPE3	0.629 3			IS3	0.671 4	
	OPE4	0.592 2		隐私信息保护知识	PPK1	0.595 3	0.722 5
尽责性	CON1	0.663 6	0.589 6		PPK2	0.829 2	
	CON2	0.504 5			PPK3	0.743 1	
	CON3	0.695 3		电子商务隐私信息声明	IPN1	0.625 0	0.658 2
	CON4	0.5			IPN2	0.642 2	
外向性	EXT1	0.579 9	0.676 2		IPN3	0.668 8	
	EXT2	0.813 4			IPN4	0.692 1	
	EXT3	0.783 6			IPN5	0.662 9	
	EXT4	0.528 0		信息隐私关注	PC1	0.700 6	0.698 8
随和性	AGR1	0.570 7	0.579 5		PC2	0.708 6	
	AGR2	0.510 1			PC3	0.673 5	
	AGR3	0.554 6			PC4	0.712 7	
	AGR4	0.682 5		隐私信息披露意愿	WDP1	0.818 9	0.798 0
神经质	NEU1	0.731 0	0.681 0		WDP2	0.756 0	
	NEU2	0.743 0			WDP3	0.819 3	
	NEU3	0.722 4		电子商务网站声誉	RPU1	0.797 3	0.776 5
	NEU4	0.686 8			RPU2	0.833 2	
	NEU5	0.522 1			RPU3	0.699 0	
感知信息隐私风险	PR1	0.689 3	0.672 8	信任	TR1	0.642 5	0.698 0
	PR2	0.691 8			TR2	0.737 2	
	PR3	0.667 4			TR3	0.746 0	
	PR4	0.642 5			TR4	0.666 1	
感知信息隐私控制	PCO1	0.822 3	0.790 5	电子商务优惠活动	PRP1	0.773 5	0.793 6
	PCO2	0.870 6			PRP2	0.818 4	
	PCO3	0.678 5			PRP3	0.788 8	
信息隐私侵害经历	PVE1	0.790 1	0.797 6	隐私信息披露行为	PDB1	0.696 1	0.731 1
	PVE2	0.761 7			PDB2	0.802 8	
	PVE3	0.849 3			PDB3	0.740 6	
	PVE4	0.789 5			PDB4	0.684 9	

表 10-6 区别效度分析

变量	PC	PR	PCO	IS	PPK	IPN	WDP	PVE	RPU	TR	PRP	EXT	NEU	OPE	CON	AGR	PDB
PC	0.70																
PR	0.18	0.67															
PCO	0.02	0.02	0.79														
IS	0.18	0.25	0.00	0.74													
PPK	0.03	0.07	0.13	0.00	0.72												
IPN	0.01	0.10	0.04	0.00	0.33	0.66											
WDP	0.02	0.13	0.03	0.07	0.06	0.15	0.80										
PVE	0.02	0.13	0.00	0.06	0.03	0.08	0.80										
RPU	0.11	0.00	0.00	0.02	0.00	0.03	0.06	0.00	0.78								
TR	0.01	0.14	0.05	0.00	0.20	0.30	0.22	0.06	0.09	0.70							
PRP	0.00	0.03	0.01	0.00	0.04	0.09	0.21	0.03	0.13	0.19	0.79						
EXT	0.01	0.03	0.02	0.00	0.14	0.18	0.07	0.00	0.01	0.10	0.03	0.68					
NEU	0.00	0.09	0.01	0.01	0.06	0.08	0.04	0.03	0.00	0.06	0.01	0.30	0.68				
OPE	0.05	0.00	0.03	0.01	0.06	0.08	0.06	0.00	0.09	0.07	0.07	0.25	0.09	0.64			
CON	0.02	0.00	0.01	0.01	0.04	0.07	0.03	0.00	0.04	0.04	0.02	0.06	0.02	0.13	0.59		
AGR	0.02	0.01	0.02	0.00	0.09	0.09	0.04	0.01	0.03	0.09	0.06	0.13	0.03	0.13	0.11	0.58	
PDB	0.03	0.01	0.00	0.00	0.00	0.04	0.23	0.03	0.09	0.08	0.12	0.01	0.00	0.05	0.02	0.05	0.73

注：对角线上的数据为各变量的 AVE 值，其他数据为变量间相关系数的平方。

10.2 假设检验分析

针对人口统计变量和其他变量采用不同的方法验证这些因素影响消费者隐私信息披露意愿的机理。

10.2.1 人口统计变量的假设检验

对人口统计变量的假设检验一般采用独立样本 T/F 检验和 Spearman 检验等。本项目提出的假设 HA1～HA4 均是与人口统计变量相关的假设检验，涉及的因素包括性别、年龄、学历以及月可支配收入。首先需要判别各变量的子样本组之间是否存在显著差异，其中性别变量只有两个取值情况，主要使用 T 检验，而其他变量均有两个以上的取值情况，不适用于 T 检验，主要采用 F 检验进行方差分析。在进行 T/F 检验后，需要对各变量与信息隐私关注之间的相关关系进行验证，使用较为普遍的方法包括 Spearman 等级相关系数和 Pearson 相关系数,其中Spearman等级相关系数对变量的数据分布情况不作要求,更加符合本项目数据情况,因此本项目使用Spearman等级相关系数来检验各人口统计变量与信息隐私关注之间的相关关系。

(1)性别。性别与信息隐私关注的相关分析结果如表10-7所示,其中PC1到PC4为信息隐私关注的4个问题项,"PC均"为所有问题项的均值。从表中可以看出,对所有PC项,男性的信息隐私关注均值普遍大于女性,但T检验的sig.(显著性系数)值均大于0.05,说明男性和女性在信息隐私关注方面没有显著的差异,因此拒绝原假设HA1a。这一结果与刁塑[265]等人的研究结果一致,本项目认为导致这种结果的原因主要在于,虽然网购人群中女性占比较大,但从隐私关注均值可以看出,当前我国整体信息隐私关注水平较高,在整体环境的影响下不管是男性还是女性均注重保护个人隐私,导致两个群体的信息隐私关注水平没有较大差异。

表10-7 性别与信息隐私关注相关分析结果

	均值		T 检验		Spearman 系数	
	男	女	T 值	sig.	值	sig.
PC1	4.29	4.25	0.529	0.597	-0.033	0.480
PC2	3.83	3.73	1.261	0.208	-0.058	0.220
PC3	3.84	3.77	1.068	0.286	-0.056	0.240
PC4	3.85	3.83	0.268	0.789	-0.005	0.919
PC均	3.95	3.89	0.907	0.365	-0.042	0.378

(2)年龄。年龄与信息隐私关注的相关分析结果如表10-8所示。从均值来看,年龄在25岁左右的人群信息隐私关注水平最高,年龄越小或是越大其信息隐私关注水平均变小。除PC2项外,其他各项的F检验的sig.值均大于0.05,表明年龄与该项没有显著相关性。对于PC2项,F值为2.534,sig.值为0.040,Spearman系数为-0.152,sig.值为0.001,表明年龄对PC2项有显著的负向影响,即年龄越大,消费者对个人信息被获取的关注度越小。综上,年龄对于信息隐私关注只有部分影响,主要体现在个人信息获取的关注度,不能完全支撑原假设HA1b,因此拒绝原假设HA1b。本项目认为导致这种现象的原因是不同年龄人群对于网购的认识不同,对于新鲜事物的接受程度也不同,年轻人更加乐于接受新鲜事物,同时对网络安全更加了解,而年龄较大人群更加保守,对网络安全也没有足够的了解,二者互补导致年龄与信息隐私关注没有显著的相关关系。

(3)学历。学历与信息隐私关注的相关分析结果如表10-9所示,其中学历为"其他"的人数为1,不具有代表性,因此剔除该类人群。从表中可以看出在各项均值都随着学历变高而增加,同时F检验均显著,Spearman相关系数均大于0,并且全部显著,表明学历与信息隐私关注之间有正向相关关系,学历越高,其信息隐私关注水平越高,即假设HA1c成立。

表 10-8　年龄与信息隐私关注的相关分析结果

	均值					F 检验		Spearman 系数	
	18 岁以下	18—24 岁	25—34 岁	35—45 岁	45 岁以上	F 值	sig.	值	sig.
PC1	3.33	4.23	4.31	4.28	4.20	1.350	0.251	0.007	0.882
PC2	3.67	3.93	3.74	3.64	3.50	2.534	0.040	−0.152	0.001
PC3	3.33	3.80	3.79	3.84	3.75	0.397	0.811	0.004	0.940
PC4	3.33	3.75	3.92	3.85	3.75	0.960	0.429	0.049	0.296
PC 均	3.42	3.93	3.94	3.90	3.80	0.629	0.642	−0.041	0.385

表 10-9　学历与信息隐私关注的相关分析结果

	均值				F 检验		Spearman 系数	
	小学或初中	高中或中专	大专或本科	研究生及以上	F 值	sig.	值	sig.
PC1	3.14	3.27	4.35	4.38	24.276	0.000	0.230	0.000
PC2	2.57	2.92	3.78	4.15	21.438	0.000	0.334	0.000
PC3	2.57	3.00	3.85	3.95	22.850	0.000	0.242	0.000
PC4	2.29	2.88	3.94	3.90	17.707	0.000	0.181	0.000
PC 均	2.64	3.02	3.98	4.10	31.350	0.000	0.280	0.000

（4）可支配收入。可支配收入与信息隐私关注的相关分析结果如表 10-10 所示。整体来看，信息隐私关注水平随着收入增加而变高，除 PC2 外，其他项 F 检验均显著，Spearman 相关系数方面除 PC2 不显著外，其他项均显著，并且相关系数值大于 0。综上可知，可支配收入与信息隐私关注之间存在一定的正相关关系，假设 HA1d 成立。

表 10-10　可支配收入与信息隐私关注的相关分析结果

	均值				F 检验		Spearman 系数	
	1 000 元以下	1 000 到 3 000 元	3 001 到 5 000 元	5 000 元以上	F 值	sig.	值	sig.
PC1	3.57	4.26	4.20	4.38	5.469	0.001	0.090	0.056
PC2	3.57	3.86	3.69	3.80	1.263	0.286	−0.009	0.849
PC3	3.29	3.74	3.77	3.90	4.205	0.006	0.126	0.007
PC4	3.21	3.69	3.83	3.99	5.172	0.002	0.162	0.001
PC 均	3.41	3.88	3.86	4.01	4.400	0.005	0.107	0.023

综上所述,假设 HA1a 和 HA1b 不成立,表明性别和年龄与信息隐私关注没有显著的相关关系;假设 HA1c 和 HA1d 成立,表明学历和可支配收入与信息隐私关注有显著的正向相关关系。

10.2.2 结构方程建模和假设检验

对于非人口统计变量的假设检验,本项目采用结构方程模型进行分析。结构方程模型是一种多元数据分析工具,融合了因素分析和路径分析,是分析变量之间关系的一种常用统计方法。该模型能够同时处理多个自变量和因变量,允许变量包含测量误差,同时可以测量整个模型的拟合程度,相比于传统的回归分析更加具有说服力。当前结构方程模型主要有两种,分别是基于协方差的结构方程模型(CB-SEM)和基于方差的结构方程模型(VB-SEM)。二者的主要区别在于对数据的要求不同,前者要求数据量较大且符合多元正态分布,而后者则无相关要求。本项目研究内容主要以个体态度、意愿以及行为因素为主,在数据分布情况上难以达到多元正态分布的要求,因此采用基于方差的结构方程模型进行分析,使用的分析工具为 SmartPLS 3.2.8(https://www.smartpls.com/)。基于本项目提出的理论模型,构建了如图 10-1 所示的结构方程模型。

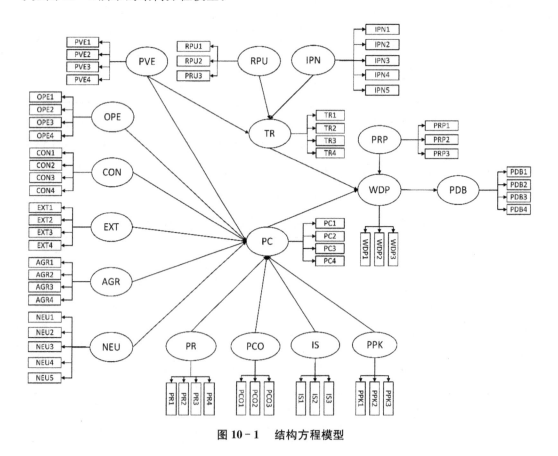

图 10-1 结构方程模型

1. 模型拟合度

SmartPLS 3.2.8 软件中对模型拟合度的测量共分为两部分,分别是饱和模型拟合度和估计模型拟合度,每部分均对应三个衡量指标,分别是 SRMR(标准化均方根残差)、d_{ULS}(未加权的最小二乘差)、d_G(测地线差)。其中饱和模型指的是模型中所有构造都是相关的,而估计模型则是自己设定的模型。SRMR 是用来量化经验相关矩阵与模型隐含相关矩阵的不同程度的,一般认为 SRMR 值小于 0.08 时模型拟合较好[293];d_{ULS} 是用来度量经验相关矩阵与模型隐含相关矩阵之间的区别大小的,d_{ULS} 值越低表示模型拟合越好;d_G 也是用来量化经验相关矩阵与模型隐含相关矩阵之间的区别大小的,d_G 值越低说明模型拟合度越好。SmartPLS 3.2.8 基于 Bootstrap 为三个衡量指标提供了参照值,分别是"95%"和"99%",当各指标值小于"95%"时,表示模型拟合度较好,各指标值最高不能高于"99%"。本项目构造的结构方程模型拟合度指标如表 10-11 所示。

从表 10-11 可知,饱和模型和估计模型的 SRMR 值均小于 0.08,各指标值也均小于"95%"标准,表明本项目模型拟合度较好,可以进行假设检验分析。

表 10-11 模型拟合度

模型	指标	Value	95%	99%
饱和模型	SRMR	0.055	0.075	0.087
	d_{ULS}	6.217	11.664	15.760
	d_G	1.763	1.831	2.104
估计模型	SRMR	0.070	0.076	0.087
	d_{ULS}	10.079	12.100	15.850
	d_G	1.874	1.891	2.140

2. 假设检验

本项目使用 SmartPLS 3.2.8 对结构方程模型进行路径分析,得到的结果如表 10-12 所示,其中 f^2 表示直接影响的大小,f^2 越大表示直接影响越大,一般认为 f^2 大于 0.35 表示强效用,当 f^2 大于 0.02 时表示具有有效效应[294]。从表中可以看出,假设 HA2b、HA2c、HA2d、HA2e、HA4 以及 HA7a 不成立,其他假设均成立,其中假设 HA2d 检验结果与原假设相反,即随和性对信息隐私关注有显著的正向相关关系。假设 HA4 的 P 值虽然小于 0.05,但其 f^2 为 0.012 6,低于 0.02,同样不具有有效效应,因此该假设不成立。所有成立的假设其 f^2 值均大于 0.02,均具有有效效应。

表 10-12 路径分析结果

假设	路径	系数	P 值	f^2	假设检验结果
HA2a	经验开放性 → 信息隐私关注	0.184 2**	0.001 4	0.033 6	成立
HA2b	尽责性 → 信息隐私关注	0.067 6	0.097 1	0.005 6	不成立
HA2c	外向性 → 信息隐私关注	0.058 1	0.432 6	0.002 6	不成立
HA2d	随和性 → 信息隐私关注	0.111 8*	0.017 6	0.024 3	不成立(正向)
HA2e	神经质 → 信息隐私关注	0.033 4	0.596 8	0.001 1	不成立
HA3	感知信息隐私风险 → 信息隐私关注	0.270 4***	0.000 0	0.065 2	成立
HA4	感知信息隐私控制 → 信息隐私关注	−0.099 3*	0.010 3	0.012 6	不成立
HA5	信息敏感度 → 信息隐私关注	0.251 0***	0.000 0	0.066 4	成立
HA6	隐私信息保护知识 → 信息隐私关注	−0.168 1***	0.000 6	0.030 2	成立
HA7a	信息隐私侵害经历 → 信息隐私关注	−0.015 3	0.702 9	0.000 3	不成立
HA7b	信息隐私侵害经历 → 信任	−0.163 0***	0.000 2	0.041 2	成立
HA8	电子商务隐私信息声明 → 信任	0.484 6***	0.000 0	0.355 0	成立
HA9	电子商务网站声誉 → 信任	0.218 9***	0.000 0	0.074 3	成立
HA10	信息隐私关注 → 隐私信息披露意愿	−0.144 5***	0.000 7	0.030 2	成立
HA11	信任 → 隐私信息披露意愿	0.313 3***	0.000 0	0.115 3	成立
HA12	电子商务优惠活动 → 隐私信息披露意愿	0.327 5***	0.000 0	0.126 7	成立
HA14	隐私信息披露意愿 → 隐私信息披露行为	0.478 8***	0.000 0	0.297 5	成立

注:*** 表示在 0.001 水平下显著,** 表示在 0.01 水平下显著,* 表示在 0.05 水平下显著。

(1) 大五人格特征

假设 HA2a～HA2e 描述的是大五人格特征与信息隐私关注之间的关系,其中假设 HA2a 成立,其余假设均不成立。经验开放性与信息隐私关注有正向的相关关系,表明具有经验开放性特质的个体对信息隐私的关注程度较高,与前文分析相符。尽责性与信息隐私关注没有显著的相关关系,本项目认为造成该现象的原因在于虽然具有尽责性特质的个体会更多地考虑自身决定所带来的后果,但是如果他们在进行隐私披露时由于缺乏相关知识而低估了后果的严重性,则不会对信息隐私有较高的关注程度,本项目正式问卷的数据中隐私保护知识一项的平均值为 2.73,表明了被调查人群的确缺乏隐私保护相关的知识。外向性与信息隐私关注没有显著的相关关系,虽然具有外向性特质的个体在日常交流时更易于与他人交流信息、分享信息,但是不能表明该类人群在进行网上隐私信息披露行为时也是如此,因此无法衡量该类特质与信息隐私关注之间的相关关系。

随和性与信息隐私关注之间有正向相关关系,与本项目假设相反,此结论与 Yeh 等人[250]的研究结果一致,学者们认为其原因在于交流环境的不同,在面对面环境下,随和性人群更加愿意与他人合作,而在网络环境下则不同,此外 Jensen 等人的研究还发现随和性人群具有消极情绪,在具有威胁性的环境下会产生报复心理,从而不愿与他人进行合作[295],而隐私信息披露过程就是一个具有威胁性的过程,从而导致了随和性人群具有较高的信息隐私关注程度。神经质与信息隐私关注没有显著的相关关系,其原因可能在于神经质人群的情绪具有不稳定性,会随着时间、地点、事件等不同而表现出不同的状态,因此难以衡量其与信息隐私关注之间的关系。综上,大五人格特征中仅经验开放性与随和性对信息隐私关注有显著影响,表明人格特征并不是信息隐私关注的主要前因。

(2) 自我感知因素

假设 HA3、HA5 均成立,描述的是自我感知因素对信息隐私关注的影响,包括感知信息隐私风险和信息敏感度。其中消费者的感知信息隐私风险正向影响信息隐私关注,表明感知信息隐私风险越高的消费者其信息隐私关注程度越高;消费者的信息敏感度正向影响信息隐私关注,表明信息敏感度越高的消费者其信息隐私关注程度越高。假设 HA4 不成立,即消费者的感知信息隐私控制对其信息隐私关注没有显著影响,造成假设 HA4 不成立的原因是其 f^2 小于 0.02,表明其对信息隐私关注的影响太小以至于可以忽略不计,说明消费者的感知信息隐私控制不是其信息隐私关注的影响因素。综上所述,虽然消费者的感知信息隐私控制对信息隐私关注不具有有效影响,但感知信息隐私风险和信息敏感度对信息隐私关注的影响都显著,因此可以说明自我感知因素是信息隐私关注的主要前因之一。

(3) 隐私信息保护知识与信息侵害经历

假设 HA6 的检验结果表明消费者的隐私信息保护知识负向影响信息隐私关注,即对隐私信息保护了解程度越高的人群,其信息隐私关注程度越低,当个体对隐私信息保护有一定了解时,会对自身的隐私信息保护有信心,从而表现出较低的信息隐私关注程度。假设 HA7a 不成立,HA7b 成立,即信息隐私侵害经历与消费者的信息隐私关注没有显著的相关关系,与消费者对电子商务网站的信任有显著的负向相关关系。其中假设 HA7a 的结果与前人研究结论不符,本项目认为造成该现象的原因主要有两点:一方面,问卷结果显示消费者的信息隐私侵害经历主要来自电信诈骗和骚扰电话以及新闻报道的相关隐私侵害事件,对消费者自身有伤害的经历较少,导致消费者对该类事件重视程度不高,从而对其信息隐私关注程度没有显著的影响;另一方面,消费者的信息隐私侵害经历可能仅与某个电子商务网站有关,仅会使消费者对该网站的信任程度降低,而对于消费者整体的信息隐私关注程度没有影响,假设 HA7b 成立可以很好地佐证这点。

(4) 电子商务网站相关因素

假设 HA8 成立,表明电子商务网站中有效的隐私信息声明正向影响消费者对网站的信任程度,同时其 f^2 达到了 0.355 0,说明了电子商务网站隐私信息声明对信任的影响是强影响,该结论与 Smith 等人的研究结论一致,当电子商务网站提供了有效的隐私信息声明可以提高消费者对该网站的信任程度。同时,假设 HA9 也成立,表明电子商务网站的声誉正向影响消费者对网站的信任程度,可见电子商务网站的口碑的重要性。假设 HA8、HA9 成立也说明了消费者十分重视电子商务网站相关因素,这些因素决定了消费者对电子商务网站是否信任。

(5) 信息隐私关注与信任

信息隐私关注与信任作为中介变量,连接着信息隐私前因与隐私信息披露意愿。其中信息隐私关注对隐私信息披露意愿的路径系数为 －0.144 5,P 值小于 0.001,说明信息隐私关注对隐私信息披露意愿有显著的负向影响,即假设 HA10 成立,与前人研究一致;信任对隐私信息披露意愿的路径系数为 0.313 3,P 值也小于 0.001,说明了信任对隐私信息披露意愿有显著的正向影响,即假设 HA11 成立。同时,信任对隐私信息披露意愿的路径系数绝对值大于信息隐私关注对隐私信息披露意愿的路径系数绝对值,说明信任对隐私信息披露意愿的影响大于信息隐私关注。

(6) 电子商务优惠活动

除了信息隐私关注和信任这两个因素外,本项目也提到了电子商务优惠活动对消费者隐私信息披露意愿的影响。分析结果显示,电子商务优惠活动对消费者隐私信息披露意愿的路径系数为 0.327 5,P 值小于 0.001,表明电子商务优惠活动对消费者的隐私信息披露意愿有显著的正向影响,并且影响程度较大。此结果说明了消费者在进行隐私信息披露时会受到电子商务网站推出的相关优惠活动的影响。另外,本项目假设 HA13 提出电子商务优惠活动在信息隐私关注对隐私信息披露意愿的影响中起调节作用,这点将在后文进行详细分析。

(7) 隐私信息披露意愿和行为

隐私信息披露意愿对隐私信息披露行为的路径系数为 0.478 8,P 值小于 0.001,同时 f^2 也达到了 0.297 5,表明消费者的隐私信息披露意愿对其隐私信息披露行为有显著的正向影响,与前人研究一致。

10.2.3　中介和调节效应分析

1. 中介效应分析

在考虑自变量 X 对因变量 Y 的影响时,如果 X 通过影响变量 M 来影响 Y 时,则称 M 为中介变量,此时 X 对 Y 的总影响效应就包括了 X 对 Y 的直接效应以及 X 通过 M 对 Y 的间接效应,其中 X 通过 M 对 Y 的效应则称为中介效应[296]。中介效应有两大类,分别是简单中介效应和多重中介效应。其中简单中介效应指的是只有一个中介变量的中介效应;多重中介效应指的是在自变量和因变量之间存在多个中介变量的中介效应。多重中介效应又分为并行多重中介效应、链式多重中介效应以及混合式多重中介效应,其中并行多重中介效应指的是多个中介变量并行的形式,链式多重中介效应指的是多个中介变量顺序成链的形式,而混合式中介效应则是并行中介和链式中介结合的形式。

本项目的中介变量共有三个,分别是信息隐私关注、信任以及隐私信息披露意愿。中介效应的类型包括两大类,分别是简单中介效应和链式中介效应。其中电子商务优惠活动—隐私信息披露意愿—隐私信息披露行为属于简单中介效应,其余中介效应均为链式中介效应。中介效应是间接效应,无论变量是否涉及潜变量,都可以用结构方程模型进行分析。因此本项目采用结构方程模型进行中介效应分析,使用的软件是 SmartPLS 3.2.8,主要参考方杰等人提出的不对称区间法[297]。该方法对中介效应的抽样分布不加限制,无须要求抽样分布为正态分布,适合本项目样本数据使用。不对称区间法包括 Bootstrap 法和乘积分布法,Mackinnon 等人研究发现 Bootstrap 法要优于乘积分布法[298],并且 Bootstrap 法能适用于中、小样本和各种中介效应模型,因此本项目将使用不对称区间法中的 Bootstrap 法进行中介效应分析。

(1) 电子商务优惠活动—隐私信息披露意愿—隐私信息披露行为

本项目在进行中介效应分析时通过 Bootstrap 方法检验间接影响的显著性来判断中介效应的类型。若间接影响不显著,则不存在中介效应;若间接影响显著,而直接影响不显著,则为完全中介效应;若间接影响和直接影响均显著,则为部分中介效应。对优惠活动—隐私信息披露意愿—隐私信息披露行为的检验结果如表 10-13 所示。从表中可知,所有直接影响的不对称区间均不包含 0,即直接影响都是显著的,优惠活动对隐私信息披露行为的间接影响的不对称区间也不包含 0,表明间接影响也显著,即存在中介效应,并且类型为部分中介效应。在简单中介效应中,中介效应的效果量表示间接影响占总影响的比值,用以衡量中介效应的强度,其中总影响为直接影响和间接影响之和,通过计算可以得出该中介效应的效果量为 0.52,大于 0.5,表明中介变量隐私信息披露意愿的中介效应较强。

表 10-13　隐私信息披露意愿在电子商务优惠活动和隐私信息披露行为之间的中介效应检验结果

路径	直接影响	间接影响	不对称区间	显著性
电子商务优惠活动 → 隐私信息披露意愿	0.457 3	—	[0.340 2, 0.564 3]	显著
隐私信息披露意愿 → 隐私信息披露行为	0.400 2	—	[0.278 3, 0.514 7]	显著
电子商务优惠活动 → 隐私信息披露行为	0.170 2	—	[0.031 4, 0.303 6]	显著
电子商务优惠活动 → 隐私信息披露行为	—	0.183 0	[0.122 8, 0.254 6]	显著

(2) 链式中介效应

第一,以信任、隐私信息披露意愿为中介变量的链式中介效应分析。

与简单中介效应的分析方法类似,本项目对链式中介效应的分析也采用 Bootstrap 方法,通过验证自变量对因变量的直接效应和链式中介效应的显著性来判断是否存在链式中介效应。以信任、隐私信息披露意愿为中介变量的链式中介效应分析结果如表 10-14 所示,其中自变量为电子商务隐私信息声明、信息隐私侵害经历和声誉,因变量为隐私信息披露行为。

表 10-14　以信任、隐私信息披露意愿为中介变量的链式中介效应分析结果

自变量	路径	影响值	不对称区间	显著性
电子商务隐私信息声明	电子商务隐私信息声明→隐私信息披露行为	-0.026	[-0.133, 0.080]	不显著
	电子商务隐私信息声明→信任→隐私信息披露行为	0.011	[-0.046, 0.071]	不显著
	电子商务隐私信息声明→隐私信息披露意愿→隐私信息披露行为	0.077	[0.033, 0.125]	显著
	电子商务隐私信息声明→信任→隐私信息披露意愿→隐私信息披露行为	0.060	[0.035, 0.090]	显著
信息隐私侵害经历	信息隐私侵害经历→隐私信息披露行为	-0.033	[-0.133, 0.060]	不显著
	信息隐私侵害经历→信任→隐私信息披露行为	-0.003	[-0.023, 0.016]	不显著
	信息隐私侵害经历→隐私信息披露意愿→隐私信息披露行为	-0.076	[-0.120, -0.038]	显著
	信息隐私侵害经历→信任→隐私信息披露意愿→隐私信息披露行为	-0.019	[-0.035, -0.007]	显著
电子商务网站声誉	电子商务网站声誉→隐私信息披露行为	0.198	[0.100, 0.297]	显著
	电子商务网站声誉→信任→隐私信息披露行为	0.005	[-0.021, 0.032]	不显著
	电子商务网站声誉→隐私信息披露意愿→隐私信息披露行为	0.049	[0.011, 0.089]	显著
	电子商务网站声誉→信任→隐私信息披露意愿→隐私信息披露行为	0.027	[0.014, 0.043]	显著

对于自变量电子商务隐私信息声明,其对因变量隐私信息披露行为的直接影响不显著,通过中介变量信任对隐私信息披露行为的间接影响也不显著,通过中介变量隐私信息披露意愿对披露行为的间接影响显著,同时通过中介变量信任和隐私信息披露意愿对披露行为的间接影响显著,表明链式中介效应存在,同时电子商务隐私信息声明对隐私信息披露行为的影响效应为完全中介效应。对于自变量信息隐私侵害经历,其对因变量隐私信息披露行为的直接影响不显著,通过中介变量信任对披露行为的间接影响也不显著,通过中介变量隐私信息披露意愿对披露行为的间接影响显著,同时通过中介变量信任和隐私信息披露意愿对披露行为的间接影响显著,表明链式中介效应存在,同时信息隐私侵害经历对披露行为的影响效应为完全中介效应。对于自变量电子商务网站声誉,其对因变量披

露行为的直接影响显著,通过中介变量信任对披露行为的间接影响不显著,而通过披露意愿以及信任和披露意愿对披露行为的影响均显著,表明存在链式中介效应,并且为部分中介效应。

第二,以信息隐私关注、隐私信息披露意愿为中介变量的链式中介效应分析。

以信息隐私关注和隐私信息披露意愿作为中介变量的链式中介效应分析结果如表10-15所示,其中自变量包括经验开放性、随和性、感知信息隐私风险、信息敏感度和隐私信息保护知识,因变量为隐私信息披露行为。

表10-15 以信息隐私关注、隐私信息披露意愿为中介变量的链式中介效应分析结果

自变量	路径	影响值	不对称区间	显著性
经验开放性	经验开放性→隐私信息披露行为	0.023	[-0.082,0.127]	不显著
	经验开放性→信息隐私关注→隐私信息披露行为	0.003	[-0.008,0.014]	
	经验开放性→隐私信息披露意愿→隐私信息披露行为	-0.104	[-0.161,-0.053]	显著
	经验开放性→信息隐私关注→隐私信息披露意愿→隐私信息披露行为	-0.041	[-0.072,-0.014]	
随和性	随和性→隐私信息披露行为	0.102	[0.010,0.198]	显著
	随和性→信息隐私关注→隐私信息披露行为	0.002	[-0.005,0.010]	不显著
	随和性→隐私信息披露意愿→隐私信息披露行为	0.037	[-0.009,0.088]	不显著
	随和性→信息隐私关注→隐私信息披露意愿→隐私信息披露行为	-0.026	[-0.054,0.005]	显著
感知信息隐私风险	感知信息隐私风险→隐私信息披露行为	0.007	[-0.088,0.101]	不显著
	感知信息隐私风险→信息隐私关注→隐私信息披露行为	0.004	[-0.011,0.018]	
	感知信息隐私风险→隐私信息披露意愿→隐私信息披露行为	-0.107	[-0.167,-0.049]	显著
	感知信息隐私风险→信息隐私关注→隐私信息披露意愿→隐私信息披露行为	-0.054	[-0.088,-0.026]	

(续表)

自变量	路径	影响值	不对称区间	显著性
信息敏感度	信息敏感度→隐私信息披露行为	0.01	[-0.090, 0.112]	不显著
	信息敏感度→信息隐私关注→隐私信息披露行为	0.004	[-0.010, 0.020]	
	信息敏感度→隐私信息披露意愿→隐私信息披露行为	-0.107	[-0.167, -0.049]	显著
	信息敏感度→信息隐私关注→隐私信息披露意愿→隐私信息披露行为	-0.055	[-0.094, -0.024]	
隐私信息保护知识	隐私信息保护知识→隐私信息披露行为	-0.071	[-0.158, 0.0015]	不显著
	隐私信息保护知识→信息隐私关注→隐私信息披露行为	-0.002	[-0.013, 0.007]	
	隐私信息保护知识→隐私信息披露意愿→隐私信息披露行为	0.063	[0.014, 0.114]	显著
	隐私信息保护知识→信息隐私关注→隐私信息披露意愿→隐私信息披露行为	0.038	[0.014, 0.067]	

从表10-15可以看出，所有自变量通过信息隐私关注和隐私信息披露意愿对隐私信息披露行为的影响均显著，表明链式中介效应均存在，其中自变量经验开放性、感知信息隐私风险、信息敏感度和隐私信息保护知识对隐私信息披露行为的直接影响不显著，而自变量随和性对隐私信息披露行为的直接影响显著为正。值得注意的是，随和性通过信息隐私关注和隐私信息披露意愿对披露行为的间接影响显著为负，与直接影响的作用方向相反，间接影响为负的原因在于随和性对中介变量信息隐私关注的影响为正，这点与本项目假设内容相反，本项目在研究假设部分提到具有随和性特质的人群更加愿意与人合作，愿意为别人承担一定的风险，从而推断该类人群具有较低的信息隐私关注程度，从上述结论可知该推论是错误的。随和性人群的特征更多地表现在个人行为上，也就是说，具有随和性特质的人群的确更加愿意与人合作，愿意追求合作成功而放弃部分个人利益，但并不代表其对个人信息隐私的关注程度较低。从研究结果来看，随和性人群对个人信息隐私的关注程度反而更高。

2. 调节效应分析

在考虑变量 X 对变量 Y 的影响时，如果 X 与 Y 的关系受变量 M 的影响，则称变量 M 为调节变量，此时调节变量 M 所起的作用称为调节效应。调节变量可以是定性的（如性别、种族等），也可以是定量的（如年龄），它影响因变量和自变量之间关系的正负性和强弱[145]。温忠麟等人指出，当自变量和因变量都是类别变量时，应通过方差分析检验调节效应；当自变量和因变量均为连续变量时，应考虑自变量和调节变量的乘积项[296]。本项目模型中调节变量为电子商务优惠活动,自变量为信息隐私关注,因变量为隐私信息披露意愿,均为连续变量,因此考虑信息隐私关注与电子商务优惠活动的乘积项。Chin 等人指出,在分析调节效应时,传统的分析技术可能会掩盖测量误差等能够导致结果错误的问题,并且提出了偏最小二乘潜变量建模方法以规避此类问题[299]。本项目借鉴 Chin 等人提出的偏最小二乘潜变量建模方法,通过 SmartPLS 3.2.8 软件进行调节效应分析,测量结果如图 10-2 所示。

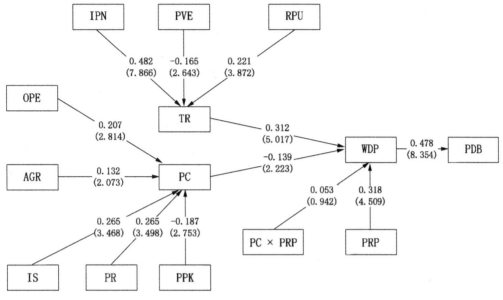

图 10-2　调节效应分析结果

调节效应是否存在主要通过检验自变量和调节变量的乘积项是否显著来判断[300],若该乘积项显著,则说明存在调节效应;若该乘积项不显著,则不存在调节效应。从图 10-2 可以看出,变量信息隐私关注和电子商务优惠活动的乘积项到隐私信息披露意愿的路径系数为 0.053,T 值为 0.942,小于 1.96,低于显著性水平,即电子商务优惠活动在信息隐私关注对隐私信息披露意愿的影响中没有调节作用,假设 HA13 不成立。本项目认为,该假设不成立可能是因为电子商务网站推出的优惠活动虽然能够提高消费者的感知收益从而提高其隐私信息披露意愿,但并不会降低消费者的感知风险,也不能影响消费者的信息隐私关注程度,因此不会影响消费者的信息隐私关注对隐私信息披露意愿的作用。

10.3　主要结论和管理启示

本节对 10.2 节的模型分析结果进行总结,分析我国电子商务环境下消费者隐私信息披露行为的影响因素及作用过程和机理。

10.3.1 路径分析

经过独立样本 T/F 检验、Spearman 检验以及结构方程模型分析等过程得到验证后的路径分析结果如图 10-3 所示。

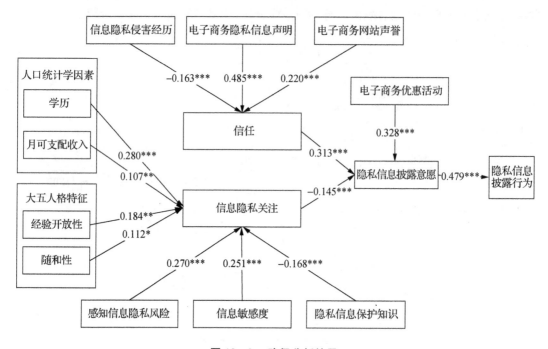

图 10-3 路径分析结果

注：*、**和***分别表示在 0.05、0.01 和 0.001 水平上显著。

1. 信任的影响因素分析

信任的影响因素包括信息隐私侵害经历、电子商务隐私信息声明以及电子商务网站声誉。其中电子商务隐私信息声明对信任的影响效用最大，路径系数达到 0.485，电子商务网站声誉与信息隐私侵害经历对信任的影响路径系数分别是 0.220 和 -0.163。在影响信任的外部环境因素中，电子商务隐私信息声明具有更为重要的作用，有效的电子商务隐私信息声明能够显著增加消费者对电子商务企业的信任。同时，提高电子商务网站声誉和降低消费者信息隐私泄露事件发生概率同样可以增加消费者对电子商务网站的信任，其作用程度相对于隐私信息声明来说较低，但仍是不可忽略的因素。

2. 信息隐私关注的影响因素分析

信息隐私关注的影响因素包括学历、月可支配收入、经验开放性、随和性、感知信息隐私风险、信息敏感度以及隐私信息保护知识。除隐私信息保护知识为负向影响外，其余因素对信息隐私关注均为正向影响。各因素中对信息隐私关注影响效用较大的为学历、感知信息隐私风险以及信息敏感度，路径系数分别是 0.280、0.270 以及 0.251，其次是经验开放性和隐私信息保护知识,而随和性以及月可支配收入对信息隐私关注的影响效用则较小。从结果来看,消费者的信息隐私关注不仅受到人口统计学因素的影响,还受到性格特征因素的影响,也受个体感知因素和知识水平的影响。针对个体感知因素和知识水平,电子商务企业可以通过为消费者提供有效可靠的隐私信息保护手段和措施,同时大力宣传消费者隐私信息保护相关知识来降低其感知风险,同时提高其隐私信息保护知识水平,进而有效降低消费者的信息隐私关注程度。对于人口统计学因素和人格特征因素,电子商务企业则可以进行差异化服务,通过制定不同的服务策略来降低消费者对信息隐私的顾虑和担忧。

3. 隐私信息披露意愿的影响因素分析

隐私信息披露意愿的影响因素为信任、信息隐私关注以及电子商务优惠活动。其中电子商务优惠活动对隐私信息披露意愿的影响效用最大,路径系数达到 0.328,表明电子商务优惠活动能够显著提高消费者的隐私信息披露意愿;信任对隐私信息披露意愿的影响路径系数为 0.313,表明信任也是消费者隐私信息披露意愿的主要影响因素之一;而消费者的信息隐私关注对其隐私信息披露意愿的影响路径系数为 -0.145,即信息隐私关注程度越高的消费者更不愿意进行隐私信息披露。综上所述,消费者在决定是否进行隐私信息披露时会更多地考虑感知收益和信息收集方的可信程度,其次则是自身信息隐私关注。因此,要想提高消费者的隐私信息披露意愿,可以通过提供电子商务优惠活动,也可以通过营造消费者与电子商务企业之间的信任环境来达到,同时,降低消费者的信息隐私关注水平也有一定的帮助。

根据图 10-3 路径分析结果,消费者的隐私信息披露行为受到外部环境因素和消费者自身因素共同作用,各影响因素主要通过中介变量信任、信息隐私关注以及隐私信息披露意愿来影响消费者的隐私信息披露行为,10.2.3 节的中介效应分析,本项目模型中的中介效应均显著。其中外部环境因素中的电子商务优惠活动通过中介变量隐私信息披露意愿影响消费者的隐私信息披露行为,而信息隐私侵害经历、电子商务隐私信息声明和电子商务网站声誉通过中介变量信任和隐私信息披露意愿影响隐私信息披露行为;消费者自身因素通过中介变量信息隐私关注和隐私信息披露意愿影响隐私信息披露行为。

为了更好地探究各因素对隐私信息披露行为的影响作用大小,本项目进行了总效用分析,利用 SmartPLS 3.2.8 软件中的 Bootstrap 方法得出各前因变量对因变量隐私信息披露行为的总影响效用,如表 10-16 所示,所有因素的 T 值绝对值均大于 1.96,满足显著性要求。

表 10-16 总效用分析结果

影响程度	因素	总效用	T 值	置信区间
大	电子商务优惠活动	0.156 8	6.103 2	[0.095, 0.230]
中	电子商务隐私信息声明	0.072 7	5.111 1	[0.041, 0.113]
	电子商务网站声誉	0.032 8	3.965 3	[0.015, 0.058]
	信息隐私侵害经历	−0.023 4	−2.770 5	[−0.049, −0.005]

(续表)

影响程度	因素	总效用	T值	置信区间
小	感知信息隐私风险	−0.018 7	−3.059 6	[−0.037,−0.004]
	信息敏感度	−0.017 4	−2.407 9	[−0.039,−0.002]
	经验开放性	−0.012 7	−2.381 1	[−0.030,−0.001]
	隐私信息保护知识	0.011 6	2.455 5	[0.001,0.026]
	随和性	−0.007 7	−1.962 2	[−0.018,−0.001]

表10-16是按照各变量对隐私信息披露行为总效用的绝对值从大到小排列的，具体可以分为三个梯队，其中第一梯队是电子商务网站的优惠活动，该因素对隐私信息披露行为的影响效用最大，总效用达到0.157；第二梯队中依次是电子商务隐私信息声明、电子商务网站声誉和信息隐私侵害经历，其总效用值在0.02到0.10之间；第三梯队中各因素对隐私信息披露行为影响效用较小，从大到小依次是感知信息隐私风险、信息敏感度、经验开放性、隐私信息保护知识以及随和性。

从分析结果来看，我国电子商务环境下，消费者隐私信息披露行为主要受到外部环境的影响，特别是电子商务优惠活动对隐私信息披露行为的影响效用明显大于其他因素，验证了隐私信息的经济性。其次是信任环境的影响因素分别是电子商务隐私信息声明、电子商务网站声誉以及信息隐私侵害经历，而自身因素对隐私信息披露行为的影响则较小。

10.3.2 主要研究结论

根据10.2节的路径分析和总效用分析结果，本项目得到以下几点主要结论：

第一，消费者隐私信息披露行为由其隐私信息披露意愿决定，而隐私信息披露意愿是在外部环境和自身因素共同作用下产生的。其中外部环境包括电子商务网站的优惠活动以及消费者与电子商务企业之间的信任环境，自身因素则为消费者对自身信息隐私的关注程度。

第二，电子商务优惠活动直接作用于消费者的隐私信息披露意愿，适量的优惠活动将会显著提升消费者的隐私信息披露意愿。营造信任的环境可提升消费者的隐私信息披露意愿，使得消费者愿意进行隐私信息披露。而消费者自身的信息隐私关注对其隐私信息披露意愿有抑制作用，进而抑制其进行隐私信息披露。

第三，信任环境可通过提供有效的电子商务隐私信息声明、维护良好的电子商务网站声誉来营造，同时降低电子商务网站信息隐私泄露事件发生的概率对于信任环境的营造也有促进作用。

第四，消费者的信息隐私关注既受到自身学历、月可支配收入的影响，也受到其人格特征的影响，还与个人的感知信息隐私风险、信息敏感度以及隐私信息保护知识水平有关。

第五，消费者的性别、年龄、感知信息隐私控制、信息隐私侵害经历以及人格特征中的尽责性、外向性和神经质对其信息隐私关注没有显著影响，同时电子商务优惠活动无法显著调节信息隐私关注对隐私信息披露意愿的影响。

10.3.3 管理启示

本章的实证研究旨在探究我国电子商务环境下消费者隐私信息披露行为的影响因素，以期为寻得电子商务企业发展所需的信息收集行为与消费者日益增长的隐私信息保护意识之间矛盾的解决方法提供一些理论支撑。电子商务企业希望的是在合法的情况下获取消费者足够多的数据从而进行个性化服务和精准营销，也就是在消费者自愿的前提下收集消费者的个人信息。从研究结论来看，电子商务企业要想提高消费者的隐私信息披露意愿，可以从三个方面出发：一是推出优惠活动，二是营造良好的信任环境，三是降低消费者的信息隐私关注程度。

(1) 适度推出优惠活动

从研究结论来看，电子商务企业的优惠活动对消费者的隐私信息披露行为影响最大，为显著的正向影响，验证了隐私信息的经济性。因而电子商务企业可以在利用消费者隐私信息获取收益的同时对消费者给予回馈，通过优化回馈的方式让消费者感到能从隐私信息披露中获取更大收益，从而提高其隐私信息披露意愿。但值得注意的是，电子商务企业的优惠活动并不是唯一影响消费者隐私信息披露行为的因素，同时优惠活动一方面需要大量的人力、物力以及财力成本，另一方面优惠活动过多会使得消费者习以为常而导致效果不佳，因此电子商务企业应适度推出优惠活动，不应过量。

(2) 营造良好的信任环境

在良好的信任环境下，消费者将更加愿意对电子商务企业提供个人信息。营造良好的信任环境，主要有三点：一是制定明确可见并且有效的隐私信息声明，从研究结果来看，隐私信息声明对信任有显著的正向影响，当消费者阅读过完整的隐私信息声明时，将会大大提高对电子商务企业的信任程度；二是提高电子商务企业的声誉，当电子商务企业在业界拥有良好的声誉时，消费者更愿意对其产生信任，因此电子商务企业应当通过各种途径提高企业声誉，树立良好的企业形象；三是降低网站信息隐私泄露事件发生的概率，研究结论显示消费者的信息隐私侵害经历对信任有显著的负向影响，电子商务企业无法左右消费者在其他方面的信息隐私泄露事件的发生，但可以提高自身网站的隐私信息保护水平，避免信息泄露事件发生，给消费者留下良好的企业形象，最终提高消费者对电子商务企业的信任程度。

(3) 降低消费者的信息隐私关注

从研究结论来看，影响消费者信息隐私关注的主要因素有学历、收入、经验开放性、随和性、感知信息隐私风险、信息敏感度以及隐私信息保护知识。电子商务企业可以从两个方面降低消费者的信息隐私关注。一方面，电子商务企业对不同学历、收入以及性格的消费者应采用不同的策略，例如对收入较高人群提供资金安全保险服务以保证消费者的资金安全，有针对性地降低消费者的信息隐私关注程度。另一方面，电子商务企业和平台应加大隐私信息保护知识的推送和宣传，通过提高消费者隐私信息保护知识水平来降低其感知风险和信息敏感度，从而降低其信息隐私关注程度。

第 11 章
电子商务中消费者虚假隐私信息披露行为影响因素实证研究

本章基于 9.3 节所构建的实证分析模型,研究我国电子商务环境下消费者虚假隐私信息披露行为的主要影响因素和作用机理。首先基于 9.3.3 节设计的测量项,形成调查问卷,对样本数据进行描述性统计分析。其次,采用结构方程建模,进行模型的假设检验。最后,给出模型的分析结果和管理启示。

11.1 问卷设计和样本统计分析

11.1.1 问卷设计和数据获取

本项目的研究对象是电子商务中的消费者,为此,采用问卷调查法获取实证研究所需要的数据。调查问卷主要包括三个方面的内容。一是问卷的标题和引导语,说明问卷收集信息的用途。二是对被调查者的基本信息的收集,以便开展样本的统计性描述和代表性分析。三是本问卷的核心内容,基于 9.3.3 节所设计的模型变量的测量项,采用李克特五级量表,即被调查者从完全同意、同意、有点同意、不同意、完全不同意这五个不同程度的选项中选择最贴近自身情况的一项。

在初步问卷形成后,本研究就问题的描述、表达方式等征求了导师和同学的意见,确保问卷能被调查对象较好理解,以更好地保证回收数据的有效性。在此基础上,通过预调研对问卷的有效性进行检验。

预调研通过社交网络、纸质形式等方式共发放问卷 68 份,有效回收 47 份。对回收的 47 份有效数据采用 SPSS24.0 进行问卷测量项的信度和效度的检验。

1. 信度分析

信度指的是被测对象的可信程度,主要用于测试数据的一致性和稳定性。统计学上经常采用的信度检验方法主要包括折半信度、重测信度和 Cronbach α 系数三种。折半信度是将样本平分为两份,通过计算测量两个部分的相关程度;重测信度指的是对于相同的群体,在第一次测试结束后,二次测量并计算两次结果的相关系数;Cronbach α 系数指的是量表中所有可能划分方法对应的折半信度系数的均值。其中Cronbach α 系数法是最常用的对李克特量表的信度进行评估的方法。Cronbach α 系数与信度是正相关关系,系数越高,信度越好。判断可以用于研究的一般标准为:Cronbach α 系数大于等于0.7,表示量表信度较好。

各个变量信度分析结果如表11-1所示。预调研的总体信度达到0.751,说明数据信度较高;表示技术保护机制、隐私关注、感知收益、感知风险、隐私信息声明、信任、隐私信息披露意愿、虚假隐私信息披露风险、虚假隐私信息披露行为等9个维度的Cronbach α 系数都大于或接近0.7,即9个变量的信度都较高。其中在感知收益维度中,删除BE4题项使得Cronbach α 系数从0.656提高到0.794,增幅较大,因此删除该题项;在隐私信息声明维度中,删除IPS4可使Cronbach α 系数从0.674提高到0.777,信度提升较为明显,故删除此项。经过上述处理后,量表保留了34个题项,问卷总体和各测量变量的一致性达到进一步研究的标准。

表 11-1 预调查信度分析

测量变量	不符合条件题项数量	保留题项数量	删除不合格项后的Cronbach α
技术保护机制(TPM)	0	4	0.827
隐私关注(UIPC)	0	4	0.708
感知收益(BE)	1	3	0.794
感知风险(RI)	0	4	0.852
隐私信息声明(IPS)	1	3	0.777
信任(TR)	0	5	0.833
隐私信息披露意愿(WDP)	0	3	0.698
虚假隐私信息披露风险(FR)	0	4	0.875
虚假隐私信息披露行为(PFB)	0	4	0.872
总量表	2	34	0.751

2. 效度分析

效度是衡量问卷量表题项的设计是否具有科学合理性的重要指标。通常情况下效度可分为内容效度和结构效度。

(1) 内容效度

内容效度是指测量项设计的专业程度,可以通过使用文字直接描述研究项为什么要这样设计,有什么参考依据,或者有什么专业意义来说明内容效度。针对本问卷的内容效度描述如下:本问卷形成的基础是已有的成熟研究问卷,通过整合梳理,并对电商消费者进行访谈,得到了最初的量表。此后,经过专家的修正,对问卷的内容和表述进行了进一步完善,从而得到目前的问卷。经过以上环节,本问卷具有良好的内容效度。

(2) 结构效度

结构效度着重检验测量项的内在逻辑结构,通过逻辑结构的判断,最终检验效度水平情况。在问卷的前测环节,结构效度检验一般使用探索性因子分析(EFA)进行。探索性因子分析使用少量几个因子概括性描述多个因素之间的联系,是常用降维方法的一种,可以有效确定量表基本结构。本项目拟采用SPSS24.0软件对问卷前测收集到的数据进行探索性因子分析。

为便于理解,表11-2对因子分析过程中几个主要评价指标进行说明,主要包括有KMO值、Bartlett球形检验、累积方差解释率、最大方差旋转法以及因子载荷系数。

表11-2 因子分析相关指标表

指标	说明
KMO值	一个用于检验是否适合因子分析的指标,一般大于0.6即可
Bartlett球形检验	对应的P值小于0.05则说明适合进行因子分析
累积方差解释率	所有因子提取出的信息量,该指标值一般大于50%即可
最大方差旋转法(Varimax)	一种旋转方法,类似于"魔方"的六种颜色需要对应在一起。一般使用最大方差旋转法
因子载荷系数	用于衡量因子和分析项对应关系的指标,其绝对值大于0.4,则说明分析项应隶属于对应的因子

考虑到因子分析要求变量之间的相关性不应过高或过低。所以需要在进行分析前对量表展开KMO和Bartlett球形检验。其中KMO(Kaiser-Meyer-Olkin)值使用净相关(Partial Correlation)矩阵来计算。KMO值越大,表明题项间的共同因素越多,适合进行因子分析。KMO值用于判断是否有效度,KMO值如果大于0.8,则说明效度高;如果此值介于0.7~0.8之间,则说明效度较好;如果此值介于0.6~0.7之间,则说明效度可接受,如果此值小于0.6,说明效度不佳。而Bartlett球形检验则是通过相关系数计算,其主要作用是判断多变量正态分布情况。Bartlett球形检验通常要求相关矩阵值显著大于0,在SPSS24.0中能通过P值指标进行判断。当P值小于0.05时表示显著,即符合因子分析的前提条件。

综上,本项目使用SPSS24.0软件对量表进行KMO检验和Bartlett球形检验。检验结果如表11-3所示,各变量和总量表的Bartlett球形检验均显著,KMO值均大于0.7,说明可以进行因子分析。

表11-3 KMO检验和Bartlett球形检验结果

变量	Bartlett球形检验			KMO
	近似卡方	df	sig.	
技术保护机制	71.507	6	0.000	0.778
隐私关注	23.251	6	0.000	0.783

(续表)

变量	Bartlett 球形检验			KMO
	近似卡方	df	sig.	
感知收益	45.514	3	0.000	0.778
感知风险	85.991	6	0.000	0.786
隐私信息声明	38.400	3	0.000	0.785
信任	96.137	10	0.000	0.729
隐私信息披露意愿	10.456	3	0.000	0.763
虚假隐私信息披露风险	92.939	6	0.000	0.813
虚假隐私信息披露行为	120.227	6	0.000	0.726
总体	1154.564	561	0.000	0.715

（3）因子分析

本研究进行探索性因子分析的方法是主成分分析法，主成分分析法可以用于确定因子个数，本研究采用 SPSS24.0 软件进行因子提取，如表 11-4 所示。其中的特征根代表公因子影响力度大小，累积方差解释率代表问卷中的因子对其测量项的解释程度，一般来说，对累积方差解释率并无特殊要求，不是特别低即可。本研究的因子分析结果中，共提取到 9 个因子，旋转后各个因子的特征根均大于 1，旋转后的累积方差解释率达到 74.73%，说明问卷中的因子对其测量项有较好的解释率。

表 11-4 方差解释率表格

因子编号	旋转前			旋转后		
	特征根	方差解释率	累积	特征根	方差解释率	累积
1	10.343	30.42%	30.42%	3.142	9.24%	9.24%
2	3.057	8.99%	39.41%	3.083	9.07%	18.31%
3	2.932	8.62%	48.04%	2.893	8.51%	26.82%
4	1.89	5.56%	53.60%	2.756	8.11%	34.92%
5	1.499	4.41%	58.01%	2.639	7.76%	42.68%
6	1.277	3.76%	61.76%	2.627	7.73%	50.41%
7	1.081	3.18%	64.94%	2.364	6.95%	57.36%
8	0.972	2.86%	67.80%	2.317	6.82%	64.18%
9	0.927	2.73%	70.53%	2.16	6.35%	74.73%

在使用主成分分析法的同时，本研究还使用最大方差法进行因子旋转，其目的是分析题项在不同成分上的因子载荷量，分析结果见表 11-5 所示。问卷各个量表的题项均被提取到

同一个因子下,同时各题项的因子载荷均大于 0.5,满足基本要求,表明本项目设计的量表具有良好的结构效度。

表 11-5　因子载荷系数表

名称	因子1	因子2	因子3	因子4	因子5	因子6	因子7	因子8	因子9
BE1								0.819	
BE2								0.709	
BE3								0.747	
RI1	0.697								
RI2	0.749								
RI3	0.631								
RI4	0.681								
UIPC1					0.555				
UIPC2					0.779				
UIPC3					0.706				
UIPC4					0.733				
TR1				0.545					
TR2				0.737					
TR3				0.659					
TR4				0.662					
TR5				0.555					
TPM1			0.786						
TPM2			0.705						
TPM3			0.770						
TPM4			0.733						
IPS1							0.785		
IPS2							0.834		
IPS3							0.767		
WDP1									0.657
WDP2									0.708
WDP3									0.816
FR1						0.674			
FR2						0.778			

(续表)

名称	因子1	因子2	因子3	因子4	因子5	因子6	因子7	因子8	因子9
FR3						0.781			
FR4						0.816			
PFB1		0.856							
PFB2		0.906							
PFB3		0.818							
PFB4		0.757							

综上所述，本项目量表具有良好的信度和效度，所有题项均达到正式调研所需标准，可以用于正式调研。

正式调查问卷见表 11-6 所示。

表 11-6 正式调查问卷表

变量	编号	测量题项	题项数
感知收益	BE1	在电子商务平台上提供我的个人信息，我可以获得更多有用的商品信息	3
	BE2	用个人信息换取平台为我提供的个性化推送商品信息，我觉得是值得的	
	BE3	总的来说，在电子商务平台上提供我的个人信息对我是有益的	
感知风险	RI1	在电子商务网站上个人信息可能会被不恰当利用	4
	RI2	在电子商务网站上提供的信息可能被泄露	
	RI3	在电子商务网站上提供个人信息可能会带来很多意想不到的问题	
	RI4	在电子商务网站上提供个人信息是有风险的	
隐私信息声明	IPS1	电商平台的隐私信息声明对注册需提供的信息的使用做出了明确声明	3
	IPS2	我更倾向于在提供隐私信息声明的平台上提供个人信息	
	IPS3	电商平台的隐私信息声明明确了平台对隐私信息保护的责任和义务	
信息隐私关注	UIPC1	我担心我在电商平台中的个人信息可能会被未知方访问	4
	UIPC2	在电商平台中提供个人信息之前，我通常会三思而后行	
	UIPC3	我觉得电商平台正在收集过多的个人信息	
	UIPC4	我会由于担心信息泄露，不提供个人信息	

(续表)

变量	编号	测量题项	题项数
信任	TR1	我认为平台在处理与我个人信息有关的事情时会做出对我最有利的行为	5
	TR2	平台会遵守它在保护和利用我个人信息上所做的承诺	
	TR3	平台会根据我的隐私设置管理我的个人信息	
	TR4	平台有能力保护、处理好我的个人信息	
	TR5	电商平台已采取足够的措施来保护消费者的信息安全	
技术保护机制	TPM1	在电商平台中,启用隐私保护功能(匿名购买,匿名电话等)可以保护我免受信息泄露伤害	4
	TPM2	如果我在电商平台中使用隐私保护功能,我的个人信息可以得到保护	
	TPM3	使用电商平台中的隐私保护功能可以有效地控制我的信息隐私	
	TPM4	我更倾向于在提供隐私保护功能的平台上提供个人信息	
隐私信息披露意愿	WDP1	我愿意将我的个人信息透露给电商平台以获取其产品和服务	3
	WDP2	为了完成购物,我有可能在电商平台中提供个人信息	
	WDP3	总的来说,我愿意在平台上透露我的个人信息	
虚假隐私信息披露风险	FR1	如果我提供不真实信息,很可能被电商平台发现	4
	FR2	提供不真实信息,可能对我的个人信用产生影响	
	FR3	提供不真实的信息,会让我感到不自在	
	FR4	总体来说,我感觉提供不实信息存在风险	
虚假隐私信息披露行为	PFB1	为了完成购物,我会在电商平台中提供不真实的个人信息以避免风险	4
	PFB2	为避免风险,我一般会披露虚假的姓名、性别等重要性较低的信息	
	PFB3	为避免风险,我一般会披露虚假的身份证号、银行卡号等重要信息	
	PFB4	为了完成购物或获取相关服务,我在电商平台上总是提供真实而准确的信息	

基于表11-6的测量题项,对预调研问卷进行调整形成的正式问卷见附录U。本研究通过社交网络平台、问卷数据采集专业机构以及纸质形式等方式发放问卷,并邀请同学和朋友二次转发传播,回收了问卷497份。然后开展了有效性筛选。首先根据填写时间,问卷正常填写时间大概在200~400秒之间,因此,可以剔除填写时间低于100秒的样本。其次,根据选项,剔除了结果过于一致的样本数据,如选项过于单一或选项只有1和5的极端情况。最后,根据设置的反向问题,筛去自相矛盾的问卷。经过筛选,得到有效样本351份,样本有效率为

70.62%,样本量大于测量项的十倍,可以满足研究需要。

11.1.2 样本的描述性统计分析

问卷首先对被调查者的基本情况进行了调查,其中包括性别、年龄、月平均收入、受教育程度4个题项,351份有效数据的被调查对象基本特征统计如表11-7所示。

在本次问卷调查中,男性共有170人次,占比48.43%,女性共有181人次,占比51.57%,接受调查人员的性别比例比较均衡。

在年龄方面,20岁及以下的参与者有13人次,占比3.70%;21岁到25岁的参与者有112人次,占比31.91%;26岁到30岁的参与者有106人次,占比30.20%;31岁到35岁的参与者有81人次,占比23.08%;35岁以上有39人次,占比11.11%。其中21岁到35岁之间的人数是最多的,包括了青中年群体,样本分布符合现实情况。

表 11-7 基本特征统计表

基本信息	选项	人数	百分比/%
性别	男	170	48.43
	女	181	51.57
年龄	20 岁及以下	13	3.70
	21—25 岁	112	31.91
	26—30 岁	106	30.20
	31—35 岁	81	23.08
	35 岁以上	39	11.11
月平均收入	小于 2 000 元	72	20.51
	2 000—5 000 元	61	17.38
	5 001—10 000 元	158	45.01
	10 001—20 000 元	48	13.68
	20 000 元以上	12	3.42
受教育程度	大专及以下	38	10.83
	本科	247	70.37
	硕士研究生	61	17.38
	博士研究生及以上	5	1.42

被调查对象的月收入大部分集中在5 000元到10 000元之间,占比达到45.01%,这个区间与现阶段年轻群体的收入比较相符。剩余部分主要分布在0—5 000元和10 000元及以上两个区间,占比分别为37.89%和17.10%。

学历方面,本科生占比最高,为70.37%。以本科教育为主体的分布情况,反映了调查对象均拥有较为丰富的电子商务网站使用经验,有助于开展进一步的信息隐私相关研究。

总体来看,样本特征具有较好的代表性,能够代表研究目标群体。

表 11-8 是对被调查者常用电子商务平台的统计性描述。从常用电子商务平台的统计情况来看,国内使用最广泛的电子商务平台是阿里巴巴集团旗下的淘宝,以 340 的频数位居第一,占比 96.87%;其次,京东平台的使用率为 84.90%,是符合当前电商市场的份额情况的。此外,拼多多的使用频数为 192,占比 54.70%,比例也较大。位于后三位的是苏宁易购、网易严选和微信购物小程序,占比分别为 32.48%、14.26%、20.23%。值得注意的是,微信作为一个社交软件,其推出的小程序电子商务平台能够更加便利地获取消费者的信息隐私。同时,由于不同店铺都拥有不同的购物小程序,这导致微信购物小程序的使用呈现零散化的趋势。这也意味着消费者提供的信息隐私将直接保存在商家的数据库中,相比将信息隐私提供给信誉水平更高的电子商务平台,这将有可能增加消费者的隐私关注度。

表 11-8　常用电子商务平台统计

常用电商平台(多选)	人数	百分比
淘宝	340	96.87%
京东	298	84.90%
拼多多	192	54.70%
苏宁易购	114	32.48%
网易严选	50	14.26%
微信购物小程序	71	20.23%

问卷还对电子商务平台中消费者虚假隐私信息披露行为情况进行了统计,统计结果如表 11-9 所示。其中有 57.55% 的参与者明确表示自己未曾在电子商务平台的隐私信息披露过程中提供不真实信息,有约 22% 的参与者明确表示存在虚假隐私信息披露行为。考虑到我国民众普遍趋于保守的自我暴露倾向,有理由做出如下判断:在调查对象中存在超过两成的人群曾在电子商务情境下编造过个人隐私信息。

表 11-9　消费者虚假隐私信息披露行为情况统计

选项	人数	百分比	累积百分比
完全不同意	33	9.40%	9.40%
不同意	169	48.15%	57.55%
有点同意	72	20.58%	78.13%
同意	62	17.66%	95.79%
完全同意	15	4.27%	100.00%
合计	351	100.00%	

11.1.3 数据的信度和效度检验

对正式问卷回收数据的检验,本项目选用Cronbach α指标进行信度分析,并采用多元正态性检验、模型拟合度、收敛效度、区别效度等方法进行效度分析。

1. 信度检验

正式问卷量表信度分析的主要指标如表11-10所示,正式问卷中各变量和总体问卷量表的Cronbach α值均大于0.7,表明正式问卷具有良好的信度,即测量量表的一致性和稳定性都比较可靠,达到进行下一步分析的信度要求,可以开展后续研究分析。

表11-10 正式问卷的信度分析的主要指标

潜变量	测量项	指标数量	项删除后Cronbach α值	Cronbach α	潜变量	测量项	指标数量	项删除后Cronbach α值	Cronbach α
感知收益	BE1	3	0.730	0.788	隐私信息声明	IPS1	3	0.803	0.855
	BE2		0.697			IPS2		0.790	
	BE3		0.709			IPS3		0.798	
感知风险	RI1	4	0.847	0.88	隐私信息披露意愿	WDP1	3	0.789	0.811
	RI2		0.838			WDP2		0.745	
	RI3		0.863			WDP3		0.681	
	RI4		0.836						
隐私关注	UIPC1	4	0.774	0.81	虚假隐私信息披露风险	FR1	4	0.793	0.797
	UIPC2		0.761			FR2		0.735	
	UIPC3		0.748			FR3		0.734	
	UIPC4		0.765			FR4		0.715	
信任	TR1	5	0.827	0.843	虚假隐私信息披露行为	PFB1	4	0.833	0879
	TR2		0.809			PFB2		0.803	
	TR3		0.811			PFB3		0.857	
	TR4		0.799			PFB4		0.880	
	TR5		0.811		总体		34		0.791
技术保护机制	TPM1	4	0.767	0.822					
	TPM2		0.777						
	TPM3		0.776						
	TPM4		0.783						

2. 效度检验

在进行效度检验时,本项目首先对样本的多元正态性进行检验,在此基础上进行验证性因子分析,对模型拟合度、收敛效度和区分效度展开检验,以确认样本数据的效度。

(1) 多元正态性检验

多元正态性检验是开展验证性因子分析的前提。如果数据服从多元正态分布,结构方程模型估计方法应采用最大似然估计法(ML);不服从多元正态分布则采用渐进分配自由法(ADF)[301]。为了研究的严谨性,对351份样本数据进行统计分析,平均值、标准差、偏度系数、峰度系数等统计结果如表11-11所示。

表11-11 样本数据正态性检验结果

名称	平均值	标准差	偏度系数	峰度系数	名称	平均值	标准差	偏度系数	峰度系数
BE1	3.302	0.904	−0.353	−0.395	TPM2	3.387	0.851	−0.191	−0.355
BE2	2.932	1.064	0.037	−0.752	TPM3	3.507	0.778	−0.170	−0.003
BE3	2.966	1.06	0.517	2.050	TPM4	3.536	1.005	−0.141	−0.917
RI1	3.934	0.964	−0.791	0.005	IPS1	3.447	0.984	−0.214	−0.621
RI2	4.014	0.927	−0.850	0.191	IPS2	3.396	1.000	−0.065	−0.983
RI3	3.812	0.962	−0.779	0.285	IPS3	3.393	1.028	−0.036	−1.000
RI4	3.980	0.951	−0.741	−0.137	WDP1	2.655	1.002	0.082	−0.784
UIPC1	3.943	0.942	−0.854	0.324	WDP2	2.783	0.988	−0.037	−0.834
UIPC2	3.892	0.885	−0.509	−0.398	WDP3	3.043	1.048	0.094	−0.851
UIPC3	3.658	0.880	−0.262	−0.483	FR1	3.234	0.915	−0.344	−0.482
UIPC4	3.405	0.879	0.078	−0.695	FR2	3.464	1.010	−0.462	−0.419
TR1	3.040	0.928	0.136	−0.561	FR3	3.251	1.072	−0.261	−0.700
TR2	3.325	0.912	−0.165	−0.332	FR4	3.476	0.943	−0.423	−0.411
TR3	3.339	0.960	−0.159	−0.488	PFB1	2.689	1.052	0.425	−0.718
TR4	3.291	1.023	0.038	−0.608	PFB2	2.735	1.067	0.318	−0.684
TR5	3.009	0.952	0.083	−0.503	PFB3	2.795	1.087	0.240	−0.692
TPM1	3.399	0.974	−0.329	−0.616	PFB4	2.484	1.008	0.649	0.042

统计学对于多元正态分布的判断已经有了较为统一的标准,主要通过偏度系数和峰度系数进行判断。判断标准为偏度系数绝对值小于3,峰度系数绝对值小于8。二者系数的绝对值越小,样本就越符合正态分布。表11-11显示,本样本数据的偏度系数绝对值最大值为0.854,满足小于3的标准;峰度系数绝对值最大值为2.050,满足小于8的标准,且二者在总体上接近于0,符合多元正态性检验的判断标准。因此,本样本数据服从多元正态分布,所以结构方程模型估计方法应采用最大似然估计法。

(2) 样本效度检验

① 验证性因子分析模型拟合情况

样本数据已验证服从多元正态分布,可以进行验证性因子分析。本项目采用Amos24.0软件构建验证性因子分析模型,如图11-1所示,并对模型进行验证性因子分析,在此之前先检验模型数据的拟合指标,如表 11-12 所示。

可以看出,卡方值自由度比 χ^2/df 为 1.648,符合小于 3 的标准;比较拟合指数 CFI(Comparative Fit Index)、塔克-刘易斯指数 TLI(Tucker-Lewis Index)、递增拟合指数 IFI(Incremental Fit Index) 均大于 0.9;近似误差均方根 RMSEA(Root Mean Square Error of Approximation) 为 0.043,小于 0.08。以上指标均满足模型拟合的判断标准,据此可以作出判断:本项目验证性因子分析模型拟合度较好。

表 11-12 验证性因子分析模型拟合指标

指标	χ^2	df	卡方自由度比	CFI	TLI	IFI	RMSEA
值	809.337	491	1.648	0.947	0.940	0.948	0.043
判断标准	—	—	<3	>0.9	>0.9	>0.9	<0.08

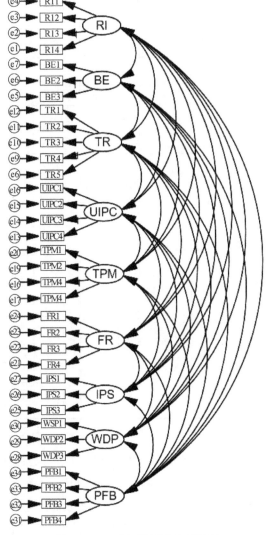

图 11-1 验证性因子分析模型

② 收敛效度

收敛效度是对多个指标是否反映同一个构念的检验。对于检验的指标有标准载荷系数、平均萃取变异量(AVE)、组合信度。在判断标准上,一般要求因子的标准载荷系数大于 0.5,平均萃取变异量(AVE)大于 0.5,组合信度大于 0.6。本研究的验证性因子分析结果如表 11-13 所示。由表 11-13 可知,各因子标准载荷系数均在 0.5 以上,平均萃取变异量(AVE)均大于 0.5,组合信度均大于 0.6。根据判断标准,可以证明问卷量表具有较好的收敛效度,各个变量的测量题项保持较好的内在一致性。

表 11-13 验证性因子分析结果

测量变量	分析项	标准载荷系数	AVE	组合信度	测量变量	分析项	标准载荷系数	AVE	组合信度
感知收益	BE1	0.701	0.564	0.793	隐私信息声明	IPS1	0.804	0.663	0.855
	BE2	0.789				IPS2	0.806		
	BE3	0.747				IPS3	0.832		
感知风险	RI1	0.801	0.649	0.881	技术保护机制	TPM1	0.739	0.541	0.824
	RI2	0.807				TPM2	0.748		
	RI3	0.774				TPM3	0.738		
	RI4	0.839				TPM4	0.723		
信息隐私关注	UIPC1	0.735	0.517	0.810	虚假隐私信息披露风险	FR1	0.568	0.511	0.803
	UIPC2	0.690				FR2	0.727		
	UIPC3	0.751				FR3	0.743		
	UIPC4	0.696				FR4	0.784		
隐私信息披露意愿	WDP1	0.723	0.594	0.814	信任	TR1	0.663	0.524	0.845
	WDP2	0.787				TR2	0.718		
	WDP3	0.798				TR3	0.723		
虚假隐私信息披露行为	PFB1	0.835	0.662	0.885		TR4	0.770		
	PFB2	0.942				TR5	0.730		
	PFB3	0.783							
	PFB4	0.656							

③ 区分效度

顾名思义,区分效度是对量表中各个因子的潜在特质之间是否具有明显区别的检验。在众多的区分效度验证方式中,本项目拟采用常用的严格区分效度检验方法,使用各变量 AVE 平方根值与其之间的相关系数绝对值作比较。判断标准为:变量 AVE 平方根值大于其与其他所有变量的相关系数的绝对值,则认为该变量与其他变量之间存在明显区别,即具有良好的区分效度。问卷量表的区分效度检验结果如表 11-14 所示。

表 11-14 量表变量的区分效度分析

变量	BE	RI	UIPC	TR	TPM	IPS	WDP	FR	PFB
BE	0.751								
RI	−0.381	0.806							
UIPC	−0.355	0.632	0.719						
TR	0.551	−0.601	−0.434	0.724					
TPM	0.319	−0.550	−0.289	0.517	0.736				
IPS	0.443	−0.404	−0.299	0.550	0.466	0.814			
WDP	0.469	−0.561	−0.551	0.494	0.348	0.313	0.771		
FR	0.135	−0.188	−0.094	0.372	0.239	0.292	0.041	0.715	
PFB	−0.038	0.305	0.277	−0.237	−0.123	−0.101	−0.270	−0.253	0.814

注：斜对角线数字为 AVE 平方根值，其他数据为潜变量间的相关系数。

由表 11-14 可知，对角线上的 AVE 平方根值均大于同一行同一列的其他数值，即各潜变量 AVE 平方根值均大于该变量与其他变量的相关系数的绝对值。根据判断标准，可以认为本研究中各变量间有较好的区分效度。通过信度、效度检验，本问卷样本数据具有较好的信度和效度，适合开展后续研究。

11.2 假设检验分析

11.2.1 结构方程建模和假设检验

根据 9.3 节提出的理论模型和各个变量的测量项设计，可以在 Amos24.0 软件上构建结构方程模型（图 11-2）。图中的椭圆形代表潜变量（其中 e 开头的椭圆形代表误差项），长方形

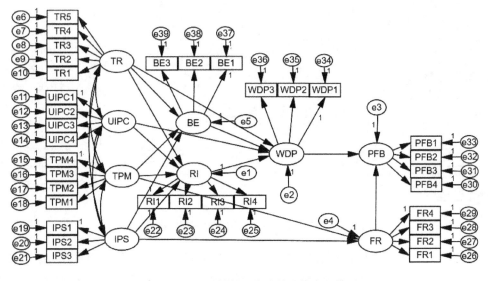

图 11-2 Amos 软件上构建的结构方程模型

代表测量变量,箭头代表了各个变量之间的影响作用。

采用Amos24.0软件对结构方程模型做拟合度分析,模型拟合效果如表11-15所示。从拟合结果可以看出,模型的卡方值/自由度(χ^2/df)值为1.716,符合小于3的标准;递增拟合指数IFI、比较拟合指数CFI和塔克-刘易斯指数TLI分别为0.940、0.940和0.933,均大于0.9的标准值;近似误差均方根RMSEA为0.045,小于0.08的标准。以上指标均已达到标准值范围,说明该结构方程模型具有较好的拟合度,可以开展进一步的假设检验。

本项目使用Amos24.0软件对结构方程模型进行路径分析,得到的路径分析结果如图11-3所示,图中变量之间的路径系数均为标准化系数,具体数据如表11-16所示。其中标准化系数表示影响作用的大小,标准化系数越大表示直接影响越大,一般认为标准化系数大于0.35表示强效应,当标准化系数大于0.02时表示具有有效效应。需要注意的是,标准化系数无实际意义,一般仅用于同一模型中比较影响作用的相对大小。

表11-15 结构方程模型拟合度指标

指标	CMIN	df	χ^2/df	IFI	CFI	TLI	RMSEA
值	868.238	506	1.716	0.940	0.940	0.933	0.045
标准	—	—	<3	>0.9	>0.9	>0.9	<0.08

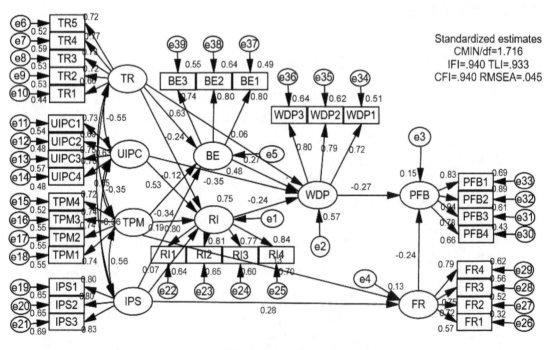

图11-3 Amos软件中的结构方程模型路径分析结果

从表11-16可以看出,在直接影响路径中,假设HB3a"隐私信息声明→感知风险"、HB4a"技术保护机制→感知收益"、HB4c"技术保护机制→虚假隐私信息披露风险"、

HB6c"信任 → 隐私信息披露意愿"四条路径的 P 值大于 0.05，影响不显著，即假设不成立。其他假设 P 值均小于 0.05，影响显著，即假设 HB1"感知收益 → 隐私信息披露意愿"、HB2"感知风险 → 隐私信息披露意愿"、HB3b"隐私信息声明 → 感知收益"、HB3c"隐私信息声明 → 虚假隐私信息披露风险"、HB4b"技术保护机制 → 感知风险"、HB5a"信息隐私关注 → 感知风险"、HB5b"信息隐私关注 → 隐私信息披露意愿"、HB6a"信任 → 感知风险"、HB6b"信任 → 感知收益"、HB7"隐私信息披露意愿 → 虚假隐私信息披露行为"、HB8a"虚假隐私信息披露风险 → 虚假隐私信息披露行为"均成立，且所有成立的假设其标准化系数绝对值均大于 0.02，均具有有效效应。

表 11-16　结构方程模型路径分析结果

路径	系数	SE	CR 值	P 值	标准化系数	结论
感知收益(BE) → 隐私信息披露意愿(WDP)	0.304	0.091	3.322	***	0.268	显著
感知风险(RI) → 隐私信息披露意愿(WDP)	-0.226	0.097	-2.343	0.019	-0.244	显著
隐私信息声明(IPS) → 感知风险(RI)	0.07	0.06	1.175	0.240	0.072	不显著
隐私信息声明(IPS) → 感知收益(BE)	0.156	0.065	2.412	0.016	0.195	显著
隐私信息声明(IPS) → 虚假隐私信息披露风险(FR)	0.262	0.075	3.516	***	0.279	显著
技术保护机制(TPM) → 感知收益(BE)	-0.104	0.069	-1.505	0.132	-0.120	不显著
技术保护机制(TPM) → 感知风险(RI)	-0.363	0.068	-5.351	***	-0.340	显著
技术保护机制(TPM) → 虚假隐私信息披露风险(FR)	0.131	0.081	1.625	0.104	0.129	不显著
信息隐私关注(UIPC) → 感知风险(RI)	0.590	0.070	8.436	***	0.529	显著
信息隐私关注(UIPC) → 隐私信息披露意愿(WDP)	-0.360	0.094	-3.818	***	-0.348	显著
信任(TR) → 感知风险(RI)	-0.235	0.075	-3.109	0.002	-0.238	显著
信任(TR) → 感知收益(BE)	0.505	0.080	6.295	***	0.625	显著
信任(TR) → 隐私信息披露意愿(WDP)	0.053	0.091	0.579	0.563	0.058	不显著
隐私信息披露意愿(WDP) → 虚假隐私信息披露行为(PFB)	-0.327	0.074	-4.414	***	-0.267	显著
虚假隐私信息披露风险(FR) → 虚假隐私信息披露行为(PFB)	-0.282	0.072	-3.941	***	-0.238	显著

注：*** 表示 $P<0.001$，后文同。

11.2.2 中介和调节效应分析

1. 中介效应检验

在考虑自变量 X 对因变量 Y 的影响时,如果 X 通过影响变量 M 来影响 Y 时,则称 M 为中介变量,此时 X 对 Y 的总影响效应就包括了 X 对 Y 的直接效应以及 X 通过 M 对 Y 的间接效应,其中 X 通过 M 对 Y 的效应则称为中介效应[302]。

本项目所构建的模型中的中介变量共有四个,分别是虚假隐私信息披露风险、感知收益、感知风险、隐私信息披露意愿。模型中的中介效应的类型包括两类,分别是简单中介效应、链式多重中介效应。例如在本研究中,"隐私信息声明 → 虚假隐私信息披露风险 → 虚假隐私信息披露行为"属于简单中介效应,"技术保护机制 → 感知风险 → 隐私信息披露意愿 → 虚假隐私信息披露行为"属于链式多重中介效应。为了便于理解,图 11-4 展示本项目中的中介效应分类案例。

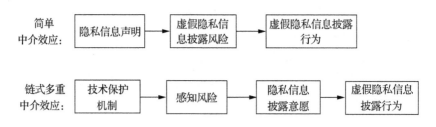

图 11-4 中介效应类型图解

中介效应是间接效应,可以用结构方程模型进行分析。本模型研究使用的软件是 Amos24.0,主要参考方杰等人提出的不对称区间法[297]。该方法对中介效应的抽样分布不加限制,适合本项目样本数据使用,且不对称区间法包括 Bootstrap 法和乘积分布法,Mackinnon 等人研究发现 Bootstrap 法要优于乘积分布法[298],并且 Bootstrap 法能适用于中、小样本和各种中介效应模型,因此本项目将使用不对称区间法中的 Bootstrap 法进行中介效应分析。

Bootstrap 法的原理可以简单地理解为一种有放回的重复抽样统计方法。经过重复抽样统计,可以获得与原样本量相同的 Bootstrap 样本,并由此算出中介效应估计值。这个过程一般需要 1 000 到 5 000 次左右的迭代才能达到可靠水平,多次迭代的估计值均值就是中介效应的点估计值,此后通过假设检验比较原样本中介效应与 Bootstrap 样本的结果,计算出中介效应的置信区间。通过 Amos 软件自带的偏差校正的非参数百分位 Bootstrap 方法,对模型内的中介效应进行检验与分析。根据 Hayes 提出的要求,本研究使用的 Amos24.0 软件自带的偏差矫正的非参数百分位 Bootstrap 方法,取参数值为置信区间取 95%,迭代次数为 5 000 次。

使用 Bootstrap 方法对模型中从前因变量指向虚假隐私信息披露行为的所有路径进行了中介效应检验的结果如表 11-17 所示。表中的标准化系数表示前因变量通过一个或者多个中介变量的中介作用对虚假隐私信息披露行为的影响程度。上限和下限一起构成了95％置信区间,判断中介效应存在的标准是：P 值小于 0.05,且置信区间不包含0,说明有中介效应存在。

表 11-17 模型中介效应检验结果

路径	标准化系数	95％置信区间		P	结果
		下限	上限		
隐私信息声明 → 虚假隐私信息披露风险 → 虚假隐私信息披露行为	−0.095	−0.162	−0.046	***	显著
隐私信息声明 → 感知收益 → 隐私信息披露意愿 → 虚假隐私信息披露行为	−0.015	−0.037	−0.005	0.016	显著
技术保护机制 → 感知风险 → 隐私信息披露意愿 → 虚假隐私信息披露行为	−0.027	−0.063	−0.003	0.024	显著
信息隐私关注 → 感知风险 → 隐私信息披露意愿 → 虚假隐私信息披露行为	0.044	−0.001	0.103	0.054	不显著
信息隐私关注 → 隐私信息披露意愿 → 虚假隐私信息披露行为	0.118	0.050	0.224	***	显著
信任 → 感知风险 → 隐私信息披露意愿 → 虚假隐私信息披露行为	−0.018	−0.048	−0.003	0.042	显著
信任 → 感知收益 → 隐私信息披露意愿 → 虚假隐私信息披露行为	−0.050	−0.101	−0.022	0.002	显著

在本模型中介效应检验中,存在2条简单中介效应路径,分别为"隐私信息声明 → 虚假隐私信息披露风险 → 虚假隐私信息披露行为""信息隐私关注 → 隐私信息披露意愿 → 虚假隐私信息披露行为"。根据检验结果,其中"隐私信息声明 → 虚假隐私信息披露风险 → 虚假隐私信息披露行为"路径中隐私信息声明通过虚假隐私信息披露风险的中介作用影响虚假隐私信息披露行为的标准化系数为−0.095,95％置信区间为[−0.162,−0.046],置信区间不包含0,结果为显著。"信息隐私关注 → 隐私信息披露意愿 → 虚假隐私信息披露行为"路径中信息隐私关注通过隐私信息披露意愿的中介作用影响虚假隐私信息披露行为的标准化系数为0.118,95％置信区间为[0.05,0.224],置信区间不包含0,结果为显著。

同时,本研究还分析了5条链式中介效应路径,分别为"隐私信息声明 → 感知收益 → 隐私信息披露意愿 → 虚假隐私信息披露行为""技术保护机制 → 感知风险 → 隐私信息披露意愿 → 虚假隐私信息披露行为""信息隐私关注 → 感知风险 → 隐私信息披露意愿 → 虚假隐私信息披露行为""信任 → 感知风险 → 隐私信息披露意愿 → 虚假隐私信息披露行为""信任 → 感知收益 → 隐私信息披露意愿 → 虚假隐私信息披露行为"。其中有4条路径显著,1条路径不显著。

具体来看，隐私信息声明除了简单中介效应显著外，还可通过链式中介影响虚假隐私信息披露行为。"隐私信息声明 → 感知收益 → 隐私信息披露意愿 → 虚假隐私信息披露行为"路径中隐私信息声明通过感知收益－隐私信息披露意愿的链式中介作用影响虚假隐私信息披露行为的标准化系数为－0.015，95％置信区间为[－0.037，－0.005]，置信区间不包含0，结果为显著。

而技术保护机制只能通过一条链式中介路径影响虚假隐私信息披露行为。"技术保护机制 → 感知风险 → 隐私信息披露意愿 → 虚假隐私信息披露行为"路径中技术保护机制通过感知风险－隐私信息披露意愿的链式中介作用影响虚假隐私信息披露行为的标准化系数为－0.027，95％置信区间为[－0.063，－0.003]，置信区间不包含0，结果为显著。

隐私关注的链式中介作用不显著。"信息隐私关注 → 感知风险 → 隐私信息披露意愿 → 虚假隐私信息披露行为"路径中信息隐私关注通过感知风险－隐私信息披露意愿的链式中介作用影响虚假隐私信息披露行为的标准化系数为0.044，95％置信区间为[－0.001，0.103]，置信区间包含0，结果为不显著。因此，信息隐私关注只能通过隐私信息披露意愿的简单中介作用影响虚假隐私信息披露行为。

信任可通过两条并行链式中介作用影响虚假隐私信息披露行为。其中"信任 → 感知风险 → 隐私信息披露意愿 → 虚假隐私信息披露行为"路径中信任通过感知风险－隐私信息披露意愿的链式中介作用影响虚假隐私信息披露行为的标准化系数为－0.018，95％置信区间为[－0.048，－0.003]，置信区间不包含0，结果为显著。"信任 → 感知收益 → 隐私信息披露意愿 → 虚假隐私信息披露行为"路径中信任通过感知收益－隐私信息披露意愿的链式中介作用影响虚假隐私信息披露行为的标准化系数为－0.050，95％置信区间为[－0.101，－0.022]，置信区间不包含0，结果为显著。通过标准化路径系数的大小比较，可以发现信任通过感知收益－隐私信息披露意愿的链式中介作用对虚假隐私信息披露行为的影响作用比另一条路径更大。

2. 调节效应

调节效应(moderating effect)检验是统计学上一种重要的检验方法。对于三个变量 X、Y、M 来说，如果变量 Y 与变量 X 的关系是变量 M 的函数，则 M 就是 X，Y 之间关系的调节变量。Y 与 X 的关系受到第三个变量 M 的影响，这种调节变量的类型可以是定性的也可以是定量的，它既可能影响因变量和自变量之间关系系数的大小，也可能影响因变量和自变量之间的正向负向相关关系。

温忠麟[303]等人指出，当自变量和因变量均为连续变量时，应考虑自变量和调节变量的乘积项对因变量的影响作用是否显著，来验证调节作用是否显著。其理论基础如下：

在做调节效应分析时，一般将自变量和调节变量做中心化变换，即变量减去其均值。本项目主要考虑简单常用的调节模型，即假设 Y 与 X 有如下关系：

第4部分 我国电子商务环境中消费者隐私信息行为影响因素的实证研究

$$Y = aX + bM + cXM + e$$

可以把上式转化为：

$$Y = bM + (a + cM)X + e$$

其中，X为自变量；Y为因变量；M为调节变量；XM为中心化变换后的乘积项；e为误差项；a、b、c均为常数。通过上面式子的转化，可以看出，对于固定的M，这是Y对X的直线回归。Y与X的关系由回归系数$a+cM$来刻画，它是M的线性函数，c衡量了调节效应的大小。

本项目模型中调节变量为虚假隐私信息披露风险，自变量为隐私信息披露意愿，因变量为虚假隐私信息披露行为，均为连续变量，因此可以将隐私信息披露意愿与虚假隐私信息披露行为标准化之后的乘积项作为交互项，并根据交互项影响虚假隐私信息披露行为的显著情况来判断调节效应是否显著。通过Amos24.0软件进行调节效应分析，构建调节效应模型并得出结果，如图11-5所示。

调节效应分析模型的数据结果如表11-18所示，表中的三条作用路径均显著，其中最关键的指标"隐私信息披露意愿和虚假隐私信息披露风险交互项→虚假隐私信息披露行为"的标准化系数c为-0.413，95%置信区间为$[-0.595, -0.243]$，区间不包含0，且P值小于0.001，可以说明模型中的调节作用显著，即虚假隐私信息披露风险对于隐私信息披露意愿与虚假隐私信息披露行为的关系存在显著的调节作用。当虚假隐私信息披露风险分别处于高、低水平时，隐私信息披露意愿对虚假隐私信息披露行为的影响程度不同。

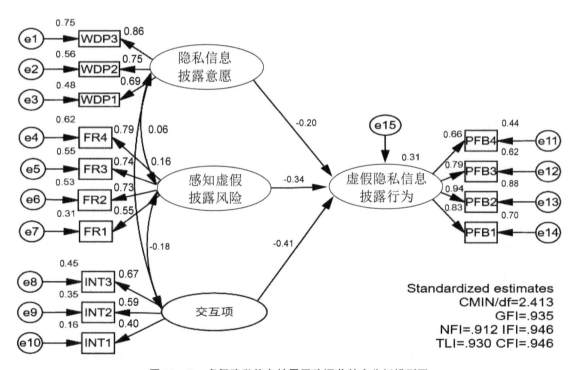

图11-5 虚假隐私信息披露风险调节效应分析模型图

表 11-18　虚假隐私信息披露风险的调节作用

路径	系数	SE	CR	95%置信区间		P	标准化系数	结果
				下限	上限			
隐私信息披露意愿 → 虚假隐私信息披露行为	-0.194	0.058	-3.35	-0.328	-0.049	***	-0.201	显著
虚假隐私信息披露风险 → 虚假隐私信息披露行为	-0.308	0.059	-5.206	-0.489	-0.205	***	-0.340	显著
隐私信息披露意愿和虚假隐私信息披露风险交互项 → 虚假隐私信息披露行为	-0.645	0.153	-4.221	-0.595	-0.243	***	-0.413	显著

关于调节作用是增强还是削弱，需要考察公式中 Y 与 X 的回归系数 $a+cM$ 的变化情况。在本调节效应模型中，M 代表的是虚假隐私信息披露风险的强度，为正。a 代表的是隐私信息披露意愿对于虚假隐私信息披露行为的影响系数，根据前文的直接作用分析可知 a 为 -0.268，为负。又由于交互项标准化系数 c 为 -0.413，为负。因此，可以看出回归系数 $a+cM$ 的变化趋势，即当虚假隐私信息披露风险 M 的强度由 0 开始从小到大变化时，$a+cM$ 的值越来越小，绝对值 $|a+cM|$ 的整体变化情况为持续增大，即隐私信息披露意愿对于感知编造行为的负向作用被增强。

为了考察高、低水平时虚假隐私信息披露风险的调节作用如何变化，本项目还使用了 SPSS24.0 的 PROCESS 插件进行简单斜率法检验，利用简单斜率法分别考察高虚假隐私信息披露风险（均值+1 个标准差）和低虚假隐私信息披露风险（均值-1 个标准差）条件下，隐私信息披露意愿对虚假隐私信息披露行为的影响模式。由于已进行标准化处理，因此虚假隐私信息披露风险均值为 0，标准差为 1，高、低虚假隐私信息披露风险取值分别为 1 与 -1，分析结果如表 11-19 所示。

表 11-19　利用 PROCESS 检验不同水平虚假隐私信息披露风险调节作用的结果

虚假隐私信息披露风险水平	Estimate	SE	T	P	95%置信区间		结果
					下限	上限	
-1(低水平)	0.115	0.073	1.575	0.116	-0.029	0.259	不显著
+1(高水平)	-0.541	0.063	-8.603	***	-0.665	-0.417	显著

从表中结果可以看出，在高水平虚假隐私信息披露风险下，隐私信息披露意愿对虚假隐私信息披露行为具有显著的负向影响（$\beta=-0.541, P<0.001$），而在低水平虚假隐私信息披露风险下，隐私信息披露意愿对信息隐私编造风险的影响不显著（$\beta=0.115, P>0.05$）。利用上述数据，可以作简单斜率图，如图 11-6 所示。

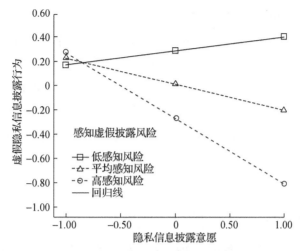

图 11-6　虚假隐私信息披露风险调节下隐私信息披露意愿
影响虚假隐私信息披露行为的关系图

综合上述分析,可以得出结论,当虚假隐私信息披露风险处于高、低不同水平时,隐私信息披露意愿对于虚假隐私信息披露行为的负向作用有显著差异。当虚假隐私信息披露风险处于高水平时,隐私信息披露意愿对于感知虚假披露行为的负向作用得到增强;当虚假隐私信息披露风险处于低水平时,隐私信息披露意愿对于感知虚假披露行为的负向作用不显著。

11.3　主要结论和管理启示

11.3.1　路径分析

基于11.2节模型假设检验的结果,对9.3.1节的研究模型进行修正后得到经过实际数据验证的模型,如图11-7所示。

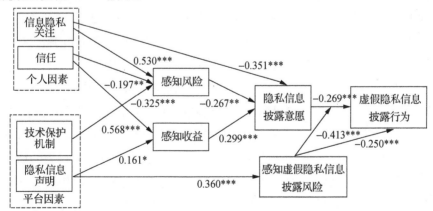

注:*** 表示 0.001 水平下显著,** 表示 0.01 水平下显著,* 表示 0.05 水平下显著。

图 11-7　检验后的模型

1. 虚假隐私信息披露行为的直接影响因素

(1) 隐私信息披露意愿对虚假隐私信息披露行为的影响作用

隐私信息披露意愿是个体对于隐私信息披露所表现出的主观感受、态度以及自我认知的综合体现。根据前文的模型检验结果,在已经获得验证的模型路径中,隐私信息披露意愿发挥了重要的中介作用(图11-8),且是中介变量中总效应系数最高的变量。信息隐私关注、感知风险、感知收益对虚假隐私信息披露行为的影响路径最终都需要依靠隐私信息披露意愿的中介作用得以实现,这与理性行为理论的基本推定是一致的,即所有外在因素都需要通过态度和主观准则的中介作用来影响行为。

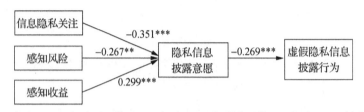

注:*** 表示0.001水平下显著,** 表示0.01水平下显著,* 表示0.05水平下显著。

图11-8 隐私信息披露意愿在模型中的中介作用

此外,本项目还试图通过分析隐私信息披露意愿与隐私信息披露行为的转化关系,对隐私悖论进行成因解释。前文提到,学术界将"虽然用户声称自身具有较高的信息隐私关注,但是这种态度并不会阻碍他们的隐私信息披露行为,这种态度和行为不一致的隐私信息披露现象"称为隐私悖论。

本研究发现消费者的隐私信息披露意愿与虚假隐私信息披露行为呈负相关关系。这意味着,当隐私信息披露意愿较高时,消费者更可能披露真实隐私信息;当隐私信息披露意愿处于一般至较低水平时,消费者有可能披露虚假隐私信息;值得注意的是,当隐私信息披露意愿非常低时,消费者会直接拒绝披露隐私信息。然而,在以往很多实证研究中,虚假隐私信息披露行为的可能性还未受到学者重视,实证研究中提供给受访者的选项并没有"虚假隐私信息披露行为"的选项,而只有"披露了"和"未披露"两项。因此,受访者可能将自身的虚假隐私信息披露行为归为"披露了"的选项,从而使最终收集到的问卷答案与实际有所偏差,形成了隐私信息披露行为普遍发生的假象。事实上,在增加虚假隐私信息披露行为的选项后,可以更清楚地解释为什么即使用户声称自身对于信息隐私高度关注却依然广泛披露信息隐私的现象。因为其中一部分用户采取的是虚假隐私信息披露行为而非真实的隐私信息披露行为。

根据以上讨论,本项目认为,在拒绝披露、虚假披露、真实披露三种行为的前提条件中,其所对应的隐私信息披露意愿强度存在一个并不十分清楚的界限,可以用图11-9粗略地表示。当消费者的隐私信息披露意愿在0到a区间时,消费者可能拒绝披露信息隐私。随着隐私信息披露意愿上升到(a,b)区间时,消费者愿意为实现自己的意图付出低廉的代价,因此更可能采取虚假隐私信息披露行为。当隐私信息披露意愿上升到(b,c)区间时,消费者隐私信息披露意愿更可能转化为真实而有效的隐私信息披露行为。

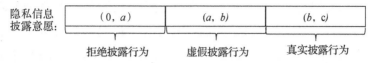

图 11-9　隐私信息披露意愿与隐私信息披露行为的关系图

（2）虚假隐私信息披露风险对虚假隐私信息披露行为的影响作用

除了隐私信息披露意愿之外，另一个对虚假隐私信息披露行为产生重要影响的是虚假隐私信息披露风险。虚假隐私信息披露风险对虚假隐私信息披露行为的影响既有直接影响作用，又有调节作用，其路径如图 11-10 所示。一方面，虚假隐私信息披露风险对虚假隐私信息披露行为有直接的影响作用。电子商务中消费者虚假隐私信息披露风险越高，进行虚假隐私信息披露行为的可能性就越低。消费者虚假隐私信息披露风险主要来源于电子商务网页中的隐私信息声明，在检验中介效应的过程中，本研究发现隐私信息声明通过虚假隐私信息披露风险影响虚假隐私信息披露行为的中介作用是显著的。另一方面，研究发现虚假隐私信息披露风险对于隐私信息披露意愿和虚假隐私信息披露行为的关系起到正向的调节作用。当虚假隐私信息披露风险处于高水平时，隐私信息披露意愿对于虚假隐私信息披露行为的负向作用得到强化；当虚假隐私信息披露风险处于低水平时，虚假隐私信息披露风险对该路径的调节作用不显著。

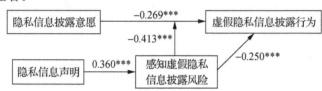

注：*** 表示 0.001 水平下显著，** 表示 0.01 水平下显著，* 表示 0.05 水平下显著。

图 11-10　虚假隐私信息披露风险对虚假隐私信息披露行为的影响作用

2. 隐私关注对虚假隐私信息披露行为的影响路径

信息隐私关注是个体本身对于信息隐私的关注程度的描述。个体越重视信息隐私，信息隐私关注程度就越高。根据前文的模型检验结果，可以看出，假设 HB5a、HB5b 得到了验证，信息隐私关注与感知风险呈现正相关关系，且信息隐私关注与隐私信息披露意愿负相关。通过中介作用检验，发现信息隐私关注只能通过隐私信息披露意愿的中介作用影响虚假隐私信息披露行为，通过感知风险-隐私信息披露意愿链式中介对虚假隐私信息披露行为的影响作用不显著。信息隐私关注对虚假隐私信息披露行为的影响路径如图 11-11 所示。

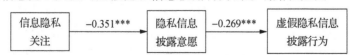

注：*** 表示 0.001 水平下显著，** 表示 0.01 水平下显著，* 表示 0.05 水平下显著。

图 11-11　信息隐私关注对虚假隐私信息披露行为的影响路径

在本模型中发现,电子商务环境中个体的信息隐私关注对于其感知风险起到促进作用,这是符合原假设的,在逻辑上也符合人们的常识。个体对于隐私越关注,则越担心线上信息隐私会被未知方获得,对可能出现的后果的评估就越严重,从而提高消费者的感知风险。除了通过促进个体的感知风险之外,信息隐私关注还对隐私信息披露意愿有直接的影响。这个结论与 Keith 等人验证的隐私计算模型的结论是一致的。信息隐私关注程度越高,个体对于信息隐私的安全就越重视,隐私信息披露意愿就越低[260]。

此外,在总效应分析中,信息隐私关注是四个前因变量中影响程度最高的,因此,电子商务企业重视并采取手段降低消费者的信息隐私关注,对抑制消费者虚假隐私信息披露行为具有重要意义。

3. 隐私信息声明对虚假隐私信息披露行为的影响路径

隐私信息声明是电子商务网站所制定的与个人信息隐私的收集、使用和保护相关的条例声明。模型分析结果发现,隐私信息声明对于感知风险并没有削弱作用,这与许多已有的文献结论不一致。分析已有文献可以发现,目前认为隐私信息声明对于感知风险影响显著的文献大多属于国外文献,且研究情境更多偏向于社交网络。本项目研究对象是国内的消费者群体,且是针对电子商务购物情境。因此,本项目认为可能的一个解释是,当前国内电子商务环境对于隐私信息声明的重视程度还不够高,消费者尚未养成仔细阅读隐私信息声明内容的习惯,因此消费者的信息隐私感知风险无法通过电子商务网站展示的隐私信息声明得到削减。

根据前文的模型检验结果可以看出,假设 HB3b、HB3c 得到了验证,说明隐私信息声明与感知收益呈现正相关关系,且隐私信息声明与虚假隐私信息披露风险呈正相关。一方面,隐私信息声明对感知收益存在促进作用。电子商务平台通过隐私信息声明明确平台对于消费者隐私的管理方式和承诺,平台做出承诺的方式,以及承诺时使用的文字通俗程度、隐私信息声明链接的显眼程度等将给消费者一种直观的感觉。因此,即使消费者尚未养成仔细阅读隐私信息声明内容的习惯,隐私信息声明的形式依然提高了消费者对平台的认同感,从而提高了可能获得的收益感知[301]。另一方面,隐私信息声明还将影响消费者的虚假隐私信息披露风险,并通过其中介作用影响消费者虚假隐私信息披露行为。本项目认为,隐私信息声明之所以影响虚假隐私信息披露风险,主要与隐私信息声明内容中阐述的隐私政策条款有关。通过隐私政策条款,电子商务平台给消费者传递了隐私信息披露行为的严肃性,明确了消费者在隐私信息披露过程中的行为规范,这将或多或少地提醒消费者,编造行为可能被发现,并且导致信用或道德风险,从而增加消费者的虚假隐私信息披露风险。在中介效应分析中已经明确,隐私信息声明对虚假隐私信息披露行为的影响是经由"隐私信息声明 → 感知收益 → 隐私信息披露意愿 → 虚假隐私信息披露行为"和"隐私信息声明 → 感知虚假隐私信息披露风险 → 虚假隐私信息披露行为"两条路径(图 11-12)实现的,同时感知虚假隐私信息披露风险在隐私信息披露意愿和虚假隐私信息披露行为间起负向调节作用。

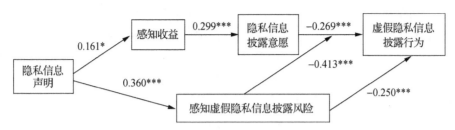

注：＊＊＊ 表示 0.001 水平下显著，＊＊ 表示 0.01 水平下显著，＊ 表示 0.05 水平下显著。

图 11-12　隐私信息声明对虚假隐私信息披露行为的影响路径

4. 信任对虚假隐私信息披露行为的影响路径

信任是指消费者对于电子商务平台的信任。根据前文的模型检验结果，假设 HB6a、HB6b 通过了检验，即信任与感知风险负相关，同时信任与感知收益正相关。一方面，消费者对于电子商务平台的信任水平将影响消费者在隐私信息披露过程中的感知风险。消费者对电子商务平台信任程度越高，就越相信平台将依照规定公平公正地处理其信息隐私，这增强了消费者对所披露的信息隐私的控制感，从而减少了隐私披露过程中的风险感知。另一方面，本项目还验证了消费者对电子商务平台信任对于感知收益具有正向作用。消费者对电子商务平台的信任程度越高，对平台承诺的折扣优惠、个性化服务等收益的获得感就越强，隐私信息披露过程中预期收益的感知程度就越高。

因此，尽管在模型中未发现信任对隐私信息披露意愿的直接影响作用，消费者对电子商务平台的信任对于消费者隐私信息披露意愿仍具有重要的意义。前文已经通过中介作用分析发现，信任可通过"感知风险—隐私信息披露意愿""感知收益—隐私信息披露意愿"的链式中介作用影响虚假隐私信息披露行为。路径如图 11-13 所示。

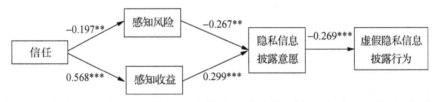

注：＊＊＊ 表示 0.001 水平下显著，＊＊ 表示 0.01 水平下显著，＊ 表示 0.05 水平下显著。

图 11-13　信任对虚假隐私信息披露行为的影响路径

5. 技术保护机制对虚假隐私信息披露行为的影响路径

技术保护机制是电子商务网站所建立的用于保护个人信息隐私的技术机制。在对技术保护机制的假设检验研究中发现，技术保护机制对于消费者的信息隐私感知收益影响并不显著，而对感知风险的影响作用显著。假设 HB4b 通过检验，技术保护机制与感知风险呈负相关。这也说明，电子商务环境中网络平台经常采用的技术保护机制包括提供匿名购买、禁用 cookies 等选项确实可以有效减少了消费者在电子商务平台消费过程中的信息隐私感知风险。模型分析结果说明,电子商务环境下平台的技术保护机制可以通过以下路径对虚假隐私信息披露行为产生影响:"技术保护机制→感知风险→隐私信息披露意愿→虚假隐私信息披露行为"。路径如图11-14所示。在实践中,电子商务平台可以考虑增加隐私信息保护技术投资,建立完善的技术保护机制,以减少消费者的感知风险,从而提升隐私信息披露意愿,达到减少虚假隐私信息披露行为的目的。

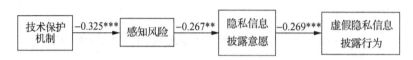

注:*** 表示0.001水平下显著,** 表示0.01水平下显著,* 表示0.05水平下显著。

图11-14 技术保护机制对虚假隐私信息披露行为的影响路径

11.3.2 主要研究结论

根据模型分析结果,可以得到以下五点主要结论:

第一,电子商务环境下的消费者虚假隐私信息披露行为是在隐私信息披露意愿和虚假隐私信息披露风险的共同作用下产生的。其中隐私信息披露意愿的产生受到感知价值和前因变量信息隐私关注的直接影响,而虚假隐私信息披露风险只受到前因变量隐私信息声明的影响。感知价值受到四个前因变量的显著影响,具体表现为:隐私信息声明正向影响感知利益,信息隐私关注正向影响感知风险,技术保护机制负向影响感知风险,信任既可以正向影响感知收益又可以负向影响感知风险。此外,虚假隐私信息披露风险对于隐私信息披露意愿与虚假隐私信息披露行为的关系起调节作用。

第二,信息隐私关注对于消费者虚假隐私信息披露行为具有正向影响作用,且是前因变量中对虚假隐私信息披露行为影响程度最高的。具体来看,信息隐私关注既可以通过感知风险的中介作用影响隐私信息披露意愿,又直接对隐私信息披露意愿产生负向作用,从而经由隐私信息披露意愿的中介作用最终影响虚假隐私信息披露行为。

第三,隐私信息声明对于消费者虚假隐私信息披露行为具有负向影响作用。具体来看,隐私信息声明通过虚假隐私信息披露风险的简单中介作用和感知收益—隐私信息披露意愿的链式中介作用对虚假隐私信息披露行为产生影响。

第四,信任对于消费者虚假隐私信息披露行为具有负向影响作用。信任主要通过感知收益和感知风险的中介作用对隐私信息披露意愿造成影响,进而经由隐私信息披露意愿的中介作用,负向影响虚假隐私信息披露行为。

第五,技术保护机制对于消费者虚假隐私信息披露行为具有负向影响作用。具体来看,该负向影响路径由感知风险—隐私信息披露意愿的链式中介作用传递。

11.3.3 管理启示

本书通过实证研究探讨了电子商务环境下消费者虚假隐私信息披露行为的影响因素及

第4部分 我国电子商务环境中消费者隐私信息行为影响因素的实证研究

其作用路径,得到11.3.2节主要研究结论。为使电子商务企业更有效地收集消费者信息数据,避免"垃圾进,垃圾出"的数据处理结果,企业需要制定策略,在合法合规的情况下收集到质、量均能达标的信息,从而为企业的精准营销和个性化服务提供坚实支撑。从本项目的模型结论分析来看,电子商务平台可采取以下策略抑制消费者的虚假隐私信息披露行为:一是降低消费者的隐私关注,二是重视电子商务网站的隐私信息声明设计,三是要提高消费者对平台的信任,四是建立有效的技术保护机制。

一是降低消费者的信息隐私关注。信息隐私关注是个人对于隐私信息的看重程度,也是影响个体是否自愿提供隐私信息以换取服务的一个重要影响因素。消费者隐私关注的程度跟被收集隐私信息的私密程度、被收集隐私信息的数量,以及填写收集表单的时间紧密相关。降低消费者的信息隐私关注,可以有效提高隐私信息披露意愿,减少虚假隐私信息披露行为。具体来说,电子商务平台可以从以下三个方面进行改进:① 根据不同的信息隐私敏感程度采取不同的隐私信息收集策略。电子商务环境中,消费者的隐私信息根据敏感程度可以分为基本隐私信息和消费特征隐私信息两类。其中基本隐私信息主要表现为联系方式,例如消费者购物需提供的姓名、邮寄地址、手机号码等。这类隐私信息是消费者完成电商购物的基本条件,消费的信息隐私关注程度较低。而消费特征隐私信息,例如年龄、性别、职业、收入等,这类信息对于消费者来说敏感程度较高,一般来说,平台应避免过多收集,如果确实需要,可以通过设置为选填项,以减少消费者隐私关注,避免高敏感人群因此放弃填写其他基本信息和客户流失。② 尽量减少隐私信息一次收集的数量。当隐私信息收集表单过长,将导致消费者产生较高的隐私关注。平台应合理设置每次收集消费者隐私信息的数量,以3条到5条为佳,如有更多需要收集的,应该分多次进行。③ 减少不相关的信息收集。网站所收集信息应该与网站提供的功能密切相关,如果消费者认为某一项功能是不相关的,会显著增加个体的隐私关注。例如在购物网站中询问消费者的职业,虽然可以制定更精确的个性化推送,但是可能被消费者判定为无关信息,从而促使产生虚假隐私信息披露行为。

二是重视电商网站的隐私信息声明设计。隐私信息声明是电子商务平台网站与消费者之间关于隐私信息保护承诺的说明,它对网站如何使用消费者提供的隐私信息进行了说明,也是对平台和消费者自身所享有的隐私权利的规范。隐私信息声明增强了消费者的感知收益,从而提高隐私信息披露意愿,减少虚假隐私信息披露行为。同时,电子商务企业通过隐私信息声明详细解释对个人信息隐私的保护方案,提高消费者对于虚假披露风险的感知,从而降低消费者虚假隐私信息披露行为发生的可能性。因此,本项目认为电子商务企业可以从以下三个方面进行改进:① 重视隐私信息声明在网页上展示的位置。我国的消费者目前还没有养成在使用电子商务平台之前仔细阅读隐私信息声明的习惯。在浏览电子商务平台网页的过程中,平台设计的隐私信息声明的展示位置相当关键,建议电子商务平台可以通过网站注册首页、交易付款的页面,以强制弹窗等形式将隐私信息声明推送给消费者,从而培养消费者通过隐私信息声明了解自身隐私权利和责任的习惯,以使隐私信息声明更好地发挥效用。② 重视隐私信息声明内容的可读性。网站要充分展示电子商务平台对消费者隐私信息的保护责任,明确信息隐私的管理方式、保护方式、使用方式等。在内容设计方面,电子商务平台的隐私信息声明政策应尽量追求简单明了。在语言风格方面,应尽量避免过于专业化的术语,使多数消费者可以明确隐私信息被收集、使用的方式和场景。③ 重视隐私信息声明内容的严肃性。为了确立平台自身的权威性和品牌形象,隐私信息声明的内容需要严格按照国家法律条例等制定,并在形式上和内容上注重消费者权责的描述,使其能明确感知编造行为的道德和信用风险。

三是要提高消费者对平台的信任。信任是消费者对于某一组织实体的好感,提高消费者的信任,可以有效提升消费者的感知收益,并降低消费者的感知风险,从而提高隐私信息披露意愿,减少虚假隐私信息披露行为。因此,企业应该全方位、多角度地采取措施,提升消费者对平台的信任。具体来说有以下几点:① 企业应该加强自身品牌形象的建设,杜绝信息隐私危机事件,表现出对个人隐私信息的保护的态度。对于可能出现的隐私信息泄露等问题,提前防范,完善机制。对于已经出现的隐私信息安全事件,应当敢于认错、敢于纠错,向公众传达坚决维护个人隐私信息安全的决心,并采取相应的行动。② 设计隐私信息管理功能。控制感是影响信任的重要因素。为了强化消费者对隐私信息的控制感,可以在电子商务网页的"个人中心"里设置隐私管理功能,让消费者能够直观地看到自己已经提供了哪些个人信息,了解这些信息为什么需要提供,以及消费者增减个人信息资料的权利。通过提高消费者对个人信息的控制感,可以有效提高信任,也可以为企业获得更关键、更真实的隐私数据做好心理铺垫。③ 建立反馈机制,畅通建议渠道。通过设立关于隐私信息相关问题的专项反馈渠道,可以拉近消费者与电子商务平台的心理距离,从而增强消费者对平台的信任,进而减少虚假隐私信息披露行为。

四是建立有效的技术保护机制。技术保护机制能降低消费者隐私信息披露过程中的感知风险,从而提升隐私信息披露意愿,减少虚假隐私信息披露行为。Jutla 等人通过实证分析表明,通过采用隐私信息保护技术工具,比如 P3P、加密、Cookie 破解器、匿名化和假名化等方式,提高了消费者的隐私信息披露意愿。具体来说,企业可通过以下三个方面的技术手段加强隐私信息保护[279]:① 采用 P3P 技术。P3P(The Platform for Privacy Preferences Project),即隐私偏好平台。它使 Web 站点能够以一种标准的机器可读的 XML 格式描述其隐私政策,包括描述隐私信息收集、存储和使用的词汇的语法和语义[304]。这种技术使得消费者可以决定透露哪些隐私信息并且作何用途,提高了消费者对隐私信息的控制权。② 嵌入加密和防护技术[305]。电子商务平台应该坚决防止黑客、病毒等第三方对消费者隐私信息的非法访问,通过在电子商务平台网站中嵌入防火墙、加密等技术,实现对消费者隐私信息保护的承诺。③ 使用匿名化技术。通过增加研发投入,设计更为合理保密的信息加密技术,对消费者的隐私信息进行分块管理,并对关键的身份识别信息匿名处理,以降低隐私信息一旦泄露所带来的损失。

参考文献

[1] F5. 2020 年 F5 便利性曲线报告:隐私与便利性悖论[EB/OL]. (2020 – 07). https://www.f5.com/c/apcj-2020/asset/gc-rp-curve-of-convenience-cn.

[2] 矩阵元,陀螺研究院. 隐私计算技术发展报告[EB/OL]. (2020 – 09). https://www.tuoluocaijing.cn/reports/detail-10025595.html.

[3] RSA. Data privacy and security survey 2019 [EB/OL]. (2019). https://www.rsa.com/content/dam/en/misc/rsa-data-privacy-and-security-survey-2019.pdf.

[4] Braze. 2020 data privacy report [EB/OL]. (2020 – 02). https://www.braze.com/resources/reports-and-guides/braze-data-privacy-report?utm_medium = partner-content&utm_source = aws&utm_campaign = BZ-2020Q1-APN-Blog&utm_content = Transforming-Customer-Experience-at-Speed-and-Scale.

[5] Bélanger F, Crossler R E. Privacy in the digital age: A review of information privacy research in information systems [J]. MIS Quarterly, 2011, 35(4):1017 – 1042.

[6] Katz J E, Tassone A R. Public opinion trends: Privacy and information technology[J]. Public Opinion Quarterly, 1990,54(1):125 – 143.

[7] Smith H J, Milberg S J, Burke S J. Information privacy: Measuring individuals' concerns about organizational practices [J]. MIS Quarterly, 1996, 20(2): 167 – 196.

[8] Xu H, Teo H-H, Tan Bernard C Y, et al. Effects of individual self-protection, industry self-regulation, and government regulation on privacy concerns: A study of location-based services [J]. Information Systems Research, 2012, 23 (4): 1342 – 1363.

[9] Choi B C F, Land L. The effects of general privacy concerns and transactional privacy concerns on Facebook apps usage [J]. Information & Management, 2016, 53(7): 868 – 877.

[10] Malhotra N K, Kim S S, Agarwal J. Internet users' information privacy concerns (IUIPC): The construct, the scale, and a causal model [J]. Information Systems Research, 2004, 15(4): 336 – 355.

[11] Bellman S, Johnson E, Kobrin S, et al. International differences in information privacy concerns: A global survey of consumers [J]. The Information Society, 2004,

20(5): 313 – 324.

[12] Dinev T, Hart P. Internet privacy concerns and their antecedents: Measurement validity and a regression model [J]. Behaviour & Information Technology, 2004, 23(6): 413 – 422.

[13] Earp J B, Payton F C. Information privacy in the service sector: An exploratory study of health care and banking professionals [J]. Journal of Organizational Computing and Electronic Commerce, 2006, 16(2):105 – 122.

[14] Hoadley C M, Xu H, Lee J J, et al. Privacy as information access and illusory control: The case of the Facebook news feed privacy outcry [J]. Electronic Commerce Research and Applications, 2010,9(1): 50 – 60.

[15] Korzaan M L, Boswell K T. The influence of personality traits and information privacy concerns on behavioral intentions [J]. The Journal of Computer Information Systems, 2008, 48(4): 15 – 24.

[16] Kuo F Y, Lin C S, Hsu M H. Assessing gender differences in computer professionals' self-regulatory efficacy concerning information privacy practices [J]. Journal of Business Ethics, 2007, 73(2):145 – 160.

[17] Lin Y, Wu H Y. Information privacy concerns, government involvement, and corporate policies in the customer relationship management context [J]. Journal of Global Business and Technology, 2008, 4(1): 79 – 91.

[18] Rose E A. An examination of the concern for information privacy in the New Zealand Regulatory Context [J]. Information & Management, 2006, 43(3): 322 – 335.

[19] Van Slyke C, Shim J T, Johnson R, et al. Concern for information privacy and online consumer purchasing [J]. Journal of the Association for Information Systems, 2006, 7(6): 415 – 443.

[20] Nov O, Wattal S. Social computing privacy concerns: Antecedents and effects [C]//Proceedings of the 27th International Conference on Human Factors in Computing Systems. Boston, MA, 2009: 333 – 336.

[21] Yang H L, Miao X M. Concern for information privacy and intention to transact online [C]//Proceedings of the 4th International Conference on Wireless Communications, Networking and Mobile Computing. Dalian, China, 2008: 1 – 4.

[22] Zukowski T, Brown I. Examining the influence of demographic factors on internet users' information privacy concerns [C]//Proceedings of the 2007 Annual Research Conference of the South African Institute of Computer Scientists and Information Technologists on IT Research in Developing Countries, Port Elizabeth, South Africa, 2007:197 – 204.

[23]Hong Weiyin, Thong J Y L. Internet privacy concerns: An integrated conceptualization and four empirical studies [J]. MIS Quarterly, 2013, 37(1): 275-298.

[24]Padyab A, Ståhlbröst A. Exploring the dimensions of individual privacy concerns in relation to the Internet of Things use situations [J]. Digital Policy, Regulation and Governance, 2018, 20(6): 528-544.

[25]Barrett-Maitland N, Barclay C, Osei-Bryson K-M. Security in social networking services: A value-focused thinking exploration in understanding users' privacy and security concerns [J]. Information Technology for Development, 2016, 22(3): 464-486.

[26]Kayhan V O, Davis C J. Situational privacy concerns and antecedent factors [J]. Journal of Computer Information Systems, 2016, 56(3): 228-237.

[27]Steijn W M P, Vedder A. Privacy concerns, dead or misunderstood? The perceptions of privacy amongst the young and old [J]. Information Polity, 2015, 20(4): 299-311.

[28]Pan Y, Wan Y, Fan J, et al. Raising the cohesion and vitality of online communities by reducing privacy concerns [J]. International Journal of Electronic Commerce, 2017, 21(2): 151-183.

[29]Dinev T, Bellotto M, Hart P, et al. Internet users' privacy concerns and beliefsabout government surveillance: An exploratory study of differences between Italy and the United States [J]. Journal of Global Information Management, 2006, 14(4): 57-93.

[30]Dinev T, Bellotto M, Hart P, et al. Privacy calculus model in e-commerce: A study of Italy and the United States [J]. European Journal of Information Systems, 2006, 15(4): 389-402.

[31]Hoffman D, Novak T P, Peralta M. Building consumer trust online [J]. Communications of the ACM, 1999, 42(4): 80-85.

[32]Gruzd A, Hernández-Garcíá A. Privacy concerns and self-disclosure in private and public uses of social media [J]. Cyberpsychology, Behavior and Social Networking, 2018, 21(7): 418-428.

[33]Zlatolas L N, Welzer T, Heričko M, et al. Privacy antecedents for SNS self-disclosure: The case of Facebook [J]. Computers in Human Behavior, 2015, 45: 158-167.

[34]Zhang X, Liu S, Chen X, et al. Health information privacy concerns, antecedents, and information disclosure intention in online health communities [J]. Information & Management, 2018, 55(4): 482-493.

[35]Blank G, Bolsover G, Dubois E. A new privacy paradox: Young people and

privacy on social network sites [R]. Prepared for the Annual Meeting of the American Sociological Association, 17 August 2014, San Francisco, California, 2014.

[36] Lutz C, Strathoff P. Privacy concerns and online behavior – not so paradoxical after all? Viewing the privacy paradox through different theoretical lenses [EB/OL]. (2014-04-15). http://dx.doi.org/10.2139/ssrn.2425132.

[37] Tufekci Z. Can you see me now? Audience and disclosure regulation in online social network sites [J]. Bulletin of Science, Technology and Society, 2008, 28(1):20-36.

[38] Reynolds B, Venkatanathan J, Gonçalves J, et al. Sharing ephemeral information in online social networks: Privacy perceptions and behaviours [C]//Proceedings of the 13th IFIP TC13 Conference on Human-Computer Interaction (INTERACT 2011), Lisbon, Portugal, 2011.

[39] Hughes-Roberts T. Privacy and social networks: Is concern a valid indicator of intention and behaviour? [C]//Proceeding of the International Conference on Social Computing (SocialCom 2013). Washington, USA, 2013.

[40] Taddicken M. The 'Privacy Paradox' in the Social Web: The impact of privacy concerns, individual characteristics, and the perceived social relevance on different forms of self-disclosure [J]. Journal of Computer-Mediated Communication, 2014, 19(2): 248-273.

[41] Kokolakis S. Privacy attitudes and privacy behaviour: A review of current research on the privacy paradox phenomenon [J]. Computers and Security, 2017, 64: 122-134.

[42] Zafeiropoulou A M, Millard D E, Webber C, et al. Unpicking the privacy paradox: Can structuration theory help to explain location-based privacy decisions? [C]//Proceedings of the 5th Annual ACM Web Science Conference, 2013: 463-472.

[43] Dinev T, Hart P. An extended privacy calculus model for e-commerce transactions [J]. Information Systems Research, 2006, 17(1):61-80.

[44] Jiang Z, Heng C S, Choi B C. Research note: Privacy concerns and privacy-protective behavior in synchronous online social interactions [J]. Information Systems Research, 2013, 24(3):579-95.

[45] Xu H, Luo X R, Carroll J M, et al. The personalization privacy paradox: An exploratory study of decision making process for location-aware marketing [J]. Decision Support System, 2011, 51(1):42-52.

[46] Lee H, Park H, Kim J. Why do people share their context information on social network services? A qualitative study and an experimental study on users' behavior of balancing perceived benefit and risk [J]. International Journal of Human Computer Study, 2013, 71(9):862-77.

[47] Debatin B, Lovejoy J P, Horn A K, et al. Facebook and online privacy:

Attitudes, behaviors, and unintended consequences [J]. Journal of Computer-Mediated Communication, 2009,15(1):83-108.

[48]Dienlin T, Trepte S. Is the privacy paradox a relic of the past? An in-depth analysis of privacy attitudes and privacy behaviors [J]. European Journal of Social Psychology, 2015, 45(3): 285-297.

[49]Baek Y M. Solving the privacy paradox: A counter-argument experimental approach [J]. Computers in Human Behavior, 2014(38): 33-42.

[50]Acquisti A, Grossklags J. What can behavioral economics teach us about privacy[M]//Acquisti A, Gritzalis S, Lambrinoudakis C, et al. Digital privacy: Theory, technology, and practices. Boca Raton, FL: Auerbach Publications, 2007:363-77.

[51]Kehr F, Kowatsch T, Wentzel D, et al. Blissfully ignorant: The effects of general privacy concerns, general institutional trust, and affect in the privacy calculus [J]. Information Systems Journal, 2015, 25(6): 607-635.

[52]Buck C, Horbel C, Germelmann C C, et al. The unconscious app consumer: Discovering and comparing the informationseeking patterns among mobile application consumers [C]//Proceedings of the 2014 European Conference on Information Systems (ECIS 2014). Tel Aviv, Israel, 2014.

[53]Baek Y M, Kim E M, Bae Y. My privacy is okay, but theirs is endangered: Why comparative optimism matters in online privacy concerns [J]. Computers in Human Behavior, 2014,31:48-56.

[54]Flender C, Müller G. Type indeterminacy in privacy decisions: The privacy paradox revisited [M]//Quantum interaction. Berlin Heidelberg: Springer, 2012:148-159.

[55]Bélanger F, Hiller J, Smith W J. Trustworthiness in electronic commerce: The role of privacy, security, and site attributes [J]. Journal of Strategic Information Systems, 2002, 11(3): 245-270.

[56]Chellappa R K, Sin R G . Personalization versus privacy: An empirical examination of the online consumer's dilemma [J]. Information Technology and Management, 2005, 6(2): 181 - 202.

[57]Zarouali B, Ponnet K, Walrave M, et al. "Do you like cookies?" Adolescents' skeptical processing of retargeted Facebook-ads and the moderating role of privacy concern and a textual debriefing [J]. Computers in Human Behavior, 2017,69:157-165.

[58]Wottrich V M, Verlegh P W J, Smit E G. The role of customization, brand trust, and privacy concerns in advergaming [J]. International Journal of Advertising, 2017, 36(1):60-81.

[59] Gu J, Xu Y, Xu H, et al. Privacy concerns for mobile app download: An elaboration likelihood model perspective [J]. Decision Support Systems, 2017, 94: 19-28.

[60] Chen H-T, Chen W. Couldn't or wouldn't? The influence of privacy concerns and self-efficacy in privacy management on privacy protection [J]. Cyberpsychology Behavior and Social Networking, 2015, 18(1): 13-19.

[61] George J F. The theory of planned behavior and internet purchasing [J]. Internet Research, 2004, 14(3): 198-212.

[62] Drennan J, Mort G S, Previte J. Privacy, risk perception, and expert online behavior: An exploratory study of household end users [J]. Journal of Organizational and End User Computing, 2006, 18(1): 1-22.

[63] Stewart K A, Segars A H. An empirical examination of the concern for information privacy instrument [J]. Information Systems Research, 2002, 13(1): 36-49.

[64] Tchao E T, Diawuo K, Aggor C, et al. Ghanaian consumers' online privacy concerns: Causes and its effects on e-commerce adoption [J]. International Journal of Advanced Computer Science and Applications, 2017, 8(11): 157-163.

[65] Milberg S J, Smith H J, Burke S J. Information privacy: Corporate management and national regulation[J]. Organization Science, 2000, 11(1): 35-57.

[66] Liu D, Carter L. Impact of citizens' privacy concerns on e-government adoption [C]//Proceedings of 19th Annual International Conference on Digital Government Research. Delft, Netherlands, 2018, 27: 1-6.

[67] Dai H, Chen Y. Effects of exchange benefits, security concerns and situational privacy concerns on mobile commerce adoption [J]. Journal of International Technology and Information Management, 2015, 24(3): 40-56.

[68] Lutz C, Hoffmann C P, Bucher E, et al. The role of privacy concerns in the sharing economy[J]. Information, Communication & Society, 2017, 21(10): 1472-1492.

[69] McGinity M. Surfing your turf [J]. Communications of the ACM, 2000, 43(4): 19-21.

[70] Chen K, Rea Jr A I. Protecting personal information online: A survey of user privacy concerns and control techniques [J]. The Journal of Computer Information Systems, 2004, 44(4): 85-92.

[71] Miltgen C L, Peyrat-Guillard D. Cultural and generational influences on privacy concerns: A qualitative study in seven European countries [J]. European Journal of Information Systems, 2014, 23(2): 103-125.

[72] Sannon S, Bazarova N N, Cosley D. Privacy lies: Understanding how, when, and why people lie to protect their privacy in multiple online contexts [C]//Proceedings of

the 2018 CHI Conference on Human Factors in Computing Systems. Montreal QC, Canada, 2018: 52.

[73]Acquisti A, Brandimarte L, Loewenstein G. Privacy and human behavior in the age of information [J]. Science, 2015, 347 (6221): 509-514.

[74]Son J-Y, Kim S S. Internet users' information privacy-protective responses: A taxonomy and a nomological model [J]. MIS Quarterly, 2008, 32(3): 503-529.

[75]Boyd D, Hargittai E. Connected and concerned: Variation in parents' online safety concerns [J]. Policy and Internet, 2013, 5(3): 245-269.

[76]Young A L, Quan-Haase A. Privacy protection strategies on Facebook [J]. Information, Communication & Society, 2013, 16(4):479-500.

[77]Boerman S C, Kruikemeier S, Zuiderveen B F J. Exploring motivations for online privacy protection behavior: Insights from panel data [J]. Communication Research, 2021, 48(7): 953-977.

[78]Adhikari K, Panda R K. Users' information privacy concerns and privacy protection behaviors in social networks [J]. Journal of Global Marketing, 2018, 31(2): 96-110.

[79]Kruikemeier S, Boerman S C, Bol N. Breaching the contract? Using social contract theory to explain individuals' online behavior to safeguard privacy [J]. Media Psychology, 2020, 23(2): 269-292.

[80]Baruh L, Secinti E, Cemalcilar Z. Online privacy concerns and privacy management: A meta-analytical review [J]. Journal of Communication, 2017,67(1): 26-53.

[81]Chen H, Beaudoin C E, Hong T. Securing online privacy: An empirical test on internet scam victimization, online privacy concerns, and privacy protection behaviors [J]. Computers in Human Behavior, 2017,70: 291-302.

[82]Alkire L, Pohlmann J, Barnett W. Triggers and motivators of privacy protection behavior on Facebook [J]. Journal of Services Marketing, 2019, 33(1): 57-72.

[83]Xiea W, Karan K. Consumers' Privacy concern and privacy protection on social network sites in the era of Big Data: Empirical evidence from college students [J]. Journal of Interactive Advertising, 2019, 19(3): 187-201.

[84]Adjerid I, Acquisti A, Loewenstein G. Choice architecture, framing, and cascaded privacy choices [J]. Management Science, 2019, 65(5): 1949-2443.

[85] 徐磊. 个人信息删除权的实践样态与优化策略:以移动应用程序隐私政策文本为视角[J]. 情报理论与实践, 2021, 44(4): 89-98.

[86] 张艳丰, 王羽西, 彭丽徽. 硬规则下移动短视频App隐私政策用户感知测度实证研究[J]. 情报理论与实践, 2021, 44(7): 94-110.

[87] 肖雪,曹羽飞. 我国社交应用个人信息保护政策的合规性研究[J]. 情报理论与实践, 2021, 44(3): 91-100.

[88] Liu C, Arnett K P. Raising a red flag on global WWW privacy policies [J]. The Journal of Computer Information Systems, 2002, 43(1): 117-127.

[89] Peslak A R. Internet privacy policies of the largest international companies [J]. Journal of Electronic Commerce in Organizations, 2006, 4(3): 46-62.

[90] Jensen C, Potts C. Privacy policies as decision—making tools: An evaluation of online privacy notices [C]//Proceedings of the SIGCHI Conference on Human Factors in Computing Systems, Vienna, Austria, 2004, April 24-29: 471-478.

[91] Peslak A R. Internet privacy policies: A review and survey of the Fortune 50 [J]. Information Resources Management, 2005, 18(1): 29-41.

[92] Peslak A R. Privacy policies of the largest privately held companies: A review and analysis of the forbes private 50 [C]//Proceedings of the 2005 ACM SIGMIS CPR Conference on Computer Personnel Research. Atlanta, GA, 2005: 104-111.

[93] Ryker R, Lafleur E, McManis B, et al. Online privacy policies: An assessment of the Fortune e-50 [J]. Journal of Computer Information Systems, 2002, 42(4): 15-20.

[94] Sheehan K B. In poor health: An assessment of privacy policies at direct-to-consumer web sites [J]. Journal of Public Policy & Marketing, 2005, 24(2): 273-283.

[95] Chen H, Li W. Mobile device users' privacy security assurance behavior: A technology threat avoidance perspective [J]. Information & Computer Security, 2017, 25 (3): 330-344..

[96] 袁向玲,牛静. 社交媒体隐私政策与用户自我表露的实证研究：一个被调节的中介模型[J]. 信息资源管理学报,2021, 11(1): 49-58.

[97] Bansal G, Zahedi F, Gefen D. The role of privacy assurance mechanisms in building trust and the moderating role of privacy concern [J]. European Journal of Information Systems, 2015,24(6): 624-644.

[98] Chang Y, Wong S F, Libaque-Saenz C F, et al. The role of privacy policy on consumers' perceived privacy [J]. Government Information Quarterly, 2018, 35(3): 445-459.

[99] Lee D-J, Ahn J-H, Bang Y. Managing consumer privacy concerns in personalization: A strategic analysis of privacy protection [J]. MIS Quarterly, 2011, 35(2): 423-444.

[100] Kaul R. A contemporary analysis of online privacy & data protection in the context of Parallel Privacy Policies [J]. International Journal of Management & Development, 2019, 6 (5):67-70.

[101]Schwaig K S, Kane G C, Storey V C. Privacy, fair information practices and the Fortune 500: The Virtual Reality of Compliance [J]. The Data Base for Advancesin Information Systems, 2005, 36(1): 49-63.

[102]Mulder T, Tudorica M. Privacy policies, cross-border health data and the GDPR [J]. Information & Communications Technology Law, 2019, 28(3):261-274.

[103]Halim Barkatullah A, Djumadi. Does self-regulation provide legal protection and security to e-commerce consumers?[J]. Electronic Commerce Research and Applications, 2018,30: 94-101.

[104]Chorpash J. Do you accept these cookies? How the general data protection regulation keeps consumer information safe [J]. Northwestern Journal of International Law & Business, 2020, 40(2): 427-449.

[105]Zhao L, Lu Y, Gupta S. Disclosure intention of location-related information in location-based social network services [J]. International Journal of Electronic Commerce, 2012, 16(4): 53 - 89.

[106]Cecere G, Guel F L, Soulié N. Perceived Internet privacy concerns on social networks in Europe [J]. Technological Forecasting & Social Change, 2015,96: 277-287.

[107]Okazaki S, Li H, Hirose M. Consumer privacy concerns and preference for degree of regulatory control [J]. Journal of Advertising, 2009, 38(4): 63-77.

[108]Mousavizadeh M, Kim D J, Chen R. Effects of assurance mechanisms and consumer concerns on online purchase decisions: An empirical study [J]. Decision Support Systems, 2016,92:79-90.

[109]Goldfarb A, Tucker C E. Privacy regulation and online advertising [J]. Management Science, 2011, 57(1): 57-71.

[110]Loo C, Ong P. Crowding perceptions, attitudes, and consequences among the Chinese [J]. Environment and Behavior, 1984, 16(1): 55-87.

[111]Acquisti A, Grossklags J. Privacy and rationality in individual decision making [J]. IEEE Security and Privacy, 2005,3(1):26-33.

[112]Carrascal J P, Riederer C, Erramilli V, et al. Your browsing behavior for a Big Mac: Economics of personal information online [C]//Proceedings of the 22nd international conference on World Wide Web. Rio de Janeiro,Brazil, 2013: 189-200.

[113]Huberman B A, Adar E, Fine L R. Valuating privacy [J]. IEEE Security and Privacy, 2005, 3(5):22-25.

[114]Beresford A R, Kübler D, Preibusch S. Unwillingness to pay for privacy: A field experiment [J]. Economics Letters, 2012, 117(1):25-27.

[115] Brown B. Studying the internet experience [EB/OL]. (2001-03). http://www.hpl.hp.com/techreports/2001/HPL-2001-49.pdf.

[116] Spiekermann S, Grossklags J, Berendt B. E-privacy in 2nd generation e-commerce: Privacy preferences versus actual behavior [C]//Proceedings of the 3rd ACM Conference on Electronic Commerce. Florida, USA, 2001:38-47.

[117] Barth S, de Jong M D T. The privacy paradox-Investigating discrepancies between expressed privacy concerns and actual online behavior—A systematic literature review [J]. Telematics and Informatics, 2017, 34(7): 1038-1058.

[118] Hallam C, Zanella G. Online self-disclosure: The privacy paradox explained as a temporally discounted balance between concerns and rewards [J]. Computers in Human Behavior, 2017,68: 217-227.

[119] Wottrich V M, van Reijmersdal E A, Smit E G. The privacy trade-off for mobile app downloads: The roles of app value, intrusiveness, and privacy concerns [J]. Decision Support Systems, 2018,106: 44-52.

[120] Min J, Kim B. How are people enticed to disclose personal information despite privacy concerns in social network sites? The calculus between benefit and cost [J]. Journal of the Association for Information Science and Technology, 2015, 66(4):839-857.

[121] Dinev T, Hart P. An Extended privacy calculus model for e-commerce transactions [J]. Information Systems Research, 2006, 17(1): 61-80.

[122] Pentina I, Zhang L, Bata H, et al. Exploring privacy paradox in information-sensitive mobile app adoption: A cross-cultural comparison [J]. Computers in Human Behavior, 2016,65: 409-419.

[123] Chellappa R K, Shivendu S. An economic model of privacy: A property rights approach to regulatory choices for online personalization [J]. Journal of Management Information Systems, 2007, 24(3): 193-225.

[124] Awad N F, Krishnan M. The personalization privacy paradox: An empirical evaluation of information transparency and the willingness to be profiled online for personalization [J]. MIS Quartly, 2006, 30 (1): 13-28.

[125] Sutanto J, Palme E, Tan C-H, et al. Addressing the personalized-privacy paradox: An empirical assessment from a field experiment on smartphone users [J]. MIS Quarterly, 2013, 37(4): 1141-1164.

[126] Portilla I. Privacy concerns about information sharing as trade-off for personalized news [J]. El Profesional de la Información, 2018, 27(1): 19-26.

[127] Karwatzki S, Dytynko O, Trenz M, et al. Beyond the personalization - privacy paradox: Privacy valuation, transparency features, and service personalization [J]. Journal

of Management Information Systems, 2017, 34(2): 369-400.

[128]Kim D, Park K, Park Y, et al. Willingness to provide personal information: Perspective of privacy calculus in IoT services [J]. Computers in Human Behavior, 2018, 92: 273-281.

[129]Chellappa R K, Shivendu S. Mechanism design for "free" but "no free disposal" services: The economics of personalization under privacy concerns [J]. Management Science, 2010,56(10): 1766-1780.

[130]Malheiros M. User behaviour in personal data disclosure [EB/OL]. (2014-04). http://discovery.ucl.ac.uk/1427369/.

[131]Walrave M, Poels K, Antheunis M L, et al. Like or dislike? Adolescents' responses to personalized social network site advertising [J]. Journal of Marketing Communications, 2018, 24(6): 599-616.

[132]Lv H, Wan Y. Contracting for online personalization services: An economic analysis [J]. Journal of the Operational Research Society, 2019, 70 (7): 1149-1163.

[133]Noor U, Awan T, Zahid M. Examining the impact of personalization on online advertising engagement: Moderating role of privacy concerns of online users [J]. Business Review, 2019, 14(2):31-46.

[134]Miltgen C L, Smith H J. Exploring information privacy regulation, risks, trust, and behavior [J]. Information & Management, 2015, 52(6): 741-759.

[135]Zhu H, Ou C X J, Liu H, et al. Privacy calculus and its utility for personalization services in ecommerce: An analysis of consumer decision-making [J]. Information and Management, 2017, 54(4): 427-437.

[136]Jentzsch N, Sapi G, Suleymanova I. Targeted pricing and customer data sharing among rivals [J]. International Journal of Industrial Organization, 2013,31(2): 131-144.

[137]Spiegel Y. Commercial software, adware, and consumer privacy [J]. International Journal of Industrial Organization, 2013, 31(6):702-713.

[138]Dimakopoulos P, Sudaric S. Slobodan sudaric, Privacy and platform competition [J]. International Journal of Industrial Organization, 2018,61.

[139]Bloch F, Demange G. Taxation and privacy protection on Internet platforms [J]. Journal of Public Economic Theory, 2017, 20(1): 52-66.

[140]Kummer M, Schulte P. When private information settles the bill [J]. Management Science, 2019, 65(8): 3470-3494.

[141]Baye M R, Sappington D E M. Revealing transactions data to third parties: Implications of privacy regimes for welfare in online markets [J]. Journal of Economics and Management Strategy, 2020, 29(2): 260-275.

[142]De Corniere A, De Nijs R. Online advertising and privacy [J]. The RAND Journal of Economics, 2016, 47(1):48-72.

[143]Lefouili Y, Toh Y L. Privacy and quality [R]. TSE Working Paper, 2017:1-45.

[144]Westin A F. Privacy and freedom [J]. Washington and Lee Law Review, 1968, 25(1):166.

[145]Westin A F. Information technology in a democracy [M]. Cambridge, MA: Harvard University Press, 1971.

[146]Altman I. The environment and social behavior: Privacy, personal space, territory, and crowding [M]. Monterey, California:Brooks/Cole Publishing Company, 1975.

[147]O'Reilly C A, Chatman J. Organizational commitment and psychological attachment: The effects of compliance, identification, and internalization on prosocial behavior [J]. Journal of Applied Psychology, 1986, 71(3):492-499.

[148]Westin A F, Baker M A. Databanks in a free society [M]. New York: Quadrangle Books, 1972.

[149]Mason R O. Four ethical issues of the information age [J]. MIS Quarterly, 1986, 10(1):4-12.

[150]Westin A F. Social and political dimensions of privacy [J]. Journal of Social Issues, 2003, 59(2):431-453.

[151]Clarke R. Internet privacy concerns confirm the case for intervention [J]. Communications of the ACM, 1999, 42(2):60-67.

[152]Stone E F, Gueutal G H, Gardner D G, et al. A field experiment comparing information-privacy values, beliefs, and attitudes across several types of organizations [J]. Journal of Applied Psychology, 1983, 68(3):459-468.

[153]Margulis S T. Conceptions of privacy: Current status and next steps [J]. Journal of Social Issues, 1977, 33(3):5-21.

[154]Margulis S T. Privacy as a behavioral phenomenon [J]. Journal of Social Issues, 1977, 33(3):1-4.

[155]Ackerman M, Cranor L, Reagle J. Privacy in e-commerce: Examining user scenarios and privacy preferences [M]//Proceeding of the 1st ACM Conference on Electronic Commerce. New York: ACM Press, 1999:1-8.

[156]Bennett C J. The political economy of privacy: A review of the literature [M]. Hackensack, NJ: Center for Social and Legal Research,1995.

[157]Campbell J E, Carlson M. Panopticon. com: Online surveillance and the

commodification of privacy [J]. Journal of Broadcasting & Electronic Media, 2002, 46(4): 586 – 606.

[158] Davies S G. Re-engineering the right to privacy: How privacy has been transformed from a right to a commodity [M]//Agre P E, Rotenberg M. Technology and Privacy: The New Landscape. Cambridge, MA: MIT Press, 1997:143 – 165.

[159] Acquisti A, Taylor C, Liad Wagman. The economics of privacy [J]. Journal of Economic Literature, 2016, 54(2), 442 – 492.

[160] Waldo J, Lin H, Millett L I. Engaging privacy and information technology in a digital age [M]. Washington, DC: National Academies Press, 2007.

[161] Gal-Or E, Gal-Or R, Penmetsa N. The role of user privacy concerns in shaping competition among platforms [J]. Information Systems Research, 2018, 29(3): 1 – 25.

[162] Sen R, Borle S. Estimating the contextual risk of data breach: An empirical approach [J]. Journal of Management Information Systems, 2015, 32(2): 314 – 341.

[163] Hinz O, Nofer M, Schiereck D, et al. The influence of data theft on the share prices and systematic risk of consumer electronics companies [J]. Information & Management, 2015, 52(3): 337 – 347.

[164] Wan L, Zhang C. Responses to trust repair after privacy breach incidents [J]. Journal of Service Science Research, 2014(6):193 – 224.

[165] Flavián C, Guinalíu M. Consumer trust, perceived security and privacy policy [J]. Industrial Management & Data Systems, 2006, 106(5):601 – 620.

[166] Casadesus-Masanell R, Hervas-Drane A. Competing with privacy [J]. Management Science, 2015, 61(1):229 – 246.

[167] Montes R, Sand-Zantman W, Valletti T. The value of personal information in online markets with endogenous privacy [J]. Management Science, 2019, 65(3):1342 – 1362.

[168] Chen J, Fan M, Li M. Advertising versus brokage model for online trading platforms [J]. MIS Quarterly, 2016, 40(3):575 – 596.

[169] Lee D-J, Ahn J-H, Bang Y. Managing consumer privacy concerns in personalization: A strategic analysis of privacy protection [J]. MIS Quarterly, 2011, 35(2): 423 – 444.

[170] Krämer J, Schnurr D, Wohlfarth M. Winners, losers, and Facebook: The role of social logins in the online advertising ecosystem [J]. Management Science, 2018, 65(4):1 – 22.

[171] Ko M N, Cheek G P, Shehab M, et al. Social-networks connect services [J]. Computer, 2010, 43(8):37 – 43.

[172] Kontaxis G, Polychronakis M, Markatos E P. Minimizing information

disclosure to third parties in social login platforms [J]. International Journal Information Security, 2012, 11(5):321-332.

[173]Sun S-T, Beznosov K. The devil is in the (implementation) details: An empirical analysis of OAuth SSO systems [C]// Proceedings of the 2012 ACM Conference on Computer and Communications Security. New York, USA, 2012: 378-390.

[174]Wang R, Chen S, Wang X. Signing me onto your accounts through Facebook and Google: A traffic-guided security study of commercially deployed single-sign-on web services[C]// Proceedings of 2012 IEEE Symposium on Security and Privacy, San Francisco, CA, 2012: 365-379.

[175]Gafni R, Nissim D. To social login or not login? Exploring factors affecting the decision [J]. Issues in Informing Science and Information Technology, 2014(11): 57-72.

[176]Krasnova H, Eling N, Abramova O, et al. Dangers of 'Facebook login' for mobile apps: Is there a price tag for social information?[C] // Proceedings of Thirty Fifth International Conference on Information Systems, Auckland, 2014.

[177]Bleier A, Eisenbeiss M. Personalized online advertising effectiveness: The interplay of what, when, and where [J]. Marketing Science, 2015, 34(5):669-688.

[178]Asdemir K, Kumar N, Jacob V S. Pricing models for online advertising: CPM vs. CPC [J]. Information Systems Research, 2012, 23(3): 804-822.

[179]Hu Y, Shin J, Tang Z. Incentive problems in performance-based online advertising pricing: Cost per click vs. cost per action [J]. Management Science, 2016, 62(7):2022-2038.

[180] 邹翔, 仲伟俊, 梅姝娥. 基于地理定向的移动优惠券策略[J]. 系统管理学报, 2016, 25(5): 948-954.

[181]Hojjat A, Turner J, Cetintas S, et al. A unified framework for the scheduling of guaranteed targeted display advertising under reach and frequency requirements[J]. Operations Research, 2017, 65(2): 289-313.

[182] 刘百灵, 杨世龙, 李延晖. 隐私偏好设置与隐私反馈对移动商务用户行为意愿影响及交互作用的实证研究[J]. 中国管理科学, 2018, 26(8): 164-178.

[183]Iyer G, Soberman D, Villas-Boas J M. The targeting of advertising [J]. Marketing Science, 2005, 24(3): 461-476.

[184]Johar M, Mookerjee V, Sarkar S. Selling vs. profiling: Optimizing the offer set in web-based personalization [J]. Information Systems Research, 2014, 25(2):285-306.

[185] 赵江, 梅姝娥, 仲伟俊. 定向广域度在定向广告投放中的双向调节作用研究[J]. 管理工程学报, 2018, 32(1):161-170.

[186]Acquisti A. Privacy in electronic commerce and the economics of immediate

gratification [C]//Proceedings of the 5th ACM Conference on Electronic Commerce. ACM, 2004: 17-20.

[187] Acquisti A, Friedman A, Telang R. Is there a cost to privacy breaches? An event study [C/OL]. (2006-01). ICIS 2006 Proceedings, 2006. http://aisel.aisnet.org/icis2006/94.

[188] Angst C M, Block E S, D'Arcy J, et al. When do IT security investments matter? Accounting for the influence of institutional factors in the context of Healthcare data breaches [J]. MIS Quarterly, 2017, 41(3): 893-916.

[189] Ansari A, Mela C F. E-customization [J]. Journal of Marketing Research, 2003, 40(2): 131-145.

[190] Ariffin S K, Mohan T, Goh Y-N. Influence of consumers' perceived risk on consumers' online purchase intention [J]. Journal of Research in Interactive Marketing, 2018, 12(3): 309-327.

[191] Cardenas J, Coronado A, Donald A, et al. The Economic impact of security breaches on publicly traded corporations: An empirical investigation [C/OL]. (2012-12). Seattle, USA: AMCIS 2012 Proceedings, 2012. http://aisel.aisnet.org/amcis 2012/proceedings/ Strategic UseIT/7.

[192] Cheng F-C, Wang Y S. The do not track mechanism for digital footprint privacy protection in marketing applications [J]. Journal of Business Economics & Management, 2018, 19 (2): 253-267.

[193] Gao X, Zhong W, Mei S. A game-theoretic analysis of information sharing and security investment for complementary firms [J]. Journal of the Operational Research Society, 2014, 65(11): 1682-1691.

[194] Hann I-H, Hui K-L, Lee S-Y T, et al. Overcoming online information privacy concerns: An information-processing theory approach [J]. Journal of Management Information Systems, 2007, 24(2): 13-42.

[195] Hauer B. Data and information leakage prevention within the scope of information security[J]. IEEE Access, 2015,3: 2554-2565.

[196] Hui K-L, Teo H H, Lee S-Y T. The value of privacy assurance: An exploratory field experiment [J]. MIS Quarterly, 2007, 31(1): 19-33.

[197] Jeong C Y, Lee S-Y T, Lim J-H. Information security breaches and IT security investments: Impacts on competitors [J]. Information & Management, 2019, 56(5): 681-695.

[198] Juhee K, Johnson M E. Proactive versus reactive security investments in the healthcare sector[J]. MIS Quarterly, 2014, 38 (2): 451-471.

[199] Law M, Kwok R, Ng M. An extended online purchase intention model for

middle-aged online users [J]. Electronic Commerce Research and Applications, 2016, 20: 132 – 146.

[200] Yannacopoulos A N, Lambrinoudakis C, Gritzalis S, et al. Modeling privacy insurance contracts and their utilization in risk management for ICT firms [C]//Jajodia S, Lopez J. Computer Security-ESORICS 2008. Lecture Notes in Computer Science, vol 5283. Springer, Berlin, Heidelberg, 2008.

[201] Ponte E B, Carvajal-Trujillo E, Escobar-Rodríguez T. Influence of trust and perceived value on the intention to purchase travel online: Integrating the effects of assurance on trust antecedents [J]. Tourism Management, 2015, 47: 286 – 302.

[202] Belleflamme P, Peitz M. Industrial organization: Markets and strategies [M]. Cambridge UK: Cambridge University Press, 2012.

[203] Zhang J Q, Zhong W J, Mei S E. Competitive effects of informative advertising in distribution channels [J]. Marketing Letters, 2012, 23(3): 561 – 584.

[204] Dietl H, Lang M, Lin P. Advertising pricing models in media markets: Lump-sumversus per-consumer charges [J]. Information Economics and Policy, 2013, 25(4): 257 – 271.

[205] Krasnova H, Spiekermann S, Ksenia K, et al. Online social networks: Why we disclose author version [J]. Journal of Information Technology (JIT), 2010, 25 (2): 109 – 125.

[206] Kelly L, Kerr G, Drennan J. Privacy concerns on social networking sites: A longitudinal study [J]. Journal of Marketing Management, 2017, 33(17/18): 1465 – 1489.

[207] Lwin M O, Williams J D. A model integrating the multidimensional developmental theory of privacy and theory of planned behavior to examine fabrication of information online [J]. Marketing Letters, 2003, 14(4): 257 – 272.

[208] Milne G R, Boza M. Trust and concerns in consumers' perceptions of marketing information management practices [J]. Journal of Interactive Marketing, 1999, 13(1): 5 – 24.

[209] Cavoukian A, Hamilton T. The privacy payoff: How successful businesses build customer trust [M]. Toronto: McGraw-Hill Ryerson Limited, 2002.

[210] Hoffman D L, Novak T P, Peralta M A. Information privacy in the market space: Implications for the commercial uses of anonymity on the web [J]. Information Society, 1999, 15(2): 129 – 139.

[211] Min J, Kim B. How are people enticed to disclose personal information despite privacy concerns in social network sites? The calculus between benefit and cost [J]. Journal of the Association for Information Science And Technology, 2015, 66(4): 839 – 857.

[212]Hui Z, Carol X J Ou, Liu H, et al. Privacy calculus and its utility for personalization services in e-commerce: An analysis of consumer decision-making [J]. Information & Management, 2017,54(4): 427-437.

[213]Wang T, Duong T D, Chen C C. Intention to disclose personal information via mobile applications: A privacy calculus perspective [J]. International Journal of Information Management, 2016,36(4): 531-542.

[214]赵江,梅姝娥,仲伟俊. 基于不同定向精度的企业定向广告投放策略[J]. 系统工程学报, 2016, 31(2):155-165.

[215]Christofides E, Muise A, Desmarais S. Information disclosure and control on Facebook: Are they two sides of the same coin or two different processes? [J] Cyberpsychology & Behavior, 2009, 12(3): 341-345.

[216]Goldberg L R. The Development of Markers for the Big-Five Structure[J]. Psychological Assessment, 1992, 4(1):26-42.

[217]Bansal G, Zahedi F, Gefen D. The impact of personal dispositions on information sensitivity, privacy concern and trust in disclosing health information online[J]. Decision Support Systems, 2010, 49(2):138-150.

[218]Xu H, Dinev T, Smith J, et al. Information privacy concerns: Linking individual perceptions with institutional privacy assurances[J]. Journal of the Association for Information Systems, 2011, 12(12):798-824.

[219]Stone R N, Kjell Gronhaug. Perceived risk: Further considerations for the marketing discipline[J]. European Journal of Marketing, 1993, 27(3):39-50.

[220]Averill J R. Personal control over aversive stimuli and its relationship to stress[J]. Psychological Bulletin, 1973, 80(4):286-303.

[221]Langer E J. The psychology of control[M]. Los Angeles, Beverly Hills: SAGE, 1983.

[222]Xu H, Teo H H. Alleviating consumers' privacy concerns in location-based services: A psychological control perspective[C]// International Conference on Information Systems. DBLP, 2004.

[223]Fishbein M, Ajzen I. Belief, attitude, intention and behavior: An introduction to theory and research[M]. Reading, Mass: Addison-Wesley, 1975.

[224]Ajzen I. The theory of planned behavior[J]. Organizational Behavior and Human Decision Processes, 1985, 50(2): 179-211.

[225]Wirtz J, Lwin M O, Williams J D. Causes and consequences of consumer online privacy concern [J]. International Journal of Service Industry Management, 2007, 18(4): 326-348.

[226]Hodder M, Churchill E, Cobb J. Lying and hiding in the name of privacy[J]. Customer Commons, 2013, 52(6):3-7.

[227]Phelps J, Nowak G, Ferrell E. Privacy concerns and consumer willingness to provide personal information[J]. Journal of Public Policy & Marketing, 2000, 19(1):27-41.

[228]Chung W, Paynter J. Privacy issues on the internet[C]//HICSS. Proceedings of the 35th Annual Hawaii International Conference on. IEEE, 2002.

[229]Chen J C V, Yang I P. Trust and privacy in electronic commerce[C]// IEEE International Conference on E-Technology, E-Commerce and E-Service. IEEE, 2004:117-120.

[230]Li Y. Theories in online information privacy research: A critical review and an integrated framework[J]. Decision Support Systems, 2012, 54(1):471-481.

[231]Lind E A, Tyler T R. The Social Psychology of Procedural Justice[M]. New York: Springer, 1989.

[232]Culnan M J, Armstrong P K. Information privacy concerns, procedural fairness, and impersonal trust: An empirical investigation[J]. Organization Science, 1999, 10(1):104-115.

[233]Li H, Sarathy R, Xu H. The role of affect and cognition on online consumers' decision to disclose personal information to unfamiliar online vendors[J]. Decision Support Systems, 2011, 51(3):434-445.

[234]Dinev T, Hart P. Internet privacy concerns and social awareness as determinants of intention to transact[J]. International Journal of Electronic Commerce, 2005, 10(2):7-29.

[235]Junglas I A, Johnson N A, Spitzmüller C. Personality traits and concern for privacy: An empirical study in the context of location-based services[J]. European Journal of Information Systems, 2008, 17(4):387-402.

[236]Yao M Z, Rice R E, Wallis K. Predicting user concerns about online privacy[J]. Journal of the American Society for Information Science & Technology, 2007, 58(5):710-22.

[237]Li Y. Empirical studies on online information privacy concerns: Literature review and an integrative framework[J]. Communications of the Association for Information Systems, 2011, 28(28):459-496.

[238]Vroom V H. Work and motivation[M]. New York: Wiley, 1964.

[239]彭丽徽,李贺,张艳丰,等.用户隐性安全对移动社交媒体倦怠行为的影响因素研究:基于隐私计算理论的CAC研究范式[J].情报科学,2018,36(9):7.

[240]Dinev T, Hart P, Mullen M R. Internet privacy concerns and beliefs about government surveillance:An empirical investigation[J]. Journal of Strategic Information Systems, 2008, 17(3):214-233.

[241]Xu H, Teo H H, Tan B C Y, et al. The role of push-pull technology in privacy calculus: The case of location-based services[J]. Journal of Management Information Systems, 2009, 26(3):135-174.

[242]张玥,朱庆华. 国外信息隐私研究述评[J]. 图书情报工作,2014(13):140-148.

[243]Smith H J, Dinev T, Xu H. Information privacy research:An interdisciplinary review [J]. MIS Quarterly, 2011, 35(4):989-1015.

[244]Alashoor T, Han S, Joseph R C. Familiarity with big data, privacy concerns, and self-disclosure accuracy in social networking websites:An APCO model[J]. Communications of the Association for Information Systems, 2017, 41:62 – 96.

[245]Chen R . Living a private life in public social networks:An exploration of member self-disclosure[J]. Decision Support Systems, 2013, 55(3):661-668.

[246]巫月娥. 社交电子商务中用户隐私披露意愿影响因素研究[J]. 重庆邮电大学学报(社会科学版),2015,27(2):54-60.

[247]Nemec Zlatolas L , Welzer T , Heričko M , et al. Privacy antecedents for SNS self-disclosure:The case of Facebook[J]. Computers in Human Behavior, 2015, 45:158-167.

[248]Li K , Lin Z , Wang X . An empirical analysis of users' privacy disclosure behaviors on social network sites[M]. New York:Elsevier Science Publishers B. V. , 2015.

[249]Bansal G, Zahedi F M, Gefen D. Do context and personality matter? Trust and privacy concerns in disclosing private information online[J]. Information & Management, 2016, 53(1):1-21.

[250]Yeh C H, Wang Y S, Lin S J, et al. What drives internet users' willingness to provide personal information?[J]. Online Information Review, 2018, 42(6):923-939.

[251]Benamati J H , Ozdemir Z D , Smith H J . An empirical test of an Antecedents-Privacy Concerns-Outcomes model[J]. Journal of Information Science,2017,43(5):583-600.

[252]Stutzman F, Capra R, Thompson J. Factors mediating disclosure in social network sites[J]. Computers in Human Behavior, 2011, 27(1):590-598.

[253]卢叶微,胡治严. 对个人在线提供信息隐私意愿的影响因素研究[J]. 上海管理科学,2008(5):36-39.

[254]杨姝,王刊良,王渊,等. 声誉、隐私协议及信用图章对隐私信任和行为意图的影响研究[J]. 管理评论,2009,21(3):48-57.

[255] 王洪伟,周曼,何绍义.影响个人在线提供隐私信息意愿的实证研究[J].系统工程理论与实践,2012,32(10):2186-2197.

[256] 石硕.社交网站用户隐私披露行为探究:隐私计算理论与TPB模型的整合[D].南京:南京大学,2011.

[257] 刘百灵,孙文静.隐私管理技术特征对移动用户信息披露意愿的影响[J].系统管理学报,2020,147(6):92-102.

[258] Malheiros M, Preibusch S, Sasse M A. "Fairly truthful": The impact of perceived effort, fairness, relevance, and sensitivity on personal data disclosure[C]//International Conference on Trust and Trustworthy Computing. Berlin: Heidelberg, 2013: 250-266.

[259] Wirtz J, Lwin M O, Williams J D. Causes and consequences of consumer online privacy concern [J]. International Journal of Service Industry Management, 2007, 18(4): 326-348.

[260] Keith M J, Thompson S C, Hale J, et al. Information disclosure on mobile devices: Re-examining privacy calculus with actual user behavior [J]. International Journal of Human-Computer Studies, 2013, 71(12): 1163-1173.

[261] Miltgen C L, Smith H J. Falsifying and withholding: Exploring individuals' contextual privacy-related decision-making [J]. Information & Management, 2019, 56(5): 696-717.

[262] Adhikari K, Panda R K. Users' information privacy concerns and privacy protection behaviors in social networks [J]. Journal of Global Marketing, 2018, 31(2): 1-15.

[263] James T L, Wallace L, Warkentin M, et al. Exposing others' information on online social networks (OSNs): Perceived shared risk, its determinants, and its influence on OSN privacy control use[J]. Information & Management, 2017, 54(7): 851-865.

[264] Liu Z, Wang X. How to regulate individuals' privacy boundaries on social network sites: A cross-cultural comparison [J]. Information & Management, 2018, 55(8): 1005-1023.

[265] 刁塑.新兴电子商务消费者隐私关注与采纳行为研究[D].北京:北京邮电大学,2010.

[266] Chen X, Ma J, Jin J, et al. Information privacy, gender differences, and intrinsic motivation in the workplace[J]. International Journal of Information Management, 2013, 33(6):917-926.

[267] Youn S. Determinants of Online Privacy Concern and Its Influence on Privacy Protection Behaviors Among Young Adolescents[J]. Journal of Consumer Affairs, 2009,

43(3):389-418.

[268] 杜红云,刘丹. 中国网络购物消费人群的特征分析及展望[J]. 科教导刊(中旬刊),2011(4):130-131.

[269] Liao C, Liu C C, Chen K. Examining the impact of privacy, trust and risk perceptions beyond monetary transactions: An integrated model[J]. Electronic Commerce Research & Applications, 2011, 10(6):702-715.

[270] John O P, Naumann L P, Soto C J. Paradigm shift to the integrative big five trait taxonomy: History, measurement, and conceptual issues[M]// Handbook of personality: Theory and research. 3rd ed. New York: Guilford Press, 2008.

[271] Alberto C J, Montoro F J. The effect of Internet general privacy concern on customer behavior[J]. Electronic Commerce Research, 2007, 7(2):117-141.

[272] Koufaris M, Hampton-Sosa W. The development of initial trust in an online company by new customers[J]. Information and Management, 2004, 41(3):377-397.

[273] Wang X, Gu W, Chellappan S, et al. Lifetime optimization of sensor networks under physical attacks[C]//IEEE International Conference on Communications. IEEE, 2005, 5: 3295-3301.

[274] 李海丹,洪紫怡,朱侯. 隐私计算与公平理论视角下用户隐私披露行为机制研究[J]. 图书情报知识,2016(6):114-124.

[275] Malhotra D. Trust and reciprocity decisions: The differing perspectives of trustors and trusted parties [J]. Organizational Behavior & Human Decision Processes, 2004, 94(2):61-73.

[276] Norberg P A, Horne D R, Horne D A. The privacy paradox: Personal information disclosure intentions versus behaviors [J]. Journal of Consumer Affairs, 2007, 41(1): 100-126.

[277] Pan Y, Zinkhan G M. Exploring the impact of online privacy disclosures on consumer trust [J]. Journal of Retailing, 2006, 82(4):331-338.

[278] Meinert D B, Peterson D K, Criswell J R, et al. Would regulation of web site privacy policy statements increase consumer trust? [J]. Informing Science, 2006, 9(2): 10-17.

[279] Jutla D N, Kelloway E K, Saifi S. Evaluation of user intervention mechanisms for privacy on SME online trust[C]//IEEE International Conference on e-Commerce Technology. IEEE, 2004: 281-288.

[280] Campbell A J. Relationship marketing in consumer markets: A comparison of managerial and consumer attitudes about information privacy [J]. Journal of Interactive Marketing, 1997, 11(3):44-57.

[281]Dinev T, McConnell A R, Smith H J. Informing privacy research through information systems, psychology, and behavioral economics: Thinking outside the "Apco" box [J]. Information Systems Research, 2015, 26(4): 639-655.

[282]Castañeda J A, Montoro F J. The effect of Internet general privacy concern on customer behavior [J]. Electronic Commerce Research, 2007, 7(2):117-141.

[283]Nam C S, Chanhoo S, et al. Consumers' privacy concerns and willingness to provide marketing-related personal information online [J]. Advances in Consumer Research, 2006, 45(2): 50-58.

[284]Zimmer Michael. Privacy protection in the network society: "Trading Up" or a "Race to the Bottom" [J]. Information Society, 2008, 24(1):65-67.

[285]Bansal Gaurav. Distinguishing between privacy and security concerns: An empirical examination and scale validation [J]. Journal of Computer Information Systems, 2016,57(4):1-14.

[286]Ozdemir S, Miao Peng, et al. PRDA: Polynomial regression-based privacy-preserving data aggregation for wireless sensor networks [J]. Wireless Communications & Mobile Computing, 2015, 15(4):615-628.

[287]Kehr F, Wentzel D, Mayer P. Rethinking the privacy calculus: On the role of dispositional factors and affect [J]. Reshaping Society Through Information Systems Design, 2013, 15(3): 15-21

[288]郝森森,许正良,钟喆鸣.企业移动终端App用户信息隐私关注模型构建[J].图书情报工作,2017,61(5):57-65.

[289]朱侯,刘嘉颖.共享时代用户在线披露个人信息的隐私计算模式研究[J].图书与情报,2019(2):76-82.

[290]Metzger M J. Privacy, trust, and disclosure: Exploring barriers to electronic commerce [J]. Journal of Computer-Mediated Communication, 2004, 9(4): 942-950.

[291]吴明隆.问卷统计分析实务:SPSS操作与应用[M].重庆:重庆大学出版社,2010.

[292]Fornell C, Larcker D F. Evaluating Structural Equation Models with Unobservable Variables and Measurement Error[J]. Journal of Marketing Research, 1981, 18(1):39-50.

[293]Hu Li-tze, Bentler P M. Cutoff criteria for fit indexes in covariance structure analysis: Conventional criteria versus new alternatives[J]. Structural Equation Modeling, 1999, 6(1):1-55.

[294]Cohen J. Statistical power analysis for the behavioral sciences[M]. Hillsdale N. J.: Lawrence Erlbaum Associates, 1988.

[295]Jensen-Campbell L A, Knack J M, Gomez H L. The Psychology of nice

people[J]. Social & Personality Psychology Compass,2010,4(11):1042-1056.

[296] 温忠麟,侯杰泰,张雷. 调节效应与中介效应的比较和应用[J]. 心理学报,2005,37(2):268-274.

[297] 方杰,张敏强,邱皓政. 中介效应的检验方法和效果量测量:回顾与展望[J]. 心理发展与教育,2012,28(1):105-111.

[298] Mackinnon D P, Lockwood C M, Williams J. Confidence limits for the indirect effect: Distribution of the product and resampling methods[J]. Multivariate Behavioral Research,2004,39(1):99-128.

[299] Chin W W, Marcolin B L, Newsted P R. A partial least squares latent variable modeling approach for measuring interaction effects: Results from a Monte Carlo simulation study and an electronic-mail emotion/adoption study[J]. Information Systems Research,2003,14(2):189-217.

[300] 王念新,仲伟俊,梅姝娥. 信息技术战略价值及实现机制的实证研究[J]. 管理科学学报,2011,14(7):55-70.

[301] Browne M W, Cudeck R. Alternative ways of assessing model fit [J]. Sociological Methods & Research,1992,21(2):230-258.

[302] Baron R M, Kenny D A. The moderator-mediator variable distinction in social psychological research: Conceptual, strategic, and statistical considerations [J]. Journal of Personality and Social Psychology,1986,51(6):1173-1182.

[303] 温忠麟,叶宝娟. 中介效应分析:方法和模型发展[J]. 心理科学进展,2014,22(5):731-745.

[304] 崔丹,刘建华. 基于承诺机制的身份隐私保护研究[J]. 计算机应用研究,2014,31(8):2510-2512.

[305] Zhu H, Liu H, Ou Carol X, et al. Privacy preserving mechanisms for optimizing cross-organizational collaborative decisions based on the Karmarkar algorithm[J]. Information Systems,2017,72:205-217.

附 录

附录 A

平台对隐私敏感用户的定向效果为 $t_c^S n_{hA}^S = (1-g_u)[t_c^S - \beta_h(t_c^S)^2 + A]$。对 $t^S n_{hA}^S$ 求 t^S 的一阶偏导可得：$\frac{\partial t_c^S n_{hA}^S}{\partial t_c^S} = (1-g_u)(1-2\beta_h t_c^S)$。令 $\frac{\partial t_c^S n_{hA}^S}{\partial t_c^S} > 0$，可得：$t_c^S < \frac{1}{2\beta_h}$。故而可得，当 $t_c^S < \frac{1}{2\beta_h}$ 时，$t_c^S n_{hA}^S$ 随着 t_c^S 的增长而上升；当 $t_c^S > \frac{1}{2\beta_h}$ 时，$t_c^S n_{hA}^S$ 随着 t_c^S 的增长而下降。当 $t_c^S = \frac{1}{2\beta_h}$ 时，$t_c^S n_{hA}^S$ 达到最高值。综上可得，随着 t_c^S 的增长，$t_c^S n_{hA}^S$ 呈先上升后下降的趋势。

平台对隐私中立用户的定向效果为 $g_u \delta t^S \left[1 - \beta_l \delta t_c^S + \frac{(\varphi + A)}{\partial t_c^S}\right]$。令 $T = g_u \delta t_c^S \left[1 - \beta_l \delta t_c^S + \frac{(\varphi + A)}{\partial t_c^S}\right]$。对 T 求 t_c^S 的一阶偏导可得：$\frac{\partial T}{\partial t_c^S} = g_u \delta - 2 g_u \beta_l \delta^2 t_c^S$。令 $\frac{\partial T}{\partial t_c^S} > 0$，可得 $t_c^S < \frac{1}{2\beta_l \delta}$；当 $t_c^S < \frac{1}{2\beta_l \delta}$ 时，T 随着 t_c^S 的增长而上升；当 $t_c^S > \frac{1}{2\beta_l \delta}$ 时，T 随着 t_c^S 的增长而下降。当 $t_c^S = \frac{1}{2\beta_l \delta}$ 时，T 达到最高值。由此可得：平台对隐私中立用户的定向效果随其定向能力的提升而呈先上升后下降的变化趋势。

命题 4.2 得证。

附录 B

由文中分析可知，当满足式(B-1)时，平台开放社交账号登录时的利润更高。

$$g_u[g_u + 2\beta_l(X + g_u \varphi)]\delta^2 + 2g_u(1-g_u)\delta + (1-g_u)[1 - g_u + 2\beta_h(X + g_u \varphi)] > 0 \tag{B-1}$$

其中，$X = -\dfrac{1}{4[(1-g_u)\beta_h + g_u \beta_l]}$。

分 $\frac{g_u}{2\beta_l} < \frac{1-g_u}{2\beta_h}$，$\frac{g_u}{2\beta_l} = \frac{1-g_u}{2\beta_h}$ 和 $\frac{g_u}{2\beta_l} > \frac{1-g_u}{2\beta_h}$ 三种情况解不等式(B-1)。

1. 情况1　$\frac{g_u}{2\beta_l} < \frac{1-g_u}{2\beta_h}$：

(1) 若 $\varphi \geqslant -\frac{1}{2\beta_l} - \frac{X}{g_u}$，则 $g_u + 2\beta_l(X+g_u\varphi) \geqslant 0$，同时 $1-g_u+2\beta_h(X+g_u\varphi) > 0$。此时不等式(B-1)恒成立，故而，此时 $\pi^S > \pi^N$。

(2) 若 $-\frac{1-g_u}{2g_u\beta_h} - \frac{X}{g_u} \leqslant \varphi < -\frac{1}{2\beta_l} - \frac{X}{g_u}$，则 $g_u+2\beta_l(X+g_u\varphi) < 0$，同时 $1-g_u+2\beta_h(X+g_u\varphi) \geqslant 0$；当 $\delta < \frac{-g_u(1-g_u) - \sqrt{2g_u(1-g_u)[\beta_h g_u + (1-g_u)\beta_l + 2\beta_h\beta_l(X+g_u\varphi)]}}{g_u[g_u+2\beta_l(X+g_u\varphi)]}$ 时，不等式(B-1)成立，故而，此时 $\pi^S > \pi^N$。

(3) 若 $-\frac{1}{2\beta_l} - \frac{1-g_u}{2g_u\beta_h} - \frac{X}{g_u} < \varphi < -\frac{1-g_u}{2g_u\beta_h} - \frac{X}{g_u}$，则 $g_u+2\beta_l(X+g_u\varphi) < 0$，$1-g_u+2\beta_h(X+g_u\varphi) < 0$，同时 $\Delta > 0$。此处，$\Delta = 2g_u(1-g_u)[\beta_h g_u + (1-g_u)\beta_l + 2\beta_h\beta_l(X+g_u\varphi)]$。当 $\delta_1 \leqslant \delta \leqslant \delta_2$ 时，不等式成立，即 $\pi^S > \pi^N$，其中：

$$\delta_1 = \frac{-g_u(1-g_u) + \sqrt{2g_u(1-g_u)[\beta_h g_u + (1-g_u)\beta_l + 2\beta_h\beta_l(X+g_u\varphi)]}}{g_u[g_u+2\beta_l(X+g_u\varphi)]},$$

$$\delta_2 = \frac{-g_u(1-g_u) - \sqrt{2g_u(1-g_u)[\beta_h g_u + (1-g_u)\beta_l + 2\beta_h\beta_l(X+g_u\varphi)]}}{g_u[g_u+2\beta_l(X+g_u\varphi)]}。$$

(4) 若 $\varphi \leqslant -\frac{1}{2\beta_l} - \frac{1-g_u}{2g_u\beta_h} - \frac{X}{g_u}$，则 $g_u+2\beta_l(X+g_u\varphi) < 0$，$1-g_u+2\beta_h(X+g_u\varphi) < 0$，同时 $\Delta < 0$。此时不等式(B-1)不成立，即 $\pi^S < \pi^N$。

2. 情况2　$\frac{g_u}{2\beta_l} > \frac{1-g_u}{2\beta_h}$：

(1) 若 $\varphi \geqslant -\frac{1-g_u}{2g_u\beta_h} - \frac{X}{g_u}$，则 $g_u+2\beta_l(X+g_u\varphi) \geqslant 0$，同时 $1-g_u+2\beta_h(X+g_u\varphi) > 0$。此时不等式(B-1)恒成立，故而，此时 $\pi^S > \pi^N$。

(2) 若 $-\frac{1}{2\beta_l} - \frac{X}{g_u} \leqslant \varphi < -\frac{1-g_u}{2g_u\beta_h} - \frac{X}{g_u}$，则 $g_u+2\beta_l(X+g_u\varphi) \geqslant 0$，同时 $1-g_u+2\beta_h(X+g_u\varphi) < 0$；当 $\delta > \delta_1$ 时不等式(B-1)成立，故而，此时 $\pi^S > \pi^N$。

(3) 若 $-\frac{1}{2\beta_l} - \frac{1-g_u}{2g_u\beta_h} - \frac{X}{g_u} < \varphi < -\frac{1}{2\beta_l} - \frac{X}{g_u}$，则 $g_u+2\beta_l(X+g_u\varphi) < 0$，$1-g_u+2\beta_h(X+g_u\varphi) < 0$，同时 $\Delta > 0$。此时，当 $\delta_1 \leqslant \delta \leqslant \delta_2$ 时，不等式(B-1)成立，即 $\pi^S > \pi^N$。

(4) 若 $\varphi \leqslant -\frac{1}{2\beta_l} - \frac{1-g_u}{2g_u\beta_h} - \frac{X}{g_u}$，则 $g_u+2\beta_l(X+g_u\varphi) < 0$，$1-g_u+2\beta_h(X+g_u\varphi) < 0$，同时 $\Delta \leqslant 0$，此时不等式(B-1)不成立，即 $\pi^S > \pi^N$ 不成立。

3. 情况3 $\frac{g_u}{2\beta_l} = \frac{1-g_u}{2\beta_h}$:

(1) 若 $\varphi \geqslant -\frac{1-g_u}{2g_u\beta_h} - \frac{X}{g_u}$，则 $g_u + 2\beta_l(X+g_u\varphi) \geqslant 0$，同时 $1-g_u+2\beta_h(X+g_u\varphi) \geqslant 0$。此时不等式(B-1)恒成立，即 $\pi^S > \pi^N$ 恒成立。

(2) 若 $-\frac{1}{2\beta_l} - \frac{1-g_u}{2g_u\beta_h} - \frac{X}{g_u} < \varphi < -\frac{1}{2\beta_l} - \frac{X}{g_u}$，则 $g_u + 2\beta_l(X+g_u\varphi) < 0$，$1-g_u+2\beta_h(X+g_u\varphi) < 0$，同时 $\Delta > 0$。此时，当 $\delta_1 \leqslant \delta \leqslant \delta_2$ 时，不等式(B-1)成立，即 $\pi^S > \pi^N$ 成立。

(3) 若 $\varphi \leqslant -\frac{1}{2\beta_l} - \frac{1-g_u}{2g_u\beta_h} - \frac{X}{g_u}$，则 $g_u + 2\beta_l(X+g_u\varphi) < 0$，$1-g_u+2\beta_h(X+g_u\varphi) < 0$，同时 $\Delta \leqslant 0$，此时不等式(B-1)不成立，即 $\pi^S > \pi^N$ 不成立。

综上所述：

(1) 当便利性十分低时 $\left(\varphi \leqslant -\frac{1}{2\beta_l} - \frac{1-g_u}{2g_u\beta_h} - \frac{X}{g_u}\right)$，$\pi^S > \pi^N$ 不成立，即平台不会开放社交账号登录。

(2) 当便利性较低时 $\left(-\frac{1}{2\beta_l} - \frac{1-g_u}{2g_u\beta_h} - \frac{X}{g_u} < \varphi < -\frac{1}{2\beta_l} - \frac{X}{g_u}\right.$ 或 $-\frac{1}{2\beta_l} - \frac{1-g_u}{2g_u\beta_h} - \frac{X}{g_u} < \varphi < -\frac{1-g_u}{2g_u\beta_h} - \frac{X}{g_u}\right)$，在定向提升能力满足 $\delta_1 \leqslant \delta \leqslant \delta_2$ 时，$\pi^S > \pi^N$ 成立。此时，平台开放社交账号登录。

(3) 当便利性较高时 $\left(-\frac{1}{2\beta_l} - \frac{X}{g_u} \leqslant \varphi \leqslant -\frac{1-g_u}{2g_u\beta_h} - \frac{X}{g_u}\right.$ 或 $-\frac{1-g_u}{2g_u\beta_h} - \frac{X}{g_u} \leqslant \varphi \leqslant -\frac{1}{2\beta_l} - \frac{X}{g_u}\right)$，平台开放社交账号登录与否受用户隐私风险感知与定向提升能力共同影响，即：若 $\frac{g_u}{\beta_l} < \frac{1-g_u}{\beta_h}$，当定向提升能力较低 $\left[\delta < \delta_2 \text{ 或 } \delta < -\frac{2(1-g_u)}{g_u+2\beta_l(X+g_u\varphi)}\right]$ 时，$\pi^S > \pi^N$ 成立，此时平台会选择开放社交账号登录；若 $\frac{g_u}{\beta_l} > \frac{1-g_u}{\beta_h}$，当定向提升能力较高 $\left[\delta > \delta_1 \text{ 或 } \delta > \frac{1-g_u+2\beta_h(X+g_u\varphi)}{2g_u}\right]$ 时，$\pi^S > \pi^N$ 成立，此时平台会选择开放社交账号登录。

(4) 当便利性十分高时 $\left(\varphi \geqslant -\frac{1}{2\beta_l} - \frac{X}{g_u} \text{ 或 } \varphi \geqslant -\frac{1-g_u}{2g_u\beta_h} - \frac{X}{g_u}\right)$，平台会选择开放社交账号登录。

命题4.3得证。

附录C

对平台的利润函数 π^S 求用户定向提升能力 δ 的一阶偏导可得：

附 录

$$\frac{\partial \pi^S}{\partial \delta} = \frac{p_a^2}{\left[\frac{(g_u\delta+1-g_u)^2}{2g_u\beta_l\delta^2+2(1-g_u)\beta_h}+A+g_u\varphi\right]^2}\left\{\frac{g_u(g_u\delta+1-g_u)}{g_u\beta_l\delta^2+(1-g_u)\beta_h}-\frac{g_u\beta_l\delta(g_u\delta+1-g_u)^2}{[g_u\beta_l\delta^2+(1-g_u)\beta_h]^2}\right\}$$

(C-1)

令 $\frac{\partial \pi^S}{\partial \delta}=0$,有 $\delta=\frac{\beta_h}{\beta_l}$。此外,对平台的利润函数 π^S 求用户定向提升能力 δ 的二阶偏导可得:

$$\frac{\partial^2 \pi^S}{\partial \delta^2} = -\frac{\partial \pi^S}{\partial \delta}\frac{\frac{g_u(g_u\delta+1-g_u)}{g_u\beta_l\delta^2+(1-g_u)\beta_h}-\frac{g_u\beta_l\delta(g_u\delta+1-g_u)^2}{[g_u\beta_l\delta^2+(1-g_u)\beta_h]^2}}{\left[\frac{(g_u\delta+1-g_u)^2}{2g_u\beta_l\delta^2+2(1-g_u)\beta_h}+A+g_u\varphi\right]} + \frac{\partial \pi^S}{\partial \delta}\frac{g_u}{(g_u\delta+1-g_u)}$$

$$+\frac{p_a^2 g_u(g_u\delta+1-g_u)}{\left[\frac{(g_u\delta+1-g_u)^2}{2g_u\beta_l\delta^2+2(1-g_u)\beta_h}+A+g_u\varphi\right]^2}\left\{\frac{-2g_u^2\beta_l^2\delta^3-(1-g_u)^2\beta_l\beta_h-g_u\beta_l\delta(1-g_u)(4\beta_h-\beta_l\delta)}{[g_u\beta_l\delta^2+(1-g_u)\beta_h]^3}\right\}$$

(C-2)

当 $\delta=\frac{\beta_h}{\beta_l}$ 时,$\frac{\partial \pi^S}{\partial \delta}=0$,代入上式可得:

$$\frac{\partial^2 \pi^S}{\partial \delta^2} = \frac{p_a^2 g_u(g_u\delta+1-g_u)}{\left[\frac{(g_u\delta+1-g_u)^2}{2g_u\beta_l\delta^2+2(1-g_u)\beta_h}+A+g_u\varphi\right]^2} \cdot$$

$$\left\{\frac{-2g_u^2\beta_l^2\delta^3-(1-g_u)^2\beta_l\beta_h-g_u\beta_l\delta(1-g_u)(4\beta_h-\beta_l\delta)}{[g_u\beta_l\delta^2+(1-g_u)\beta_h]^3}\right\}$$

(C-3)

显然 $\frac{-2g_u^2\beta_l^2\delta^3-(1-g_u)^2\beta_l\beta_h-g_u\beta_l\delta(1-g_u)(4\beta_h-\beta_l\delta)}{[g_u\beta_l\delta^2+(1-g_u)\beta_h]^3}<0$,所以 $\frac{\partial^2 \pi^S}{\partial \delta^2}<0$。

所以可得:当 $\delta=\frac{\beta_h}{\beta_l}$ 时,平台利润 π^S 最高。

此外,令 $\frac{\partial \pi^S}{\partial \delta}>0$,可得:$\delta<\frac{\beta_h}{\beta_l}$。所以,可得 π^S 在 $\delta<\frac{\beta_h}{\beta_l}$ 上随 δ 的增加而增加;在 $\delta>\frac{\beta_h}{\beta_l}$ 上随 δ 的增加而减少。即 π^S 随着 δ 的提升呈先上升后下降的趋势。

命题 4.4 得证。

附录 D

对均衡的平台广告定向强度 t^S 求用户定向提升能力 δ 的一阶偏导可得:

$$\frac{\partial t_c^S}{\partial \delta} = \frac{g_u}{2g_u\beta_l\delta^2+2(1-g_u)\beta_h} - \frac{4g_u\beta_l\delta(g_u\delta+1-g_u)}{[2g_u\beta_l\delta^2+2(1-g_u)\beta_h]^2} \quad (D-1)$$

令 $\frac{\partial t_c^{S*}}{\partial \delta}>0$,可得 $\delta<-\frac{1-g_u}{g_u}+\sqrt{\frac{(1-g_u)[(1-g_u)\beta_l+g_u\beta_h]}{g_u^2\beta_l}}$。进一步分析可得:若

$\frac{1-g_u}{g_u} > \frac{\beta_l}{\beta_h - 2\beta_l}$,可得 $-\frac{1-g_u}{g_u} + \sqrt{\frac{(1-g_u)[(1-g_u)\beta_l + g_u\beta_h]}{g_u^2 \beta_l}} > 1$。此时,当 $\delta < -\frac{1-g_u}{g_u} + \sqrt{\frac{(1-g_u)[(1-g_u)\beta_l + g_u\beta_h]}{g_u^2 \beta_l}}$ 时,$\frac{\partial t_c^{S*}}{\partial \delta} > 0$;当 $\delta > -\frac{1-g_u}{g_u} + \sqrt{\frac{(1-g_u)[(1-g_u)\beta_l + g_u\beta_h]}{g_u^2 \beta_l}}$ 时,$\frac{\partial t_c^{S*}}{\partial \delta} < 0$。即 t_c^S 随 δ 的提升呈先增强后减弱的趋势。若 $\frac{1-g_u}{g_u} \leqslant \frac{\beta_l}{\beta_h - 2\beta_l}$,可得 $-\frac{1-g_u}{g_u} + \sqrt{\frac{(1-g_u)[(1-g_u)\beta_l + g_u\beta_h]}{g_u^2 \beta_l}} \leqslant 1$。因为 $\delta \geqslant 1$,故而可得,$\frac{\partial t_c^{S*}}{\partial \delta} < 0$ 恒成立,即 t_c^S 随 δ 的提升而降低。命题 4.5 得证。

附录 E

对函数 π^F 求解 k 的一阶偏导可得:

$$\frac{\partial \pi^F}{\partial k} = \frac{2[2(1+\gamma k) + b - \sqrt{(1-b+\gamma k)^2 + 12\gamma(1+\gamma)k\beta}]}{108\gamma\beta} Z \quad (E-1)$$

此处,

$$Z = 3\gamma[(1+\gamma k) + 2b - 6(1+\gamma)\beta + \sqrt{(1-b+\gamma k)^2 + 12\gamma(1+\gamma)k\beta}] \quad (E-2)$$

因为 $\frac{2[2(1+\gamma k) + b - \sqrt{(1-b+\gamma k)^2 + 12\gamma(1+\gamma)k\beta}]}{108\gamma\beta} > 0$,所以有:若 $M > 0$,那么 $\frac{\partial \pi^F}{\partial k} > 0$。接下来,我们进一步分析公式(E-1)。

若 $(1+\gamma k) + 2b - 6(1+\gamma)\beta \geqslant 0$,那么 $\frac{\partial \pi^F}{\partial k} > 0$ 成立。求解不等式 $(1+\gamma k) + 2b - 6(1+\gamma)\beta \geqslant 0$,可得:

(1) 若 $\beta \leqslant \frac{1+2b}{6}$ 且 $\gamma \leqslant \frac{1+2b}{6\beta} - 1$,那么不等式 $(1+\gamma k) + 2b - 6(1+\gamma)\beta \geqslant 0$ 成立。

(2) 若满足条件:① $\beta \leqslant \frac{1+2b}{6}$ 且 $\gamma > \frac{1+2b}{6\beta} - 1$;或 ② $\beta > \frac{1+2b}{6}$,那么:

当 $k \geqslant -\frac{1+2b-6(1+\gamma)\beta}{\gamma}$ 时,不等式 $(1+\gamma k) + 2b - 6(1+\gamma)\beta \geqslant 0$ 成立。

若 $(1+\gamma k) + 2b - 6(1+\gamma)\beta < 0$,那么进一步令

$$Z_1 = -[(1+\gamma k) + 2b - 6(1+\gamma)\beta]^2 + (1-b+\gamma k)^2 + 12\gamma(1+\gamma)k\beta \quad (E-3)$$

因为 $(1+\gamma k) + 2b - 6(1+\gamma)\beta < 0$ 且 $\sqrt{(1-b+\gamma k)^2 + 12\gamma(1+\gamma)k\beta} > 0$ 所以可得:若 $Z_1 > 0$,那么不等式 $Z > 0$ 成立。

接下来,我们分析公式(E-3)。通过求解公式可得:

(1) 若 β 和 γ 满足以下条件：① $\frac{1+2b}{6} < \beta \leqslant \frac{2+b}{6}$ 且 $\gamma \leqslant \frac{1+2b}{6\beta} - 1$；或 ② $\beta \leqslant \frac{1+2b}{6}$ 且 $\frac{1+2b}{6\beta} - 1 < \gamma \leqslant \frac{2+b}{6\beta} - 1$，那么当 $k < -\frac{1+2b-6(1+\gamma)\beta}{\gamma}$ 时，$Z_1 > 0$ 成立。

(2) 若 β 和 γ 满足以下条件：① $\beta > \frac{2+b}{6}$；或 ② $\beta \leqslant \frac{2+b}{6}$ 且 $\gamma > \frac{2+b}{6\beta} - 1$，那么当 $-\frac{[-b+2(1+\gamma)\beta][(2+b)-6(1+\gamma)\beta]}{2\gamma[-b+4(1+\gamma)\beta]} < k < -\frac{1+2b-6(1+\gamma)\beta}{\gamma}$ 时，$Z_1 > 0$ 成立；

当 $k < -\frac{[-b+2(1+\gamma)\beta][(2+b)-6(1+\gamma)\beta]}{2\gamma[-b+4(1+\gamma)\beta]}$ 时，$Z_1 < 0$ 成立。

综上所述，可得：

(1) 若 $\beta \leqslant \frac{1+2b}{6}$ 且 $\gamma \leqslant \frac{1+2b}{6\beta} - 1$，那么有 $\frac{\partial \pi^F}{\partial k} > 0$。

(2) 若 $\frac{1+2b}{6} < \beta \leqslant \frac{2+b}{6}$ 且 $\gamma \leqslant \frac{2+b}{6\beta} - 1$，那么有 $\frac{\partial \pi^F}{\partial k} > 0$。

(3) 若 $\beta \leqslant \frac{1+2b}{6}$ 且 $\frac{1+2b}{6\beta} - 1 < \gamma \leqslant \frac{2+b}{6\beta} - 1$，那么有 $\frac{\partial \pi^F}{\partial k} > 0$。

(4) 若 ① $\beta > \frac{2+b}{6}$；或 ② $\beta \leqslant \frac{2+b}{6}$ 且 $\gamma > \frac{2+b}{6\beta} - 1$，那么有

① 当 $k > -\frac{[-b+2(1+\gamma)\beta][(2+b)-6(1+\gamma)\beta]}{2\gamma[-b+4(1+\gamma)\beta]}$ 时，$\frac{\partial \pi^F}{\partial k} > 0$。

② 当 $k < -\frac{[-b+2(1+\gamma)\beta][(2+b)-6(1+\gamma)\beta]}{2\gamma[-b+4(1+\gamma)\beta]}$ 时，$\frac{\partial \pi^F}{\partial k} < 0$。

附录 F

对 n^F 求 k 的一阶偏导，可得：

$$\frac{\partial n^F}{\partial k} = \frac{4\gamma\sqrt{(1-b+\gamma k)^2 + 12\gamma(1+\gamma)k\beta} - [2(1-b+\gamma k)\gamma + 12\gamma(1+\gamma)\beta]}{6\sqrt{(1-b+\gamma k)^2 + 12\gamma(1+\gamma)k\beta}}$$

(F-1)

令 $X = 2(1-b+\gamma k)\gamma + 12\gamma(1+\gamma)\beta$，$\chi = 4\gamma\sqrt{(1-b+\gamma k)^2 + 12\gamma(1+\gamma)k\beta}$，可得若 $\chi - X > 0$，那么 $\frac{\partial n^F}{\partial k} > 0$。进一步的，求解可得：

$$\chi^2 - X^2 = 12\gamma^2\{\gamma^2 k^2 + 2\gamma[(1-b)+6(1+\gamma)\beta]k + [1-b-6(1+\gamma)\beta][1-b+2(1+\gamma)\beta]\}$$

(F-2)

因为 $X > 0$ 且 $\chi > 0$，故而我们可得：若 $\chi^2 - X^2 > 0$，那么 $\chi - X > 0$。

通过分析公式（F-2），可以发现若

$$1 - b - 6(1+\gamma)\beta \geqslant 0 \tag{F-3}$$

那么有 $\chi - X > 0$。当 $\beta < \frac{1-b}{6}$ 且 $\gamma \leq \frac{1-b}{6\beta} - 1$ 时,公式(F-3)成立。

此外,若

$$1 - b - 6(1+\gamma)\beta < 0 \tag{F-4}$$

那么当 $k > \frac{-[(1-b)+6(1+\gamma)\beta] + 4\sqrt{4(1+\gamma)^2\beta^2 + (1-b)(1+\gamma)\beta}}{\gamma}$ 时,公式(F-2)成立。分析公式(F-4),可得

当满足条件:a. $\beta \geq \frac{1-b}{6}$;或 b. $\beta < \frac{1-b}{6}$ 且 $\gamma > \frac{1-b}{6\beta} - 1$ 时,公式(F-4)成立。

综上所述,可得以下结论:

(1) 若 $\beta < \frac{1-b}{6}$ 且 $\gamma \leq \frac{1-b}{6\beta} - 1$,那么 $\frac{\partial n^F}{\partial k} > 0$。

(2) 若 $\beta < \frac{1-b}{6}$ 且 $\gamma > \frac{1-b}{6\beta} - 1$,那么当 $k > k_0$ 时,有 $\frac{\partial n^F}{\partial k} > 0$;当 $k < k_0$ 时,有 $\frac{\partial n^F}{\partial k} < 0$。

(3) 若 $\beta \geq \frac{1-b}{6}$,那么当 $k > k_0$ 时,有 $\frac{\partial n^F}{\partial k} > 0$;当 $k < k_0$ 时,有 $\frac{\partial n^F}{\partial k} < 0$。

此处,$k_0 = \frac{-[(1-b)+6(1+\gamma)\beta] + 4\sqrt{4(1+\gamma)^2\beta^2 + (1-b)(1+\gamma)\beta}}{\gamma}$。

附录 G

对函数 n^F 求参数 γ 的一阶偏导可得:

$$\frac{\partial n^F}{\partial \gamma} = \frac{2k\sqrt{(1-b+\gamma k)^2 + 12\gamma(1+\gamma)k\beta} - [(1-b+\gamma k)k + 6(1+2\gamma)k\beta]}{3\sqrt{(1-b+\gamma k)^2 + 12\gamma(1+\gamma)k\beta}}$$

$$\tag{G-1}$$

令 $M = 2k\sqrt{(1-b+\gamma k)^2 + 12\gamma(1+\gamma)k\beta}$,$N = [(1-b+\gamma k)k + 6(1+2\gamma)k\beta]$,可得:若 $M - N > 0$,那么 $\frac{\partial n^F}{\partial \gamma} > 0$。进一步可得:

$$M^2 - N^2 = 3k^2 \{(k+12\beta)(k-4\beta)\gamma^2 + 2[(1-b)+6\beta](k-4\beta)\gamma + (1-b-6\beta)(1-b+2\beta)\}$$

$$\tag{G-2}$$

因为 $M > 0$ 且 $N > 0$,所以:若 $M^2 - N^2 > 0$,那么 $M - N > 0$。

分析式(G-2),可得:

(1) 若 $(k-4\beta) \geq 0$ 且 $(1-b-6\beta) > 0$,那么 $M > N$,即若 $k \geq 4\beta$ 且 $\beta < \frac{1-b}{6}$,那么 $M > N$。

(2) 若$(k-4\beta) \geqslant 0$且$(1-b-6\beta) \leqslant 0$,那么$k \geqslant 4\beta$且$\beta \geqslant \frac{1-b}{6}$。在此条件下,可得:当

$\gamma > \frac{-[(1-b)+6\beta](k-4\beta)+4\sqrt{(k-4\beta)\beta[-(1-b)^2+k(1-b)+3k\beta]}}{(k+12\beta)(k-4\beta)}$ 时,$M > N$;

当 $\gamma < \frac{-[(1-b)+6\beta](k-4\beta)+4\sqrt{(k-4\beta)\beta[-(1-b)^2+k(1-b)+3k\beta]}}{(k+12\beta)(k-4\beta)}$ 时,

$M < N$。

(3) 若$(k-4\beta) < 0$且$(1-b-6\beta) > 0$,那么有$k < 4\beta$且$\beta < \frac{1-b}{6}$。在此条件下,可得:

当 $\gamma < \frac{-[(1-b)+6\beta](k-4\beta)-4\sqrt{(k-4\beta)\beta[-(1-b)^2+k(1-b)+3k\beta]}}{(k+12\beta)(k-4\beta)}$ 时,$M >$

N;当 $\gamma > \frac{-[(1-b)+6\beta](k-4\beta)-4\sqrt{(k-4\beta)\beta[-(1-b)^2+k(1-b)+3k\beta]}}{(k+12\beta)(k-4\beta)}$ 时,

$M < N$。

(4) 若$(k-4\beta) < 0$且$(1-b-6\beta) \leqslant 0$,那么有$k < 4\beta$且$\beta \geqslant \frac{1-b}{6}$。此时,$M < N$。

综上所述,可得:

(1) 若$k \geqslant 4\beta$且$\beta < \frac{1-b}{6}$,那么$\frac{\partial n^F}{\partial \gamma} > 0$。

(2) 若$k \geqslant 4\beta$且$\beta \geqslant \frac{1-b}{6}$,那么当$\gamma > \gamma_1$时,$\frac{\partial n^F}{\partial \gamma} > 0$;当$\gamma < \gamma_1$时,$\frac{\partial n^F}{\partial \gamma} < 0$。

(3) 若$k < 4\beta$且$\beta < \frac{1-b}{6}$,那么当$\gamma < \gamma_2$时,$\frac{\partial n^F}{\partial \gamma} > 0$;当$\gamma > \gamma_2$时,$\frac{\partial n^F}{\partial \gamma} < 0$。

(4) 若$k < 4\beta$且$\beta \geqslant \frac{1-b}{6}$,那么$\frac{\partial n^F}{\partial \gamma} < 0$。

此处,$\gamma_1 = \frac{-[(1-b)+6\beta](k-4\beta)+4\sqrt{(k-4\beta)\beta[-(1-b)^2+k(1-b)+3k\beta]}}{(k+12\beta)(k-4\beta)}$,

$\gamma_2 = \frac{-[(1-b)+6\beta](k-4\beta)-4\sqrt{(k-4\beta)\beta[-(1-b)^2+k(1-b)+3k\beta]}}{(k+12\beta)(k-4\beta)}$。

附录 H

不完全市场中:

$\pi_N^u = 2\left[\left(\frac{\beta_0+2b}{8}\right)^2-c\right]\sqrt{\frac{c-\frac{1}{4}}{c-\left(\frac{\beta_0+2b}{8}\right)^2}}+\frac{\beta_0+2b}{8}$,

$$\pi_C^u = 2\left\{-c + \frac{1}{4}\left[\frac{(q_0k+\beta_0)^2}{4\beta_0} + \frac{b(\overline{\beta_i}+\overline{q_i}k)}{2\overline{\beta_i}} - q_0I\right]^2\right\}\sqrt{\frac{c-\frac{1}{4}}{c-\frac{1}{4}\left[\frac{(q_0k+\beta_0)^2}{4\beta_0} + \frac{b(\overline{\beta_i}+\overline{q_i}k)}{2\overline{\beta_i}} - q_0I\right]^2}} +$$

$$\frac{\frac{(q_0k+\beta_0)^2}{4\beta_0} + \frac{b(\overline{\beta_i}+\overline{q_i}k)}{2\overline{\beta_i}} - q_0I}{2}。$$

令 $X = \frac{\beta_0 + 2b}{8}$,$X' = \dfrac{\frac{(q_0k+\beta_0)^2}{4\beta_0} + \frac{b(\overline{\beta_i}+\overline{q_i}k)}{2\overline{\beta_i}} - q_0I}{2}$,可得:

$$\pi_N^u = 2[(X)^2 - c]\sqrt{\frac{c-\frac{1}{4}}{c-(X)^2}} + X \ ;\ \pi_C^u = 2[(X')^2 - c]\sqrt{\frac{c-\frac{1}{4}}{c-(X')^2}} + X'。$$

所以有 $\pi^u = 2(x^2 - c)\sqrt{\dfrac{c-\frac{1}{4}}{c-x^2}} + x$。对 π^u 求一阶偏导可得:$\dfrac{\partial \pi^u}{\partial x} = 2x\sqrt{\dfrac{c-\frac{1}{4}}{c-x^2}} + 1$。因为 $s \geqslant 1$,所以有 $-\dfrac{1}{2} \leqslant x \leqslant \dfrac{1}{2}$。所以 $\dfrac{\partial \pi^u}{\partial x} \geqslant 0$,即 π^u 在 x 上单调递增。接下来我们比较 X' 与 X 的大小。

令 $Y = X' - X = \dfrac{\frac{(q_0k+\beta_0)^2}{4\beta_0} + \frac{b(\overline{\beta_i}+\overline{q_i}k)}{2\overline{\beta_i}} - q_0I}{2} - \dfrac{\beta_0 + 2\alpha}{8}$,可得:

当 $\dfrac{q_0I}{2} < \dfrac{\frac{(q_0k+\beta_0)^2}{4\beta_0} + \frac{b(\overline{\beta_i}+\overline{q_i}k)}{2\overline{\beta_i}} - q_0I}{2} - \dfrac{\beta_0+2\alpha}{8}$ 时,$Y > 0$,即 $\pi_C^u > \pi_N^u$。

完全市场中:

$\pi_N^c = \dfrac{b}{2} + \dfrac{\beta_0}{4} - 2c$,$\pi_C^c = b\left(\dfrac{1}{2} + \dfrac{\overline{q_i}k}{2\overline{\beta_i}}\right) + \dfrac{(q_0k+\beta_0)^2}{4\beta_0} - q_0I - 2c$。比较 π_C^c 和 π_N^c,有

$\pi_C^c - \pi_N^c = \dfrac{b\overline{q_i}k}{2\overline{\beta_i}} + \dfrac{(q_0k+\beta_0)^2}{4\beta_0} - \dfrac{\beta_0}{4} - q_0I$。可得:当 $q_0I < \dfrac{b\overline{q_i}k}{2\overline{\beta_i}} + \dfrac{(q_0k+\beta_0)^2}{4\beta_0} - \dfrac{\beta_0}{4}$ ($X' > X$),即 $\dfrac{b\overline{q_i}k}{2\overline{\beta_i}} > q_0I - \dfrac{q_0k}{4}\left(2 + \dfrac{q_0k}{\beta_0}\right)$ 时,$\pi_C^c > \pi_N^c$。

附录 I

(1) 基准模型

因为 $\dfrac{\partial u_{Ni}}{\partial y_i} = 1 - 2y_i$,令 $\dfrac{\partial u_{Ni}}{\partial y_i} = 0$,则有 $y_i = \dfrac{1}{2}$。

假定处于进入市场临界点的消费者的服务感知系数为 v_0，该消费者的效用为 u_0，则有 $u_0 = v_0 s + \beta_0 (1-y_0) y_0 - p = 0$。可得 $v_0 = \dfrac{-\beta_0 + 4p}{4s}$。

当市场不完全覆盖时，$0 \leqslant v_0 < 1$ 时，$v_i \in [v_0, 1]$ 的消费者会参与到市场中，此时，企业利润为 $\max\limits_{p,s} \pi_N^u = \int_{v_0}^{1} (by_i + p) \mathrm{d}v_i - c(s + s^{-1})$。

$\dfrac{\partial \pi_N^u}{\partial p} = -\dfrac{1}{s}(p + b\overline{y_i}) + \left(1 - \dfrac{-\beta_0 + 4p}{4s}\right)$，令 $\dfrac{\partial \pi_N^u}{\partial p} = 0$，

可得利润最大时的均衡定价为 $p_N^{u*} = \dfrac{4s - 2b + \beta_0}{8}$。

（2）隐私信息保险模型

对消费者效用函数求一阶导，可得 $\dfrac{\partial u_{Fi}}{\partial y_i} = \beta(1 - 2y_i) + q_i k$。令 $\dfrac{\partial u_{Fi}}{\partial y_i} = 0$，

可得 $y_i = \dfrac{1}{2\beta_i} + \dfrac{q_i k}{2}$。

假定处于进入市场临界点的消费者的服务感知系数为 v_0，该消费者的效用为 u_0，则有 $u_0 = v_0 s + \beta_0 (1 - y_0) y_0 - p + q_0 (y_0 k - I) = 0$。可得 $v_0 = \dfrac{p + q_0 I - \dfrac{(q_0 k + \beta_0)^2}{4\beta_0}}{s}$。当市场不完全覆盖时，$0 \leqslant v_0 < 1$ 时，$v_i \in [v_0, 1]$ 的消费者会参与到市场中。此时，企业利润函数为 $\max\limits_{p,s} \pi_C^u = \int_{v_0}^{1} (by_i + p) \mathrm{d}v_i - c(s + s^{-1})$。

$\dfrac{\partial \pi_C^u}{\partial p} = 1 - \dfrac{-\beta_0 y_0^2 + p + q_0 I}{s} - \dfrac{1}{s}(p + b\overline{y_i})$，令 $\dfrac{\partial \pi_C^u}{\partial p} = 0$，可得

$p_C^{u*} = \dfrac{\beta_0 y_0^2 - b\overline{y_i} + s - q_0 I}{2}$。

综上，当市场不完全覆盖时，在均衡状态下，产品价格与企业提供的服务正向线性相关。

附录 J

$T = 2$ 时，市场全覆盖的情况：

当 $\beta_0 > \dfrac{I - q_0 k^2}{2k}$ 时，提供保险的价格高于不提供保险的价格。

市场不完全覆盖的情况：

$$p_N^{u*} = \dfrac{1}{2} \sqrt{\dfrac{c - \left(\dfrac{\beta_0 + 2b}{8}\right)^2}{c - \dfrac{1}{4}}} + \dfrac{-2b + \beta_0}{8}$$

$$p_C^{u*} = \frac{1}{2}\sqrt{\frac{c - \frac{1}{4}\left[\frac{(q_0k+\beta_0)^2}{4\beta_0} + \frac{b(\overline{\beta_i} + \overline{q_ik})}{2\overline{\beta_i}} - q_0I\right]^2}{c - \frac{1}{4}}} + \frac{\frac{(q_0k+\beta_0)^2}{4\beta_0} - \frac{b(\overline{\beta_i} + \overline{q_ik})}{2\overline{\beta_i}} - q_0I}{2}$$

令 $P = \frac{1}{2}\sqrt{\frac{c-x^2}{c-\frac{1}{4}}} + x - b\overline{y_i}$，$P' = \frac{1}{2}\sqrt{\frac{c-x^2}{c-\frac{1}{4}}} + x$，则有

$$\frac{\partial P}{\partial x} = \frac{-x}{2\sqrt{\left(c-\frac{1}{4}\right)(c-x^2)}} + 1_\circ$$

因为企业一定会保证其利润为非负，所以 $\pi^u = 2(x^2-c)\sqrt{\frac{c-\frac{1}{4}}{c-x^2}} + x \geqslant 0$。由此可得

$\frac{-x}{2\sqrt{\left(c-\frac{1}{4}\right)(c-x^2)}} + 1 \leqslant 0$，即 $\frac{\partial P'}{\partial x} \leqslant 0$。所以 P' 在 x 上单调递减。

又因为 $\overline{y_{Ci}} > \overline{y_{Ni}}$，所以，当 $\frac{q_0I}{2} < \frac{\frac{(q_0k+\beta_0)^2}{4\beta_0} + \frac{b(\overline{\beta_i}+\overline{q_ik})}{2\overline{\beta_i}}}{2} - \frac{\beta_0+2b}{8}(X' > X)$，即

$\frac{b\overline{q_ik}}{2\overline{\beta_i}} > q_0I - \frac{q_0k}{4}\left(2 + \frac{q_0k}{\beta_0}\right)$ 时，$p_C^{u*} < p_N^{u*}$。

$T = 1$ 时，在不完全覆盖的市场上可得个性化服务的均衡解为：

$$s_C^{u*} = \sqrt{\frac{c - \frac{1}{4}\left[\frac{(q_0k+\beta_0)^2}{4\beta_0} + \frac{b(\overline{\beta_i}+\overline{q_ik})}{2\overline{\beta_i}} - q_0I\right]^2}{c - \frac{1}{4}}}, \quad s_N^{u*} = \sqrt{\frac{c - \left(\frac{\beta_0+2b}{8}\right)^2}{c - \frac{1}{4}}}_\circ$$

令 $X = \frac{\beta_0+2b}{8}$，$X' = \frac{1}{2}\left[\frac{(q_0k+\beta_0)^2}{4\beta_0} + \frac{b(\overline{\beta_i}+\overline{q_ik})}{2\overline{\beta_i}} - q_0I\right]$，$s^u = \sqrt{\frac{c-(x)^2}{c-\frac{1}{4}}}$，可得：

$$\frac{\partial s}{\partial x} = \frac{-x}{\sqrt{\left(c-\frac{1}{4}\right)(c-x^2)}}_\circ$$

因为企业一定会保证其利润为非负，所以 $\pi^u = 2(x^2-c)\sqrt{\frac{c-\frac{1}{4}}{c-x^2}} + x \geqslant 0$。由此可得

$\frac{-x}{2\sqrt{\left(c-\frac{1}{4}\right)(c-x^2)}} + 1 \leqslant 0$。所以 $\frac{-x}{\sqrt{\left(c-\frac{1}{4}\right)(c-x^2)}} \leqslant 0$，即 $\frac{\partial s}{\partial x} \leqslant 0$。所以 s 在 x 上单调

递减。所以，当 $\frac{q_0I}{2} < \frac{\frac{(q_0k+\beta_0)^2}{4\beta_0} + \frac{b(\overline{\beta_i}+\overline{q_ik})}{2\overline{\beta_i}}}{2} - \frac{\beta_0+2b}{8}(X' > X)$，即

$$\frac{b\overline{q_i}k}{2\overline{\beta_i}} > q_0 I - \frac{q_0 k}{4}\left(2 + \frac{q_0 k}{\beta_0}\right) 时, s_C^{u*} < s_N^{u*}。$$

附录 K

1. 消费者存在虚假隐私信息披露行为时的均衡解求解

运用逆向倒推法求解模型的均衡解。

第三阶段，消费者虚假隐私信息披露策略。对消费者效用函数求虚假隐私信息披露比例 α 的一阶偏导，可得：

$$\frac{\partial u^F}{\partial \alpha} = -vY + 2vY^2(1-\alpha) - 2c_m Y^2 \alpha \quad \text{(K-1)}$$

从式中可知，若 $Y \leqslant 1/2$，那么 $\frac{\partial u^F}{\partial \alpha} < 0$，由此可得 $\alpha = 0$ 时，消费者效用最大。若 $Y > 1/2$，那么进一步令 $\frac{\partial u^F}{\partial \alpha} = 0$，可得：$\alpha = \frac{-v + 2vY}{2(v + c_m)Y}$。这意味着，当企业收集的隐私信息量不超过 $1/2$ 时，消费者便不会提供虚假隐私信息；而当企业收集的隐私信息量超过 $1/2$ 时，有占比为 g_m 的消费者会提供比例为 $\alpha = \frac{-v + 2vY}{2(v + c_m)Y}$ 的虚假隐私信息。

第二阶段，确定购买产品的消费者数量。当 $Y \leqslant 1/2$ 时，产品购买效用为 0 且会披露虚假隐私信息的消费者的产品购买感知价值系数为 $\theta_0 = -vY(1-Y) + p^F$。因此，购买产品的消费者数量为 $n = 1 + vY(1-Y) - p^F$。当 $Y > 1/2$ 时，产品购买效用为 0 且会披露虚假隐私信息的消费者的产品购买感知价值系数为 $\theta_{m0} = -v(1-\alpha)Y[1-(1-\alpha)Y] + p^F + c_m(\alpha Y)^2$。因此可得，此时会披露虚假隐私信息的消费者购买产品的数量为 $n_m = 1 + vY(1-Y) + \frac{v^2(1-2Y)^2}{4(v+c_m)} - p^F$。另外，可得产品购买效用为 0 且不会披露虚假隐私信息的消费者的产品购买感知价值系数为 $\theta_{n0} = -vY(1-Y) + p^F$。因此可得，此时不会披露虚假隐私信息的消费者购买产品的数量为 $n_n = 1 + vY(1-Y) - p^F$。综上所述，购买产品的消费者数量为 $n = 1 + vY(1-Y) - p^F + \frac{g_m v^2(1-2Y)^2}{4(v+c_m)}$。进一步可得企业的均衡利润为

$$\pi^F = [p^F + b(1-\alpha)Y - c_d Y]g_m n_m + (p^F + bY - c_d Y)(1-g_m)n_n \quad \text{(K-2)}$$

第一阶段，企业产品定价。当 $Y \leqslant 1/2$ 时，没有消费者披露虚假隐私信息。此时，所有的均衡值与基准模型中一样。当 $Y > 1/2$ 时，对企业利润函数求产品价格 p^F 的一阶导数可得：

$$\frac{d\pi^F}{dp^F} = 1 + vY(1-Y) - 2p^F + c_d Y + g_m\left[\frac{v^2(1-2Y)^2}{4(v+c_m)} - b\frac{2c_m Y + v}{2v + 2c_m}\right] - (1-g_m)bY \quad \text{(K-3)}$$

由此求解产品的均衡价格，可得：

$$p^F = \frac{1}{2}\left\{1+vY(1-Y)+c_dY-bY+g_m\left[\frac{v^2(1-2Y)^2}{4(v+c_m)}+b\frac{v(2Y-1)}{2v+2c_m}\right]\right\} \quad (K-4)$$

2. 基准模型求解

容易求得产品购买效用为 0 的消费者的边界产品购买价值感知为 $\theta_0 = -vY(1-Y)+p^B$。由此可得,购买产品的消费者数量为 $n^B = 1+vY(1-Y)-p^B$。进一步可得企业的利润为 $\pi^B = (p^B+bY-c_dY)[1+vY(1-Y)-p^B]$。对企业利润求产品价格 p^B 的一阶偏导可得:

$$\frac{\partial \pi^B}{\partial p^B} = -2p^B+1+vY(1-Y)-bY+c_dY \quad (K-5)$$

求得企业的产品均衡价格为:

$$p^B = \frac{1}{2}[1+vY(1-Y)-bY+c_dY] \quad (K-6)$$

附录 L

令 $\pi_H - \pi_L^* > 0$,可得:

$$\frac{1}{4}\left\{1+vY_H(1-Y_H)-c_dY_H+bY_H+\left[\frac{v^2(1-2Y_H)^2}{4(v+c_m)}-b\frac{v(2Y_H-1)}{2v+2c_m}\right]\right\}^2 - \frac{1}{4}\left(1+\frac{v}{4}+\frac{b-c_d}{2}\right)^2 > 0 \quad (L-1)$$

即:

$$vY_H(1-Y_H)-c_dY_H+bY_H+\left[\frac{v^2(1-2Y_H)^2}{4(v+c_m)}-b\frac{v(2Y_H-1)}{2v+2c_m}\right] - \left(\frac{v}{4}+\frac{b-c_d}{2}\right) > 0 \quad (L-2)$$

求解式(L-2)可得:

① 当 $c_m \leqslant \frac{v(v+2b)}{v+2b-2c_d} - v$ 时,有:$Y_H < \frac{1}{2} + \frac{-\left(b-c_d-\frac{vb}{v+c_m}\right)}{\left(-v+\frac{g_mv^2}{v+c_m}\right)}$。因为 $c_m \leqslant \frac{v(v+2b)}{v+2b-2c_d} - v$,可得:$b-c_d-\frac{g_mvb}{v+c_m} < 0$,即 $\frac{1}{2} + \frac{-\left(b-c_d-\frac{vb}{v+c_m}\right)}{\left(-v+\frac{g_mv^2}{v+c_m}\right)} < \frac{1}{2}$。因为 $Y_H > \frac{1}{2}$,所以 $\pi_H - \pi_L^* > 0$ 不成立。

② 当 $\frac{v(v+2b)}{v+2b-2c_d} - v < c_m \leqslant \frac{vb}{b-c_d} - v$ 时,

可得 $\frac{1}{2} + \frac{-\left(b-c_d-\frac{vb}{v+c_m}\right)+\sqrt{\Delta}}{2\left(-v+\frac{v^2}{v+c_m}\right)} < Y_H < \frac{1}{2} + \frac{-\left(b-c_d-\frac{vb}{v+c_m}\right)-\sqrt{\Delta}}{2\left(-v+\frac{v^2}{v+c_m}\right)}$。此处,

$$\Delta = \left(-c_d + \frac{c_m}{v+c_m}b\right)^2 \text{。}$$

因为 $b - c_d - \frac{vb}{v+c_m} < 0$，$\frac{1}{2} + \frac{-\left(b - c_d - \frac{vb}{v+c_m}\right) + \sqrt{\Delta}}{2\left(-v + \frac{v^2}{v+c_m}\right)} < \frac{1}{2}$，

可得 $\pi_H - \pi_L^* > 0$ 不成立。

③ 当 $c_m > \frac{vb}{b-c_d} - v$ 时，因为 $b - c_d - \frac{vb}{v+c_m} > 0$，

可得 $\frac{1}{2} < Y_H < \frac{1}{2} + \frac{-\left(b - c_d - \frac{vb}{v+c_m}\right)}{\left(-v + \frac{v^2}{v+c_m}\right)}$。

附录 M

在消费者提供虚假隐私信息情境下，对产品均衡价格 p^F 求隐私信息收集量 Y 的一阶偏导，可得：

$$\frac{\partial p^F}{\partial Y} = \frac{1}{2}\left\{v(1-2Y) + c_d - b + \frac{g_m v}{v+c_m}[-v(1-2Y) + b]\right\} \tag{M-1}$$

求解可得：

(1) 当 $b \geqslant \frac{(v+c_d)(v+c_m)}{(1-g_m)v+c_m}$ 时，$\frac{\partial p^F}{\partial Y} < 0$。

(2) 当 $b < \frac{(v+c_d)(v+c_m)}{(1-g_m)v+c_m}$ 时，令 $\frac{\partial p^F}{\partial Y} = 0$，可得 $Y = \frac{(v+c_d)(v+c_m)}{2v[(1-g_m)v+c_m]} - \frac{b}{2v}$。同时，因为在 $Y = \frac{(v+c_d)(v+c_m)}{2v[(1-g_m)v+c_m]} - \frac{b}{2v}$ 时，$\frac{\partial^2 p^F}{\partial Y^2} < 0$，所以当 $Y = \frac{(v+c_d)(v+c_m)}{2v[(1-g_m)v+c_m]} - \frac{b}{2v}$ 时，产品定价最高。

在消费者提供虚假隐私信息情境下，对产品均衡价格 p^B 求隐私信息收集量 Y 的一阶偏导，可得：

$$\frac{\partial p^B}{\partial Y} = \frac{1}{2}[v(1-2Y) - b + c_d] \tag{M-2}$$

求解可得：

(1) 当 $b \geqslant v + c_d$ 时，$\frac{\partial p^B}{\partial Y} < 0$。

(2) 当 $b < v + c_d$ 时，令 $\frac{\partial p^B}{\partial Y} = 0$，可得 $Y = \frac{v+c_d-b}{2v}$。同时，因为在 $Y = \frac{v+c_d-b}{2v}$ 时，$\frac{\partial^2 p^B}{\partial Y^2} < 0$，所以当 $Y = \frac{v+c_d-b}{2v}$ 时，产品定价最高。

附录 N

当部分消费者存在虚假隐私信息披露行为时,购买产品的消费者数量为:

$$n^F = \frac{1}{2}\left\{1 + vY(1-Y) - c_d Y + bY - g_m\left[\frac{v^2(1-2Y)^2}{4(v+c_m)} + b\frac{v(2Y-1)}{2v+2c_m}\right]\right\} + \frac{g_m v^2(1-2Y)^2}{4(v+c_m)} \tag{N-1}$$

对函数 n^F 求企业隐私信息收集量 Y 的一阶偏导可得:

$$\frac{\partial n^F}{\partial Y} = \frac{1}{2}\left\{v(1-2Y) - c_d + b - g_m\left[-\frac{v^2(1-2Y)}{(v+c_m)} + b\frac{v}{v+c_m}\right]\right\} - \frac{g_m v^2(1-2Y)}{(v+c_m)} \tag{N-2}$$

分析可得:

(1) 当 $b \leqslant \dfrac{c_d(v+c_m)}{(1-g_m)v+c_m} - v$ 时,$\dfrac{\partial n^F}{\partial Y} < 0$。

(2) 当 $b > \dfrac{c_d(v+c_m)}{(1-g_m)v+c_m} - v$ 时,令 $\dfrac{\partial n^F}{\partial Y} = 0$,可得 $Y = \dfrac{1}{2} - \dfrac{c_d(v+c_m)}{2v[(1-g_m)v+c_m]} + \dfrac{b}{2v}$。

同时,当 $Y = \dfrac{1}{2} - \dfrac{c_d(v+c_m)}{2v[(1-g_m)v+c_m]} + \dfrac{b}{2v}$ 时,有 $\dfrac{\partial^2 n^F}{\partial Y^2} < 0$。

对消费者数量 n^F 求虚假隐私信息披露成本 c_m 的一阶偏导可得:

$$\frac{\partial n^F}{\partial c_m} = g_m \frac{v(2Y-1)}{4(v+c_m)^2}\left[-\frac{v(2Y-1)}{2} + b\right] \tag{N-3}$$

分析可得:

(1) 当 $Y > \dfrac{1}{2} + \dfrac{b}{v}$ 时,$\dfrac{\partial n^F}{\partial c_m} < 0$。

(2) 当 $\dfrac{1}{2} < Y < \dfrac{1}{2} + \dfrac{b}{v}$ 时,$\dfrac{\partial n^F}{\partial c_m} > 0$。

附录 O

在消费者不披露虚假隐私信息的情境下,购买产品的消费者数量为:

$$n^B = \frac{1}{2}[1 + vY(1-Y) + bY - c_d Y] \tag{O-1}$$

比较 n^B 和 n^F 可得:

$$n^F - n^B = \frac{g_m v(1-2Y)}{4(v+c_m)}\left[b + \frac{v(1-2Y)}{2}\right] \tag{O-2}$$

分析可得:

(1) 当 $Y > 1/2 + b/v$ 时,$n^F > n^B$。

(2) 当 $1/2 < Y < 1/2 + b/v$ 时，$n^F < n^B$。

(3) 当 $Y = 1/2 + b/v$ 时，$n^F = n^B$。

附录 P

比较消费者披露虚假隐私信息情境下和不披露虚假隐私信息情境下的企业利润可得：

$$\pi^F - \pi^B = \frac{g_m v(2Y-1)}{8(v+c_m)}[1 + vY(1-Y) - c_d Y + bY][v(2Y-1) - 2b] + $$

$$\frac{g_m v^2 (2Y-1)^2}{8(v+c_m)^2} \left\{ \frac{g_m}{2} \left[\frac{v(2Y-1)}{2} - b \right]^2 + (1-g_m)bv(2Y-1) \right\} \quad (P-1)$$

分析可得，当 $Y \geq 1/2 + b/v$ 时，有 $\pi^F > \pi^B$；当 $1/2 < Y < 1/2 + b/v$ 时，有：若虚假隐私信息披露成本满足以下条件：

$$c_m < \frac{v(2Y-1)\left\{ g_m \left[\frac{v(2Y-1)}{2} - b \right]^2 + 2(1-g_m)bv(2Y-1) \right\}}{2[1 + vY(1-Y) - c_d Y + bY][2b - v(2Y-1)]} - v \quad (P-2)$$

有 $\pi^F > \pi^B$。

比较消费者披露虚假隐私信息情境下和不披露虚假隐私信息情境下的消费者剩余可得：

$$CS^F - CS^B = \frac{qv}{8(v+c_m)}[v(1-2y)^2 - 2b(2y-1)] \quad (P-3)$$

分析可得：

(1) 当 $Y > 1/2 + b/v$ 时，$CS^F > CS^B$。

(2) 当 $1/2 < Y < 1/2 + b/v$ 时，$CS^F < CS^B$。

(3) 当 $y = 1/2 + b/v$ 时，$CS^F = CS^B$。

附录 Q

1. 基准模型均衡解求解

运用逆向倒推法求解：

(1) 消费者披露的隐私信息量

已知消费者的效用函数：$u_i^B = vs - \beta_i y_i^{B2} - (1-ay_i^B)p$。对函数求 y_i^B 的一阶偏导，可得：$\frac{\partial u_i^B}{\partial y_i^B} = -2\beta_i y_i^B + ap$。令 $\frac{\partial u_i^B}{\partial y_i^B} = 0$ 可得，当 $y_i^B = \frac{ap}{2\beta_i}$ 时，消费者的效用最大。因此，消费者披露的隐私信息量为 $y_i^B = \frac{ap}{2\beta_i}$。

(2) 消费者进入市场的临界值

当消费者的效用为正时,消费者进入市场;当消费者的效用为负时,消费者退出市场。假定存在一个消费者,其效用为零,则该消费者可进入市场也可退出市场。因此,该消费者的隐私风险感知系数 β_0 为消费者进入市场的临界值,即当消费者的隐私风险感知系数低于 β_0 时,消费者进入市场。令 $u_0^B = 0$,可得 $vs - p + \frac{a^2p^2}{4\beta_0} = 0$。则 $\beta_0 = \frac{1}{4}\frac{a^2p^2}{(p-vs)}$。若 $\beta_0 \geq d^+$,则所有的消费者都将进入市场,此时我们认为市场被完全覆盖。

(3) 企业提供的个性化服务

a. 市场全覆盖时企业提供的个性化服务

将 β_0 及 y_i^B 代入企业的利润函数中,可得:$\pi^B = (d^+ - d^-)(p - cs) + \frac{1}{2}ap(b-ap)(\ln d^+ - \ln d^-)$。对 π^B 求 s 的一阶偏导可得:$\frac{\partial \pi^B}{\partial s} = -c(d^+ - d^-)$。显然,此时 $\frac{\partial \pi^B}{\partial s} < 0$。又因为 $\frac{1}{4}\frac{a^2p^2}{(p-vs)} \geq d^+$,所以有 $s \geq \frac{p}{v} - \frac{a^2p^2}{4vd^+}$。所以,当 $s = \frac{p}{v} - \frac{a^2p^2}{4vd^+}$ 时,企业利润最高。

b. 市场不完全覆盖时企业提供的个性化服务

将 β_0 及 y_i^B 代入企业的利润函数中,可得:

$$\pi^B = \left[\frac{a^2p^2}{4(p-vs)} - d^-\right](p-cs) + \frac{1}{2}ap(b-ap)\left[\ln\frac{a^2p^2}{4(p-vs)} - \ln d^-\right]$$

对 π^B 求 s 的一阶偏导可得:

$$\frac{\partial \pi^B}{\partial s} = \frac{a^2p^3(v-c)}{4(p-vs)^2} + cd^- + \frac{apv(b-ap)}{2(p-vs)}$$

令 $\frac{\partial \pi^B}{\partial s} = 0$,

可得:$s = \frac{p}{v} + \frac{ap(b-ap)}{4cd^-} - \frac{ap}{4cd^-}\frac{\sqrt{v^2(b-ap)^2 - 4cd^- p(v-c)}}{v}$ 此时,企业利润最高。

2. 虚假信息模型均衡解求解

(1) 消费者披露的隐私信息量

已知消费者的效用函数:$u_i^F = vs - \beta_{if}y_{if}^{F2} - [1 - a(y_{if}^F + y_{it}^F)]p - c_m y_{if}^{F2}$。对函数求 y_{if}^F 的一阶偏导,可得:$\frac{\partial u_i^F}{\partial y_{if}^F} = ap - 2c_m y_{if}^F$。令 $\frac{\partial u_i^F}{\partial y_{if}^F} = 0$,可得:当 $y_{if}^F = \frac{ap}{2c_m}$ 时,消费者的效用最大。对函数求 y_{it}^F 的一阶偏导,可得:$\frac{\partial u_i^F}{\partial y_{it}^F} = -2\beta_i y_{it}^F + ap$。令 $\frac{\partial u_i^F}{\partial y_{it}^F} = 0$,可得:当 $y_{it}^F = \frac{ap}{2\beta_i}$ 时,消费者的效用最大。

(2) 消费者进入市场的临界值

令 $u_0^F = 0$,可得 $vs - p + \frac{a^2p^2}{4\beta_0} + \frac{a^2p^2}{4c_m} = 0$。则 $\beta_0 = \frac{a^2p^2}{4(p-vs) - \frac{a^2p^2}{c_m}}$。若 $\beta_0 \geq d^+$,则所有的消费者都将进入市场,此时我们认为市场被完全覆盖。

(3) 企业提供的个性化服务

a. 市场全覆盖时企业提供的个性化服务

将 β_0、y_{it}^F 及 y_{if}^F 代入企业的利润函数中，可得：

$$\pi^F = (d^+ - d^-)\left(p - \frac{a^2 p^2}{2c_m} - cs\right) + \frac{1}{2}ap(b-ap)(\ln d^+ - \ln d^-)$$

对 π^F 求 s 的一阶偏导，可得：$\frac{\partial \pi^F}{\partial s} = -c(d^+ - d^-)$。显然，此时 $\frac{\partial \pi^F}{\partial s} < 0$。又因为 $\frac{a^2 p^2}{4(p-vs) - \frac{a^2 p^2}{c_m}} \geqslant d^+$，所以有 $s \geqslant \frac{p}{v} - \frac{a^2 p^2}{4v}\left(\frac{1}{d^+} + \frac{1}{c_m}\right)$。

所以，当 $s = \frac{p}{v} - \frac{a^2 p^2}{4v}\left(\frac{1}{d^+} + \frac{1}{c_m}\right)$ 时，企业利润最高。

b. 市场不完全覆盖时企业提供的个性化服务

将 β_0、y_{it}^F 及 y_{if}^F 代入企业的利润函数中，可得：

$$\pi^F = \left[\frac{a^2 p^2}{4(p-vs) - \frac{a^2 p^2}{c_m}} - d^-\right](p - cs) + \frac{1}{2}ap(b-ap)\left[\frac{\ln a^2 p^2}{4(p-vs) - \frac{a^2 p^2}{c_m}} - \ln d^-\right]$$

对 π^F 求 s 的一阶偏导可得：

$$\frac{\partial \pi^F}{\partial s} = \frac{a^2 p^2}{4(p-vs) - \frac{a^2 p^2}{c_m}}\left(\frac{4v}{4(p-vs) - \frac{a^2 p^2}{c_m}}\left(p - \frac{a^2 p^2}{2c_m} - cs\right) - c\right) + \frac{2apv(b-ap)}{4(p-vs) - \frac{a^2 p^2}{c_m}} + cd^-$$

令 $\frac{\partial \pi^F}{\partial s} = 0$，可得：

$$s = \frac{p}{v} + \frac{ap(b-ap)}{4cd^-} - \frac{ap\sqrt{v^2(b-ap)^2 - 4cd^- \, p(v-c) - \frac{cd^- \, a^2 p^2(c-2v)}{c_m}}}{4cd^- \, v}$$

此时，企业利润最高。

附录 R

对 β_0^F 求 c_m 的一阶偏导，可得：

$$\frac{\partial \beta_0^F}{\partial c_m} = \frac{-ap\left[\frac{a^2 p^2(c-2v)c_m - 2}{\sqrt{v^2(b-ap)^2 - 4cd^- \, p(v-c) - \frac{cd^- \, a^2 p^2(c-2v)}{c_m}}} + apc_m - 2\right]}{\left[\frac{\sqrt{v^2(b-ap)^2 - 4cd^- \, p(v-c) - \frac{cd^- \, a^2 p^2(c-2v)}{c_m}} - v(b-ap)}{cd^-} - \frac{ap}{c_m}\right]^2}。$$

分析 $\frac{\partial \beta_0^F}{\partial c_m}$ 函数可知，若 $c - 2v > 0$，则 $\frac{\partial \beta_0^F}{\partial c_m} < 0$，即 β_0^F 与 c_m 呈负相关关系。若 $c - 2v \leqslant 0$，

则令 $\dfrac{\partial \beta_0^F}{\partial c_m} = 0$ 可得:$c_m = \dfrac{cd^- a^2 p^2 (2v-c)}{\dfrac{a^2 p^2 (c-2v)^2}{4} - v^2 (b-ap)^2 + 4cd^- p(v-c)}$。此时,$\dfrac{\partial^2 \beta_0^F}{\partial c_m^2} > 0$,即 β_0^F 是 c_m 上的凸函数,且在 $c_m = \dfrac{cd^- a^2 p^2 (2v-c)}{\dfrac{a^2 p^2 (c-2v)^2}{4} - v^2 (b-ap)^2 + 4cd^- p(v-c)}$ 时值最小。命题 8.9 得证。

附录 S

令 $\dfrac{1}{\beta_0^B} - \dfrac{1}{\beta_0^F} = \dfrac{\dfrac{\sqrt{v^2(b-ap)^2 - 4cd^- p(v-c)} - v(b-ap)}{cd^-}}{ap} -$

$\dfrac{\dfrac{\sqrt{v^2(b-ap)^2 - 4cd^- p(v-c) - \dfrac{cd^- a^2 p^2 (c-2v)}{c_m}} - v(b-ap)}{cd^-}}{ap} - \dfrac{ap}{c_m}$

变换可得:

$\dfrac{1}{\beta_0^B} - \dfrac{1}{\beta_0^F} = \dfrac{1}{ap}\left[\dfrac{\sqrt{v^2(b-ap)^2 - 4cd^- p(v-c)}}{cd^-} - \dfrac{\sqrt{v^2(b-ap)^2 - 4cd^- p(v-c) - \dfrac{cd^- a^2 p^2 (c-2v)}{c_m}}}{cd^-} + \dfrac{ap}{c_m} \right]$

当消费者选择披露虚假信息时,有

$\dfrac{ap}{c_m} > \dfrac{\sqrt{v^2(b-ap)^2 - 4cd^- p(v-c) - \dfrac{cd^- a^2 p^2 (c-2v)}{c_m}}}{cd^-} - \dfrac{\sqrt{v^2(b-ap)^2 - 4cd^- p(v-c)}}{cd^-}$

所以可得:$\dfrac{1}{\beta_0^B} - \dfrac{1}{\beta_0^F} > 0$,即 $\beta_0^B < \beta_0^F$。推论 8.4 得证。

附录 T

电子商务消费者隐私信息披露行为影响因素调查

尊敬的女士/先生:

您好!为了分析和研究影响电子商务中消费者隐私行为的因素,特设计了本调查问卷。本次调查结果仅作为学术研究使用,您的回答没有对错之分。本问卷采用匿名填写,对于您提供的信息我们承诺将严格保密,敬请放心,感谢您的支持与合作!

【重要概念说明】电子商务消费者是指在电子商务网站购物的人群;隐私信息是指与个人信息相关的隐私如姓名、年龄、手机号、身份证号等个人特征信息以及个人在网站上的浏览网页记录、购物行为记录等行为信息;披露行为是指将自己的隐私信息分享或是泄露给他人的行为。

【电子商务网站举例】淘宝网、天猫网、拼多多、京东商城、苏宁易购、唯品会、当当网、亚马逊、1号店、考拉海购、网易严选等。

第一部分:个人基本情况

您的性别:男　　　女

您的年龄:18岁以下　　　18—24岁　　　25—34岁　　　35—45岁　　　45岁以上

您的学历:小学或初中　　高中或中专　　大专或本科　　研究生及以上　其他

您的月可支配收入:1 000元以下　　1 000—3 000元　　3 001—5 000元　　5 000元以上

第二部分:人格特征测试

为了更好地区分个体差异对信息隐私披露行为的影响,本部分将对您的人格特征进行测试,请根据您个人的真实情况回答以下观点,每个观点有五个不同的选项,分别是完全不同意、不同意、有点同意、同意、完全同意,请选择符合您自身真实情况的选项。

编号	请在右侧对应位置打"√" 问题内容	完全不同意	不同意	有点同意	同意	完全同意
1	我很有创意,总是能想出新点子					
2	我的理解能力很强					
3	我很聪明,是个深谋远虑的人					
4	我喜欢思考,富有想象力					
5	我是一个注重细节的人					
6	我总是及时处理好自己的生活事务					
7	我喜欢有秩序有规律的生活					
8	我喜欢按照计划表安排完成事务					
9	我是个性格外向、善于交际的人					
10	我是个很自信的人					
11	我是一个容易害羞拘谨的人					
12	我是一个对生活充满激情的人					
13	我对几乎所有人都很体贴亲切					
14	我喜欢与他人合作					
15	我是个乐于助人、无私待人的人					
16	我对他人不是很友好					
17	我容易感受到压力					

(续表)

编号	请在右侧对应位置打"√"问题内容	完全不同意	不同意	有点同意	同意	完全同意
18	我很容易受到干扰					
19	我很容易心烦意乱					
20	我的情绪容易改变					
21	我很容易发怒					

第三部分：对电子商务网站的看法

请根据您对电子商务网站的真实看法对以下观点进行合适的判断，每个观点共有五个选项，分别是完全不同意、不同意、有点同意、同意、完全同意，请选择最符合您自身真实情况的选项。

编号	请在右侧对应位置打"√"问题内容	完全不同意	不同意	有点同意	同意	完全同意
1	我认为在电子商务网站上填写个人信息是有风险的					
2	我认为向电子商务网站提供个人信息会给我带来不可预测的麻烦					
3	我认为在电子商务交易中提供的个人信息可能被不正当使用					
4	如果我在电子商务网站提供个人信息，很有可能会给我带来经济损失					
5	我能控制我在电子商务网站上填写的个人信息的扩散范围					
6	我能控制我在电子商务网站上填写的个人信息的使用范围					
7	我能控制电子商务网站获取我的哪些个人信息					
8	我认为电子商务网站上需要填写的个人信息是十分敏感的					
9	如果电子商务网站上的个人信息被泄露将会对我造成很大危害					
10	我会为了避免信息泄露造成危害而在电子商务网站上填写虚假信息					
11	我对国家制定发布的隐私保护相关法律法规很了解					
12	我知道如何保护我的个人隐私信息不被侵犯					
13	发现个人信息被泄露后，我知道如何进行维权					
14	我注意到了电子商务网站的隐私信息声明					
15	我仔细阅读了电子商务网站的隐私信息声明					

(续表)

编号	请在右侧对应位置打"√" 问题内容	完全 不同意	不同意	有点同意	同意	完全同意
16	电子商务网站的隐私信息声明明确说明了个人信息的用途					
17	电子商务网站的隐私信息声明明确说明了个人信息的保护措施					
18	我认为电子商务网站的隐私信息声明能够保护我的个人信息					
19	我认为在当今社会个人信息隐私是非常重要的					
20	我认为电子商务网站已经收集了太多关于我的个人信息					
21	我认为网络信息隐私问题被过分放大了					
22	我认为在互联网时代个人隐私信息泄露很严重					
23	我愿意在电子商务网站上填写个人信息					
24	我不太可能会在电子商务网站上填写个人信息					
25	我愿意在电子商务网站上填写真实的个人信息					
26	我曾经因为隐私信息被盗用而受到伤害					
27	我曾经因为隐私信息被盗用而造成经济损失					
28	我经常接到各种诈骗和骚扰电话					
29	我经常看到新闻报道消费者信息隐私泄露事件					
30	我经常访问的电子商务网站很有名					
31	我经常访问的电子商务网站在业界好评率较高					
32	我经常访问的电子商务网站在周边人群中具有名气高、声誉好的评价					
33	我很信任我经常访问的电子商务网站					
34	我认为我经常访问的电子商务网站可以很好地保护我的个人信息					
35	我认为我经常访问的电子商务网站会遵守隐私信息声明中的相关条例					
36	我相信电子商务网站不会滥用我的个人信息					
37	我经常享受电子商务网站提供的优惠活动					
38	我经常访问的电子商务网站推出的优惠活动次数很多、力度很大					
39	我很乐意接受电子商务网站的优惠活动					
40	我注册了不止一家电子商务网站的账号					
41	我在电子商务网站上填写的都是我的真实信息					
42	我在购买商品和填写评论时都是使用真实身份信息					
43	我经常在电子商务网站上填写个人信息(包括注册账号、填写问卷以及讨论评论等行为)					

非常感谢您的参与!

附录 U

电子商务中消费者信息披露情况调查问卷

尊敬的女士/先生：

首先非常感谢您抽出宝贵的时间填写本调查问卷！

电子商务正成为越来越多人购物或获取服务的主要渠道，诸如淘宝、天猫、美团、滴滴、微信购物小程序等购物或服务平台快速发展。线上购物过程中，平台往往会收集消费者的相关信息，如地址、通讯录、头像、购物偏好等。平台收集信息一方面可以更精确地给消费者推荐商品或提供服务，另一方面可利用这些信息服务于自身的运营决策。但由于平台收集消费者信息可能给消费者带来信息泄露的风险，消费者可能会采取一些策略应对平台的信息收集。

本调查旨在了解我国电子商务环境下消费者隐私信息披露的现状，以便电子商务平台能在更有效保护消费者隐私信息的情况下为消费者提供更好的服务，实现平台和消费者的双赢。以下问卷中相关问题回答无对错之分，请选择符合您本人现实情况的答案，并在该选项上画"√"。该问卷的结果仅用于学术研究，我们将对您提供的所有信息进行严格的保密。

第一部分　基本情况

1. 您的性别

   A. 男　　B. 女

2. 您的年龄

   A. 20 岁以下　　　　　B. 21—25 岁　　　　　C. 26—30 岁

   D. 31—35 岁　　　　　E. 35 岁以上

3. 您的月平均收入

   A. 小于 2 000 元　　　B. 2 000—5 000 元　　C. 5 000—10 000 元

   D. 10 000—20 000 元　E. 20 000 元以上

4. 您的受教育程度

   A. 大专及以下　　　　B. 本科　　　　　　　C. 硕士研究生

   D. 博士研究生及以上

5. 您常使用的电子商务平台（多选）

   A. 淘宝　　　　　　　B. 京东　　　　　　　C. 拼多多

   D. 苏宁易购　　　　　E. 网易严选　　　　　F. 微信购物小程序